KB097569

국가정보학의 이해

정보와 국가안보

국가정보학의 이해

정보와 국가안보

초판 1쇄 발행: 2014년 8월 16일
초판 2쇄 발행: 2020년 5월 27일

지은이: 윤정석
발행인: 부성옥
발행처: 도서출판 오름
등록번호: 제2-1548호(1993. 5. 11)

주 소: 서울특별시 중구 퇴계로 180-8 서일빌딩 4층
전 화: (02) 585-9122, 9123 / 팩 스: (02) 584-7952
E-mail: oruem9123@naver.com
ISBN   978-89-7778-428-4   93340

이 도서의 국립중앙도서관 출판예정도서목록(CIP)은 서지정보유통지원시스템
홈페이지(http://seoji.nl.go.kr)와 국가자료공동목록시스템(http://www.nl.go.
kr/kolisnet)에서 이용하실 수 있습니다. (CIP제어번호: CIP2014023026)

국가정보학의 이해

정보와 국가안보

윤정석 지음

Intelligence and National Security

Jung-Suk Youn

ORUEM Publishing House
Seoul, Korea
2020

서문

　"정보(intelligence)"가 정책결정자에게로 유통됨으로써 국가안보와 외교 정책과 같이 국가의 중대한 정책을 수립하는 데 막대한 영향을 미치는 요인이 되리라는 점에는 의문의 여지가 없다. 특히 정보기관이 무엇을 만들어내며, 정보기관이 외교 정책과 국가안보 이슈에 대하여 어떤 태세를 가지고 있는가에 따라서 정보의 흐름은 더욱 결정적인 영향을 미친다. 이 책에서는 주로 전략정보(戰略情報, Strategic Intelligence)의 역할은 무엇이며, 정부의 정책결정 기구의 하나인 정보기관으로서 이들이 가지고 있는 역할은 무엇인가를 설명하려고 한다.

　국가정보 분야에 대한 학문적 관심이 상당히 컸으리라고 생각할 수도 있었겠지만 현실은 그렇지 못했다. 한국의 경우에 있어서는 1960년대 초에 「중앙정보연구소」로 시작된 정부의 정보기관이 1963년에 「중앙정보부」로 1980년대 들어서는 「국가안전기획부」로 그리고 1990년대 말에는 「국가정보원(The National Intelligence Service)」 등으로 그 명칭을 바꾸어가며 대공사찰 및 국가의 안전보장에 관한 정보수집 및 분석과 평가를 위주로 국가정보의 관리를 해왔다.

군사문제에 대한 전략정보의 관할권과 대공문제의 정보관리, 그리고 방첩업무는 1950년 한국전쟁을 시작으로 방첩부대(防諜部隊, Counter-intelligence Command)가 만들어졌으며 그 기관의 명칭과 관할권은 수차례 변화를 거듭하였다. 오랫동안 군의 정보부대, 특히 특무대, 보안대, 기무사 등으로 그 이름을 달리하는 군 정보부대와 국방부의 정보사령부는 주로 대인정보와 전자정보 또는 인공위성을 통한 영상정보, 그리고 공작정보를 통하여 대북한 정치·군사정보를 취급하여 왔다. 1990년대에 들어 민주화된 정부는 그 조직을 개편하고 처음으로 군사정보와 국가정보를 취급하는 기관들을 대상으로 감시·감독하는 국회의 정보위원회(情報委員會)를 설치하기에 이르렀다.

한국에서는 중앙대학교가 지난 1996년부터 「국가안보와 정보」라는 강의를 학부과정에 개설하였고, 2001년부터는 중앙대학교 국제대학원에서 영어강좌의 하나로 "National Security and Intelligence"라는 대학원 강좌를 열게 되었는데 그 강의를 지금까지 본 저자가 담당하고 있다.

중앙대학교 국제대학원은 중국외무성의 외교대학(University of Foreign Affairs, Chinese Ministry of Foreign Affairs)과 매년 2명의 교환학생 교류 프로그램을 만들어서 지금까지 중국의 외무성 직원 약 20여 명이 저자의 강의를 듣고 중국외무성으로 복귀하여 요직을 맡고 있다.

아울러 2008년부터는 서강대학교 국제대학원이 "국가정보학"을 전공하는 석·박사과정을 설치하고 국제관계학 전공학생의 필수과목으로 지정하면서 저자는 연간 40여 명의 대학원생에게 영어로 강의하기 시작하여 오늘에 이르고 있다. 이 가운데는 육군 정보장교의 위탁교육은 물론 외국에서 수학하러오는 동남아 및 아프리카 여러 나라의 외무성 직원들이 많았다.

미국 대학의 경우에 있어서도 마찬가지로 1980년대 초까지는 국가정보에 관련된 강좌를 개설한 학교가 불과 20여 대학을 넘지 않았다고 한다.[1] 대학

1) Majorie Cline, ed., *Teaching Intelligence in the mid-1980s: A Survey of College*

의 정규 강좌로서 개설되어 학부의 학생을 가르치면서 처음에는 소수의 학자가 연구결과를 출판하고 연구자료를 모으면서 "국가정보(National Intelligence)"에 관한 학구적인 관심을 불러 일으켰다. 물론 학자들의 연구범위는 자연히 제한된 분야에 치중되었다.

제2차 대전이 종식되고 냉전이 시작된 1947년에 시작된 미국 중앙정보국(Central Intelligence Agency: CIA)의 발자취를 연구하며 역사적 접근을 하는 강좌가 있는가 하면, 정보 기구의 조직동태와 정책결정에 관한 연구를 하는 강좌나 정책 과정의 분석과 평가과정을 강의하는 강좌도 있었다. 어떤 경우에는 국가정보의 남용에 관한 프랭크 처치(Frank Church) 상원위원회에 관련된 연구를 주로 하는 강좌도 있었다. 실제로는 불과 몇 안 되는 강좌만이 국가정보 그 자체에 관한 체계적이고 종합적인 검토를 시도하고 있었다. 따라서 미국과 다른 외국의 정보기관과 그 활동에 관해 그들의 과거와 현재를 검토하면서 비교의 차원에 이른 강의는 극히 적을 수밖에 없었다. 겨우 1970년대 말과 1980년대 초에 이르러서야 미국의 학계에서도 국가정보를 연구하는 컨소시엄(Consortium)을 구성하여 체계적으로 대학교육과정에 수용되도록 노력하였다. 국가정보를 어떻게 하면 국가안보, 외교 정책, 법률 그리고 사회윤리와 관련지어 대학강좌로 만들 것인가 하는 것이 고심한 흔적으로 남아 있다.[2]

현재 미국에서 얼마나 많은 학교가 국가안보에 관한 강좌를 개설하고 있는가를 정확하게 파악하기란 어려운 일이다. 다만 미국의 학계를 보면 지난 10년 사이에 여러 대학교에서 「국가정보와 안보」에 관련된 강의가 많이 늘어났고 연구하는 학자의 모임이나 학회의 수도 상당히 늘어나고 있음을 알 수 있다. 특히 인터넷을 통한 국가정보와 관련된 자료의 범람으로 공개자료

---

and University Courses in the Subject of Intelligence(Washington, D.C.: National Intelligence Study Center, 1985).

2) Roy Godson, "Intelligence and National Security," in Security Studies for the 1990s, Richard Shultz, Roy Godson and Ted Greenwood, eds.(New York: Brassey's (US), 1993), pp.211-240.

(公開資料, open sources)에 관한 논의와 연구 자료의 유통은 이미 가상공
간에서도 활발하게 진행되고 있다.

대학의 강의계획서를 모아서 조사해 보면 아직도 국가정보에 대한 체계
적인 강의구성을 하지 못한 것이 많고, 강의에서 취급하고 있는 분야의 균형
있는 종합성도 결여되어 있다. 대부분의 강의내용은 제2차 대전 이후의 미
국에 관한 것이나, 어떤 강의내용은 민주국가와 비민주국가에서의 국가정보
에 관한 비교연구를 취급하기도 한다. 대부분의 강의내용을 보면 주로 정보
의 수집(collection)과 분석(analysis)에 관련된 문제점들과 이에 관련한 정
책의 문제들을 중심으로 강의하는가 하면, 얼마 안 되는 강의계획서만이 비
밀공작(秘密工作, covert action)과 방첩(防諜, counterintelligence)에 관한
것을 취급하고 있다. 결국 국가정보의 연구를 위한 학문적 체계와 종합적
편제의 안목을 가지고 대학의 강의를 하거나 교과서를 쓰는 것은 미국학계
에 있어서도 아주 최근의 일이라고 생각된다.

국가정보를 안보와 외교 정책에 관련하여 논의하는 데는 다음의 가정을
전제로 학문적 전개를 하고 있다. 즉, 국가안보와 외교 정책에 관련된 주요
정책을 결정하는 과정에서, 결정적인 역할을 하는 정책결정자에게 정보가
제공되는 흐름을 관찰할 때, 국가정보기관이 어떤 정보를 제공하고 있으며,
정보기관이 가지고 있는 외교 정책과 안보 정책에 대한 판단은 어떤 것인가
에 따라서 정책 내용의 산출(産出, output)에 크게 영향을 미치고 있다는
것이다.

이 책에서는 첫째로, 정보란 무엇이며 국가정보와 안보와의 관계는 어떻
게 관련되었다고 보는지, 국가안보를 위해서 전략정보의 역할이 무엇이며
정보기관은 정부의 정책결정의 기관으로서 어떤 역할을 수행하는가를 설명
하려고 한다.

둘째로, 이 책은 자료의 수집과 정보의 분석적 판단을 내리는 과정에서
전략정보의 순환 과정(循環過程, life cycle)을 설명하여 국가정보의 생산과
그 이용에 관한 전반적인 연구를 수행하려고 한다. 특히 국가의 안보 정책
을 수립하는 과정에서 정보 과정(情報過程, intelligence process)과 정보의

생산이 미치는 영향에 관해서 특별히 강조하면서, 정보화 시대의 글로벌화되어 가는 현재의 환경이 국가정보에 미치는 영향을 분별하여 설명하려고 한다. 물론 이 책에서는 현대의 국가정보에 대한 여러 문제점과 정보 과정에 관하여 주로 설명을 하기도 하겠지만, 기업이나 정부의 차원에서 이용되고 있는 전략계획(戰略計劃, strategic planning)의 기술에 대한 광범위한 이용에 관련하여 설명하려고 한다.

셋째로, 국가정보의 비밀수집이나 은밀한 공작활동을 통한 정보의 수집, 정보의 분석, 그리고 자료의 배포 등에 관하여 일반적인 이론과 정보 과정에 대한 논의를 이 책에서 비교적 상세하게 설명하려고 한다. 그리고 가상공간(假想空間, cyber space) 속에서 공개정보의 수집과 처리에 관한 새로운 시각도 제시하려고 한다. 특히 국가정보를 위한 인터넷(internet)의 이용 및 정보를 소장하고 있는 웹사이트(websites)도 소개하려고 한다.

끝으로, 국가정보와 민주화, 또는 민주주의 국가체제에 있어서 중앙정보부의 위상에 관해서 설명하고 21세기의 정보사회에 있어서 국가정보의 역할에 관한 논의를 결론을 대신하여 설명하려고 한다.

지난 몇 년간 중앙대학교에서 「국가안보와 정보」에 관한 내용을 학생들에게 가르치면서 이 책의 내용을 구상하였다. 이러한 계기를 마련하게 된 것은 탈냉전 이후 민주화시대의 국가정보기관의 역할과 그 존재 의미에 대한 논의가 확산되면서부터 가능해졌다고 생각한다. 과거에는 한국에서 국가정보에 관한 논의 자체가 금기였던 것이 1990년대의 후반부에 들어서 국회에 정보위원회가 설치되고 정보사회(情報社會, intelligence community)의 활동과 역할에 관한 의회의 감시기능이 공개되면서부터 학계의 관심과 학생들의 열렬한 흥미를 불러일으키게 되었다.

더욱이 지난 2006년부터 국가정보원의 직원채용시험에 국가정보론이 필수과목으로 포함되면서 이 분야에 관한 책이 서점에 범람하고 있다. 적어도 연간 10,000명의 젊은이들이 국가정보원 직원채용시험에 응시하게 되어 그 시장성이 연구의 질보다는 손쉬운 책의 출판을 유도한 듯싶다. 이 책은 지금까지 10여 년간 강의해온 강의안을 기초로 하여 국가정보학의 학문적 근거를 제공하기 위하여 준비한 것이다.

국가정보학의 이 개론서는 다음과 같은 미국의 기본 교과서를 근간으로 하여 가르쳐 온 강의록을 기준으로 한 것이다. 대체로 미국의 대학에서 학부학생들에게 읽혀지고 있는 책자들은 과거에 국가정보 분야에서 근무한 실무자들이 자신들의 경험을 토대로 저술한 책들이다.

가장 기본적이고 읽기 쉬운 책으로 Abram N. Shulsky and Gary J. Schmitt가 1991년 처음 출간한 *Silent Warfare: Understanding the World of Intelligence*가 있고 2002년에 제3판이 출간되었다. 이보다 2~3년 전에 출간된 *Strategic Intelligence for American National Strategy*도 역시 전직 미국 중앙정보국에 근무하던 Bruce D. Berkowitz와 Allan E. Goodman이 1989년에 처음 출간한 것이다. 이 두 저자들은 2000년에 정보화시대의 정보에 대한 중요성을 강조하면서 또 한 권의 간략한 저서를 출간하였다. 즉, *Best Truth: Intelligence in the Information Age*라는 제목으로 예일대학출판부에서 새 책을 간행하였다.

2000년도에 역시 경험이 있는 실무자로서 Mark M. Lowenthal은 *Intelligence: From Secret to Policy*라는 책을 출간하였는데 그가 오랜 동안 미국의 컬럼비아대학과 조지워싱턴대학에서 미국외교에 있어서 정보의 중요성에 관한 과목을 가르치면서 책의 원고를 준비할 수 있었다고 한다. 이 책의 제4판으로 2009년에 개정판으로 출간되었으나 현재 국가정보대학원의 김계동 교수는 2008년 8월에 제3판의 번역판을 출판하였다.

가장 최근에 출간된 간략한 단행본으로는 Robert M. Clark이 저술한 *Intelligence Analysis: A Target-Centric Approach*라는 책이 2004년에 출판되었다. 저자는 이 책에서 정보 분석에 대한 이론적 설명을 시도한 것으로 특정한 정보소요를 중심으로 수집된 정보의 이론적 분석틀을 구상하기 시작한 것이다.

이 밖에 전문적인 책이 몇 권 더 있으나 교재로서 학생들에게 종합적으로 읽히기 좋은 교과서로는 2004년에 Loch K. Johnson과 James J. Wirtz가 편집 간행한 *Strategic Intelligence: Windows into Secret World(An*

*Anthology)*라는 책이 있다. 36편의 전문가가 쓴 논문을 모은 것으로 편집자들이 9개 부분의 종합적 논평과 요약을 싣고 있어 이 분야의 초보자들이 읽기 좋은 책이다.

경제정보나 기업 관련정보에 대한 *Competitive Intelligence*라는 책이 최근에 출간되기는 했으나 학부의 강의에는 적절하지 않다고 생각이 되어 여기에 소개하지는 않았다. 다만 정보 분석 분야에서 특성화된 정보보고서의 작성에 관한 미국 CIA 내부 문건이었던 Jerome Clauser의 *An Introduction to Intelligence Research and Analysis*가 Jan Goldman의 재편집과 수정판으로 2008년에 출판된 것이 있으며, James S. Major가 저술한 *Writing Classified and Unclassified Papers in the Intelligence Community*라는 책이 있는데 이는 역시 Jan Goldman이 편집하여 2009년에 출판한 것이다. 이들은 기초적 과정을 마치고 정보 분석을 전문으로 할 대학원과정에서 실습용으로 쓰기 좋은 교과서라고 생각하여 소개한다.

미국의 국가정보학 분야를 제외하고 중국이나 일본의 학계에서는 이 책에서 논의할 문제나 이슈에 대하여 거의 논의가 되지 않고 있다. 최근 들어 지난 10여 년 미만의 기간 동안에 영국과 캐나다, 그리고 오스트레일리아의 학계에서도 간간히 국가정보학에 관한 일반적 논의가 진행되어 왔다. 여기에 일본의 경우의 예를 들어 몇 권의 책을 소개한다.

일본의 외무성 정보문화국장을 지낸 동경대학 법학부 출신의 오카자키 히데히코(岡崎久彦)는 1980년, 그가 50대의 외교관으로서 『國家と情報』라는 책을 처음 출간하여 외교 정책결정 과정에서 국가정보의 중요성을 강조하였으며, 1984년에는 『情報·戰略論ノート』라는 책을 저술하면서 영문 제목을 *Intelligence and Strategic Thinking*이라고 붙여 국가가 필요로 하는 전략정보의 중요성을 강조하였다.

최근에 일본에서 국가정보의 중요성을 논의하는 두 권의 책이 출간되어 일본으로서는 미국과의 연계적 안보 정책을 넘어선 국가전략을 구상하는 듯이 보여지고 있으나 학문적 논의의 수준은 아직 좀 미숙하다고 생각된다. 그 저서 가운데 일반적으로 읽혀지고 있는 책은 文春新書의 보급판으로 오

모리 요시오(大森義夫)가 저술한 『日本のインテリジエンス機關』("일본의 정보기관")이라는 기본 서적이 2005년 9월에 초판이 발행되었는데 2007년 2월까지 3판이나 인쇄되었다. 그리고 2007년 7월에 사토 마사루(佐藤優)와 고영철(高永喆) 두 저자가 대담형식의 내용으로 『國家情報戰略』을 講談社의 보급판 형식으로 발행하였다. 아직도 일본의 대학에서는 국가정보론의 강의가 개설되어 있지 않다.

우리 한국에서는 소수의 관심 있는 정치학자와 정부의 실무자, 그리고 국회의원과 언론인들이 모여 「한국국가정보연구회」를 1995년에 결성하고 정기적으로 모이게 되었다. 1995년에는 "탈냉전 이후 민주화와 국가정보"라는 주제를 가지고 국제회의를 열어 탈냉전 후의 한국의 국가정보 기구를 어떻게 개혁할 것인가를 논의하기도 하였다. 그 회의 결과가 이미 출판되었지만,3) 참석자의 면면을 보면, 미국 CIA의 부장이었던 William E. Colby, 러시아의 해외정보원(Foreign Intelligence Service)의 자문위원장, Vadin A. Kirpitchenko, 이스라엘의 군사정보 전문가이고 당시 국방회계감사(Defense Auditing) 단장인 Aviezer Yaari 장군, 그리고 일본의 이도츠 상사(伊藤忠商事) 고문이면서 일본 정부의 내각조사실 전 간부인 가사이 아키라(笠井 昭) 씨 등이 참석하였다.

한 가지 더 이 서문에서 밝혀야 할 것은 우리나라에서 국가정보 분야에 특별히 관심을 일찍부터 가지고 지난 수년간 연구하고 가르치는 연세대학교의 문정인(文正仁) 교수가 이 책을 출판할 수 있게 지도한 것이다. 국가정보학을 대학에 널리 전파하고 학부학생들에게 교육하기 위한 계획의 일환으로 문 교수는 본인이 모아온 강의 계획서와 자료를 연구회의 회원에게 적극적으로 지원함으로써 본 저자도 이 분야의 학문체계를 세울 수 있는 계기를 만들어 주었다. 그와 같은 젊은 학자의 지도와 자극이 없이는 오늘 이 책을

---

3) Jin-hyun Kim & Chung-in Moon(eds.), *Post-Cold War, Democratization, and National Intelligence: A Comparative Perspective*(Seoul: Yonsei University Press, 1996).

완성할 수가 없었다고 생각하고 저자는 이 기회에 문정인 교수에게 감사를 드린다.

문 교수로부터 받은 강의 계획서와 자료를 가지고 저자는 3년여 강의를 하면서 별도로 연구를 하여, 특히 가상공간(cyber space)에 있어서의 공개 정보자료와 관련하여 국가정보의 자료획득과 그 분석 등에 대한 이론적 접근을 시도하였다. 1997~98학년도에 필리핀의 아시아·태평양대학교(The University of Asia and the Pacific)의 부설로 되어 있는 CRC(Center for Research and Communication)연구소에서 1년간의 안식년을 보내면서, 필리핀 정부의 국가정보조정처(National Intelligence Coordinating Agency) 의 고위분석관과 국방정보기관의 간부를 24시간에 걸쳐 국가정보에 대한 특강을 실시하면서 이 교과서의 체계를 완성하게 되었다. 간간히 필리핀 국방부의 전략정보학교에서 특강을 하기도 하였고, 지방대학의 경찰학과에서 범죄정보의 획득과 분석에 관한 가상공간의 이용 등 국가정보의 전산화에 관한 강의도 한 바 있었다.

강의를 하면서 이 책의 집필을 구상했던 까닭에 아무래도 책의 구성이 강의에 편리한 순서로 구성되었다고 생각된다. 미국과 한국의 정보사회(情報社會, Intelligence Community)의 발전과정이나 그 조직구조, 그리고 책임과 역할에 관한 것을 다른 나라의 경우와 비교하면서 정보 기구(情報機構, Intelligence Apparatus)에 대한 설명을 하려고 한다. 결국 이 책을 통하여 여러 나라에서 가지고 있는 정보사회의 비교론적 관점이 파악될 수 있을 것으로 믿어진다.

다시 한번 이 서문에서 강조하고 싶은 것은 독자들이 다음의 몇 가지 최소한의 내용을 이해하게 된다면 저자는 집필의 목표를 달성한 것으로 만족하려는 것이다.

- 국가안보 정책과 전략에 있어서 국가정보의 역할은 무엇인지,
- 전술적이건 국가적이건 정부의 모든 수준에서 정보소요 판단이 어떻게 만들어지는지,

- 정보수집 훈련의 능력과 한계에 대한 확실한 인식,
- 철저하고 예리한 정보 분석을 어떻게 수행할 것인지,
- 여러 가지 정보의 자료 근거와 분석의 도구들을 어떻게 이용할 것 인지,
- 군사적이고, 지리적이며, 정치·경제·사회적인 자료의 통합을 이용한 지역정보의 분석을 어떻게 수행할 것인지,
- 명확하고 간략하면서 일관성 있는 정보보고서를 어떻게 쓸 것인지에 대한 방법들을 습득하고 이해를 한다면 이 책을 읽고 공부하는 데 성공한 셈이다.

이 책이 출판되기까지에는 많은 분들의 도움이 필요하였다. 여기에 그 모든 분을 열거하기보다는 가장 저자를 많이 돕고 마음으로 격려한 이가 있다. 이는 본인도 20여 년의 대학교수 생활에서 은퇴하여 집에서 필자의 집필에 불편 없게 보살펴 준 사랑하는 처 박수연 박사이다. 학자의 아내라는 재미없는 삶을 감수하고 살면서 남편이 집필을 시작한 저서를 끝내도록 종용한 그의 끈기가 없이는 이 책이 출판될 수 없었다. 70세가 넘어서 책을 쓰는 필자에 대한 격려는 지대했다고 생각하며 감사한다.

끝으로 필자의 몇 가지 책을 늘 쾌히 출판해 주었던 도서출판 오름의 부성옥 대표에게도 다시 한번 감사의 마음을 전한다.

2014년 7월
연희동 양지바른 집에서
지은이 윤정석

차례

제 **1** 장

국가정보와 국가안보

제1장 국가정보와 국가안보

I. 국가정보란 무엇인가?

1. 국가정보의 의미

여기에서 말하는 국가정보(國家情報, National Intelligence)란 국가가 처해 있는 안보적 상황에 따라서 그 의미를 다르게 파악할 수 있다. 경우에 따라서 국가안보의 의미 내용은 다음의 세 가지로 나누어 생각할 수 있기 때문이다.

첫째는, 전시 중에 군사적 목적을 위하여 비밀스런 첩보(information)를 수집하고 분석하여 정책과 작전을 결정하는 사람에게 판단의 기준으로 삼거나 상황을 전망하는 데 도움이 될 수 있는 기본 자료를 의미하는 경우이다.

둘째는, 냉전적 시기에서 볼 때, 전쟁의 조기정보, 주변 안보환경의 효율적 탐지, 주적의 국력과 군사력 탐지와 평가, 국방 외교 능력의 함양 등 군사나 국가전략, 또는 정치적 요소를 수집하고 분석 평가하여 국가의 정책결정자에게 자료로 제공되는 경우를 말한다.

셋째는, 지금과 같은 탈 냉전기에는 국가안보의 목표가 달라지기 때문에 국가정보의 수집내용이 달라졌다. 특히 세계화의 정치·경제 구조가 날로 변하고 있는 지금에는 국가안보의 목표가 달라지면 자연히 국가정보의 수집 목표도 달라지고, 평시의 군사전략정보 이외에 경제안보에 치중하게 된다. 탈냉전 이후 오늘과 같이 과거의 군사력 중심의 국제정치가 경제관계의 중요성 때문에 경제력 중심의 국제정치로 전환되고 있어, 특히 자본과 기술, 그리고 국제거래의 협상 능력 등과 같이 새로운 요인에 대한 정보를 국가는 필요로 하고 있다. 이때의 국가정보는 또 다른 내용으로 구성된다. 특히 국가의 경쟁력에 관한 정보가 국가정보의 대부분이 된다.

예를 들면 최근의 아시아 지역에 있어서 외환의 위기가 지역 경제의 구조적 개혁을 요구하고, 정부와 은행과의 사이에 권력관계의 형성에 따라 대기업의 거품경제를 제거하는 등 한국, 일본, 태국, 말레이시아에서와 같이 정경유착을 개혁하여 정치의 투명성이 요청되고 있는 현재에는 외환의 움직임, 외국인의 주식투자, 부동산투자, 내국인의 재산도피와 외화유출 등 금융정보를 국가는 필요로 하고 있다.

이와 같이 새로운 정보가 요청되어 나라의 국가정보수집 목표가 경제안보에 치중하게 되고 정보수요자에게는 국가의 국제경쟁력의 확보를 위한 정보가 중요하게 되었다. 이는 과학기술의 혁신, 자원의 안정적 공급, 국제금융의 흐름, 때로는 마약 관련 정보, 조직범죄, 테러리즘 그리고 환경 등에 관한 정보들을 수집·분석하여, 생산된 종합적인 정보가 가장 필요하게 된다. 따라서 국가정보의 내용을 이해하기 위해서는 국가안보에 관한 개념을 명확히 이해하고 그 안보의 목표에 따른 국가정보를 획득하는 것이다.

국가정보와 안보의 관계에 관해서는 제3절에서 설명하겠지만 일반적으로 정보(intelligence)라고 할 때, 그 의미를 이해하기 위해서 몇 가지 준거가 되는 요건을 여기에서 먼저 서론적으로 논의하고자 한다.

2. 정보를 만드는 사람과 국가정보

정보를 만드는 사람(intelligence maker)의 전문가적 지식은 첩보의 관리 (information management)에 있다. 첩보를 관리하는 것은 첩보를 수집하고, 분석하며, 이를 수요자에게 분배하는 세 가지 관리기능을 수행하는 것이며, 이는 정보를 만드는 사람의 가장 기본적인 기능이다.

현실을 정확하게 인식하는 수단의 하나인 첩보의 필요성 때문에 정보조직을 만들게 된다. 이 정보조직은 흔히 비밀공작활동(covert action)의 책임기관으로 지목되지만, 비밀공작은 정보기관의 유일한 활동이 된다고 할 수 없다. 오히려 정보의 전문적 업무는 어느 면에서 비밀공작과는 전혀 무관한 경우가 많다. 이따금 비밀활동은 첩보를 수집하는 경우보다 이를 이용하게 되는 경우가 많고, 첩보의 출처를 보호하기보다도 이를 들추어내는 경우가 더 많은 것 같다. 정보기관에 비밀공작활동 기능을 부과하는 것은 어쩌면 전문가적 이유보다는 관료적 이유 때문이라고 생각된다. 물론 관료적인 면에서나 전문가적인 면에서 볼 때, 둘 다 모두 높은 수준의 비밀주의가 요구되는 것이지만, 일반적으로 비밀을 유지하기 쉬운 것은 특정 기관 안에서 가능하다고 생각되기 때문이다.

현실을 정확하게 기술하고 독자에게 보도하기 위하여 첩보(諜報, information)를 수집하고 분석하는 신문기자나 언론인과 같은 전문가와 정보를 만드는 사람들과의 주요한 차이는 첩보의 출처에 있거나, 그 사회에 있어서 직업적 타당성(relevance)에 있다고 보기는 어렵다. 그 차이점은 전문가로서의 정체성(identity)과 조직주체와의 관계에 있다고 생각한다. 정보를 만드는 사람들은 분명히 국가를 위해서 봉사하는 것이며, 국가이익을 수호하는 의무를 다하는 데 있는 반면에, 언론인은 사적인 기관에 고용되어 있으면서 언론의 자유원칙을 지키고 전문가적 봉사의 의무를 사회적으로 지고 있기는 하지만, 직접적으로 국가에 봉사하는 것은 아니다.

정보원(intelligence officer)에게 기대되는 것은 기술적이거나 예술적인 재주가 아니라, 종합적 연구와 훈련을 필요로 하는 비상하고도 복합적인 지능적 재주(intellectual skills)라고 할 수 있다. 말하자면, 복잡한 현실로부터 얻게 된 첩보와 자료를 정리하고 분석하여, 현실을 간략하게 설명할 수 있는 틀을 만들고, 이 틀을 근거로 하여 현실 상황을 설명하고 그 설명의 틀을 근거로 미래를 예측할 수 있는 지적인 재주를 말하는 것이다.[1]

국가기관에 근무하는 정보원은 군사정보, 정치정보, 혹은 경제정보는 물론 특정 국가나 지역에 대한 연구를 수반하는 여러 가지 다른 전문성을 가지게 된다. 이 같은 전문가들이 그 기능적 능력이 많으면 많을수록, 그리고 경험이 많으면 많을수록, 정보조직의 높은 직위로 진급하게 되는 것이다. 따라서 이들은 정보의 수집, 분석 그리고 배포의 관리자로 승급하게 된다.

다른 전문직업에서와 마찬가지로, 정보를 만드는 사람에게 요구되는 재주란 기교나 예술이 아니고 그 성질상 보편적으로 종합적 연구와 훈련을 필요로 하는 지능적인 재주를 의미하는 것이다. 이런 뜻에서 정보의 관리자(intelligence manager)는 자신의 책임 분야에 있어서 가장 우수한 기술적 전문인이 되는 것보다, 가장 적절한 결과를 유도하기 위하여 자기 관할하에 있는 첩보의 출처(information resources)를 관리하는 데 가장 우수한 전문가여야 한다.

전문성, 기술, 그리고 지적능력에 관한 한, 정보의 생산자, 또는 공급자(intelligence maker or provider)들은 위에서 논의한 요건에 충족되어야 할 것이다. 그러나 다음의 세 가지 이유 때문에 공식적인 교육·훈련을 받게 되는 경우에 그 요건만으로는 전문적인 정보원으로 출사(出仕)하는 데는 문제가 있다.

첫째 이유는, 정보원을 교육·훈련시키는 데는 변호사와 의사, 또는 사관생도와 같은 공식적인 교육과정이 필요한 것이 아니다. 대부분의 정보원은 대학교육을 받은 사람들이지만, 이 대학교육과정만을 마쳤다고 해서 정보사회의 한 사람으로 근무하기에는 좀 문제가 있다고 본다. 아직도 정보요원을 길러 내는 데는 공식적인 시험이 있거나 실습과정이 있는 것이 아니기 때문이다. 그래서 일단 적절한 자질이 있으며 광범위한 상식과 언어 구사능력을 가진 사람을 선발하여 정보조직 내에서 교육 훈련되어야 하며 특히 근무하

---

1) Uri Bar-Joseph, *Intelligence Intervention in the Politics of Democratic States: The United States, Israel, and Britain*(University Park, Penn.: The Pennsylvania State University Press, 1995), footnote 2, pp.48-49.

면서 받아야 하는 훈련을 거치게 된다.

둘째 이유는, 전문적인 정보원은 일반적인 전문가와 같이 좁은 분야에서 특화하거나 전문적 관리자로서 진급을 하는 것이 아니다. 정보사회에서는 전문성의 범위가 더욱 개방적인 것이고 활동 범위가 오히려 수평적으로 확대되어 가는 것이 일반적이다. 따라서 정보사회에서는 특정 분야에서 수년간 일한 경험이 있는 정보분석관이라도 과거의 경험과 관련 없는 자리로 쉽게 그 담당업무를 바꿀 수 있다. 때로는 비밀활동(covert action)의 전문가를 분석 분야의 책임자로 임명하기도 한다.

셋째 이유는, 다른 전문업종에서와 달리 정보사회에 있어서는 직위상 상위 자리로 진급하게 되는 정보원은 그 집단 안에서만 선발하지 않는다. 병원이나 군 기관에서는 꼭 한 분야에서 특화된 의사나 직업군인으로 그 윗자리를 충원하지만 정보 분야에서는 꼭 그렇지 않다. 정보기관의 장은 조직 내에서 충원하기도 하지만 대체로 외부 인사를 영입하는 경우가 많다. 정보기관의 장만이 아니라 대체로 상위의 직책에는 비교적 전문적이지 않은 사람들이 윗자리에 발탁 임명되고 있다.

미국의 예를 들면 1946년부터 1992년 사이에 15명의 USCIA 국장이 임명되었는데 6명은 바로 군에서 등용된 인물이며 그 가운데 해군 출신이 4명이고, 3명은 기업에서 충원된 것이며, 오직 3명만이 전문적으로 정보를 만드는 사람 가운데서 임명되었다. 이들은 햄스(Helms), 콜비(Colby), 그리고 게이트(Gates) 세 사람이었다.[2]

우리나라의 중앙정보부의 예에 있어서도 마찬가지로, 군인이 대체로 많이 임명되었으며 이후락, 김형욱, 김재춘, 김재규, 전두환, 노태우, 유학성, 장세동, 이상연, 권영해, 임동원, 이종찬, 천영택 등의 군 출신이 과거 방첩 분야에서 경험이 있던 사람들이고, 신직수와 같이 검찰 출신도 있었으며, 노신영과 같이 외교 및 정무에 경험이 있는 이가 충원되는 일도 있었다. 특히 내부에서 승진한 경우는 국회의원을 경험했지만 기본적으로 중앙정보

---

2) 앞의 책, footnote 3, p.50.

부 정규 1기인 이종찬 중령과 중앙정보부 차장이었던 윤일균 공군 장성(과
거 HID 공작원), 그리고 신건과 김만복 등의 내부승진이 있었다. 거의 예외
적인 경우로 한국외국어대학의 정치학 교수인 김덕 교수가 김영삼 정부에서
안기부장에 발탁된 일도 있었다. 한국의 정보기관으로서는 흔한 일은 아니
었으나 최근 노무현 정부의 경우 과거 삼성의 경제연구소 부소장이었던 인
물을 국정원에 국가정보관으로 임명하기도 했다.3)

　미국의 경우에서나 우리나라의 경우에서와 같이 정치적 임명이 현실화
되고 있는 것은 국가정보 업무는 꼭 전문가가 해야 하는 일이 아니라는 것
을 보여주고 있다. 우리나라의 국가정보원은 기본적으로 미국의 군사정보
체제로부터 발전한 국가정보 체제를 가지고 있기 때문에 두 나라의 국가정
보 업무의 취급 내용이 흡사하지만 소련의 KGB나 중국의 공안국의 경우와
일본의 내각조사실의 정보관들은 아주 전문적인 사람들로 충원된다. 국가정
보의 공급자가 전문적인 훈련을 거쳐야 한다는 현실적인 요청이 있어도 그
렇게 충원되지는 않는 것 같다. 최근 우리나라에서 국가정보대학원을 설립
하고 요원의 전문적 교육과 훈련을 강화하고 있는 실정과 국가공무원으로서
국가정보원의 전문직으로 생각하는 연간 10,000여 명의 지원자가 수험에
응하고 있음을 우리는 기억하게 된다.

3. 사회책임으로서의 국가정보

　국가안보에 적절한 첩보를 수집하고 분석하며 배포하는 과정을 통해서
국가를 방위하는 것이 국가정보가 가지고 있는 사회적인 책임이라고 할 수

---

3) 최경운, "망명 … 구속 … '뒤끝' 안 좋았던 정보 수장들," 『조선일보』, 2008.1.16, p.4.
　정보기관의 책임자에 관한 기사는 흔하지 않지만 김영삼과 김대중 대통령 시절의 국가
　정보기관장 6명은 모두 검찰의 조사를 받았고, 그중 장세동(제13대)은 3번 구속되었으
　며 권영해(제21대)는 4번 기소된 일이 있었다. 특히 김형욱(제4대)은 중앙정보부장에
　6년 3개월간 근무했으나 퇴임 후 미국으로 망명하였다. 뒤에 중앙정보부 요원에게 유
　인되어 불란서에서 살해되었다.

있다. 한 나라의 군대와 같이 국가는 정보사회의 유일한 고객이며, 국가는 또한 정보활동의 모든 결과를 독점한다. 이런 점에서 국가정보가 가지고 있는 사회적 책임감은 더욱 강하다.

정보원들은 정보업무의 직능(craft)을 사랑함으로써 자신들의 일에 강한 동기를 가지게 되고, 나라사랑에 대한 사회적 임무를 깨달아 더욱더 열심히 일하게 된다. 국가안보를 확보하는 데 필요한 기본적 수단인 정보를 독점함으로써 정보원들은 강한 애국심을 갖는다. 정보의 독점과 사회적 책임이 주어지기 때문에 정보사회 안에서는 공식적으로나 비공식적으로 정보원의 행동을 규제하게 되고 이들 정보원들의 공동체와 사회는 함께 발전해간다고 생각한다.

이런 점에서 정보원들의 사회적 책임은 의사와 같은 다른 전문직이 가지고 있는 책임감과 다르다. 의사들의 고객은 한 개인이지만 정보원의 고객은 사회전체인 것이다. 그래서 정보가 가지고 있는 책임은 군대가 가지고 있는 그 책임성과 같다고 할 수 있으며, 군대가 지켜야 하는 사회적 책임의 기준에 맞춰 정보사회도 똑같은 책임의 기준이 따른다.

정보 취급업무에 있어서 사회적 책임감과 함께 공동체의식이 있어야 하며 이는 군대에서와 마찬가지로 그 조직으로서의 한 기준이 된다.[4] 군대와 정보사회에서 임관된 장교나 정보원과 같은 전문직은 똑같이 공무원이다. 그리고 이들은 공무원으로서 법에 따라서 전문적 직능이 수임된다. 즉, 결국 사회적 책임성과 전문적 직능 때문에 사회의 다른 전문직과 구별이 된다.

군은 군복을 입고 있기 때문에 확실하게 다른 사회집단과 구별이 되지만 정보요원은 그렇지 못하다. 그러나 정보요원은 국가의 안녕에 적합한 비밀 첩보에 접근할 수 있기에 정보 전문직의 요원이라는 긍지를 느끼게 한다. 이런 까닭에 군은 군복을 통해서 공동체의식을 강화하고 정보요원은 비밀을

---

4) 앞의 책, pp.50-51; Samuel P. Huntington, *The Soldier and the State: The Theory and Civil-Military Relations*(Cambridge, Mass.: Harvard University Press, 1959), pp.14-16.

공유하는 점에서 정보원 사이에서 강한 연대의식을 가진다.

정보요원의 집단 안에서는 첩보를 비밀로 지키기 때문에 정보를 만드는 사람들은 집단의 외부 사람들과 구별을 하게 된다. 그러나 실제로는 다른 사회집단으로부터 고립되는 결과를 낳게 된다. 결과적으로 전문직으로서 의도하지 않은 단절을 경험하는 경우가 있으며, 정보사회는 기능적인 요구 때문에 자연히 외부사회와 단절될 수밖에 없다.

정보는 그 특성상 다양한 분야의 이론과 실제를 다루며 정보사회가 그 기능을 하는 정치적 환경에 따라서 복합적인 상호관계를 만든다. 따라서 국가정보가 국가의 안보 상황에 따라 그 의미가 달라지며 국제정치의 변화에 따라 그 의미 또한 달라진다. 이런 상황에서 정보를 만드는 사람들은 단순한 전문가적 훈련을 통해서 만들어지는 것이 아니다. 정보업무의 다양한 특성은 결국 그 과업이 방대한 분야의 문제점에 대하여 최대한의 지식을 습득해야 하는 사실로부터 생기는 것이다. 또한 그 목적을 달성하기 위하여 다른 분야와 다른 방법과 기술을 이용해야 한다는 현실적 요청 때문에 다양한 특성을 갖게 된다.

이러한 국가정보를 이해하기 위해서는 국가정보의 개념을 명확하게 파악해야 한다. 다음 절에서는 국가정보의 이해를 돕기 위해서 필요한 개념 정리와 용어상의 정의에 대하여 설명하려고 한다.

II. 국가정보의 이해

1. 국가정보의 개념

우리 사회에서 가장 많이 사용되는 단어 가운데 "정보(情報)"라는 일반적 용어가 있다. 그러나 이 "정보"라는 단어의 개념은 최근 사회 각 분야의 정보화추세에 맞물려 각각의 분야에 따라 각기 다른 의미로서 정의되어 사용되고 있다. 그 근본적인 이유는 영문으로 표시되는 "인포메이션(Information)"과 "인텔리젠스(Intelligence)"라는 용어를 혼용하여 함께 '정보'라는 통칭으로 사용하기 때문이다. 그렇다면 원래 정보라는 용어는 군에서 사용하던 전문용어로서 '적국의 동정에 관하여 알림'이라는 의미가 있다.

정치적이고 군사적인 정보(intelligence)는 근본적으로 외국 정부의 능력과 의지에 관해 평가된 첩보(information)를 가리키며, 다른 한편으로는 정부가 전략적 이해관계를 유지하고자 하는 외국 지역에 대한 평가된 첩보를 말한다. 일반적으로 말해서 정보란 국제관계에 대한 평가된 첩보를 의미한다고 볼 수 있다. 어떤 형태로든지 첩보는 모든 수준의 합리적인 정책결정에 소요되기 때문에 특화된 기능적 첩보의 범주를 벗어나지 않는다. 말하자면 경제정보, 기술정보 또는 인물정보와 같은 것이다. 그래서 "첩보"는 낮은 수준의 전투적이거나 전술적인 것으로부터 높은 수준의 전략적이거나 국가적 정보에 이르기까지를 통틀어서 지칭하는 용어라고 할 수 있다.5)

정보는 정보자료(intelligence data)를 수집하는 여러 가지 방법 중의 하나인 스파이 행위(espionage)와 같은 말로 흔히 쓰이기도 한다. 정보는 방첩(counterintelligence)과 혼동되기도 한다. 방첩은 정보에 관한 첩보(intelligence information)를 생산하는 것이거나 이에 긴밀하게 관련된 경찰과 경호 기능인 것이다.

국가정보(國家情報)에 관한 책을 쓰는 저자들은 거의 모두가 그 책의 서두에 "정보란 무엇인가?(What is intelligence?)"라는 질문을 한다. 그리고는 "정보(intelligence)"란 그 저자에게 있어서는 어떤 의미에서 쓰인다는 것을 밝힌다. 이렇게 책의 첫 머리에서 정보의 정의나 개념을 논의하는 것은 "정보"라는 분야의 학문적 체계가 아직 미숙하고 학자마다 경험이 다른 관계로 어쩔 수 없이 생기는 일이다.

정보에 대한 전형적인 논의는 독일의 군사전략을 이야기한 클라우제비츠(Clausewits)로부터 연유된다고 볼 수 있다. 그는 "정보란 적과 적국에 관한

---

5) David L. Sills(ed.), *International Encyclopedia of the Social Sciences, Volume 7*(New York: The Macmillan Company & The Free Press, 1974), p.415.

우리들의 지식의 총체를 의미하며 전쟁에 있어서 아군의 계획 및 행동의 기초를 이루는 것"이라고 정의하고 있으며 "전쟁 중에 얻은 정보의 대부분 은 모순이 많으며 첩보는 그 이상으로 많고 그 밖의 다른 것은 더욱 불확실 하다고 할 수 있다"고 지적하고 있다. "따라서 장교에게 요구되는 것은 인간 에 대한 지식이며 그에 따른 일정한 판단력이 있어야 한다"고 정보의 개념 을 규정하였다.6)

이렇게 군사적으로 사용되던 '정보'라는 개념은 사회가 발전하면서 일반 적으로 통용되는 일상용어로 확대되어 쓰이고 있다. 그래서 종종 '정보'의 의미에 대해 혼란을 가져오는 경우가 많다. 따라서 여기에서는 먼저 정보에 대한 이해를 돕기 위하여 그 주변의 여러 용어를 정리하여 설명하려고 한다. 국가정보에 관한 연구자 가운데에서도 다음의 몇 가지 용어에 대한 정의에 합의를 보지 못하고 있기 때문에 여기에 사용되고 있는 용어상의 의미를 명백히 할 필요가 있다.

다음의 〈그림 1-1〉과 같이 정보 개념을 정리한 그림을 우연하게 찾을 수 있었다. 이는 미국 해군 정보사령부의 한 매뉴얼에서 발견한 것이다.7) "정 보"의 개념을 정리하기 위해 우선 정보를 구성하게 되는 기초의 개념으로 데이터 또는 자료(資料, Data), 첩보(諜報, Information), 정보(情報, Intelligence) 그리고 지식(知識, Knowledge)의 개념을 보다 명확히 하고자 한다.

(1) 데이터·자료(Data): 이는 인쇄물(print), 사진(image), 또는 통신(signal) 등의 원재료를 말한다. 자료는 쉽게 체계적으로 정리되는 것, 예를 들면 통신정보의 기술적인 도청과 같은 것이고 때로는 체계화되지 않은 방송 내용 청취에 관한 일반적인 보도자료 또는 텔레비전의 뉴스 내용 같은

---

6) Kal Von Clausewits, 이종학 역, 『전쟁론』(서울: 일조각, 1975)(http://user.chollian. net/~nelispo/what.htm), '정보란 무엇인가?'에서 재인용.

7) US Department of the Navy, Chief Information Officer, "Knowledge vs. Information," *Harnessing The Power of Information*(Department of the Navy, 1998), p.5(http://www.doncio.navy.mil/links/).

〈그림 1-1〉 자료, 첩보, 정보 그리고 지식의 관계

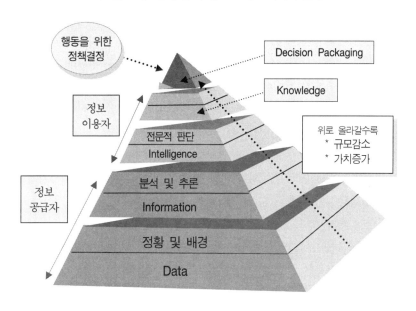

* 출처: US Department of the Navy, Chief Information Officer, "Knowledge vs. Information," *Harnessing The Power of Information*(Department of the Navy, 1998), p.5(http://www.doncio.navy.mil/links/) 참고

것이 있다. 이 글에서 공개자료(open source data)라고 할 때는 상업광고도 포함시킨다. 완전한 자연 상태의 자료의 모음으로는 아무런 의미를 부여할 수 없다. 따라서 자료는 어떤 기준이나 변수를 기준으로 분류되고 정리될 때 자료로서의 의미를 갖게 된다.

(2) **첩보(Information):** 포괄적으로 관심거리가 되는 보고서를 만들기 위하여 추려지거나 처리된 자료를 말한다. 첩보는 멀티미디어가 될 수도 있고 그래픽과 영상 이미지가 혼합된 것일 수도 있고 심지어는 사진의 해설에 관한 것도 될 수 있다. 그래서 첩보는 그 타당성이 검증되지 않은 상태일 수도 있어서 일반적으로 통용되는 지식이 될 수도 있는 정보에 비하여

보다 포괄적이고 광범위한 개념이라고 할 수 있다.

(3) 정보(Intelligence): 정보는 특정 수요자의 정책결정을 지원하기 위한, 다듬어진 첩보(a tailored information)와는 일반적으로 구분된다. "정보"란 실제로 비공개된 것이어야 한다고 어디에도 규정되어 있지 않다. 좋은 정보는 전적으로 공개된 자료에 근거할 수도 있고 또는 정보 통신 내용을 중간에서 차단하여 얻은 자료만을 근거로 할 수도 있다. 다시 말해서 가장 좋은 정보는 특성상 "전 출처(all-source)"를 근거로 정리된다.

따라서 정보란 어떤 현상의 의미를 분석 및 평가과정 그리고 해석과정을 거쳐 타당성이 검증된 지식이라고 할 수 있고, 대체로 가공된 지식을 말한다. 그렇다고 모든 지식을 "정보(Intelligence)"라고 할 수는 없고 주로 국가 정책이나 국가안전보장에 관련하여 정부기관이나 군대에서 사용되는 특수용어로서 통상 국가안보상의 첩보나 비밀내용을 담고 있는 지식을 "정보"라고 한다.

최근 우리 사회에서는 정보의 개념을 국가뿐만 아니라 기업, 정당, 학계 등 다양한 분야에 관련해서 논의가 진행되고 있다. 특히 기업과 관련해서는 기업정보(business intelligence)라든가 기업경영을 위한 지식경영(knowledge management) 등 다양하게 논의되고 있다. 그러나 이 글에서는 전통적인 정보의 개념에 입각하여 'Intelligence'를 국가안보와 관련된 첩보 및 활동을 지칭하는 것으로 한정하고자 한다.

(4) 지식(Knowledge): 정보의 제공수준에서 데이터·자료(Data)가 단순한 내용을 포함하고 첩보가 그에 대한 분석과 유추라면, 정보의 이용자 수준에서 전문적인 판단을 거친 정보 그리고 정책결정 단계에서 영향을 줄 수 있는 지식의 개념으로 정의할 수 있다. 이러한 각각의 개념은 정보의 수집과 이를 바탕으로 정책결정에 영향을 줄 수 있는 정보의 이용이라는 관점에서 주로 논의되고 있다.

그러므로 첩보(Information)는 데이터를 근거로 하고 '정보'는 평가과정을 거친 첩보(Information)에 근거한다. 이것은 분명한 전략적 목표를 가지고 장기간의 교육을 받은 사람에게 적절한 시기에 적절한 방법으로 상호소통이 될 때 그 가치를 부여받는 것이다.[8]

위에서 설명한 것처럼 데이터·첩보·정보·지식은 정보의 제공자 수준에서 그리고 정보의 사용자 수준에서 논의될 수 있다. 정보 제공자 수준에서는 데이터·첩보·정보가 다루어질 수 있고 사용자수준에서는 지식과 정보가 다루어질 수 있다. 정보의 제공자 수준에서 다루는 것은 주로 기술적 측면이 강하고 사용자 수준에서는 인간의 상호작용이 주로 다루어진다는 점이다. 이러한 각각의 단계는 상호작용을 통해 보다 정확하고 귀중한 정보를 양산하려는 데 목적을 두고 있다. 이는 최선의 결정을 유도하기 위한 노력으로 얼마나 양질의 정보를 소유하고 이를 바탕으로 정책결정을 내리는가가 국가경쟁력의 실천이라고 할 수 있다.

이러한 정보개념에 바탕을 둔 국가정보(National Intelligence)의 논의는 그 중요성에도 불구하고 지금까지 한국의 안보상황을 고려하여 본격적인 논의를 할 기회가 없었다.

〈그림 1-1〉에서 보듯이 첩보를 제공하는 사람들(information provider)은 자료(data)와 첩보(information)를 제공하고, 정보를 사용하는 사람들(information user)은 정보(intelligence)와 지식(knowledge)을 공급받게 된다. 전문가적인 판단(professional judgement)을 더한 정보는 정책결정상의 지식을 보급하는 것이며, 이 정보를 기초로 하여 궁극적으로 행동으로 옮길 만한 결정(actionable decisions)을 내리게 되는 과정을 거치게 된다. 피라미드(pyramid)의 윗부분으로 올라갈수록 자료가 정리되어 자료의 가치는 높아지고 그 분량은 자연히 줄어들게 된다는 것을 말한다.

이러한 점을 고려하여 이 책에서는 국가정보의 개념을 다루게 된다. 국가

---

8) Robert D. Steele, *Information Concepts & Doctrine for The Future*(Open Source Solutions Inc., '97. Volume 2, 1997)(http://www.oss.net/Proceed.html/) 참고.

정보를 논의함에 있어 기본적으로 앞서 지적한 것처럼 정보의 개념을 지식의 범주 안에서 논의했지만 국가정보는 그러한 지식과 그것을 생산하기 위한 국가적 조직 그리고 활동을 포괄하는 개념으로 논의되고 있다.9)

지식으로서의 정보에 관하여 아브람 슐스키(Abram N. Shulsky)는 "국가안보적 이익을 증진시키고, 외부로부터의 위협에 대처하는 정부의 정책입안 및 시행에 관련된 첩보(Information)"를 지칭한다고 정의하고 있다.10) 결국 국가정보란 국가안보에 관련된 "정보(Intelligence)"라고 설명할 수 있다.

국가정보의 가치는 최종 정책결정자인 대통령 또는 그 외의 정책결정자의 판단에 따르게 되므로 그에 합당한 판단력과 그에 대한 정확한 정보의 제공이 요구된다고 할 수 있다. 이러한 국가정보는 과거에는 군사적 목적을 위해서 비밀스런 정보를 수집하는 데 치중했고, 그 특징으로는 군사적 위협과 나라의 대외적 주변 환경에 민감했으며 국방외교 향상에 초점을 두었다. 그러나 최근 냉전종식 이후의 상황은 군사적 위협요소가 점차로 사라짐에 따라서 정부의 정책결정자들은 경제적 문제에 민감하게 되고 그 분야가 보다 다변화되었다. 또한 그 내용으로는 국제 재정문제, 산업 스파이문제, 과학·기술 이진문제, 주가와 환율 그리고 자원의 인정적인 공급을 위한 국제유가, 마약 및 테러리즘, 환경문제 등이 그 대상으로 등장함으로써 다양화의 경향을 보이고 있다.

요약하면 국가정보란 다양한 데이터, 첩보 그리고 전문적인 분석을 통한 정보화의 과정을 거쳐 정책결정자의 결정에 도움을 주기 위해 분석된 지식

---

9) 서만 켄트(Sherman Kent)는 국가정보의 개념을 지식, 활동, 조직을 포괄하는 개념으로 이해하나, 전웅(국가정보연수원)은 '국가정보'라는 것을 지식으로만 파악하고, 활동은 국가정보활동, 조직은 국가정보기관으로 구분해야 한다고 주장하고 있다. Sherman Kent, *Strategic Intelligence for American World Policy*(Princeton, N. J.: Princeton University Press, 1966); 전웅, "국가정보와 안보정책,"『21세기 국가안보: 새로운 패러다임의 모색』(국가정보연수원, 1996), p.140.

10) Abram N. Shulsky and Gary J. Schmitt, *Silent Warfare: Understanding the World of Intelligence, Third Edition*(Washington, D.C.: Potomac Books, Inc., 2002), pp.1-3.

을 의미한다.

2. 국가정보의 연구 범위

정보는 우리나라가 외국과 대외적 교섭을 하는 데 아주 중요한 자원의 역할을 하고 있다. 정보가 무엇인가를 이해하지 못하고서는 한국 외교의 내용을 이해하기 어렵다. 오늘날 한국은 대외무역으로 10대 대국 안에 들고 있으며 동시에 북한의 핵 확산 방지에도 노력하는 등 지구적 국제관계 차원에서 한국 외교의 내용을 이해하는 데는 보다 많은 정보의 이해가 필요하다.

현재의 국제정치에 있어서도 정보는 UN의 활동과 IAEA는 정부간 국제기구(Inter-Governmental Organization: IGO)의 활동을 이해하는 데 꼭 알아야 하는 것이다. 말하자면 국제기구가 어떻게 운영되고 있는가를 충분히 이해하려면 역시 정보 관련한 여러 가지 일들을 이해할 필요가 있다.

그렇다면, "국가정보란 무엇인가?" 한국에 있어서 국가정보(때로는 미국의 경우 "정보 첩보—intelligence information"라고도 함)란 한국의 외교 정책과 대북관계 정책을 지원하는 유일한 목표를 가지고 첩보가 수집되고 분석되어 배포되는 것을 말한다. 즉 국가정보는 정책결정자들이 국가 정책에 관련된 여러 문제점을 보다 잘 터득하고 국제사회를 보다 잘 이해하도록 제공되는 외국의 사항에 관한 첩보를 일컫는다. 정보기관은 이 첩보를 제공하는 것일 뿐 대외관계를 다루는 것은 정책결정자의 몫이지 정보관(intelligence officers)의 일은 아니다. 국가정보는 외교 정책에 대해서 대단히 중요한 입력(input)의 역할이 되지만 정보관이나 정보기관은 정책결정을 하거나 정책의 경중을 다루는 일은 하지 않는다. 따라서 여기에서 우리는 국가정보에 대한 잠정적인 정의를 다음과 같이 제한적으로 내리려고 한다.

> 국가정보는 정부의 정책결정자(policymakers), 기획담당자(planners)와 정책집행자(implementers)의 지원 업무에 이바지하도록 일반적으로 잘 다듬어진 외국에 관한 첩보를 의미한다.

여기에 제시한 용어의 정의는 필자의 것이면서 대부분의 학자들이 함께 하는 포괄적인 정의라고 할 수 있다. 가장 단순하게 정의하자면 정보란 전문가의 판단이 가미가 된 지식이며 정부의 정책결정자가 결정을 하고 행동에 옮기기 전에 제공되는 우리 주변의 외부세계에 관한 사전지식이다. 정보기관(intelligence organizations)은 민간지도자이건 군사령관이건 간에 같은 정보소비자가 최선의 정책 선택과 정책 결과를 이끌어가고 도와줄 수 있도록 그 정보를 제공한다. 정보 과정(intelligence processes)은 사실을 수집하는 일과 이들 수집된 사실을 분석하는 일, 그리고 가급적이면 신속하고 명백하게 평가하는 일이 뒤따른다. 그리고 정보 판단의 결과를 생산하는 일과 그 생산된 정보보고서를 적시에 배포하는 일들을 모두 합해서 정보 과정(intelligence process)이라고 한다. 무엇보다도, 정보의 분석 과정은 엄밀하고(rigorous) 적시에(timely) 이루어져야 하며 정책적 필요성과 관심 문제에 적절하게 맞아야 한다.

이런 의미에서 정보란 첩보를 처리하는 과정을 말한다. 기능적으로는 정보란 저널리즘이나 학구적 연구와 비슷한 것이다. 그래서 정치학이나 다른 사회과학의 연구과정과 연구결과의 평가와 아주 비슷한 일을 하는 것이다. 매체(media)나 두뇌집단(think tank), 그리고 첩보를 생산하는 사람과 다르게 국가정보는 대외 첩보만을 다루고 있다. 특히 제한된 범위 내의 정부 고객을 상대로 정보를 제공하며 특정 정책결정자에게 맞춤형 보고서를 만들어 준다. 이들 생산된 보고서는 브리핑 형식, 지도, 보고서, 디지털화된 자료 등으로 제공된다. 국가정보는 이따금 아주 헌신적인 정보의 출처(intelligence sources)나 신비스런 첩보의 출처(information sources)를 가지고 있는데, 이들은 때로 비밀요원이나 첨단기술의 감지와 같이 아주 잘 정비된 시스템을 가지고 있다. 물론 국가정보는 외국 정부나 기업 혹은 NGO와 같이 정보를 숨기거나 교란하는 외국의 정치·경제·군사 첩보에 일차적으로 그 초점이 맞추어지고 있다.

일반적으로 최근 들어서 국가정보가 소요되는 분야의 범위는 다음과 같다.

- 급작스런 공격(surprise attack)
- 특정 무기의 확산(weapons proliferation)
- 테러리즘(terrorism)
- 인권 남용(human rights abuses)
- 불공정 무역 사례(unfair trade practices)
- 평화유지의 위반(peacekeeping violations)
- 마약 밀매(drug smuggling)
- 조약 위반(treaty violations)
- 국제 범죄(international crime)
- 환경 위협(environmental threats)
- 뇌물 또는 반환 보상(bribes or kickbacks) 그리고
- 자연재해(natural disasters) 등이 있다.

물론 이 밖에도 국가의 사정에 따라서 국가정보의 소요 판단(intelligence requirements)이 나라마다 다른 경우가 많다. 특히 지난 50여 년간 우리나라는 북한의 사회주의 정권과 대치해 있었고 북한 공산당의 정강 정책은 아직도 남한에 대한 적화통일을 고수하고 있는 상황인 것이다. 따라서 더욱 더 북한에 대한 첩보수집에 초점을 맞추어 왔다.

일반적으로 위에서 열거한 내용 이외에도 중국이나 일본에 있는 친 북한 동포들의 첩보공작이라든지, 그들의 자금동원을 통한 북한의 국방력 강화를 돕는 일이라든지, 남한의 인사를 저격하려는 테러의 움직임 등 우리의 동포가 많이 거주하고 있는 중국, 일본 및 미국에서의 활동을 파악하는 것은 국가정보활동의 중대한 내용이 되고 있다.

국가정보를 논의하는 데에는 우리가 쉽사리 빠지기 쉬운 몇 가지 깊은 함정이 있다. 먼저 우리는 이들 오해와 함정을 극복해야 한다고 생각한다. 가장 중대하고 피하기 어려운 함정은 "정보에 대한 무지와 음모설"인 것이다. 정부의 다른 어떤 기능에 비하여 국가정보만큼이나 널리 국민의 이해를 구하지 못한 분야도 또 없을 것이다.

일반 사람들은 정보사회에 대해서 잘 모르고 정보기관이 무엇을 하는 곳
인지 알지 못한다. 국가정보의 지식에 대한 부족뿐만 아니라 영화나 엑스파
일(X-files)과 같은 인상을 가지고 정보기관에 대한 일그러진 견해를 가지고
있는 수가 많다. 정보기관은 오로지 비밀을 취급하고, 사람을 마구 문초하여
국가적 범죄를 자백하게 하는 비인도적인 기관이라는 인상을 주고 있다. 더
욱이 이 같은 일반적인 무지는 언론인이나 교수들과 같이 더 잘 알고 있어
야 할 사회 지도층과 여론을 이끄는 엘리트층 가운데서도 그렇다. 놀라운
일이지만 심지어는 정부의 고위 간부 가운데에도 그 같은 무지의 소행을
드러내는 경우도 있다. 정보와 관련하여 일반적으로 지니고 있는 공통적인
오해의 내용들은 다음과 같다.

(1) 정보는 정책이 아니다: 한국의 국가정보관(intelligence officers)은 정부의
    정책을 결정하지 않으며 어떤 논평도 하지 않는다. 그 대신 그 정보관들
    이 하는 일은 정부의 정책을 결정하고 계획하며 집행하는 정책결정자에
    게 정보 및 첩보(information)를 제공한다.

(2) 정보는 비밀공작(covert action)이 아니다: 많은 사람들이 정보와 비밀공작
    을 같은 활동이라고 생각한다. 실제로는 정부가 비밀공작에 투입하는 예
    산이나 공무원의 수가 전체의 1%도 되지 않는데도 정보의 업무는 모두
    비밀공작이라고 생각한다는 것이다. 미국 정부의 국가정보에 관련되는
    업무 가운데 99%가 비밀리에 일을 처리하는 "지저분한 꾀(dirty tricks)"
    와 아무런 관련이 없음에도 불구하고 미국의 일반 시민들은 그렇게 생각
    하지 않는다고 한다.[11] 오히려 국가정보 업무는 연구를 중심으로 하는
    업무와 관련된 것으로 첩보를 수집하고 분석하는 일이며 그 분석 결과를

---

11) John Macartney, "Teaching Intelligence: Getting Started," 1999년 6월 18일 미국
    의 Joint Military Intelligence College가 주최하는 *Conference on the Teaching of
    Intelligence*에서 발표한 논문, p.4, 30, http://www.c4i.org/teachintel.html(2008
    년 1월 6일).

정부의 정책결정자에게 전달하는 일을 한다.

(3) 정보는 국가정보기관에서만 취급하는 것이 아니다: 정보란 국가정보원(國家情報院)이나 과거의 중앙정보부에서만 다루는 것이 아니다. 대체로 학생들이나 일반 시민들은 국가정보라고 하면 국정원에서만 다룬다고 생각한다. 우리나라에서 국정원은 모든 국가정보 업무의 일부만을 담당하고 있다. 미국의 경우에는 군이나 법무성, 또는 재무성 등 다른 정부기관을 포함해서 전체 정보사회(intelligence community)가 취급하는 업무 가운데 겨우 15%만을 미국 중앙정보국(US Central Intelligence Agency: USCIA)이 취급하고 있다는 점이다.

(4) 정보는 법을 집행하는 것이 아니다: 과거 일제강점기와 같이 경찰국가의 정보활동은 법을 집행하는 것이었다. 특히 나치의 게슈타포(Nazi Gestapo)와 구소련의 KGB, 그리고 현재 중국의 공안부는 일차적으로 국내 경찰기관으로서 법을 집행하는 기관이었으며 외국의 정보를 담당하는 것은 외사(外事)라고 하여 이들 기관의 부차적인 활동과 임무에 속한 것이었다.

우리나라의 경우 1961년 민주당 정권이 설립한 중앙정보연구소(소장 이후락)는 기본적으로 대북한 정보의 수집과 분석을 목적으로 하였으나, 5.16 군사혁명 이후 1962년에 국가재건최고회의가 설립한 중앙정보부(부장 김종필)는 초기부터 새로운 국가의 틀을 만든다는 의미에서 법을 집행하는 권한(형법이 정한 "국가안보 수사권"을 인정하여 정보수집·분석기관으로서, 수사권과 체포·구금의 권한)을 부여하였다. 이는 과거 조선총독부의 경찰과 헌병의 정보·조사 업무를 취급하던 요원과 그 기능을 계승한 것이다. 따라서 수사기능을 보유한 중앙정보부로 발전해 왔다.

1981년의 국가안전기획부로 변신하면서 법 집행의 기능이 다소 축소되었지만 과거 한국군의 방첩활동과 대북 공작을 겸비한 임무 때문에 결국 국가안보 수사를 포함한 법의 집행을 위한 국내사찰과 해외동포에 대한 첩보활동이 계속되었다. 1992년 이후 김영삼 정부에 이르러 국가정보기관의 개혁은 점차로 그 기능을 법의 집행에서 정보를 수집 분석하고 평가하는 기관으로 유도하게 된 것이다. 따라서 국가정보를 다루는 한국의 중앙정보부나 안전기획부 현재의 국가정보원에 대한 국민의 인상은 비밀정보나 첩보를 다루는 비밀공작 기관으로 인식하게 되었고 이들 기관은 법을 집행하는 막강한 권력 기관으로 오인되고 있다.

미국이나 영국의 국가정보기관은 대체로 법의 집행을 그 임무로 삼고 있지 않으며 정보 요원들은 특별한 임무 수행을 하는 경우를 제외하고는 총이나 수갑을 휴대하고 다니지도 않는다. 그래서 영·미 계통의 국가정보기관은 전통적으로 법을 집행하거나 경찰의 권한을 가지고 있는 기관이 아니다.

(5) 음모론(conspiracy theories)이 항상 문제가 된다: 어떤 사회·정치적 사건의 배후에는 반드시 그 사건을 유도한 세력이 있다고 생각하는 경우가 문제인 것이다. 따라서 정부기관의 합법성과 정당성에 크게 훼손되는 경우가 생긴다. 특히 모든 사건의 배후에는 정보기관이 개입되어 있다는 생각이 많은 문제를 야기한다. 부분적으로는 정부기관의 비밀유지 때문에 그런 오해를 일으키지만 상상을 초월하는 영화나 소설 따위로 인해서 실제적인 정보기관의 공작에 오해를 불러일으키는 경우가 적지 않다.

한국의 대통령선거 때마다 들추어지는 국정원의 "북풍설(北風說)"은 북한 정권의 대남공작을 유도한다는 음모설을 기초로 한 것이다. 가장 최근의 경우 국정원의 전화도청에 의한 정치자금의 불법 사용을 밝히는 엑스파일(X-Files)설과 같은 사건의 배후에 음모가 있었다는 것이다. 또는 미국의 정보기관 요원이 한국의 정치엘리트들을 대사관 중심으로 가까이 지내면서 계획적인 정치 개입을 하고 한국 정부에 영향을 미치고 있다는 음모설이 같은 것들이다.

　이렇듯 정보란 많은 오해와 불신 가운데에서 그 적합성을 유지하고 국가 정책결정에 적극적인 지원을 하는 것은 사실이다. 장기적으로 가상적국이나 국가경쟁의 상대국에 대한 정책 흐름을 미리 파악하고 그 전략적 방향을 예측하는 것은 국가의 안보와 외교에 있어서 매우 중요한 요소다.

III. 국가정보와 국가안보와의 관계

1. 국가정보의 대상과 목표

　국가정보라는 용어를 앞에서 여러 차례 사용하고 있지만 대체로 국가안보(國家安保, national security)에 대한 문제들과 관련하여 논의하였다. 말하자면 국방과 외교 정책, 그리고 국내 안전의 특정 부문으로 구성되는 국가안보와 관련된다는 것이다.

　다른 국가의 행동, 정책 그리고 능력이 국가정보의 가장 기초적인 대상이 된다. 정책결정자나 정보 요원은 언제나 적국에 대해서만 관심을 기울이는 것은 아니고 비교적 적대적인 국가나 정책 목표가 비우호적인 국가에 대해서도 늘 같은 관심을 가진다. 그렇지만 원만한 대외 정책의 수행을 위해서는 비교적 중립적 국가와 우호국가는 물론 동맹국가까지도 자기나라와 경쟁의 대상이 되고 있는 경우에는 관심을 가지고 관찰하고 정보를 늘 모아야 한다.

　예를 들면, EU를 구성하는 나라들은 대체로 미국과 긴밀하고 동맹관계를 가진 나라들이지만 전 세계의 자원과 시장에 대해선 경쟁적 입장에 있기 때문에 미국 정부는 이 나라들을 경쟁자로 간주하여 늘 활동사항에 대한 정보를 수집 분석하고 있다. 미국은 군사적으로 동맹관계에 있는 일본에 대하여서도 유럽의 여러 나라에 대한 정보수집의 경우와 마찬가지로 늘 국가정보의 대상으로 인식하고, 일본 정부의 활동과 그 의지(intentions)에 대하여 정보를 수집한다. 특히 일본과 같은 동맹국의 경우에도 그 정부의 움직임이 다른 나라와의 갈등관계를 일으켜 미국도 따라서 어려운 입장에 빠지지 않을까 하는 우려에서 늘 정보를 수집하고 있다. 미국이 어떤 어려운 상황에 당면하기 전에 미리 우방 국가가 어떤 정책의 방향으로 그 국가적 행동의 길을 가고 있는지를 사전에 대비하려는 의도인 것이다. 최근 들어서 미국 정부는 국가가 아닌 국제적 집단에 대해서도 테러와 마약, 그리고 인신매매와 같은 일이 일어나기 전에 사전 대비책으로 국가정보를 수집 분석하고 있다.

일반적으로 정부는 외교·경제·군사·사회적인 분야 등에서 관찰의 대상이 되는 국가의 적극적 행동과 앞으로 취하려는 예상 행동, 그리고 그 국가의 능력에 관한 첩보를 소요하고 있다. 그러나 이런 첩보에 접근할 수 없게 비밀리에 추진되거나 외국 정부가 도저히 알아볼 수 없도록 접근 가능성이 부정되는 경우가 많다는 것을 인식하고 정부는 방대한 규모의 국가정보기관을 설치하고 있다. 말하자면 첩보는 비밀이며 그런 첩보는 될 수 있는 대로 비밀로 유지하려고 한다.

비밀 첩보를 추구하는 것이 정보활동의 주축을 이룬다. 냉전의 종식에 따른 정치적 변혁을 반영하여 한때 극비였던 것이 점차 공개되어 첩보량이 증가하고 있다. 특히 구소련을 포함한 그 위성 국가의 경우에 이와 같은 개방의 현상이 두드러지고 있다. 물론 아직도 많은 나라가 다른 나라의 접근을 막고 비밀을 유지하고 있다는 것을 간과해서는 안 된다.

"정보(intelligence)"라고 말할 때 사람들은 군의 이동이나, 무기체계와 그 기능, 그리고 급작스런 군사 공격과 같은 군사적 정보를 생각하는 경향이 많다. 물론 기대하지 않았던 군사적 공격을 피하기 위하여 국가는 일차적으로 정보기관을 설치한다. 그러나 군사정보는 정보 일반의 중요한 부분이지 여기서 논의하는 "정보"를 배타적으로 지칭하는 정보 대상의 전부는 아니다. 정치정보(political intelligence), 경제정보(economic intelligence), 사회정보(social intelligence), 문화정보(cultural intelligence), 그리고 환경정보(environmental intelligence)는 정보 분석의 주요 내용이다. 실제로는 정책결정자와 정보를 공급하는 정보원은 꼭 외국에 대한 정보만을 고려하여서는 안 된다. 국내안보(internal security)를 위협하는 정부의 전복(subversion), 간첩(espionage), 또는 테러행위(terrorism)와 같은 내-외국인의 활동에 관한 정보수집·분석에도 집중할 수 있어야 한다.

국내안보를 위한 정보활동 이외에도 한국을 포함한 미국이나 영국과 같은 민주주의 국가 체제 밑에서도 국내 정보활동은 허용된다. 국내 정보활동은 주로 법을 집행하기 위한 경우(law enforcements issues)에 합법적인 정보기관의 활동으로 간주된다. 따라서 서방 민주주의 국가가 지금까지 이끌어 온 정보 실무(intelligence practices)는 북한의 정치보위부나 중국의 공안부, 또는 구소련의 KGB와 같이 엄격한 국내 비밀경찰을 운용하는 기능과 크게 다른 것이다. 여러 관점에서 이 두 가지 정보기능은 비교할 만한 것이 못된다.

결국 그렇다면 우리는 정보를 무엇을 하는 것이며 그 대상과 목표는 무엇이라고 정할 것인가? 정보는 진리(truth)에 대한 것이 아니다. 만일 무엇이건 간에 정보가 진실(true)이라고 알려진 경우에, 국가는 정보기관을 설치하고 첩보를 수집하여 그것을 분석할 필요가 없다. 진리라는 절대적인 기준을 정하고 나면 정보활동은 실제로 별로 성취할 만한 기능을 가지고 있지 못하다. 정보란 그 때문에 비교적 보다 정확한 것으로 "현실에 근사한 것(proximate reality)"일 뿐이다. 정보기관이 할 수 있는 최선의 것은 실제로 무슨 일이 일어났는지를 가장 적확(的確, firmly)하게 이해하는 데에 이르는 것이라고 생각한다. 정보기관은 자신들이 최선을 다하고 가장 사려 깊은 분석을 한 결과라 할지라도 사건이나 문제에 대하여 절대로 확실한 태도를 드러내지 아니한다. 다만 정보기관이 목표로 삼고 있는 것은 신빙성이 있고(reliable), 편견이 없으며(unbiased), 그리고 어떤 정치적 영향에도 굴하지 않은 정직한(honest) 정보의 산물을 만드는 데 있는 것이다. 이는 오직 훌륭한 목표일 뿐 아직도 진실과는 거리가 있는 것이다.

미국의 중앙정보국 본관의 현관 벽에는 "당신은 진실을 알아야 하며 그 진실은 당신을 자유롭게 할 것이다(And ye shall know the truth and the truth shall make you free)"라는 문구가 적혀 있다고 한다. 아마도 이러한 흐뭇한 정서를 드러내고 있으나 사실 그렇게 되지 않는다는 것이다. 감정의 표현이 좀 다르지만 한국의 과거 중앙정보부의 모토(motto)는 "우리는 음지(陰地)에서 일하고 양지(陽地)를 향한다"는 정서를 가지고 있었다. 우리의 경우는 정보활동이란 근본적으로 비밀주의가 높은 것으로 그 업무의 목표를 삼았을지도 모른다.

2. 국가정보와 정책 과정

국가정보를 학문의 대상으로 삼고 연구하거나 대학에서 가르치는 경우에 그 접근방법을 어떻게 할 것인가는 처음부터 문제가 되었다. 미국의 학계보다는 영국의 학계에서 이 분야에 대한 논의가 일찍부터 있었다.[12]

국가정보를 대상으로 연구하는 경우에 대체로 다음의 네 가지 접근이 가능하다. 첫 번째로, 역사적·자서전적 접근을 들 수 있다. 여기에서는 특정한 역사적 사례연구(case studies)로서 시계열에 따라 역사를 나열하는 방법이고, 회고록이나 문헌 자료를 근거로 연구하는 경우이다. 둘째는, 기능적 접근으로 정보활동과 정보 취득과정에 대한 연구를 하는 것이다. 이는 역사적 예를 찾아내는 것이 아니라 추상적인 문제에 대한 심층적인 연구를 수행하는 것이다. 셋째는, 구조적 접근으로 비교적 큰 그림에서 정보기관이나 그 조직에 관한 연구를 수행하는 것이다. 그리고 넷째로, 정치적 접근으로서 국가정보의 정치적 면을 연구하는 것이다. 정책결정 단계와 정책 소요단계에 있어서 국가정보를 연구하는 것이다.[13]

토마스(Stafford Thomas) 교수가 제시한 이 네 가지 접근법은 그 나름대로 유용한 개념이지만 실제로 대학에서 강의하고 연구하는 데는 가장 중요

---

12) 영국의 학계에 관하여는 Michael S. Goodman, "Studying and Teaching about Intelligence: the Approach in the United Kingdom," *Studies in Intelligence*, Vol.50, no.2(Center for the Studies of Intelligence, USCIA, 2006) 참조.

13) Stafford T. Thomas, "Assessing Current Intelligence Studies," *International Journal of Intelligence and Counterintelligence*, Vol.2, no.2(1988), p.239.

한 것은 방법론이 문제가 된다. 과거의 문서를 1차적인 자료로 삼고 역사적인 사례연구를 하는 경우와 국가정보 연구의 기본이 되는 국가정보의 정의에 관한 안목을 가지고 그 자료를 검증하는 것이 서로 상충되는 문제를 제기한다. 국가정보에 오래 일한 전문가의 자서전적 회상록에 근거하여 가르칠 수도 있지만 국내 문제에 있어서 시민의 자유를 억압했는지, 저널리즘적 대중 편견에 의한 내용이나 문화를 가르친다는 것도 문제가 된다. 그래서 결국은 국가정보를 어떻게 정의하게 되는가에 따라서 이 분야를 연구하고 논문 쓰는 내용을 좌우할 수도 있다고 생각한다.

국가정보론을 학문의 한 분야로 보았을 때 영국에서는 주로 역사적인 사례연구를 많이 취급하고 미국학계에서는 주로 정치학과의 과목으로 가르치고 있다. 그래서 국가정보론의 내용은 정부의 정책 과정과 관련을 갖는 내용을 위주로 논의하게 되어 있다. 앞에서도 몇 차례 거론되었지만 정치학적 접근은 주로 정책결정자의 정책선택에 도움이 되기 위한 정보를 공급하는 것을 강조하는 것이다. 특히 그 정보의 소요는 국가의 위급사항이나 전쟁의 상황에서 일찍부터 필요로 했던 첩보를 근거로 국가의 안위를 관리하는 과정에서 국가정보가 필요했기 때문에 국가정보는 국가의 정책 과정의 한 통합적 부분인 것으로 생각하게 된다.

국가정보는 정부가 급박한 위협에 직면하기 전에 경고(warning)하여야 하며, 정보를 다루는 정보원은 경험을 가진 전문가로서 정책결정자를 자문하고 지원할 수 있어야 한다. 수집하여 제공되는 첩보는 정보기관이 미리 비밀리에 수집하지 않았다면 꼭 필요로 할 때 이용할 수 없기 때문에 가치가 있는 것이다. 국가정보를 제공하는 측에서는 첩보의 중요성을 강조한 나머지 단순한 첩보의 수집자로서 필요한 경우 정보를 공급하는 기능을 한다고만 생각해서는 안 된다. 또한 정책기관에서도 똑같이 적절한 분석을 할수 있다는 것을 인정해야 하며 국가정보기관의 첩보만이 아주 중요한 가치가 있는 것이라고 강조하는 경우에 문제를 야기할 수도 있다. 다만 두 기관의 차이점이 있다면 하는 일이 다른 것이고, 두 기관이 추구하는 일의 결과에 대한 책임이 다를 뿐이다. 말하자면 정보차원에서의 결정과 정책 차원에서의 결정이 서로 대립되는 것이다.

정책결정자의 식견으로 보아 국가정보의 기능이 불가피하게 지니고 있는 약점이 있다는 것을 여기에서 밝혀둔다.[14] 첫째로 정보 과정에서 보면 정보 분석은 주로 특정 문제에 대해서는 항상 당시에 통용되는 "상투적인 지혜(conventional wisdom)"에 지나지 않을 만큼 시원치 않다는 평가를 받는다. 그래서 흔히 변변치 못한 보고서라고 생각하고 폐기되는 지경에 이르기도 한다. 정책결정자는 언제나 그보다 훨씬 훌륭한 정보 분석을 기대하고 있으며 적어도 부분적으로나마 정당하다고 인정되는 보고서를 기대하고 있다.

둘째로는, 정보 분석은 지나치게 자료(data)에 의존하고 있기 때문에 보이지 않는 아주 중요한 내용을 누락하게 된다. 예를 들면, 지난 수년간 급격하게 성취한 중국의 경제성장은 아직도 인구의 90%가 빈곤하고, 농촌에 살고 있기 때문에 결코 국가로서 성공할 수 없다는 많은 보고가 여기에 지적한 예와 같은 것이다. 중국 정부가 비록 13억 9천(2014년)의 많은 인구이지만 평화스럽게 통치해 온 지난 60년 동안 축적한 국가의 운영체계와 정치지도자의 경험과 같이 무형적인 지혜를 쉽게 간과하는 것이다. 단선적으로 한 나라의 정치·군사적 분석에 의존하는 보고서는 이따금 대단히 중요하게 간주되어야 할 여러 가지 가치와 문화적 요인, 그리고 정신적이고 의지적 요인들을 고려의 대상으로부터 빠트리고 결론에 이르게 된다는 것이다.

셋째로는, 자신의 생각과 선입견이 자연스럽게 반사되는 "미러 이미지(mirror-image)"와 같이 국가나 개인은 언제나 우리와 같이 생각하고 행동한다는 가정을 갖는 경우이다. 이 같은 생각은 적확한 분석을 하는 데 많은 지장을 초래한다. 늘 우리의 생각과 행동을 지배하는 가치기준이나 신념이 정보 문제에 있어서 지배적으로 작용할 수 있다는 것이다. 그래서 정보 분

---

14) Mark M. Lowenthal, *Intelligence: From Secret to Policy*(Washington, D.C.: CQ Press, 2000), pp.7-8. 저자는 Boston에서 국가정보를 가르쳤으며 과거 미국의 의회 정보위원회 심의관이었으며 한때는 미국 국무성의 정보담당 차관보를 지냈다.

야에서는 이 같은 생각의 패턴(thinking patterns)이나 관습(social mores)
이 훌륭한 분석의 결과를 저해한다고 생각한다. "미러 이미지"가 가지는 또
다른 가정은 "모든 사람이 합리적인 생각을 근거로 행동한다"는 생각이다.
우리가 사는 세상에는 "불합리한 행위자(irrational actor)"가 많다는 것을
인정하지 않는 경우다. 우리는 국가나 정치인이 아주 불합리한 결정을 가지
고 행동하는 일이 많다는 것을 인정하고, 만일에 합리적이라 하더라도 그
합리성(rationality)의 근거가 우리와 다른 경우가 많다는 점을 인식해야 한
다는 것이다.

예를 들면, 북한의 지도자들이 우리와 아주 다른 합리성과 정책적 가정을
가지고 외교행위를 하는데도 불구하고 많은 한국사람들은 우리는 같은 민족
이고 동포라는 점에서 우리와 똑같은 정서와 행동의 기준을 가지고 국가를
운영한다고 생각하는 것이 바로 그런 "미러 이미지"이다. 얼마 전까지 6자회
담을 위해서 활약했던 미국의 국무성 차관보 크리스토퍼 힐(Christopher
Hill)의 말을 들어 보면, 그가 북한의 외교부 부수상인 김계관을 만나서 이
야기할 때 그는 일단, 늘 그럴 듯한 상투적인 거짓말(plausible lies)을 하였
다고 한다. 그는 완전히 비합리적이고 우리와 다른 생각에서 공식적인 말을
할 뿐이라는 것이다. 그러다가 교섭과정에서 자세하게 일일이 지적하면 다
시 사실대로 바른 이야기를 한다고 하였다.

여기에서 제기된 정보분석자의 약점을 회피할 수 있는 방안에 관해서는
뒤에 따로 "정보 분석의 심리학(the psychology of intelligence analysis)"
이라는 부분에서 상세하게 설명하려고 한다.

네 번째 문제는, 정보분석자들이 쉽게 간과하는 문제이면서 아마도 가장
중요한 것일지도 모른다. 정책결정자들은 제공된 첩보나 정보들을 언제나
아무 생각 없이 묵인하거나 원용하지 않을 수 있는 자유가 있다는 것을 정
보를 생산하는 사람들은 쉽게 망각한다는 것이다. 따라서 정보를 제공하는
기관에 대한 가장 커다란 벌은 신속한 정보가 준비되기 전에 정책의 결과가
나오는 일이다. 더구나 이는 정책결정자가 제공된 정보에 유의하여 일 하도
록 종용할 방도가 없는 것이기 때문이다.

이런 이유 때문에 미국의 정보원들은 정보를 수집·분석·배포하는 정보순환(intelligence cycle) 과정에서 정보를 배포하는 과정에 보다 많은 시간을 소비한다. 유능한 정보원은 그만큼 자신의 보고서가 정책결정에 영향을 미치도록 노력한다. 예를 들면, 한국의 중앙정보부 요원은 과거 오히려 신분을 감추어야 함에도 불구하고 자신이 수집·분석한 정보의 내용을 관계 당사자에게 거리낌 없이 말하는 경우를 사적으로 흔히 볼 수 있었다. 말하자면 정보기관이 가지는 정책결정 기관에 대한 영향력을 과시하는 것이다. 정책결정자는 자기 뜻에 따라 제공된 정보를 처분할 수 있으나 정보를 제공하는 정보원은 정책집행 과정에 자기의 정보 내용에 따라 정책 수행을 하도록 강요할 길이 없기 때문이다.

이런 경우에 우리는 다음과 같이 자문해 볼 필요가 있다. 즉 "공식적으로 제공되는 국가정보가 있든 없든 정책결정자의 결정 내용은 같을 것인가?" 만일에 스스로의 답이 긍정적이라면 정보에 문제가 있다고 인식해야 할 것이다. 그렇다면 또다시 우리는 "정보란 무엇인가?"를 되새겨볼 필요가 있다.

제1장의 첫 머리에서 국가정보란 무엇이라고 정의할 것인가를 제기하였다. 국가정보에 대한 여러 가지 논의를 하는 동안에 국가정보라는 개념의 여러 측면을 살펴보았다. 이 여러 가지 개념을 이 책에서는 개별적으로, 또는 동시에 사용하게 된다. 정리하는 의미에서 다음과 같은 정의와 개념을 다시 한번 여기에 정리하려고 한다.

사전적 정의에 가까운 것이지만 자료(data)란 측정하거나 통계를 낼 수 있는 사실에 관한 첩보(factual information)이며 추리, 토의, 또는 계산을 할 수 있는 기초가 된다. 첩보(information)란 지식이나 정보와 같이 확인되고, 평가된 유용한 자료가 소통되거나 수용되는 것이다. 정보란 첩보의 한 유형이라고 말할 수 있지만, 이는 정책결정을 위한 지식을 이해하고 응용하는 능력이며, 이때 지식이란 경험을 통해서 얻은 것들을 아는 조건이거나 추리를 통해서 진리와 사실을 파악하는 조건이라고 할 수 있다. 결국 공급된 정보에 전문가적 판단(professional judgements)을 가미한 지식은 상황을 예측할 수 있다는 점에서 단순한 첩보와 다르며, 정책의 집행 방향을 지

도할 수도 있다는 점에서 단순한 상황적 자료(data in context)인 첩보와
다르다.

끝으로, 마크 M. 로웬탈(Mark M. Lowenthal) 교수가 그의 저서 *Intel-
ligence: From Secret to Policy*(2000)에서 정리한 정보에 대한 포괄적인
정의를 여기에 인용하고 제1장을 마치려고 한다.[15]

- 과정으로서의 정보: 정보란 일정한 유형의 첩보가 소요되고 요청되며 수
  집되어 분석되고, 그리고 배포되는 과정에 의하여 만들어지는 것이
  라고 생각할 수 있다. 이는 특정한 비밀공작을 기획하기도 하고 실
  제로 공작을 하여 얻어지는 것이다.
- 산물로서의 정보: 정보란 분석과 정보공작과 같은 여러 과정을 거쳐서
  만들어진 산물이라고 생각할 수 있다.
- 조직으로서의 정보: 정보란 여러 가지 기능을 수행하는 단위 집단으로서
  생각할 수 있다.

국가정보에 대한 여러 가지 학문적 정의를 논의하고 여기에 소개하였으
나 한국의 국가정보원(國家情報院, National Intelligence Services: NIS)이
가지고 있는 정보에 대한 개념과 정의를 소개할 필요가 있다. 국가정보원은
그 홈페이지에서 다음과 같은 글을 올려놓고 있다.

---

15) 앞의 책, pp.7-8.

정보라는 용어는 일반적으로 광범위한 의미로 사용된다. 특히 'information'
과 'intelligence'라는 영어용어를 '정보'라는 용어로 동일하게 번역하고 있어 더
욱 혼란을 준다. 그러나 정보기관에서 쓰는 intelligence라고 하는 정보는 data
나 information과는 다른 다음과 같은 근본적인 차이가 있다.

첫째, data나 information은 학술 등 특정 목적에 의해 수집되는 반면 intel-
ligence는 국가 차원의 정책결정을 위해 가공된 지식이다.
둘째, intelligence는 data나 information과는 달리 비밀성을 가장 큰 특성
을 갖는다.

구분	의미	실례
data	평가되거나 가공되지 않은 단순 사실	각종자료·신호·역사적 사실
information	목적을 가지고 의도적으로 수집된 사실	신문기사·뉴스·취업자료
intelligence	정책목적으로 분석·평가된 가공 지식	국가정보판단보고서 등

한편 정보기관에 있어 '정보'는 특수한 지식으로 정의되기도 하고, 전문화된
활동으로 기술되기도 하며 또한 조직체를 말하기도 한다.

• '지식' 개념의 정보: 국가 존립에 불가결한 지식이며 정책결정을 위한 지식
• '조직' 개념의 정보: 정보의 수집·처리·배포 및 정보활동을 계획하는 조직
• '활동' 개념의 정보: 대상국·지역에 관한 획득가능한 지식의 수집·분석 등
    으로 얻어진 결과

이와 같이 '정보'라는 의미는 다양하게 정의되고 있으나, 정보기관에 있어서
의 '정보'는 국가 정책결정을 위해 가공된 비밀성이 있는 지식·조직·활동을
나타낸다고 하겠다.
이와 함께 실제적 개념으로서의 국가정보란 국가안보에 특별히 중요한 특정
첩보가 요청되고 수집되며, 분석되며, 그리고 정책결정자에게 그 결과가 제공
되는 것을 말한다. 이 과정의 산물이 정보이며, 방첩활동을 통해서 정보 과정
과 이 첩보를 안전하게 보안한다. 그리고 합법적 기관의 요청이 있으면 정보공
작을 수행한다.

http://whois.nis.go.kr/docs/intro/affairs/nis_affairs.html(2008년 8월 4일)

제 **2** 장

국가안보의 개념

제2장 국가안보의 개념

I. 국가안보의 개념 정리

1. 개념 정리

우리나라에서는 대통령이 국회 개회식에 참석하여 자신의 정책을 발표하는 일이 있으며, 가을에 열리는 정기국회에서는 국정감사 기간에 국회가 필요에 따라 각 위원회별로 장관을 소환하여 질의를 벌인다. 이때 국가의 안보 정책과 국방 정책 등이 논의되지만 미국의 경우와 같이 국방장관이 공식적으로 의회에 보고서를 제출하는 일은 별로 없다.[1]

미국의 국방장관은 매년 의회에 보고서를 제출하는데 이를 "국방태세보고서(posture statement)"라고 한다. 수백 쪽에 달하는 국방장관의 정세 평가보고로서 전 세계에 걸친 미국의 국가이익과 국가가 당면하고 있는 안보위협에 대하여 구체적으로 평가하는 내용을 담고 있다. 이 보고서는 위협에

---

[1] 국방부가 연차적으로 준비하여 발표하는 『국방백서』라는 것이 있으나 이는 공식적으로 국회에 보고서로서 제출하는 것은 아니다. 이 백서의 내용을 국내 상항에 따라서 내용이 달라지고 있지만 일반적으로 국방 정책의 기초적인 내용을 소개하고 있다.

대한 미국 정부의 태세와 정책을 일일이 밝히게 되는데, 보고서의 주요 내용을 보면 국방 정책에 대하여 잘 알지 못하는 의원들은 알아들을 수 없을 만큼 여러 가지 새로운 단어로, 전략, 프로그램, 예산, 그리고 무기체계에 관해서 논의하고 있다. 정부가 수조 달러에 달하는 국방비 요청의 중요성을 적절하게 설득하지는 못해도, 국가의 안보에 관한 명백한 위협이 존재하고 있다는 것을 과시한다.

어느 나라에서든지 국가안보의 중요성과 적절한 안보 태세를 확립해야 하는 것은 정부의 기본적인 과제이다. 그러나 구체적으로 정부의 과제를 따져보면 많은 의문이 생기게 한다. (1) 제시된 안보 정책이 어떻게 효과적으로 우리의 필요에 적합한지; (2) 국가이익에 대한 위협에 대해서 어떻게 최소한의 비용으로 대응할 것인지, 등의 국방 정책과 태세에 대한 일반적인 의문보다도 근본적으로 우리는 알아야 할 문제들이 있다. 다시 말해서, 우리의 국가이익은 무엇인가? 그리고 국가이익에 대한 위협은 무엇인가? 등과 같은 의문에 대한 정확한 이해를 구할 필요가 있다.

우리나라는 지난 60여 년간 북한의 공산주의체제와 대치하고 있으며 일단 1950년부터 3년 반에 걸친 동족상잔의 전쟁을 경험한 까닭에 북으로부터의 국가 안위에 대한 위협에 대해서는 지금까지도 의문을 제기하는 이가 없었다. 1990년대 말에 들어서 북한과의 화해와 평화를 위한 적극적인 대북 정책을 추진하면서 다소 심리적으로 안보의 문제가 심각하다고 생각하지 않게 된 점은 있으나, 북한이 국제사회에서 우리와 같이 평화와 번영을 위주로 활동할 수 있을 때까지 마음을 놓을 수는 없을 것이다.

한국 정부는 1953년 정전 이후 지금까지 한·미 간에 군사적 동맹을 맺고 있으며 미군의 주둔과 군사기지의 유지 때문에 안보문제는 한국의 단독적인 정책이 아니었다. 특히 전쟁 기간 중에 미국에게 이양된 한국 정부의 전시 작전권이라든지 1972년 이후 한·미 간의 연합사령부의 설치는 우리의 안보 문제가 미국의 국방 정책과 직접 연계되어 있다는 점을 내포하고 있었던 것이다. 따라서 미국 정부의 태평양지역에 대한 전략적 평가와 군사적 태세는 한국의 안보 정책과 그 근간을 함께 하게 되었다.

1965년부터 1975년까지 월남전쟁에 한국군의 적극적 참여와 1990년대의 걸프전에 참여한 한국과의 동맹 관계는 한국군의 세계전략에 대한 인식을 갖게 되고 미국으로부터의 많은 군사정보 및 필요한 국가정보의 공유가 가능해졌다. 따라서 한국과 미국 사이에 유지되었던 국가정보의 전략적 공유 및 교류의 경험은 아시아에 있어서 한국의 국가정보활동을 다른 나라에 비하여 크게 성장하고 발전하게 만들었다.

1945년 해방된 뒤에 변화되는 세계정세와 공산권과의 정치·군사적 대치의 경험은 한국의 중앙정보부, 국가안전기획부, 그리고 국정원을 거쳐서 많은 정보요원을 길러내었고 북한에 대한 대인정보의 수집에 있어서는 다른 어느 나라보다도 현격한 경험을 쌓을 수 있었다고 생각한다. 비록 최근에 이르러 김대중·노무현 정부 10여 년간 북한에 대한 여유 있는 개입 정책(engagement policy)을 실천하였다 하더라도 남한 정부가 유지해온 국가정보의 수집과 분석 그리고 판단에 대한 능력은 쉽사리 저하되지 않았으며, 정부의 예산확보에 따라 새로운 조직과 과학적 정보수집에 관한 경험도 충분하게 축적되어 가고 있다고 생각한다. 특히 이 기간에도 국가정보요원의 질을 향상시키고 교육하기 위하여 「국가정보대학원」을 설립코자 1997년 말에 관련 법률을 제정하는 등 최근에는 보다 효율적인 공개출처 정보를 수집 분석하기 위하여 국정원 산하의 연구소를 통폐합하기도 하였다.[2]

---

2) 1977년 9월 1일자로 종전에 있던 극동문제연구소(소장 강인덕)를 폐쇄하고 박정희 대통령의 특별한 지시에 따라서 사단법인 「국제문제조사연구소」를 설립하여(초대 소장 김관봉 교수) 독립적이고 비정치적인 연구소를 개설하였다. 뒤에 1998년 국제경제조사연구소로 그 명칭을 바꾸었다가 2000년에 다시 「국제문제조사연구소」로 환원하였고 2004년에는 국가안보정책연구소와 통일정책연구소 일부가 「국제문제조사연구소」에 통합되었으며 2007년에는 다시 국가안보통일정책연구소를 흡수하여 현재의 「국가안보전략연구소」로 탈바꿈하게 된 것이다.

이 연구소는 창립 당시, 70년대부터 급변하는 국제정세나 동향에 대한 해외 저널이나 학술지 등을 전 세계에서 입수하여 매주 국제정세와 한반도 관련 주요논문이나 칼럼 및 분석 기사들을 발췌 번역하여 전국대학 도서관과 정책 실무 부서 등에 배포하는 『주간 국제정보자료』를 발간하여 공개출처 정보(open-source intelligence)를 널리 보급했다.

1978년 10월에 추가 설치된 연구소의 연구부(필자가 책임자였음)는 『정책연구』를 월 이따금 대통령선거를 중심으로 우리 정부의 정치적 개입여부를 둘러싸고 비판의 대상이 될 때마다 국가정보기관의 기능과 역할에 관해서 많은 논의와 조사가 있어 왔다. 그때마다 국내 정치에 대한 정보수집과 "북풍(北風)"이라는 말로 표현되는 역정보 공작에 대하여 신문과 잡지를 통해서 일반적인 비판을 받기는 했지만 국가안보에 대한 정보 과정을 크게 질책한 일은 없었다. 이와 같이 국가정보 과정이 정치화되는 경험은 우리나라뿐만 아니라 미국과 영국의 경우에 있어서도 이따금 커다란 사회적 논란을 야기 시키기도 한다.

만일 우리가 이런 비판과 질책에 대한 옳고 그름을 적절하게 판단할 수 있으려면 보다 정교한 국가안보 정책에 대한 분석의 틀을 제시해야 할 것이며 그 정책이 국가이익에 얼마나 충실하였는가를 결정하기 위한 방법을 강구할 필요가 있다. 이 책의 제2장에서는 국가안보 태세(national security posture)를 정해 나아가는 중요한 변수를 확인하고 국가안보 정책의 목표와 그 성취 수단의 관계를 이해할 수 있도록 이론적인 설명을 시도하려고 한다.3)

2. 국가안보의 정의

국가안보(國家安保)라는 용어는 우리의 일상에서 흔히 쓰는 단어이지만

간으로 발행하여 국내의 학자를 통한 국가정보의 분석 연구 및 정책결정에 도움이 되는 전략정보(strategic intelligence)를 제공하여 제한된 정책 담당자에게 배포하여 왔다. 비교적 일찍부터 한국의 국가정보 취급기관과 정부는 주변 다른 나라에 비하여 공개출처 정보의 중요성과 정보 분석의 전문가 활용에 크게 기여한 바 있다. 국가안보전략연구소(INSS), 『국가안보전략연구소 30년사: 1977.9-2007.8』(서울: 사단법인 국가안보전략연구소, 2008), pp.i-iii.

3) 우리나라와 같이 대통령중심제 국가에서 국가안보 정책 과정의 개념적 틀에 관해서 가장 전형적인 설명을 하고 있는 Daniel Kaufman 교수의 설명을 중심으로 여기에 소개하려고 한다. Daniel Kaufman, Jeffrey S McKitrick and Thomas J Leney, eds., *U.S. National Security: a Framework for Analysis*(Lexington Books, 1985), Chapter 1, pp.3-26.

그 의미에 대해서는 사람마다 다르게 이해하고 있다. 국가안보란 간단하게 정의하자면 "외부로부터의 도전을 막고 자기나라를 보호하는 것"이다. 일차적으로 외부의 군사적 위협에 대항하는 군사적 방어를 의미하게 된다. 이같이 군사안보가 국가안보의 핵심이라고 하는 주장은 일찍이 아놀드 월포스 (Arnold Wolfers)에 의하여 제기되었다. 그러나 그는 국가이익(國家利益)의 내용에 따라 국가안보의 정책방향이 정해질 수 있다고 하였다.4)

군사안보만으로 국가를 지킨다는 것은 더 이상 현실적이지 못하다는 것은 냉전을 끝낸 지금의 국제정치학계에서는 통설로 되어 있다. 국가안보는 단순히 무기를 구입하고 군사력을 투입함으로써만 이루어지지 않는다. 이는 국가안보를 강화하는 길은 오로지 군사력을 증강하는 길밖에 없다는 과거의 원리가 더 이상 이 국제사회에서는 적용되지 않는다는 뜻이다. 물론 군사력은 국가안보에 있어서 가장 중요한 구성 요인임에는 틀림이 없지만 역사적 경험은 군비경쟁이 결국 국가 간의 전쟁가능성을 줄이지 못하고 오히려 국가안보에 위협을 유인하였다는 것을 이제는 모두가 알게 되었다.

오늘의 국제사회에서는 과거의 군사력을 배경으로 했던 국가안보의 개념을 보다 넓게 잡아야만 한다. 군사적 측면과 더불어 경제적이고, 외교적이며 사회적인 측면을 감안해야 한다. 많은 국제정치 학자들은, 객관적인 의미에서 안보란, 가지고 있는 가치에 대한 위협을 없애는 경우이고 주관적으로는 그러한 가치가 공격을 받게 될 두려움이 없어진 상태를 의미하고 있다.

말하자면 오늘날 한국이 북한과 대치하고 있는 상황에서 북한으로부터의 위협이 있느냐 없느냐에 대한 논의의 관점에서 볼 때, 남한의 민주적 시민사회의 몰락을 의미하는 경우에는 객관적으로 민주적 가치의 위협이면서, 개인이 향유하고 있는 기본적 가치로서의 시민의 자유가 박탈될 주관적인 두려움이 있는 경우에도 안보의 문제가 제기된다.

카우프만(Daniel Kaufman) 교수는 이 점을 발전시켜 국가안보 정책의

---

4) Arnold Wolfers, "National Security as an Ambiguous Symbol," *Political Science Quarterly*, Vol.67, No.4(Dec., 1952), pp.481-502. 특히 p.481.

연구에 원용하고 있다.[5] 첫째로, 안보는 수호해야 할 가치와 직접 관련된 것이지만, 그 가치 자체로서는 아무런 의미가 없다고 지적한다. 안전하다고 느끼도록 만들어야 할 국가적 행동이 지키고자 하는 가치를 보호하지 못하는 경우에 그런 국가 행동은 별 효용이 없다고 보고 있다. 예컨대, 최근에 북한 정부가 그 정권의 안전을 보장받기 위하여 핵무기를 개발하는 행동과 같은 것은 궁극적으로 북한 정권을 안전하게 유지하는 데 효용이 크게 되지 못한다는 것을 알아야 할 것이다.

둘째로, 국가가 얼마만큼 안전하게 보호되어 있는가를 객관적으로 측정하기는 대단히 어렵다. 그래서 자연히 "안보"는 파악하고 있는 위협의 강·약 정도를 기준하거나 위협하는 능력과 의지의 인지를 기준으로 평가된다. 진정한 위협의 수준에 대한 불확실성 때문에 안보 실패의 결과를 감안하여 최악의 경우를 대비하게 된다. 비록 위협에 대한 인식이 안전한 것으로 파악되더라도, 그것은 상대적인 것이기 때문에 절대적인 위협의 정도를 측정할 여지는 없는 것이다. 우리는 항상 현존하거나 가상적인 위협에 대하여 상대적으로 안보를 예측하게 된다. 더욱이 가능한 모든 위협에 대하여 절대적인 안보를 보장하지는 못하는 까닭에 안보 정책을 계획하고 구상하는 경우에는 어떤 수준으로 국가의 안보를 확보할 것인가를 생각하게 된다.

끝으로 국가의 안보는 그 상황이 언제나 안정적인 환경에 처해 있지 않고 유동적인 것이라는 점이다. 따라서 국가안보는 늘 변하고 있는 국제적 그리고 국내적 상황이라는 환경을 감안해서 결정된다.

국가안보 정책(國家安保 政策, national security policy)도 역시 정의하기는 쉽지 않은 개념이다. 지난 반세기 이상을 미국의 국가안보 정책 과정과 함께 발전되어 왔다는 우리의 현실적 상황을 감안할 때, 국가안보 정책의 기능적 유사성을 인정하지 않을 수 없다. 물론 우리나라에서 국가안보의 기

---

5) Kaufman, 앞의 책, p.4. 카프만 교수의 책에서 기술하고 있는 내용을 이 책에 요약 또는 인용하면서 제2장의 "국가안보 개념"을 설명하고 이 강의록을 만든 것이다. 학생들이 이해하기 쉽게 잘 정리된 글과 그림은 여기에 그대로 인용하기도 했다(저자 설명).

구나 정책의 현실적응 과정은 다음과 같은 전제에서 비롯된다.

즉, 한국 정부의 국가안보 조직과 정책의 현실적응 과정은 국제적이고 국내적인 환경에 따라서 만들어진 것이기 때문에, 미국의 안보 정책과 한국의 법제, 그리고 정치 지도자의 리더십 스타일에 기능적으로 맞추어서 이루어졌다. 이 세 가지의 요인이 박정희, 전두환, 김영삼, 김대중 그리고 노무현 대통령의 국가안보 조직과 정책의 적응성과 유연성 등의 특성을 만들어 내었다고 믿는다.

적응성(adaptation)이란 한국 정부의 국가안보 조직과 정책은 미국 정부의 기구의 형태와 실태를 닮아가면서 따라갔다는 것이며, 유연성(fluidity)이란 한국의 국가안보 체제의 여러 구성기관 사이에 잘못된 역할 규정이 있어 때로는 국가안보 정책의 자의적 집행이 있어 왔다는 것이다. 분명한 것은 한국이 미국의 국가안보 체제에 닮아가거나 적응한 것은 한국 정부의 선택이라기보다는 필연적인 결과이다.

한미 간의 동맹체제 속에서 양국 간 위협 인식의 유사성은 국가안보 정책과 조직에 반영될 수밖에 없었다. 결국 한국의 국가안보 정책은 미국의 안보 정책의 일환일 수밖에 없었다고 생각한다.

이와 같은 역사적 배경을 감안하여 여기에서는 미국 학자들이 정의한 국가안보 정책에 관하여 그 개념의 틀(conceptual framework)을 설명하려고 한다. 국가안보 정책이란 "정부 정책의 한 부분으로서 현존하거나 가상적인 적성 집단에 대하여, 자국의 중대한 국가 가치를 보호하고 확대하기 용이한 국내적 또는 국제적 정치 조건을 만들어 내는 목적을 가진 정책"이라고 규정한다.[6] 이는 국가안보 정책을 포괄적으로 정의한 것은 아닐지라도 국가안보 정책에 관해서 연구하기 위한 기본적인 정향을 확인한 셈이다.

앞 쪽의 〈그림 2-1〉은 다니엘 카프만 교수의 논문에서 발췌하여 다시 정

---

6) Frank N. Trager and Frank L. Simone, "An Introduction to the Study of National Security," Frank Trager and Phillip S. Kronenberg, eds., *National Security and American Society: Theory, Process and Policy*(Lawrence: University of Kansas, 1973), p.36.

〈그림 2-1〉 국가정보 정책의 개념 틀

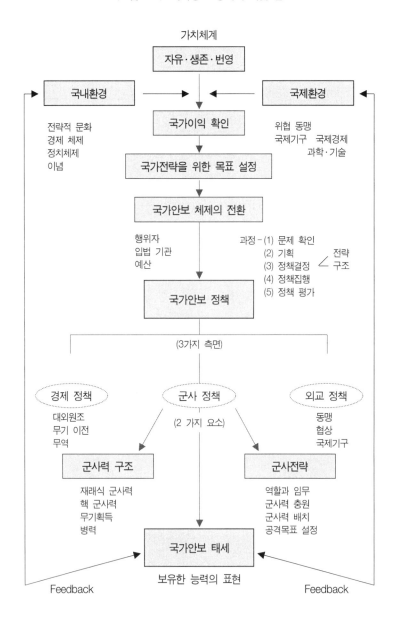

리한 그림이다.[7] 국가안보의 정책 과정을 기능적으로 나누어 알아보기 쉽게 여러 변수와 내용을 정리하였다. 그림에 드러난 여러 변수 사이의 관계와 분석을 정리하여 학생들이 국가안보 정책을 이해할 수 있도록 하였다. 다음부터는 그 항목과 정책 과정의 구성 요인들을 차례로 설명한다.

II. 국가안보 정책 개념의 틀

1. 국가의 지켜야 할 가치와 국가이익

국가안보 정책의 목표는 자국의 지켜야 할 가치를 보장하고 이를 확대하는 데에 있다. 물론 바로 그 가치의 성격상 가장 근본적인 가치는 대단히 애매하고 추상적일 때가 많다. 그럼에도 불구하고 이들 가치는 국가안보 정책을 결정하기 위해서는 아주 중요한 것들이다. 왜냐하면 가치란 국가의 근본적 본질을 구성하고 있으며 그 사회의 기본적 성격을 결정하는 것이기 때문이다.

가장 근본적인 국가의 가치란 살아남아야 하는 "생존(survival)"이라고 할수 있다. 만일 국가의 생존이 보장되지 않으면 모든 다른 가치를 정부는 구현할 길이 없기 때문이다. 따라서 국가안보 정책의 궁극적인 목표와 중심은 국가의 생존을 확보하는 것이다. 국가의 생존은 국민을 보호하고, 영토의 불가침성, 그리고 주권을 보장하는 것을 포함하고 있다. 단순한 물리적 생존만으로써는 국가의 가치를 이야기할 수 없고 보다 넓게 살아남아 있는 그 사회의 기본적 특성을 유지하기 위한 여러 가지 가치들을 역시 유지할 수 있어야 한다는 점이다.

예를 들자면, 대한민국이 존재하는 그 특성으로서 정의(正義, justice)나 자유(自由, freedom), 그리고는 민주적 사회(民主的社會, democratic

---

7) Kaufman, 앞의 책, p.5.

society)를 유지하는 것이 필요한 것이지만 그 밖에도 한국사회의 기본적 특성을 유지하는 번영(繁榮, prosperity), 국가의 위신(國威, prestige), 그리고 국가가 기본적으로 선양하고 보호하는 국가의 이념(理念, nation's ideology)과 같은 가치들도 지켜내야 하며, 이런 여러 가지의 가치체계가 국가안보 정책의 기초를 제공하게 된다. 여기에 열거한 가치들로부터 국가안보 정책이 명확하게 논리적으로 유도된다고 생각하지만, 현실에 있어서는 이러한 가치구조(value structure) 속에서 상호간의 충돌이 야기되는 것을 피하지는 못한다.

말하자면 국방 정책의 수행에 있어서 국가적 목적을 달성하기 위한 군사력의 관계를 상정할 수 있다. 즉, 국가 목적은 다양한 관계로 항상 서로 상충되거나, 타협되어서 결국 그 목적대로 정책이 수행되지 않을 경우도 있게 마련이다. 테러리스트의 저지활동에 당면하여 공안(公安, public safety)을 유지하는 과정에서 개인의 자유 보장이 침해되는 일이 흔히 일어난다. 더욱이 이런 경우에는 특정한 가치 기준이 얼마나 정확하게 정책과 연관되었는지를 판단하기 쉽지 않다.

이런 경우에 한국과 같은 민주사회에서는 여러 가지 다른 가치관을 가진 집단 간에 서로 경쟁하거나 타협을 통해서 국가 정책의 배경이 되는 사회적 가치가 적절하게 절충된다. 그러나 과거 한국의 정치구조가 권위주의적인 시대에는 일정한 권력 엘리트들의 가치관에 따라서 정책이 결정되었다. 특정 정권의 유지가 한국사회 전체를 보호하는 것보다 중요하게 여겨졌기 때문이었다.

국가의 가치를 보호하는 것이 국가안보 정책의 목표라고 하지만, 이런 가치 내용은 구체적으로 특정 상황에 따라 정책으로 전환되어야 한다. 정책결정자들은 보호받을 가치와 국내·외 정황을 연관시킴으로써 정책의 구체적 목적이 공헌할 국가이익을 확인하게 된다. 국가이익은 특정한 국내·외 정세 가운데서 정부가 성취하거나 유지하기 바라는 조건을 설명할 수 있다. 그래서 가치와 정책의 사이를 연계시켜 국가안보 정책을 설명한다.

1991년의 걸프전쟁(the Persian Gulf War) 때에 미국의 부시 대통령은 미국이 추구하는 가치와 국가이익의 관계를 과시함으로써 당시 미국이 추구하는 안보 정책을 정당화하였다. 즉, 페르시아만 지역에 석유자원의 원만한 유통을 유지하는 것이 미국의 중대한 국가이익이라는 것이다. 석유 없이는 미국이 경제적으로 크게 침체되는 까닭에, 이런 경우에 미국의 국가이익은 미국사회의 "번영"이라는 기본 가치로 드러난다. 미국의 경제가 이 때문에 상당한 수준에까지 충격을 받으면, 미국의 국가적 "생존"을 위협받게 된다. 결국 이 같은 미국의 입장표시는 국가의 기본 가치로부터 국가이익을 어떻게 유도해 내었는지에 대한 좋은 예가 된다.

국가이익을 논의하는 데 고려해야 할 다음과 같은 세 가지의 요인이 있다. 첫째, 국가 정책이 보호해야 할 내용이라고 주장하고 있는 국가이익 그 자체로서는 중요한 것이 아닐지라도 국가적 가치를 성취하는 데 공헌했을 경우에만 그 중요성이 인정되는 것이 있다. 즉, 정책결정자나 정보를 분석하는 사람들에게는 국가이익이 직접적인 성취 목표가 되지 않고, 오히려 국가이익은 정책을 수행하는 데 있어서 하나의 중간 매체로서 정책을 입안하는 데 전제가 되고 있는 내용이 되는 것이다.

둘째, 국가이익은 국가적 가치와 마찬가지로 서로 배치되는 경우가 많은데, 이런 경우에는 어떤 가치를 먼저 보호해야 할 것인지 그 우선순위의 결정에 따라서 서로 선후를 절충하여서 추구해야 한다.

셋째, 정책은 언제나 중대한 국가이익을 보호하는 것이라고 주장되고 정당화된다. 그 보장되어야 하는 국가이익은 가장 중요한 국가적 가치와 직접으로 관련이 있어야 한다. 정책결정자들은 일반적으로 군사력을 사용하는 것이 국가의 중대한 이익(vital interests)때문이라고 하지만 이는 잘못된 것이다. 오히려 중대한 국가이익을 추구할 때만 군사력을 사용하는 것이 정당화되는 것이다.

미국이 지난 몇 년 동안 중동(Middle East)에서 전쟁을 수행했던 것에 대한 비판이 이 세 번째의 해석에 대한 것이다. 미국은 중동지역에 군사적으로 침략하여 이라크를 점령함으로써 미국이 가장 높이 여기는 민주주의 정부를 수립하는 것이었다. 미국 정부의 군사력 투입을 할 만큼 민주주의적 가치가 미국 정부에게는 중대한 가치이며 근본적인 이익(vital interests)이 된다고 미국 대통령은 지금도 주장하고 있다. 그러나 미국의 이라크 침공과 관련하여 중동에 민주주의적 정부의 수립이 미국 국익에 절대적(vital)인가 하는 문제는 아직도 논쟁 중이다.

국가이익은 언제나 지켜야 하는 가치와 국내·외 환경의 상호작용이 빚어내는 결과로서 확인되기 때문에, 앞의 〈그림 2-1〉에서 보듯이 국가안보 정책을 분석하는 다음 단계는 국가 정책을 형성하는 이익과 상관있는 환경적 요인을 검토할 필요가 있다. 물론 환경 그 자체는 국가가 어떻게 행동하는가를 결정짓지는 못하지만, 국가의 정책적 선택지(policy options)에 따른 이해·득실에 따라 안보 정책을 억제하거나 자극하기도 한다고 설명할 수 있다.

최근 남지나해에서 중국과 일본·필리핀·베트남과의 갈등관계에 대한 "국가이익"의 논의는 "곧 일어나는 분쟁"이 아니고 아주 먼 이익의 충돌이며, 이런 충돌의 저지를 위한 군사력의 직접적 동원이 생기면 그때 문제는 삭제된다.

그런데 국내 정책과 국제 정책은 서로 상호작용을 하면서 연계되어 있어 그 연계성(linkages)의 강도는 과거보다는 훨씬 뚜렷하게 드러나고 있다. 오늘의 선진국은 국경선이 개방되고, 세계화되어 있어 국내의 한 정책이 크게 국제적으로 영향을 주기도 하지만 국제적 요인이 한 나라의 국내에 미치는 영향도 점차 커져가고 있다.

예를 들면, 2008년에 들어 미국의 부동산 담보 융자의 부실이 점차 가시화되면서 미국의 경기가 호전되지 않는 결과로 미국 정부의 세금반환(tax rebate) 정책을 연초에 발표했음에도 불구하고, 전 세계의 금융시장이 크게 영향을 받아 한국의 주식시장의 주가는 연일 폭락을 하여 한국 경제의 성장에 지장을 줄 만했었다. 또한 앞으로 중국의 성장 정책에 따를 자재의 수요가 급증함으로써 전 세계시장의 원자재값이 오르고 특히 유류자원의 에너지 분야가 크게 영향을 받고 있다.

그렇기 때문에 국가의 안보전략과 국가정보전략에 있어서 늘 예민하게 국내외의 변화 징조를 관찰하고 그와 관련된 첩보를 분석하는 일이 중요하게 된다. WTO와 FTA와 같은 새로운 네트워크의 형성은 국내·외 환경 간에 밀접한 연계를 가지고 상호영향을 주고 각기 그 사회를 침투하여 환경조건이 각 나라의 정책결정자에게 미치는 영향은 직접적이고 큰 것이다.

2. 국제적 환경

국가안보 정책에 영향을 미치는 국제환경에는 두 가지가 있다. 그 하나는 국가 대 국가 사이의 관계이고, 다른 하나는 국제사회라는 한 시스템이 개별 국가에 미치는 영향을 말한다.

일반적으로 말하자면 국가와 국가 사이를 결정하고 영향을 주는 요인은 국가가 처해 있는 지리적 위치와 국민이 가지고 있는 가치관과 신념이라고 할 수 있다. 전자를 지리(geography)라고 할 수 있으며, 후자는 이념(ideology)이라고 할 수 있다. 국가는 자국의 주변에 있는 나라에 대해서 관심을 가지고 있으며 중요한 천연자원 가까이 있거나 해상통로(lines of communication)에 접한 나라에 대하여 항상 민감하다.

한국의 경우에 있어서는 일본과 중국에 대하여 지리적으로 가까운 까닭에 관심을 가지게 되며 그 영향은 클 수밖에 없다. 다행히도 현재 한국의 주변에 있는 나라는 북한을 제외하고 자본주의적 시장경제를 지향하고 있으면서 우리와 대량의 무역을 하는 주요 무역 상대국이다. 역사적으로 보면 중국과 일본과의 문화 정치 및 감정의 유산이 서로 얽혀 있어 다른 나라보다는 상호영향을 주고받는 것이 막대하다고 본다. 그렇기 때문에 갈등의 소지도 많고 협력적 번영의 기회도 많다. 국민들이 가진 역사적 경험은 이념화되어 일본의 과거사 반성에 대한 한·중의 비판은 일본에 대한 외교적 관계를 나쁘게 유도하기도 한다.

국가안보 정책은 대체로 국제적 환경으로부터 받는 위협의 인식을 근거로 만들어진다. 위협의 수준은 적대적 상대국의 능력과 의지에 따라서 결정된다. 그런데 상대국의 침략의지는 일반적으로 판단하기 어려워서 주로 상대국의 군사력을 중심으로 위협에 대한 대응책을 마련하게 된다. 상대국의 군사적 능력을 정확하게 판단하는 것이 중요하며 이런 경우에는 국가정보의 역할이 크게 작용한다. 적대국으로부터의 위협에 대한 불확실한 정보 판단은 오판에 따른 많은 국가 경비를 소모하게 되며 국가 정책에 큰 영향을 주게 된다. 시간적으로나 내용적으로 적절하고 필요한 정보 판단이 적대국의 능력과 의지를 판단하는 데 중요하기 때문에 우리는 국가정보의 중요성을 재차 인식하게 된다.

국가안보 정책의 일차적인 초점은 군사적 위협에 대응하는 것이지만 모든 위협의 형태는 군사적인 것만은 아니다. 때로는 중요한 천연자원과 같은 중대이익에 우리가 접근할 수 없도록 하는 외부의 제제에 국가의 안전이 위협받게 되는 경우도 있다. 과거의 공산주의자들이 정치적 이념으로 무장한 반정부·반사회적 집단의 파괴행위로써 우리를 위협하기도 했으며, 요즈음은 종교적 근본주의자들에 의한 자살행위로 인한 테러리즘으로 국가는 위협을 받는 일도 있다. 적대국의 사상과 종교가 국경선을 넘어 침투하여 안정적인 국내적 환경을 위협하는 경우이다. 이런 경우의 방첩활동과 외사 첩보는 국가안보에 중대한 영향을 줄 수 있으며 국가정보활동의 중요성을 더욱 실감케 한다.

국제적 환경의 다른 한 면인 국제체제의 측면으로부터 국가 정책이 영향을 받는 것이 있다. 국제사회는 세계정부가 없기 때문에 원칙적으로 각 국가는 자국의 이익을 추구하고 국력이 허락하는 한 자유로운 행동을 할 수 있는 무정부 상태라는 것을 전제로 한다. 다만 무정부상태의 정도는 국가 사이에 만들어진 경제적, 정치적, 역사적, 그리고 문화적 관계 때문에 그 자유로운 국가의 행위가 제한을 받게 된다.

국제질서를 위해서 세계정부로 구상하여 만들어진 20세기 초의 국제연맹(the League of Nations)이나 제2차 세계대전 후에 만들어진 국제연합(the United Nations)은 국가의 자유로운 행동을 다소 제한하고 있다. 이 밖에도 초국가적 기구(supranational or transnational organizations)가 있어 주권국가의 행동을 규제하는 일이 생겼다. WTO와 같이 세계무역을 관장하고 규제하는 기구가 마련되었다. 이런 국제체제의 요구는 절대적이었던 주권의 자유로운 행사를 제한하고 집단안전보장을 위하여 개별국가가 스스로 국제체제에 따라가게 된다. 이 밖에도 NATO와 같이 다수국 간의 군사동맹도 또한 하나의 국제 체제로서 동맹국 간의 군사적 행동을 제한하게 된다.

동맹(同盟, alliances)은 국가안보 정책을 이해하는 데 중요한 것이다. 동맹을 통해서 국가들은 힘을 증대할 수 있으며 국제사회 환경에 특정한 질서를 세울 수 있다. 동맹은 언제나 동일한 내용의 것은 아니지만 상호간의 이익을 위해서 성립된다. 공동의 위협에 대응해서 자원을 종합할 것을 약속함으로써 동맹들은 영향력을 발휘할 수 있고 단독으로는 대응하기 어려운 경우에 불충분한 자원으로도 적국의 위협을 막아낼 수도 있게 된다. 일단 동맹이 형성되면 가맹국들 간의 자유로운 행동이 제한을 받으며 가맹국의 이익을 보호하기 위해서 함께 행동하게 된다. 동맹관계에 있어서 중요한 것은 유사시에 동맹국의 공동방위에 대한 약속을 지킬 것인가에 대한 신뢰가 중요하다. 유럽의 NATO가 대표적인 동맹관계의 예이고 초기에는 러시아의 서방침공 위협에 대비하여 구성된 초국가적 기구였다.

국제환경의 정치적 측면은 경쟁(競爭, competition)과 협력(協力, cooperation)이 동시에 공존하는 것이다. 이는 자원으로 보아서는 국가 간의 경쟁이고 경제적 상호의존적인 점으로 보아서는 협력인 것이다. 예를 들면, 한국은 지난날, 기술과 자본의 순조로운 수입 없이는 경제성장을 이루기 어려웠으며 생산된 공산품을 수입해 주는 다른 나라의 경제가 없었으면, 또한 경제가 빠르게 성장하지 못했을 것이다. 기술과 자본의 수입은 경쟁적인 것이었으며 해외시장의 소비패턴은 우리와 협력적인 면을 드러내고 있다.

국제체제가 또 다른 정책적 영향을 주고 있는 내용은 지구상에 근본적으로 고갈되어 가는 자원의 문제, 환경오염의 문제, 그리고 후진국의 인구 증가의 문제와 같은 것들이다. 이 같은 우리의 관심은 안보 정책의 형성과정에 영향을 주고 있으며, 이들은 특히 비군사적 특성을 가진 것들이다. 그럼에도 불구하고 우리의 국가 정책 수립에 영향을 미친다.

지금까지 경험으로는 국내·외의 정책 환경 변화를 가져오게 만든 요인

가운데 하나는 과학기술의 변화였다. 과학·기술의 변화는 한 나라의 안보 능력을 변환시킨다. 국가의 안보 상황에 가장 많은 영향을 미치는 과학·기술의 발전은 핵무기의 개발이었다. 따라서 과학·기술의 발전을 유도할 수 있는 나라의 능력은 그만큼 성장하게 된다. 핵무기의 개발은 미국과 같이 소련으로부터의 위협을 받아오던 냉전기간에 미국이 군사적 위협을 면할 수 있는 중추적 요인이 될 수 있었다.

과학·기술의 변화 가운데 IT는 국가의 방어능력을 크게 향상시키며 비군사적 분야에 있어서도 현격한 국력의 증가를 가지고 있다. 특별히 사이버 공간에서의 영향력은 그 국가의 연성 파워(soft-power)를 향상시키며 문화적 침투를 강력하게 신장시킬 수 있다. 따라서 현재의 국제환경에서의 국가정보는 공개출처(open sources)에서 많이 수집할 수 있게 된 것이다. 무기 개발이나 IT 분야에서 기술변화의 장점을 향유할 수 있는 국가의 능력은 국가가 다른 나라에 비하여 항상 유리한 입장에 설 수 있게 한다.

3. 국내환경

국제환경이 국가안보 정책을 구상하는 데 영향을 주는 반면에 국내환경은 그 정책의 선택에 영향을 주게 된다. 정부가 왜 특정한 정책을 선택하게 되었는가를 이해하려면 우선 다음의 세 가지 점을 검토해야 한다. ① 국가가 일반적으로 가지고 있는 세계에 대한 견해, ② 방위비를 제한하게 되는 국내 경제적 상황, 그리고 ③ 국가이익을 구조화하고 정책에 영향을 미치는 국내의 정치적 제약에 대해서 검토할 필요가 있다.

국내환경은 일반사회에 통용되는 가치관과 상호연계되어 있으며 국가이익을 형성하게 된다. 따라서 국내환경을 사회, 경제, 그리고 정치적인 세 측면에서 검토해야 한다. 국가안보 정책을 형성하는 국내적 변수는 주로 이 세 가지 측면에 달렸다. 주로 국내변수는 인구, 재원, 그리고 물자와 같은 동원될 자원을 배분하는 일에 영향을 미치게 되며 안보 정책을 위한 대중의 지지 정도에 영향을 미치게 된다.

정부가 추진하는 정책을 뒷받침하기 위한 여론이나 사회세력을 동원하는 전략에 대하여 정책결정자들은 주의를 기울이고 있다. 사회세력은 국가가 수행하는 국가안보 노력에 대한 사회적 합의를 이끌어 낼 뿐만 아니라 정책 수행을 지지하는 정치적 효과를 만들어 내기 때문이다. 특히 민주주의 국가 체제에 있어서 사회세력은 정치적 의지와 자원의 배분을 위한 기초가 되기 때문이다.

과거 김대중·노무현 정부 시절 한국 정부의 대북 지원 정책에 있어서 사회세력에 대한 적절한 배려에 실패했기 때문에 "햇볕 정책"에 따른 정부의 안보 정책에 커다란 부담을 주게 되었다. 친북적 대북 정책을 수행하던 김대중과 노무현 정권의 실무자들은 북한에 대한 화해와 평화, 그리고 북한을 개혁과 개방으로 유인하는 데 성공적이었다고 주장하지만 지난 2007년 12월의 제18대 대통령선거에서 보듯이 다수의 국민들은 북한에 대한 무작정 지원 정책에는 반대의견을 표시하였다. 이명박 정부는 대북 정책을 수정하고 대북 안보 정책을 다루는 통일부를 개편하여 일반 외교와 같은 외교통상부 기구 내로 흡수하려고 했었던 것이다.

국내환경의 사회적 측면은 국가의 역사적 경험, 국민 단합의 정도, 지리, 인구 그리고 일반적인 대중의 마음가짐(public mood)에 그 근원이 있다. 국가안보의 이슈와 군사력의 적극적 사용에 대한 여론은 이상에서 열거한 요인들에 따른 표현이다. 우리나라와 같은 민주주의 국가에서는 여론이란 특별한 국가안보의 관심에 상응하는 자원의 배분을 추진하기도 하고 저지하기도 한다. 민주주의 국가에서는 여론이란 국가 정책의 선택을 위한 기준인 동시에 국민으로부터 지지를 받을 수 있느냐 없느냐의 기준으로 삼을 수 있다.

그러나 한 가지 지적해야 할 일은 여론은 대중매체와 이익집단의 적극적인 여론형성 노력에 따라 좌우되고 있다는 것이다. 대중매체와 이익집단의 계속적인 노력여하에 따라서 시민의 여론뿐만 아니라 정치적 선택에 대한 태도가 결정되기 때문에 정책결정자들은 많은 관심을 이 분야에 기울이고 있다.

국내환경 가운데 경제적 변수는 국가안보 정책의 수행을 위해서 필요한 자원의 배분 문제에 있어서 중요한 요인이 되고 있다. 어느 나라든지 산업화의 정도와 경제력의 정도에 따라서 국방 정책 수행을 위한 자원의 배분에 크게 영향을 준다. 어느 나라도 모든 대외적 위협에 대응하기는 어렵지만 자원의 합리적 배분에 따라서 그 위협을 견제할 수는 있다. 특별한 예의 하나이지만 현재 북한의 산업화 및 경제력의 정도에 비교하여 보면, 남한이 월등하게 우세하기 때문에 북한으로부터의 군사적 위협을 국민들이 크게 감지하지 못하고 있다고 생각한다.

국내환경의 정치적 측면은 주로 국가안보 정책을 만들게 되는 구조와 과정에 영향을 준다. 특히 정치체제와 그 사회에 널리 깔려 있는 이념은 정부 형태는 물론 국가의 권력구조와 정책결정 과정에 영향을 미친다. 정부는 어떻게 조직되어야 하는지 그리고 이 조직 구조에 따라 국가안보 정책은 어느 부서에서 어떤 절차에 의해서 정해지는지가 결정된다. 민주적이고 다원적인 구조를 갖는 한국의 정치 체제는 정책그룹과 이익집단 간의 경쟁을 거쳐서 정책을 선택하게 되며 대체로 지방 분권화되어 가는 정부의 권한은 정책결정 과정의 구조적 기준을 마련하게 된다.

국가가 지켜야 하는 기본 가치는 국내외 환경의 영향을 받아서 마침내 국가이익을 확인한다. 〈그림 2-1〉에서 보는 바와 같이 국가이익이 확인되면 그 이익을 수호하기 위한 국가전략을 마련해야 한다. 다음에서 설명할 것은 이러한 국가전략의 목표를 설정하는 일이며, 그 목표에 따를 국가안보 체제의 구조와 과정을 논의하게 된다.

4. 국가전략

"국가전략"은 정치학을 연구하는 사람에게 언제나 매력적으로 들리는 개념 가운데 하나다. 그러나 국가전략을 마련하고 그 전략에 따라 목표를 달성하는 과정은 무척 힘든 길이다. 국가이익은 사회적 가치와의 상호 관련에서 나오는 것이며, 국내외 환경의 영향을 받아서 확정된다는 것을 앞에서 논의하였다. 이론상으로 국가이익은 국가가 성취해야 할 전략적 목표를 제시한다. 그러나 실제적으로는 다음의 두 가지 점에서 그와 같은 국가전략을 구성하는 데 어려움이 생기게 되어 있다.

즉, 첫째로 고려해야 할 점은, 전략에 영향을 미친다는 환경적 요인이 때로는 불확실하고 애매한 경우가 있다. 국가가 유지해야 하는 가치에 대한 위협의 성격과 범위가 늘 확실하지 않고 사람에 따라서 위협에 대한 인지내용이 다르기 때문이다. 예를 들자면, 지난 수년간 한국의 보수와 진보의 두 진영이 북한에 대한 인식과 한·미관계에 대한 인식이 서로 크게 다르게 표현되고 사람마다 그 인식 내용이 다르다는 것을 경험하고 있다.

5년간의 노무현 정부에서 중심적 기구를 차지했던 권력엘리트들과 그 이전의 권력엘리트들 사이에서 팽배했던 정책 환경에 대한 인식의 차이는 국민을 좌·우의 이념적 성향으로 분열시켰다. 그래서 2007년의 제18대 대통령선거의 결과에서 비교적 우파의 사회세력이 결속하여 노무현 대통령의 지지세력이 정권을 재창출하지 못하게 되었다.

다음으로 해야 할 점은, 국가이익이 확인되었다 하더라도 이것으로부터 명백한 국가전략이 도출된다는 공식적 과정이 드러나지 않기 때문이다. 결과적으로 통합적이고 일관성 있으며 체계적인 국가전략이 국가적 이익을 확보하도록 구상되었다고 하더라도 그 전략은 정책결정자 개인의 인식과 신념에 의하여 만들어진 것이기 때문에, 국가안보 정책의 결정구조와 절차에 의하여 반드시 국가전략의 목표 설정이 객관적으로 도출되어진다고 볼 수 없다. 다음에서 이런 점에 관해서 설명하려는 것이지만 국가안보 정책은 그 정책결정의 구조와 과정으로부터 비롯된다는 것이다.

III. 국가안보 체제, 그 구조와 과정

1. 국가안보 체제

　정부의 정책을 연구하는 경우에 언제나 논의되는 것이지만 정책결정 구조와 과정을 정확하게 이해하는 것은 기본적으로 그 특정 정책이 추구하는 사회적 가치와 이익이 어떻게 정책으로 전환되는가를 설명할 수 있어야 한다. 정책이란 국가목표의 언명(statement of national objective)으로부터 바로 나오는 것이 아니라, 정책을 결정하는 기관의 내부 또는 외부를 구성하는 개인이나 집단 사이에서 엄청난 경쟁과 타협을 통해서 만들어진다. 다시 말해서 정해진 국가 목표로부터 국가 정책이 논리적으로 생성되는 것이 아니라 정치적인 과정을 거쳐서 정책이 만들어지는 것으로, 경쟁과 타협은 정책결정에서 피할 수 없는 한 조건이 된다. 이는 정책결정 과정에 누가 참여했으며, 어떤 정보가 고려되었으며, 어느 대안이 검토되었으며, 그리고 결과적으로 결정은 어떻게 만들어졌는가라는 일련의 과정과 구조를 전제로 하여 정책이 만들어지기 때문이다.

　여기서 구조(structure)란 국가안보에 관한 문제에 대하여 권위적인 결정 (authoritative decisions)을 내리는 기관을 말한다. 우리나라의 경우 국가안전보장회의(National Security Council: NSC), 국방부 장관실, 국가정보원(National Intelligence Services: NIS) 또는 국회의 국가정보위원회와 같은 개개의 기관을 통틀어 구조라고 하지만, 우리나라의 경우에는 대통령실의 국방·안보 담당 특보의 구성도 고려에 포함된다.

　정책결정의 구조를 구성하는 데에는 여러 가지 요인이 있다. 그 가운데 가장 중요하고 기본적인 것은 우리나라의 헌법과 정보기관의 설치에 관한 법률이라고 할 수 있다. 헌법은 국가안보 정책을 결정하는 대통령과 국가정보위원회의 권한과 책임을 규정하고 있다. 법률은 헌법 규정을 보완하기 위하여 여러 가지 정책 과정에 있어서 직접 관계되는 행위자와 그 역할을 규정해 놓고 있다. 그리고 법률은 국회가 정책결정 과정에 관여할 수 있으며 정책결정을 위한 권한을 규정하고 있다.

예를 들면, 「국가정보원법」(1980년 12월 30일 제정 법률 제3313호)은 국가정보원의 조직과 직무범위, 그리고 국가안전보장업무의 효율적인 수행을 위하여 필요한 사항을 규정하고 있다. 그리고 대통령 자문기관인 동시에 국무회의의 전심기관(前審機關)으로, 국가안전보장에 관련된 대외 정책·대북 정책·군사 정책 및 국내 정책 사항을 국무회의 심의에 앞서 자문하기 위한 「국가안전보장회의」를 설치한 것이다. 국가정보원장은 국가안전보장에 관련된 국내외 정보를 수집·평가하여 이를 보고함으로써 심의의 자료가 되고 있다.

정책 과정(Policy Process)은 정책을 만들어내는 데 관련된 조직구조 내부의 일련의 활동과 상호작용을 의미한다. 이 과정은 문제의 확인, 계획, 정책결정, 그리고 집행과 평가라는 여러 단계로 나뉘어진다. 각 단계에서 얼마나 과제를 잘 성취하느냐 하는 것은 그 구조에 의하여 직접 영향을 받게 된다. 각 정책은 그 나름대로 정책 과정을 따르기 때문에 국가안보 체제(National Security System)는 조직 구조 안에서 여러 과정을 통합한 것을 통칭하여 말하는 것이다.

국가안보 정책에 있어서 대통령의 개인적 스타일은 체계의 구조와 과정을 결정하는 데 있어서 가장 중요한 요인이다. 대통령은 법이 정하는 범위 안에서 자신이 편하게 생각하는 정책 기구(policy apparatus)를 만들려고 한다. 대통령실을 중심으로 국가안보회의의 설치 여부나 국가정보원에 대한 정보소요 과정(intelligence requirement process)을 정하는 것은 주로 대통령의 스타일에 달렸다. 그래서 안보 정책 기구에 대한 빈번한 인물 교체와 임무의 부여는 대통령이 가진 특권이기도 하다.

정책결정의 유형에 따라서 실제적인 결정 과정 또한 제각기 달라지며 결국은 정책결정 구조 자체까지도 바뀌게 된다. 소요되는 시간이 부족한 위기 상황 시의 정책결정은 아무래도 일반적인 정책결정 과정과 구조와는 다르게 진행될 수밖에 없다. 계획할 시간이 제한되어 있기 때문에 정책적 선택의 여지는 미리 준비해 둔 여러 가지 대안으로 제한될 수밖에 없다. 이용할 첩보는 불충분하거나 상반되는 경우도 생기고, 상호협조의 기회는 시간적 제약과 비밀유지의 필요성 때문에 많은 지장을 받게 된다.

일상적인 결정은 낮은 지위의 사람들과 표준절차에 따라서 추진된다. 정책결정에 이를 때까지 허용된 시간, 비밀유지의 필요성, 그리고 결정해야하는 정책의 중요성 등 세 가지 요인은 정책결정 과정에 누가 참여하고 누가 내용을 알게 되느냐를 결정할 수밖에 없게 된다. 결과적으로, 정책결정의 유형과 어느 수준의 조직에서 결정하는가에 따라서 단독으로 정책을 만드는 것인지, 아니면 여러 정책결정자 가운데 한 사람이 결정을 하게 되는 것인지, 혹은 모두 결정 과정으로부터 배제되는 것인지를 판가름하게 된다.

정책결정은 그 과정에 따라서 전략적인 것인지 그렇지 않으면 구조적인 것인지를 구분하게 된다. 군사력의 활용을 예를 들면, 전략적 정책결정은 원용해야 할 병력의 이용방안을 정하는 것이고 구조적 결정은 주로 무기구입, 병력의 배치, 그리고 병력의 조직에 중점을 두는 것이다. 따라서 전략적 결정은 국제환경에 초점을 두는 것이고, 보통은 주로 행정부의 권한에 속한다. 구조적 결정은 국내의 정치적 고려와 경제적 상황을 위주로 하여 정한다. 그렇기 때문에 국회는 주로 헌법적 근거에서 보다 구조적인 결정에 영향을 많이 미치게 된다. 그리고 정부 밖의 여러 이익집단이나, 기업의 활동은 자연히 구조적인 결정에 많은 영향을 미치게 된다.

정책 과정을 잘 이해하려면 누가 실질적인 행위자인지, 그리고 이 사람이 어떻게 결정에 참여하고 있는지를 파악하는 것이 중요하다. 결정을 내리는 사람을 두 가지로 구분할 필요가 있다. 하나는 조직 또는 기구이고 다른 하나는 개인인 것이다. 정부가 공식적으로 관여해야 할 국제정치, 경제, 그리고 군사적 문제의 제기는 우선 안정적인 조직 구조를 유지하면서 일을 처리하도록 한다. 그래서 정책결정자들은 대체로 첩보를 제공하고, 문제점을 확인하며, 해결 방안을 구상하고 대안을 분석하는 일을 수행하는 정부조직에 의존하게 된다. 관료들은 사전에 정해진 절차에 따라서 일상적인 결정을 하며 표준적인 과정을 통해서 특정 과업을 성취하는 방식을 강구하고 있다.

  정책에 대한 조직의 영향력 관계를 잘 이해하려면 조직의 특성을 충분히 검토할 필요가 있다. 여기에서 우리가 먼저 이해해야 할 것은 정부의 각 기관과 조직은 그 나름대로 주어진 임무를 가지고 있다는 것을 알아야 한다. 각 기관은 정부의 조직으로서 국가이익에 충실하도록 각 임무가 부여된다. 그래서 보통 때는 일상적인 일에 충실하고 항상 일정한 책임을 지는 일을 하게 된다. 그러나 이 책임의 한계는 늘 명확하게 규정되어 있지 않다. 그래서 정부기관들이 추구하는 일에 대한 책임 때문에 늘 서로 갈등이 생기고 경쟁을 하게 된다. 특히 법률에 의하여 설립된 기관들은 때로는 상충되는 임무를 부여받아 경쟁적인 관계에 놓이게 되어 간간히 책임의 중복적 갈등을 들어낸다. 결과적으로 정부의 기관들은 부처이익에 얽매이게 되고 기관의 존폐문제가 제기되는 경우에까지 이르면 그 갈등의 도는 한층 심화된다. 기관의 성패 여부는 주로 각 부처의 크기, 성장, 그리고 자율권의 확보에 달렸다고 생각한다.

  예를 들면, 한국이 경험하고 있는 작은 정부의 구상에서 통일원을 없애고 외교통상부에 그 기능을 흡수시킨다는 안이 2008년 대통령직 인수위원회에서 제기되자, 정부의 내외를 통한 부처 간의 갈등과 통일원 폐지반대운동이 일어나기도 하였다. 남북대화와 교섭, 그리고 대북 경협사업, 그리고 북한에 대한 정보수집 및 분석에 관한 일들을 외교통상부와 국정원으로 흡수하고 남북 간의 외교 교섭을 특수 관계에서 일반적인 외교, 안보 그리고 국가정보의 차원에서 일괄 다루려는 것이다. 일의 규모가 확대되는 부서에서는 찬성하고 폐지 축소되는 기관에서는 살아남아야 하는 투쟁을 계속하고 있다. 이 문제는 결국 여·야 두 정당 간의 정치적 갈등이 될 것이고 그 개혁안은 국민 전체의 세력 속에서 총선거를 통한 국민의 결정에 따르게 된다.

  이명박 정부 초기에 진행되었던 부처 간 갈등의 결과는 다음의 몇 가지 생각에서 처리되어야 했으리라고 생각한다. 부처이익이 국가이익에 앞서지 않더라도 국가를 위한 최선이 무엇인가에 대한 기관의 인식에 오류가 생길 수 있다. 물론 기관의 이익과 국가이익을 수호 발전시키는 것이 기관의 주요 활동이 되지만, 조직 자체는 조직 안에 있는 여러 가지 특성을 바꾸어

가면서 조직의 본질(organizational essence)을 도모하려고 하는 특성이 있다. 그래서 조직의 본질 수호에 기여하는 임무와 활동은 언제나 내부로부터의 강한 지지를 받을 수 있으나, 그 밖의 다른 임무에 대해서는 무관심하거나 조직 외부의 저항을 받을 수 있다. 결국에는 정책의 기획이나 집행에 여러 가지 지장을 초래하게 된다. 본질적으로 조직은 불확실성을 싫어하는 반면에 완만한 자체 변화를 수용하려고 한다.

구조상 조직과 기관과 서로 상응하는 관료들의 경우를 살펴보면 이들 개인으로서의 관료들이 정책결정 과정에서 아주 중요한 역할을 하는 동안, 정책은 사람들에 의해서 만들어진다. 개인의 지위가 정책 과정에 접근할 수 있는 연계를 만들고 그 과정 안에서 특정한 힘을 조성해 낸다. 다시 말해서 일반적으로 조직 안에서 어떤 의견을 피력할 수 있느냐는 그 조직의 어느 자리에 앉아 있느냐에 달렸다. 개인이 한 조직 안에서 어떤 일에 개인적으로 참여하게 되는 것은 지위의 결과로서 드러난다. 왜냐하면 그 개인이 차지하고 있는 지위가 참여자의 주변 인식과 견해를 결정하기 때문이다.

커다란 관료기구 안에 있는 개인에 의해서 정책이 결정되는 경우, 부분적으로는 조직에 따라야 하는 압력, 국가이익과는 무관하게 조직 내부의 필요에 응하려는 생각, 그리고 조직 내부의 분위기 등을 감안하여 설명될 수 있다.

정책결정은 또한 정책결정자가 가지고 있는 가치관에 따라 영향을 받게 된다. 정책결정자들은 그런 이유에서 특정 정책을 선호하고 있다. 다시 말해서 특정 정책이 특정 정당에 유리하고, 정책결정자가 속해 있는 조직의 이해당사자인 특정한 이익집단에게 영향을 준다는 것을 감안해서 그 정책을 선호한다. 이때 개인의 자존심과 영향력이 더해지는 이념이나 개인적 목표가 그 사람의 선호도에 크게 영향을 주고 있다는 것을 알아야 한다. 끝으로 정책을 결정하는 지위에 있는 개인이 가진 국가이익에 대한 인식과 이 이익에 대한 위협의 인식이 크게 작용하고 있을 것이라는 점을 부인할 수 없다고 생각한다.

정책결정자 개인이 가지고 있는 특성 가운데, 전문성, 의사소통 능력, 다른 정책결정자와의 개인적 친분관계, 관료적이면서 정치적인 재주, 그리고 결단력과 그 능력은 국가안보 체제 안에 있는 개인으로서 얼마만큼의 권한을 향유하고 있는지를 결정한다. 예를 들면, 대통령의 국가안보 보좌관은 그 정책결정 과정에서 가장 중요한 사람이다. 비록 그 보좌관은 법으로 정해진 권한이 없으면서도 아주 소수의 직원을 데리고 있지만, 그의 영향력은 전문성에 있어서나 대통령에 대한 접근성, 그리고 대통령과의 개인적 관계 때문에 막중한 영향력을 행사하고 있다.

지금까지 논의한 것을 정리해보면, 개인으로서의 행위자이건 조직으로서의 행위자이건 그 역할은 정책결정의 유형과 정책 개발의 단계에 따라서 역할이 다르게 드러난다는 점이다. 문제점의 확인이나 기획 같은 절차는 표준화되고 일상화되어 있는 기구가 주로 처리하는 경향이 높다. 그리고 정책의 집행도 마찬가지로 일상적인 조직의 중심에서 처리된다. 국가안보 정책은 문제점의 민감성과 중요성에 따라서 여러 정부기관 간의 조정과 협의의 수준에서 만들어지며 정책 과정의 여러 단계에서 각각 다른 행위자가 관여하게 된다. 어떤 때는 정책의 결정이 한 행위자 개인에 의해서 만들어지는 과정일 수도 있으나 그 결정된 정책의 실질적 집행은 현존하는 절차와 기능을 가진 조직에 의해서 이루어진다.

국가정보는 지금까지 설명한 국가안보 체제를 통해서 기능하게 된다. 따라서 국가안보의 구조와 과정 그리고 행위자의 각 기능에 따라 필요로 하는 정보의 내용이 다르다. 그리고 국가정보 조직은 정책결정의 유형에 따른 결정 과정과 참여하는 행위자가 필요로 하는 정보를 제공하는 임무를 수행하게 된다.

2. 국가안보 정책: 외교 정책, 경제 정책, 군사 정책

국가 정책에 대한 개념을 설명하는 데 정치학자들은 "정책이란 정치체제의 산물(the outputs of nation's political system)"이라는 전형적인 내용을 인용한다. 한 나라의 정치체제는 여러 가지 정책을 만들어 내는 데 정부가 대응하는 환경에 따라서 대내 정책 또는 대외 정책이라고 구분한다. 앞에서 설명한 것과 같이 국가의 가치체계와 국가이익이 국내·외 환경에 투영되어 적절한 정책으로 전환된다고 했다. 그 가운데 국가의 안보 정책은 아무래도 국내 정책과 대외 정책을 동시에 대상으로 하는 정책 과정을 이행하게 된다. 예를 들면, 우리가 미국이나 유럽과의 FTA에 합의하여 무역 정책을 변화시키게 되면 국내에 들어오는 물품에 대한 수입관세를 폐지하는 등의 국내 조세정책을 바꾸어야 한다. 이 같은 정책 변경은 국내 산업, 특히 농산물과 같은 분야의 생산체계에 커다란 영향을 주게 된다. 그뿐만 아니라 국내 산업의 변화는 국내 경제에 큰 영향을 주면서 또한 상대국과의 관계에 많은 영향을 미치게 된다.

국가의 산업과 조세정책의 변화는 국가의 이익을 보호하는 국가안보 정책에도 영향을 미치게 되어 대외적으로 어떤 변화를 가져올 것인지에 대한 국가안보 정책의 변화를 예상케 되어 결과적으로 국가정보의 새로운 요구가 생기게 된다. 국가안보 정책은 정책의 상호 관련성 때문에 정책범위가 대단히 광범위하다. 국가안보 정책은 협력(協力, cooperation)과 설득(說得, persuasion)과 같은 연성적인 접근을 할 수도 있고, 폭력을 수반하는 강제 (强制, coercion)적이고 극한적인 접근에 이르기까지 다양한 접근방식을 갖는다. 이런 차이점은 국가이익의 중요성, 위협의 정도, 그리고 국가의 능력, 등 종합되는 판단에 따라 다양하게 나타나게 되기 때문이다. 정책의 넓은 선택 범위 안에서, 어디에서 국가는 정책을 집행할 것인가 또는 어떤 특정한 정책을 원용할 것인가를 결정한다. 앞의 〈그림 2-1〉에서 보여 주는 국가안보 정책의 다양한 측면과 그 상호 관련성을 다음에서 설명하려고 한다.

국가안보 정책은 주로 외교적, 경제적, 그리고 군사적 측면으로 구성된다. 외교 정책은 국가 간의 정치적 관계를 다룬다. 경제 정책은 국내의 자원의 분배와 다른 나라와의 경제적 관계에 중점을 둔다. 군사 정책은 병력과 군사력의 사용과 직접적인 관련이 있는 정책으로 구성된다. 이상의 세 측면으로 단순하게 그 분석의 수준을 나누어 놓은 것은 편의상 주요한 분야를 구분한 것이며 여기에서 제외된 분야인 환경과 테러리즘과 관련된 것을 논의에서 제한하는 것은 아니다.

실제로 특정 국가안보 정책은 다양한 측면이 겹치게 된다. 예를 들면, 한국이 오래전부터 군사무기를 미국으로부터 이양받고 있는 것은, 한편으로는 군사적 태세와 관련된 한국군의 준비태세와 한국의 전반적인 군사력 사용에 관한 구체적인 정책인 동시에 한미 간의 경제관계에 관련된다. 한국 정부는 요즈음은 직접 현금으로 무기를 미국에서 구입하지만 한때는 장기적 차관으로도 구입한 일이 있었다. 이것은 경제적 관계를 곁들인 군사 정책으로 모두 안보 정책의 일환이었다.

한국에서 안보 정책은 대체로 군사 정책에 중점을 둔 것들이었다. 북방의 공산주의 정권이 지금까지도 무리한 확장 정책을 택하고 있기 때문에 한반도의 남단에 있는 한국은 안보 정책을 논의할 때마다 군사적 측면을 배제하지 못하고 있었다. 물론 군사력의 사용은 재정문제도 있으며 또한 위험성이 따르기 때문에 북한에 대한 안보 정책은 군사력 이외의 정책을 통해서 국가이익을 보호하려고 노력해 왔다. 그런 면에서는 북한에 대한 "화해와 번영" 정책은 안보문제를 군사 정책으로부터 경제와 외교 정책으로 전환해서 북한을 다루려는 시도라고 볼 수 있다. 그러나 북한의 남한에 대한 태도와 상호성이 없는 가운데 남한 정부의 일방적 대북 협조 때문에 지난 10여 년간의 안보 정책의 기조는 크게 비판을 면하지 못하고 있다.

1) 외교 정책

외교 정책은 국가 간의 관계를 발전시키고 유지하는 일차적인 수단이다. 이는 가장 흔하게 이용되는 국가 간의 상호작용의 장치(mechanism of international interactions)이며, 상호 의사소통과 설득에 동원되는 수단이다. 외교 정책은 다른 두 측면의 정책을 보완하는 가장 기본적인 것이다. 국가안보에 관련된 외교 정책의 주요 구성맥락은 동맹관계의 발전과 유지, 국제기구에의 참여, 그리고 국제적 협상으로 되어 있다.

외교 정책의 기본 목표는 동맹의 강화를 유지하여 국가이익의 성취에 기여하는 데 있다. 오늘의 국제화된 세계사회에서는 어느 한 나라가 독자적으로 자국의 국가이익을 충분히 보호하고 성취할 수 없다. 아무리 강력한 국가라도 단독으로 안보 정책의 목표를 성취하기에는 절대로 충분하지 않다. 때문에 과거 냉전기간에 소련의 군사적 팽창을 저지하려던 유럽 국가들로서는 미국을 포함한 NATO의 군사 동맹이 필요했던 것이다. 아시아에서 주변 국가로부터의 공격을 방어하기 위한 미·일 동맹과 북한의 남침을 방어하기 위한 한·미 동맹은 같은 맥락에서 이해하게 된다. 이처럼 지난날의 국제정치 상황에서 미국의 안보 정책은 군사동맹의 결성과 그 유지에 중점을 두고 있었다. 냉정 이후에는 동맹관계도 중요하지만 다국적 군사력의 동원(the mobilization of a multilateral military coalition)으로 세계적 안보를 유지하려는 것으로 변화하고 있다.

외교 정책의 일환으로 국제기구에 참여하는 것은 여러 나라 사이에 공통적인 문제점을 해결하기 위한 기회를 제공한다. 현재까지 UN과 같은 국제기구가 국제환경에서 흔히 생기는 갈등관계를 항상 성공적으로 해결하지는 못했으나 국제기구에 참여함으로써 이해관계가 맞는 경우에는 상호간의 의사소통을 하고 설득할 수 있으며 상호협력할 수 있는 광장이 마련된다. 그래도 외교적인 노력을 통해서 국제적으로 수용된 여러 가지 국제적 행동규범의 발전과 같은 체계적 문제점(systemic issues)에 관해서 상호 의논할 수 있다.

외교 정책의 수단으로서 국제적 협상은 국가안보 정책에 직접적으로 기여하는 외교 정책의 중요한 요소 중의 하나다. 협상은 군사력의 주둔이나 군사력의 사용이라는 의미에서 군사 정책을 대신하는 것이다. 대부분의 정부는 안보를 향상시키기 위하여 상대국의 군사적 위협을 해소하려고 하지 자국의 군사력을 증강하여 안보를 확보하려고 하지 않는다. 협상은 적대적인 당사국 사이에서 의도를 명백히 밝히고, 상호이익을 확인하며, 위협하기도 하고, 첩보를 얻기도 하며, 심지어는 속임수를 쓰는 데 효과적인 의사소통의 수단일 때도 있다. 적대국가와의 협상은 무력사용의 대안을 찾으려는 동맹국가에게 자국의 노력을 과시할 수 있으며, 무력의 사용이 꼭 필요할 경우에 동맹의 단결과 강화를 진작시키게 되기도 한다.

2) 경제 정책

국제환경에 중점을 둔 경제 정책의 중요한 내용은 외국원조(援助, foreign aid), 경제적 제재(經濟的 制裁, economic sanctions), 무기 이전(武器移轉, arms transfers), 그리고 기술 이전(技術移轉, technology transfers)이라고 할 수 있다. 이에 반해서 국내적 환경에 중점을 두고 국가가 만드는 경제 정책 가운데는 기간산업의 보호와 전략 자원의 비축에 관한 정책이라고 할 수 있다.

외국원조와 무기 이전은 국가안보 이익에 가장 중심적인 내용이 된다. 자국의 국가안보 목표 달성을 증진시키기 위해서 동맹국에게 자위능력을 향상토록 군사원조나 필요한 무기를 획득하도록 무기를 이전하는 경우도 있다. 때로는 한 나라가 다른 나라에 대한 영향력을 얻기 위해서 무기나 경제적 지원을 제공하는 경우도 있다. 이러한 정책 경험은 주로 한국이 미국과의 군사적 관계에서 자주 볼 수 있는 것이었고 유럽과 중동국가들에 대한 미국의 정책에서도 쉽게 찾아 볼 수 있다.

아직 한국 정부는 수혜국을 방위하는 데 군사적으로 도움을 줄 수 있다고 기대하면서 경제원조를 다른 나라에게 제공하는 단계는 아니지만, 특정 지역에서 전략적 자원의 확보를 위해 경제적 원조를 제공하거나 무기 이전을 하는 경우가 있다. 특히 1980년대와 1990년대 있어서 말레이시아 정부에 제공한 무기, 장갑차(300여 대)의 이전이나 인도네시아에 제공한 구축함(2 척)의 판매는 무기 이전에 해당하지만 정치적 영향력의 획득을 위한 것은 아니다. 일반적으로 한 나라가 경제원조를 통하여 얻게 되는 정치적 영향력의 정도는 현실적으로는 극히 제한적인 것으로 보인다.

우리나라는 1953년 휴전협정이 체결된 후에 한국군의 정예화와 방어능력을 향상시키기 위하여 미국 정부로부터 군사원조를 획득하였고 동시에 무기 구입과 이전을 위해서는 장기 차관을 도입하여 무기를 구입하였다. 예컨대 군사고문단(Korea Military Assistance Group: KMAG)을 통해서 방위력의 건설 및 교육, 기술과 무기획득을 위한 재정지원 등의 경제원조를 받았다. 그리고 1950년 이래 반세기 이상 미국 군사력의 주둔이 계속되고 있는 까닭으로 국가정보의 분야, 특히 안보 정책은 미국의 극동군의 군사 정책과 밀접한 관계를 가지고 발전한 것이다. 현재에는 한국의 경제성장과 군사과학기술의 축적으로 과거와 같은 무상 또는 유상의 경제원조를 받고 있지는 않으나 무기획득에 있어서는 부속품의 구입, 무기의 수리, 그리고 신예 무기의 구입을 위한 한·미의 안보협력 체제는 항상 가동되고 있다고 생각한다.

최근에 한국 정부가 추진한 FTA(Free Trade Agreement, 자유무역협정)는 양자 간의 무역협정을 교섭하는 과정에서 국내 경제 정책의 변화를 가져오고 있다. 칠레, 미국, 그리고 EU와의 교섭에서 한국의 문호개방은 국내 경제 정책의 변화를 유도하였으며 이에 따르는 국가정보의 관리분야가 크게 늘어난 것이다. 자유무역 대상국의 국내 사정과 국제무역관계에서 새로운 문제점이 점증함으로써 그에 따른 광범위한 국가정보의 소요가 일어나고 있다.

무역(貿易)은 국가이익에 대한 인식에 많은 영향을 주게 되어 있고 따라서 국가의 경제 정책의 변화를 일으켜 국가 간의 경제관계에 변화를 가져오게 되는 경우도 있다. 말하자면 국가 간 상호작용의 정도를 증가시키고 이로 인한 상호이익을 새롭게 증진시키기도 한다. 그러나 만일에 주요 무역상대국이 제3국으로부터 위협을 받게 되면 우리의 번영에 영향을 미치게 될 것이고 따라서 그 나라와의 이해관계를 보호하기 위해서는 제3국과의 갈등의 가능성이 증대된다. 결국 무역관계에서 비롯되는 상호의존성(相互依存性, interdependency)은 경제적 제재에 의한 위협을 제3국에게 미칠 수 있는 기회를 마련하게 된다. 이러한 상호의존성은 오늘의 동북아 지역에서 가능한 한 국가 간의 위협의 소지를 해소하려는 노력으로 표현되기도 한다. 특히 중국과 한국 간의 밀접한 상호의존성은 북한의 군사적 도발을 억제하는 효과를 가지고 있으며, 동시에 한국 정부는 오랜 동안 미국과의 동맹관계가 있기 때문에 무역을 통한 상호의존관계가 한반도의 번영에 크게 영향을 준 것으로 보인다. 한국의 번영과 중국이 경제 발전을 이룩하고 있는 지난 반세기 동안, 동북아 지역 안에서의 위협을 최소화하려는 노력은 바로 이 때문이었다.

기술 이전은 군사력의 증진과 밀접한 관계를 가지고 있기 때문에 무역을 위주로 하는 경제 정책 가운데 하나의 중요한 내용이 된다. 특히 첨단기술의 획득은 국가 간의 군사력 균형에 영향을 준다. 예를 들면, 북한의 핵연료 재처리 기술은 원자로에서 타고남은 재(spent fuel)를 플루토늄으로 전환시켜서 또다시 원자로의 연료로 사용할 수 있는 반면에, 그 플루토늄으로서는 핵폭탄의 제조가 가능한 것이다. 이와 같은 첨단기술의 획득은 주변지역의 군사적 불균형을 초래하게 되어 핵 확산효과가 생기게 된다. 여기에다 장거리 유도탄을 발사할 수 있는 첨단기술도 또한 군사력의 불균형을 초래한다. 이 때문에 한반도의 비핵화는 물론 이 지역에서의 군사력 균형을 유지하기 위하여 UN 산하의 IAEA(국제원자력기구)와 미국 정부는 북한의 이 같은 첨단기술과 그 이용시설을 불능화(disablement)하도록 노력하고 있다.

지난 수년간 지속되어온 6자회담(the Six-Party Talk)은 북한의 핵문제 해결을 위한 실무자 회담으로서 이 회담의 능력여부가 궁극적으로 이 동북아 지역의 안전보장을 확보하고 한반도의 비핵화를 가늠할 가능성을 가지고 있지만, 현재 그 기능이 정지된 상태다.

3) 군사 정책

외교와 경제 정책이 사실상 국가에 대한 위협에 대응하는 대책이 될 수도 있겠지만, 국가는 적대국을 설득하는 데 실패하거나 다른 나라가 군사력으로 위협하는 데 대응하는 수단으로서 군사력을 원용한다. 군사력의 사용이나 군사력으로 위협하는 근본적인 목적은 정치적 해결의 분위기를 만들기 위한 것이다. 따라서 군사력의 사용은 군사적 목적의 성취 이전에 정치적 목적을 달성할 수 있도록 기획하는 것이다. 이것이 바로 "전쟁은 정치의 연장이다"라는 클라우제비츠(Clausewitz)의 명제를 가리키는 것이다.

군사 정책(軍事政策, military policy)은 두 가지로 구성된다. 즉, 그 하나는 군사전략(軍事戰略, military strategy)이고 또 다른 하나는 군사력 구조(軍事力 構造, military structure)에 관한 정책으로 되어 있다. 군사전략이란 군사력의 사용계획이며 이는 군사력을 어떻게 사용할 것인지에 관한 이론적 원칙을 따르는 것이다. 군사전략은 그렇기 때문에 군사력의 임무(그 목적이 무엇인지?), 군사력의 사용(무엇을 하는가?), 그리고 그 배치(어느 곳에 주둔하는가?)를 결정하게 된다. 군사력의 구조는 무장한 군사력의 조직, 병력, 그리고 장비를 말하며, 군사전략을 집행하기 위한 그 능력을 의미한다.

미국의 한국에 대한 군사 정책은 미국의 세계적인 군사전략의 일환으로 수행되는 군사력 사용에 관한 계획의 내용이라고 할 수 있다. 미국이 1950년부터 1953년까지 한국전쟁에 참여했기 때문에 미국의 군사 정책은 이와 깊은 관련을 가지고 있다. 미군의 장기주둔이라든지 미군의 군사장비와 병력의 수라든지, 미군을 전방에 배치할 것인지 혹은 모두를 평택기지로 옮길 것인지 등에 관한 정책적 판단은 그 전략과 능력을 기초로 결정된다. 이 같은 미국의 군사 정책은 북한을 위시해서 중국과 일본, 그리고 러시아의 극동에 대한 군사전략과 관련되어 있기 때문에 우리가 필요로 하는 국가정보의 내용은 이 주변4강의 군사 정책에 관한 정보 및 공개출처 자료의 정밀한 분석으로부터 얻어진다.

군사전략은 여러 요인으로 구성되는 국가안보 체제 안에서 얻어진 평가의 결과로서 만들어진다. 특히 국가안보 체제의 요인으로는 국가이익, 이 국가이익에 대한 위협의 성격과 내용, 그리고 동맹국의 기여도 등을 들 수 있다. 이상적인 군사전략은 국가가 건설하고자 하는 군사력의 수준을 결정한다. 그렇지만, 국가는 기존 군사력을 반영한 원천적 군사능력(inherent capabilities)을 가지고 어떤 전략을 채용해야 할 것인가를 정할 수밖에 없다. 그러나 때로는 새로운 국가안보 체제가 기존의 국가전략과 군사력 구조 사이에 아무 관계없이 만들어질 수도 있다.

군사력 구조에 대한 결정은 전략에 대한 결정사항을 집행하는 데 조달될 국가의 능력을 결정한다. 그리고 그 결과로 국가가 무엇을 실제로 성취할 수 있을 것인지를 결정한다. 군사력 구조에 대한 결정은 무기획득(武器獲得, weapons acquisitions)과 병력(兵力, manpower) 정책에 관한 문제점을 다루게 된다. 결국 얼마만큼의 군사력이 필요할 것인가는 국제환경에 따른 군사전략에 의하여 정해진다. 그러나 이는 국내환경에 의해서도 크게 영향을 받게 되는데 군사력 구조에 관한 결정은 국내 자원배분결정을 필요로 하기 때문이다.

다시 말해서 군사력 구조와 군사전략은 국가의 안보태세(國家安保態勢, national security posture)를 규정짓게 되는데, 이 태세로써 전략적 핵전쟁으로부터 낮은 수준의 국내 반란에 이르기까지 광범한 위협에 대처할 수 있도록 준비한다. 국가정보의 내용을 구사하기 위해서는 우리는 핵전략에 관한 이론과 능력에 대한 군사력은 물론 재래식 군비태세의 이론과 군사력에 관한 지식이 필요하다. 그러나 여기에서는 그 내용을 다루지 않으려고 한다.

결론적으로 말하자면, 국가안보 정책의 형성과 집행 사이에는 그 과정에서 서로 엇갈리는 일이 많다. 첫째로는 군사전략과 군사력의 구조인데 이상적인 전략 구상에 꼭 맞는 군사력을 유지하기는 어렵다. 이는 국가안보 과정이 통합적이고 일관성 있으며 적절한 군사전략을 구상하는 것을 보장하지 못하기 때문이다. 둘째로는 국가이익과 그 국가의 능력이 서로 일치한 정책을 세울 수 없다는 것이다. 특히 국가의 능력은 군사전략이나 군사력 구조의 기능 밖에 있는 것까지도 필요로 할 때가 있기 때문이다. 이 경우는 주로 국내정치 체계의 한계에서 드러나게 되며 필요한 군사적 요청을 충당할 수 있는 자원과 국내여론의 지지, 지도자의 정치적 능력이 모자라는 경우가 종종 생기기 때문이다.

국내의 정치과정에서 국가이익의 재해석과 재정의가 정권의 교체에서 비롯된다. 강력한 국가 중심적 정권, 민주화된 정권, 그리고 대중 민주주의를 표방하는 정권이 각각 국가이익에 대한 해석을 다르게 하기 때문이다. 예를 들면, 북한에 대응하는 우리 정부의 정치적 이념의 차이가 종합적인 국가안보 태세의 결정적 차이를 가져오게 되어 박정희 대통령의 권위주의적 정권과 보다 민주적인 김영삼 정부 특히 대중 민주주의를 표방한 김대중과 노무현 정부에서의 국가이익에 대한 해석이 많이 다른 것을 우리는 경험하고 있다.

특별히 북한에 대한 국방 정책의 인식에 있어서 박정희, 전두환, 그리고 노태우 대통령이 집권할 당시 이들이 군인 출신의 정치인이라는 이유도 있으나 당시 남북한의 대치상황과 국내의 정치적 성향으로 보아서 북한의 군사력은 우리 남한의 국가이익에 대한 "주적(主敵, major enemy)"이라고「국방백서」에 명시하였다.

그러던 것이 김영삼, 김대중 그리고 노무현의 민간인 출신 대통령이 등장한 이래 이들 정권이 보다 대중 중심의 정치 세력을 규합하여 등장한 정권이다 보니 북한에 대한 인식이 달라지고 있어, 북한을 "주적 개념"으로 보지 않게 된 것이다. 따라서 군사 정책의 내용과 국가이익에 대한 침해 가능성에 대한 북한 군사력의 인식도 변하게 되었다. 지난 김대중·노무현 정부의 10여 년 사이의 군사 정책은 북한에 대해 "화해하고 공동 번영하는 위험한 상대"로 인식하게 되었다. 이렇듯 국내의 정치적 상황과 국가이익을 저해할 상대방에 대한 인식이 군사 정책과 동맹관계에 많은 변화를 가져다준다. 이 점에 관해서는 다음 절에서 또다시 설명하려고 한다.

이처럼 국가안보는 동태적인 개념이라고 할 수 있다. 국내·외 환경의 변화는 새로운 정책을 요구하며 과거의 정책을 재음미할 것을 요구한다. 국가안보 개념의 연속성과 비연속성은 국가이익과 국가의 능력이라는 수직적인 관계에서 드러날 수 있으며, 때로는 수평적으로 시간의 흐름에 따른 정권과 정권의 사이에서도 드러난다.

국가정보를 공부하는 경우에 안보 정책의 동태적 개념을 잘 응용할 수 있도록 앞의 〈그림 2-1〉과 같은 분석의 틀을 고안한 것이다. 이 틀에 입각하여 어느 나라든지, 또는 어느 정권이든지 국가안보 정책을 쉽게 분석할 수 있게 하였다.

IV. 국가안보 정책과 전략정보

1. 국가 정책과 전략정보

국가정보의 특성상 이 분야에 대한 연구를 하는 학도에게는 일반적인 국가안보전략이나 그 구체적 정책 내용을 취급하는 요원과는 근본적으로 다른 사고 패턴을 가져야 한다고 생각된다. 국가안보의 분석 개념의 틀에서 밝혀졌듯이 그 정책과 이를 뒷받침하는 전략들은 커다란 국가 정책 틀 안에서 차근차근히 생각해 낼 수 있으며 체계적으로 업무를 다룰 수 있다. 그러나 국가정보를 취급하는 요원은 국내·외 환경의 변화에 대처해서 앞서가는 생각과 기존에는 없었지만 일의 돌파구를 찾아서 국가의 정책결정자에게 경고 또는 설명할 수 있는 정보를 제공해야 하기 때문에 우수한 인재이어야 한다.

기존의 국가안보 정책으로는 다가오는 새로운 시대를 원만하게 파헤쳐 나갈 수 없다고 생각할 때 우리에게 필요한 것은 전략적 사고인 것이다. 예상되는 새로운 환경에 대처하는 전략을 구상하고 그 전략에 따른 정보의 처리가 필요하기 때문이다. 과거 국가의 대외 정책을 만들고 집행하는 과정에서 우수한 인재가 외교교섭에도 나섰다. 국가의 경제발전을 추진하던 긴 세월 동안에 우수한 인재들이 경제 발전 분야에 집결되어 있었다. 아직도 첨예한 국가 간 경쟁 속에서 나라의 원만한 발전을 기하려면 우수한 인재가 경제 정책과 기업 정책에 많이 참여하고 공헌해야 한다.

한국은 1992년의 남북 간의 기본합의서에 서명하고 남북 간에 평화와 번영을 추구하는 과정에서 과거 6.25 전쟁 기간에 훈련된 정보 요원이나 사고는 새로운 시대에 맞는 전략으로 바뀌어져야 함에도 불구하고 아직도 그렇지 못한 점이 있다. 특히 박정희 대통령의 경제건설과 국가안보라는 2중적 전략을 수행하는 데에 동원되었던 전략과 사고는 그 이후 민주화를 통해서 점차로 새로운 국내환경에 맞추어 수정되었어야 했다. 더욱이 지난 20여 년간의 국내정치의 민주화와 국제환경의 세계화는 한국의 전략적 사정을 크게 변화시키고 있다. 특히 9.11 테러사건 이후에는 국제적 안보에도 커다란 변화를 가져왔다.

꾸준히 변화된 국내외의 전략적 상황과 과학·기술의 발전에 따라 한국의 정보산업이 크게 성장하면서 우리의 사고 패턴과 생활양식이 바뀌가고 있다. 더욱이 국가의 경쟁력 제고를 위한 무한 경쟁 속에서 한국에 사는 우리의 생각과 비전 역시 계속해서 바뀌어져야 할 것이므로 응당 우리에게는 많은 분야에 있어서 "변화에 대처하는 새로운 전략"이 필요하다고 생각된다. 이 새로운 전략을 기초로 하여 국가정보를 다루게 된 까닭에 국가의 "전략정보(strategic intelligence)"가 요청된다고 할 수 있다.

"전략정보"의 개념을 처음으로 제시한 사람은 정보 분석의 실무자이며 학자인 미국의 서만 켄트(Sherman Kent)이다. 그는 제2차 세계대전 중에 미국의 전략전국(戰略戰局, Office of Strategic Services: OSS)에서 분석과 연구에 종사하면서 전쟁터의 정보를 분석하여 새로운 전략과 대책을 세우는 기획을 주로 한 장교였다. 그가 제시한 당시의 미국의 국가안보를 총체적으로 표현할 수 있는 어휘로 "전략적 정보(戰略情報, strategic intelligence)"라는 개념을 제시한 것이다.

전쟁이 끝나면서 켄트는 국가정보의 실무자로서 조지 케난(George Kennan)과 같이 대소(對蘇) 정책을 구상하는 학자와 딘 애치슨(Dean Acheson)과 같이 극동 정책을 구상하는 국무장관과 함께 미국의 새로운 외교 정책을 구상하였다. 과거 제2차 세계대전이 끝날 때까지 유지했던 지난날 미국의 외교적 고립주의 정책을 더 이상 고수할 수 없고 세계문제에 개입해야 한다는 생각에서 새로운 외교 정책의 계획과 전략을 모색했다. 두 개의 세계대전을 이끌어온 대영제국(Great Britain)은 더 이상 적극적으로 리더십을 발휘하기에는 역부족이 되고, 소련이 사회주의 국가로서 국력을 팽창하려는데 대한 미국 정부의 위협을 감지하고서 새로운 대응전략을 구상하게 된다.

이들이 구상한 기본전략은 전쟁에서 승리한 미국은 다른 어떤 강한 동맹국의 지원이 없이도 전 세계에서 미국의 국익을 보호해야 한다는 각오를 한 것이다. 그래서 미국은 거대한 상비군을 건설하고 국제적으로 반공산주의 동맹을 만들어 이끌어 가야 한다는 생각에 도달하게 되었다. 냉전의 특성 때문에 이 전략가들은 전쟁도 없으며 평화도 없는 상황에서 미국의 국가이익을 수호할 전략을 마련하게 됐다. 이때 미국 안보에 주요한 정보요청(requirements)은 "전략정보"였다.[8]

원래 전쟁을 수행하기 위해서 1942년에 만들어진 기관인 OSS 내부에 연구와 정보 분석을 담당하는 부서(Research and Analysis Branch)를 새로만들어 900명이나 되는 학자를 선발, 공개된 정보들을 모아 정리하고 정부의 각 기관에서 나오는 자료를 분석 연구하였다. 그 연구팀의 학자 가운데유명한 교수들이 많았으며 그 구성은 주로 사학자, 경제학자, 정치학자, 지리학자, 심리학자, 인류학자 그리고 외교관들이 있었다. 한 예로, 이들이 제공한 정보자료에 근거하여 정확한 폭격지점 정보를 제공하여 독일의 산업시설을 파괴하는 데 성공하였다. 그러한 경험은 다양한 분야의 학자가 자료를종합적으로 분석함으로써 보다 전략적인 판단이 가능했던 경험을 축적했다.현장의 전투를 수행하기 위한 정보를 종합적으로 검토하여 보다 광범위한시각을 갖게 하는 노력의 시작점이었다.[9] 켄트는 전쟁 중에 얻은 경험을토대로 전후에 새로운 전략적 정보의 중요성을 강조하게 되었다.

전략정보는 전통적인 작전정보(operational intelligence)와도 다르다. 전략정보는 실제로 상대방에 관한 종합적인 지식을 요구한다. 전쟁을 수행하는 와중에서 흔히 요청되는 소위 "전술정보(tactical intelligence)"와 같이작전정보는 주로 그 당장에 수색·관찰에 의하여 얻어지는 지식을 말하는것인데 주로 탱크가 몇 대 있는지, 병력은 어느 방향으로 이동하고 있는지등과 같은 직접 관찰한 지식을 말한다. 그러나 전략정보는 보다 넓은 기반

---

8) 이런 전략적 사고의 전개에 대하여 셔만 켄트는 그의 1949년 저서, *Strategic Intelligence for American World Policy*(Princeton: Princeton University Press)에서 설명하고 있다.

9) Michael Warner, *The Office of Strategic Services: America's First Intelligence Agency*(May 2000), http://www.odci.gov/cia/publications/oss/index.htm(May 6, 2003).

과 광범위한 목표를 가지고 경제와 정치, 그리고 사회연구나 기술에 관한 연구 등을 통합적으로 다룬 지식을 말한다. 기본적으로 전략정보는 정책결정자들에게 미래를 내다보고 계획하는 데 필요한 보다 큰 그림을 보여주며 장기간에 걸친 예측을 제공한다.

전략정보는 국가가 생겨난 이후 지금까지 오랫동안 있어왔던 국가안보 정책과 늘 함께 발전했다. 옛날 희랍과 로마시대의 나라들은 물론 중국의 오랜 역사 속에서도 이 같은 전략정보의 발전을 흔히 볼 수 있었다. 특히 손자병법(孫子兵法)과 같은 고서에서도 전쟁을 하는 국가 간에 적국의 사정을 잘 알아야 승리한다는 말이 있다.

다만 미국의 경우 18세기에 건국한 이래 항상 외교적 고립주의를 지켜서 세계적 문제에 개입하지 않고 자기나라의 안전만을 유지해오다가 세계대전을 두 번이나 거치고는 새로운 국제정치 환경에서 리더십을 발휘하기 시작했다. 이에 따라 새로운 전략이 필요했고, 이 전략 계획을 수립하기 위한 정보자료가 필요하게 되었다. 이때 켄트 교수는 "전략정보"의 필요성을 제기했다.

1949년에 출간된 켄트의 『미국의 세계정책을 위한 전략정보』[10]는 아마도 이런 새로운 전략기획과 그 정책을 구상하기 위한 "전략정보"의 발전에 관한 가장 귀중한 책이라고 할 수 있다. 지금은 전략정보에 관한 다른 여러 가지 책이 출간되었지만 처음 이 책이 출간되었을 때에는 국가정보를 연구하는 학생들은 누구나 다 읽었다. 이 책이 출간되고 난 뒤에 켄트는 하버드 대학교의 역사학교수로 발탁되었다가 과거 그가 OSS에 근무할 때 상관이었던 윌리엄 랭거(William Langer)와 함께 다시 정부에 들어가 일을 하게 되었다. 전략정보의 개념을 국가정보로서의 기본적 개념으로 발전시켰기 때문에 미국의 국가안보 정책을 위한 두 가지 새로운 계기가 생기게 되었다.

당시 미국의 정보기관은 1950년 6월 25일 북한이 남한을 침략할 것이라는 예측을 하지 못했으며, 이 한국전쟁에 중국군이 압록강을 넘어 참전하리

---

10) 앞의 주 8)을 참조할 것.

라는 예측을 역시 미리 판단하지 못했다. 결국 맥아더 장군의 전쟁 수행에 대응한 중국은 수십만의 병력을 투입해서 유엔군을 38선 이남으로 밀어내게 되어 미국 정부는 크게 당황하게 되었다.

1947년에 OSS를 개편하여 창설된 미국의 중앙정보국은 더 이상 한국전에서와 같은 정보실패를 되풀이할 수 없다고 생각한 것이다. 그래서 당시의 중앙정보국장은 랭거 교수에게 "포괄적이고, 앞을 내다보는 정보판단(comprehensive, forward-looking intelligence assessments)"을 책임질 수 있는 새로운 정보기관을 창설하도록 명하였다. 이때 정보기관에서 거론된 전략적 가치가 있는 정보판단을 "국가정보 평가(National Intelligence Estimates: NIEs)"라고 이름지었다. 그 당시 랭거 교수가 켄트와 함께 창설한 기관을 "국가정보평가처(Office of National Estimates: ONE)"라고 명명하였다.[11] 이때 창설된 ONE의 발전 과정을 보면 켄트가 『전략정보(*Strategic Intelligence*)』라는 책에서 제시한 내용과 흡사한 원칙에 따라서 정보를 분석 판단한 것 같다고 버코비츠(Berkowitz)와 구드만(Goodman)이, 40년이 지나서, 켄트의 원저를 개정·보완하여 1989년에 출간한 『미국의 국가안보정책을 위한 전략정보(*Strategic Intelligence of the American Security Policy*)』에서 기술하고 있다.[12]

물론 미국이 전략정보의 취급에 관한 논의를 시작한 것이지만 어느 나라든지 국가정보기관이나 통합적인 국가정보사회에서도 이 부분에 관한 연구와 발전이 필요한 것은 마찬가지다. 필자가 쓰고 있는 이 책에서도 효과적인 국가정보의 생산을 위한 원칙을 설명하고 있다. 그동안 필자가 연구하고 축적한 이론들을 ① 국가정보의 기획, ② 첩보의 수집 체계와 방법의 개발, ③ 정보 분석의 수행 그리고 ④ 정보조직의 운영·관리 등에 관련된 문제점을 중심으로 설명한다. 앞으로 급변하는 세계정세나 시장경제의 발전

---

11) Bruce D. Berkowitz and Allen E. Goodman, *Strategic Intelligence for American National Intelligence*(Princeto: Princeton University Press, 1989), pp.4-5에서 "전략정보" 개념의 발전 과정과 그 내용을 발췌하여 이 부분의 책을 만든 것이다.

12) 앞의 책, 서문과 제1장에 그 연유를 설명하고 있다.

에 따라 한국의 국가 경쟁력 제고가 요청되는 이때 전략정보의 개념은 더욱 더 학문적 도전을 맞게 될 것이다.

아무래도 일의 성격상 정보가 효율적인 기능을 다하기 위해서는 어느 정도 정보공개에 제한을 받게 된다. 이러한 제한은 이따금 민주주의적 요청에 배치되기도 한다. 국가정보에 깊이 관련된 사람 가운데에는 효율적인 국가정보 기구의 운영은 민주주의와 맞지 않는다고 생각하는 사람도 있다. 그러나 저자는 반드시 그렇지만은 않다고 생각한다. 국가정보 정책에 대한 정책 토론을 위하여 자세한 정보 내용의 공개가 필요한 경우에는 민주주의 원칙과 안보문제와의 사이에 적절한 타협을 하면 된다. 즉, 관련기관의 소수 실무자 사이에 비공개로 비밀정보를 토의하는 것이다. 이는 의회와 행정부가 정보기관을 감독하는 경우에 흔히 일어난다. 그 밖의 기본적인 정보 관련 문제점은 정부의 다른 정책 토의와 같이 비밀 요청에 어김없이 처리할 수 있다. 특히 정보 정책의 형성과 평가에 있어서 정보의 출처나 수집방법과 같은 일상적 관리의 경우에는 꼭 공개될 이유가 없다.

국방정보는 기본적으로 두 가지 임무를 띠고 있다. 첫째는, 국방부의 특정 정책에 소요되는 정보를 지원하고 작전 운영과 무기획득을 위한 대응 정보 보고를 한다. 둘째는, 국방부에 부과된 국가정보 임무에 대응하는 국가수준의 정보소요에 응하는 것이다. 국방부가 국가정보에 관련된 임무를 수행하는 데 있어서 국방부는 예하의 여러 정보기관을 동원한다. 미국의 경우에는 정보담당 국방성 차관(Undersecretary of Defense) 예하에 국가정보와 국방정보를 동시에 담당하는 공동정보 기구가 설치되어 있다. 그 예는 국가지공정보처(國家地空情報處, National Geospatial-intelligence Agency: NGA),[13] 국가안전보장처(國家安全保障處, National Security Agency: NSA), 국가정

---

13) 이는 국방성의 주요 전투지원기구로서 미국의 정보사회에 속하는 기구이다. 국가지공정보처(NGA)는 적시에 적절하고 정확한 영상(imagery)을 제공하며 국가안전보장 목표를 지원하기위하여 영상정보와 지공 첩보를 제공한다. NGA의 시설은 수도 워싱턴에 있으나 지원팀은 전 세계에 퍼져 있다. 아마도 한국은 한미연합사령부를 통하여 일부 정보를 받을 것으로 믿는다.

찰기구(國家偵察機構, National Recon-naissance Organization: NRO), 국방
정보처(國防情報處, Defense Intelligence Agency: DIA) 등이 있다. 국방성
의 기관으로는 국방보안처(國防保安處, Defense Security Service: DSS)와
야전방첩활동부대(野戰防諜活動部隊, Counterintelligence Field Activities:
CIFA)와 같은 예하 정보부대가 있으며, 정보근무와 기관, 방첩 및 보안부대
등 합동참모부와 전투사령부를 포함한 합동정보부대를 운영한다. 참모총장
이나 국방장관에서부터 전투 지휘관과 전투병에 이르기까지 다양한 정보수요
에 응하고 있다. 〈그림 2-2〉는 미국의 국방성이 어떻게 그리고 어디에서 왜
국가정보전략을 지원하는가를 설명하는 그림으로, 국방정보와 방첩 및 보안
활동이 국가정보와 국방성의 정보수요에 대응하는 국방전략의 위계표이다.

우리나라의 국방부나 합참이 국가정보원 또는 국가안전보장회의와 어떤

〈그림 2-2〉 미국의 전략위계(Strategy Hierarchy)

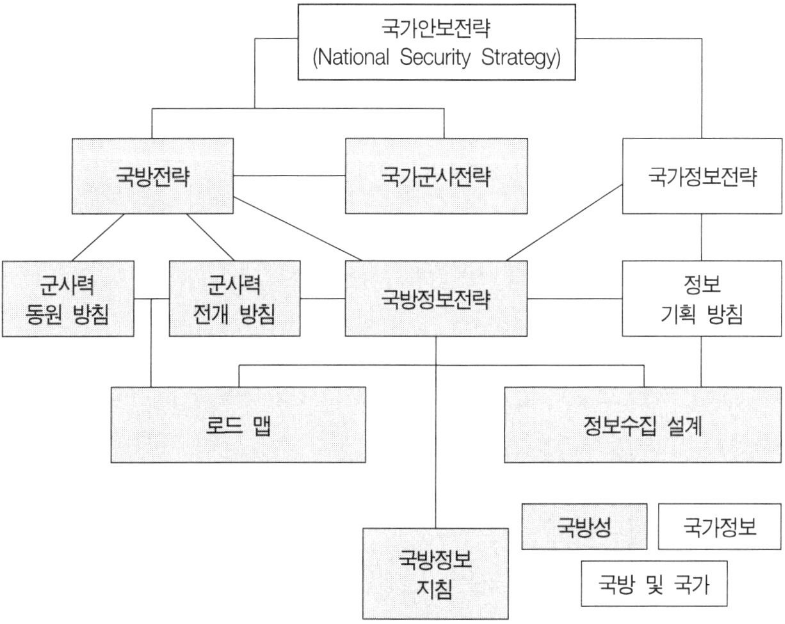

기능적인 연계관계나 전략의 위계를 설정하고 있는가에 대해서는 필자는 아직 공식적인 문건을 접하지 못하여서 여기에 미국의 경우와 같은 내용을 소개하지 못한다. 북한과 항상 대적하고 있는 현실을 감안해서 우리의 안보전략과 정보획득을 위해서 국가전략정보 전체에 대한 구조를 어떻게 이해할 것인가 하는 것은 국정원과 청와대에서 공식적으로 연구결과를 공개하지 않고서는 알 수 없는 일이다. 다만 국가정보원장의 임무에 관한 설명에 대해서는 다음과 같은 내용을 기술한 출판물이 있다.

〈국가정보원장의 기획업무 범위〉

- 국가정보 중장기 판단
- 국가정보 목표 우선순위 작성
- 국가 보안 정책 수립
- 정보예산 편성
- 정보 및 보안업무 기본지침 수립

---

* 출처: 『국가안보와 국익을 수호하는 국가정보원』(서울: 국가정보원, 연도표시 없음), p.3

우리나라의 국가정보원은 국가정보활동 기본정책을 수립하는 대통령직속의 국가정보기관으로서 다음과 같은 일을 수행한다.

〈국가정보원의 수행업무 범위〉

- 국외정보 및 국내보안정보수집·작성·배포
- 국가기밀에 속하는 문서·자재·시설·지역에 대한 보안업무
- 국가안보 관련 범죄수사 내란·외환·반란죄 암호 부정사용죄 군사기밀보호법·국가보안법 위반 범죄
- 정보 및 보안업무의 기획 조정 등에 관한 업무
- 국익과 직결된 환경·산업경제정보의 수집·분석 등 국가경쟁력 제고를 위한 정보활동

---

* 출처: 『국가안보와 국익을 수호하는 국가정보원』(서울: 국가정보원, 연도표시 없음), p.2

이상에 열거한 임무를 영국의 경우와 비교해보아도 우리나라의 국가정보
원은 보다 법을 집행하는(law enforcement) 기관과 같은 일이 많은 것 같
다. 영국의 보안 업무를 담당하는 보안처(Security Service, MI5)는 보안수
사의 권한이 없으며 마치 법을 집행하는 기관과 흡사하지만 직원에게 그
법을 집행하는 권한을 부여하지 않고 있다. 사건에 따라서 검찰 기소와 같
은 경우를 집행하는 경우에 보안수사원은 경찰, 또는 검찰, 그리고 이민국과
국세청의 검찰권을 발동하도록 관련 기관과 밀착해서 업무를 수행한다.

주로 국외정보를 다루는 영국의 비밀정보처(Secret Intelligence Service,
MI6)의 경우에 있어서도 안보, 국방, 심각한 범죄, 외교 정책과 경제 정책과
같은 분야의 중대한 국가이익에 관련된 비밀 국외정보(secret foreign
intelligence)의 수집을 하는 것이다. 이 기관의 업무수행은 연합정보위원회
(Joint Intelligence Committee)가 작성하고 외무장관이 승인하는 정보소요
와 우선순위에 따라서 임무를 수행한다.[14] 보안업무를 담당하는 MI5는
1989년의 보안청법(The Service Act of 1989)의 규정을 받고 있으며 국외
정보를 담당하는 MI6은 1994년 정보업무법(The Intelligence Services Act
of 1994)의 적용을 받는 별개의 기관으로 되어 있다.

영국은 우리나라와 같은 대통령제 국가가 아니라서 국외정보의 수집과
분석에 관한 정보소요 판단과 그 우선순위의 결정은 외무부장관과 특별위원
회에게 그 권한이 부여되어 있으며 대통령제 국가인 미국의 경우에는 이
같은 권한이 대통령에게 있다. 미국의 대통령은 자신이 필요하다고 생각하
는 정보소요 판단과 우선순위를 작성하여 정보기관에 하달하는 데 이를 대
통령 정보소요 판단(the Presidential requirements)이라고 한다.

1995년 3월에 작성된 대통령 지시각서 35(Presidential Decision Directive
35: PDD-35)에서는 네 가지 정보의 순위를 정하였는데 0순위의 것은 위기
관리 및 위기경고이며 4순위는 결과적으로 미국의 이해관계에 관련이 없는

---

14) UK, *National Intelligence Machinery*(London: The Stationery Office Limited,
    2006), pp.7 & 11.

경우를 말한다. 특히 이 지침에서는 미국이 빠트려서는 절대로 안 되는 목표(targets)를 규정하고 있다.

PDD-35의 지시각서에 따르면 군사작전 지원정보(Support to Military Operations: SMO)가 가장 상위의 개념이고, 두 번째로 중요한 개념은 미국에 대한 위기와 갈등을 저지하는 데 도움이 되는 적대국에 대한 정치, 경제 군사적 정보를 말한다. 세 번째 중요한 개념은 새로운 초국가적 위협, 즉 마약거래, 테러리스트, 조직범죄단, 그리고 대량살상무기 등으로부터 미국의 시민을 보호하는 것이다. 그리고 비교적 높은 순위인 국제적 테러나 범죄 그리고 마약의 확산을 방지하는 활동을 지원하는 정보가 있다는 것이다. 그래도 이미 1993년부터 위협확산에 관련된 정보의 수집과 분석능력에 보다 높은 우선순위를 두고 있다는 것이다.

국가정보의 적절한 확보를 위하여 정보사회는 서로 횡적인 협력과 지원을 통해서 보다 전략적인 정보를 확보하여야 하며, 이 같은 지시서는 2008년 7월 30일자로 또다시 행정명령 제13470호(Executive Order 13470)로 발령되었다.

이와 같이 전 국가적인 정보채널의 상호협력과 지원에 대해서 우리나라 대통령의 공식적인 지시는 구체적으로 내려진 바가 없는 것으로 안다. 그렇기 때문에 아마도 국가정보원장의 임무 가운데 국가정보 목표의 우선순위를 결정하는 임무가 주어지게 된 것으로 보인다. 그리고 군사 관련 정보의 통합적 관할이 국가정보기관 전체의 일로 간주되지도 않는 것 같다. 말하자면 국가정보기관의 전략적 활동이 결여되어 국가 정책결정을 위한 전략적 국가정보를 확보하는 기능이 아무래도 떨어질 수밖에 없다고 생각된다. 이렇게 생각하게 되는 이유 가운데 하나는 우리나라 국가정보기관의 시작이 한국전쟁을 경험하면서 생긴 것이고, 따라서 군사정보가 쉽사리 국가정보원 산하의 전략정보기관으로 이관되어 그 역할을 담당하는 것이 어려웠으리라고 생각된다.

미국이나 영국은 물론 전 세계를 상대로 국가안보전략을 세우고 정보활동을 하지만 한국의 경우, 국지적 위협에 대응하고 있으며 주적(主敵)이 북한이기 때문에 그 군사적 대응이 쉽사리 세계전략과 연결이 필요없게 될 수도 있다는 판단이 든다. 우리와 같은 작은 나라의 경우, 가장 효율적인 국가정보의 생산과 소비는 결국 모든 정보기관이 가지고 있는 정보 내용을 기관 사이에 서로 나누어 갖는 것이 정보효율의 시너지(synergy)가 생길 것으로 생각된다. 그러나 현실이 그렇지 못한 것은 정보기관의 생성과정에서 개별적으로 발전한 역사가 있기 때문에, 정보기관 사이의 협력의 정도가 다른 나라에서와 같이 이루어지지 않는다고 필자는 판단한다.

2. 한국 정보 기구의 발전에 대한 시론

한국의 정보기관이 만들어지는 과정에는 건국 이래 많은 요인들이 직·간접적으로 그 구성원에 있어서나 기관의 구조와 책임분할에 영향을 주었다. 아직도 한국의 정보기관의 성장에 관한 학구적 연구의 결과를 보지 못했으나 여기에 기술하는 것은 지난 60여 년을 통해서 저자가 개인적으로 관찰하고 인지하게 된 내용으로 구성하는 일종의 시론(試論)의 성격을 가지고 있다. 많은 역사적 가설을 기초로 하여 이 책의 저자인 사회과학도가 오늘의 국가정보기관이 어떻게 지금과 같은 형태와 책임을 가지게 되었는가를 기술하는 것이다.

1945년 일본이 미국에게 무조건 항복을 하여 미국의 군사 점령기관인 최고사령부(Supreme Commander of Allied Powers: SCAP)가 일본의 내각을 통하여 일본을 7년간이나 간접통치를 했었다. 그 당시 미국은 일차적으로 한반도의 북위 38도 이남에 있는 일본군의 무장해제와 일본군인과 일본의 민간인을 모두 본국으로 송환하는 작업을 수행하게 되었다. 이를 위하여 1945년 9월 미군이 한반도 남단에 상륙하고 전후처리 작전을 완수하고 아직도 정부가 없는 남한에 군정청(軍政廳, Korea Military Government)을 설치하였다. 이때 한국을 통치했던 군정은 동경에 있는 미국사령부(General Headquarter: GHQ)의 지휘를 받고 있었다. 따라서 한국사람들은 일본군의 무장해제는 물론 남한의 과도정부를 관할키 위한 사령부의 작전명령과 군사정보 밑에 배치해 있었다.

일본과 한국을 점령한 미국 육군은 자연히 전쟁기간에 동원된 정보기관을 계속 설치, 운영하였고, 과거 일본사람들이 동원한 일본의 정보요원을 GHQ는 그대로 군정하의 정보요원으로 썼다고 한다.15) 한국의 군정청은 만주와 중국에서 일본의 정보요원이었던 한국인과 조선총독부에서 일했던 경찰의 고등계 형사와 헌병대의 정보원을 그대로 채용했다. 이들이 일본군과 경찰에서 습득한 정보원의 요령을 한국의 정보기관에 지속적으로 계승할 수밖에 없었다. 그래서 군정청하의 미군 부대가 설치한 방첩대원(Counterintelligence Command Officers)과 조선 과도정부의 경찰간부 가운데는 과거 만주와 조선총독부의 요원이 많이 간부로 기용됐다.

대한민국의 정부가 수립된 1948년 8월 이후에도 이 같은 요원들이 정리되지 않았고, 대한민국의 국가기관에 군사 정책과 대공 방첩요원 등으로 등용되었다. 특히 건국 초기 국방경비대 안에 잠복한 남로당(南勞黨) 요원을 색출하는 일이나 6.25 전쟁을 거쳐 부산에서 임시수도를 정하고 전쟁 중 후방에 있는 공산주의자들을 색출하는 일도 일제강점기에 훈련된 사람들이 중심이 되었었다. 그 가운데 필자가 지금도 기억에 남는 인물은 몇 명이 있다. 예를 들면 과거 일제의 보안 경찰이었던 노덕술(盧德述), 방첩대의 김창룡(金昌龍)과 같은 인물들은 이승만 대통령의 절대 신임을 받고 안보수사정보를 다루던 이들이었다.

이들은 과거 조선총독부의 하급수사원이나 일본군 헌병하사관을 지낸 사람들로서 수사와 정보의 구분 없이 일본국에 충성하는 국가중심주의적 사람들이다. 대체로 미국의 군정이 1945년부터 시작되어 대한민국이 수립된 1948년까지 미군의 방첩대와 과도정부의 경찰요원이 그 자리와 임무를 계속해 왔던 탓으로 피치 못하게 일본의 악습을 승계하고 말았던 것이 우리의

---

15) 저자가 미국의 미시간대학교에서 1966년 일본 정치에 관한 강의를 들을 때 Robert E. Ward 교수가 들려준 이야기였다. 그는 미 공군의 대령으로 GHQ의 G-2에 근무하던 정보장교였다고 한다. 미국이 그 이후 한국전쟁과 아시아대륙의 반공활동을 하는 데에 과거 일본군부의 정보요원을 처벌하지 않고 모두 이용하였다고 했다.

현실이 되고 말았다. 이것은 대한민국의 여러 부분에서 지속된 필요악이 었다.

1950년의 6.25 전쟁은 국토의 수호와 회복을 위해서 불가피하게 많은 사람들이 철저한 검증 마구 등용되어 군의 정보계통(CIC와 HID), 헌병대 (CID), 경찰, 그리고 공비토벌대 등의 정보와 지휘계통으로 충원되었다. 이들은 정보의 수집과 분석에 치중하기보다는 범인의 검거와 수사, 그리고 자백을 유도하는 고문 등의 실무에 종사하면서 소위 "혼란기의 정보 계통"을 담당했던 것이다. 이념상 주의가 필요한 인물에 대한 감시와 북으로부터 남파된 간첩의 감시 등으로 주로 국가안보에 관련된 민간인을 감시하는 방첩 활동을 통해서 비밀경찰과 같은 역할을 하기도 했다.

지금에 와서 과거 공산국가의 국가정보기관과 민주주의 국가, 특히 영국과 미국의 국가정보기관을 비교해 보면 전자의 사회주의 국가는 시민을 감시하기 위한 국가정보기관으로서 운영했다. 진정으로 국가정보의 수집과 분석을 통해서 정책결정에 필요한 국가정보의 소요를 충족시키지 못했던 것이다.[16] 동유럽의 사회주의국가는 그 나라의 규모가 작고 구소련 진영에서 특별한 국제전략이나 독자적인 외교노선을 확보할 필요가 없었다. 자연히 전체주의 국가로서의 권위주의 정부는 반체제 또는 반정부 운동의 위협에 대한 안전을 확보해야 하는 까닭에 국내사찰 위주의 정보 기구를 갖게 되었던 것이다. 이 같은 현상은 한국의 경우에 있어서도 유사한 결과를 낳게 됐다.

전쟁 중에 구성된 군 중심의 정보기관이 5.16 군사 쿠데타 이후에 대내외적인 국가안보를 확보할 목적으로 국가정보기관을 만들 수밖에 없었던 것이다. 그러나 실제로는 군사 쿠데타 이전인 민주당 정권이 4.19 이후에 처음으로 민주세력의 중심인 문민정부를 수립하고, 전쟁 이후 군부가 장악했던

---

16) Larry L. Watts, "Intelligence Reform in Europe's Emerging Democracies: Conflicting Paradigms, Dissimilar Contexts," http://cia.gov/csi/studies/vol48no1/articles02.html(2006년 2월 14일).

방첩과 안보수사, 그리고 대북 정보의 수집과 분석을 위한 민간 정부기구로서 1960년 '남산'의 서울 중구 예장동 1번지에 〈중앙정보연구소〉를 설치하였다. 그리고 그 책임자로 주미 대사관의 무관을 지낸, 이후락(李厚洛) 씨가 임명되었다. 이 기관은 주로 대북 정보의 수집과 분석에 노력하였다.

1961년 5월 박정희(朴正熙)가 주도하는 군사 쿠데타가 일어나자 민주당 정권은 그 정치적 활동이 금지되고, 국회는 해산되었으며, 계엄령하의 국가재건최고회의에 의하여 새로운 군사정권이 성립된 것이다. 그 의장인 장도영(張都暎)이 일시 국가수반의 역할을 하기도 했으나, 군사정부의 혁명적 체제는 그 뒤 2년여 동안 박정희 등 군부지도자에 의하여 통치되었다. 정권을 인수한 군부는 국가재건최고회의에서 중앙정보부법을 통과시키고 중앙정보부를 그 산하에 설치하고 김종필(金鐘泌)을 부장으로 임명하였다. 여기에 등장하는 새 군부지도자는 1950년 6월 북한군이 남침을 시도할 당시 대한민국의 육군 정보참모부에 함께 근무한 사람들이었다. 장도영은 육군의 정보참모이고 박정희는 그 휘하의 문관으로 근무하면서 군 내부의 남로당원을 색출하는 일을 했으며, 김종필은 북한과장이었다. 그렇게 얽혀진 관계가 한국의 국가정보기관의 시작에 투영되었다.[17]

1963년까지 김종필이 정보부장을 지내다가 과거 방첩부대 출신인 김용순(金容珣)과 김재춘(金在春)이 번갈아 부장에 임명되었으나 결국 같은 해 김형욱(金炯旭)이 중앙정부장에 임명되고 정권은 민간에게 이양되었다. 박정희가 대통령이 되는 과정에서 중앙정보부는 반정부의 운동을 감시하고 국내 안보문제에 우선한 정치적 자유의 탄압기구가 된 것이다. 그리고 내외적으로는 대북정보의 수집 분석을 하게 되어 자연히 국내외 환경에 대응하는 국가정보기관으로 역할하게 되었던 것이다.

군사정권의 지속적인 관리기관이 된 중앙정보부의 책임자는 모두 군인으로 임명되었다. 후에 주중(당시는 대만) 대사와 박 대통령의 비서실장을 지

---

17) 필자가 미국에 유학하는 동안 장도영 씨와 함께 미국의 미시간대학의 정치학과에서 공부를 하였는데, 그때 그 분이 한국전쟁의 발발에 관한 이야기에서 확인한 내용이다.

낸 김계원(1969)과 이후락(1970)이 중앙정보부장으로 임명되었으며, 민간인으로는 당시 공안부 검찰 출신인 신직수 검사가 1973년 유신헌법 이후 처음으로 중앙정보부장의 자리에 임명되었다. 그리고 뒤에 박 대통령을 암살한 김재규가 1976년에 중앙정보부장이 되었다.

박정희 대통령이 시해된 이후에 전두환(全斗煥)과 노태우(盧泰愚), 두 신군부의 지도자들도 모두 군사정보를 취급하는 보안사령관에 임명되고 다음에 대통령이 되었다. 말하자면 군부의 정보기관을 장악한 사람이 3명이나 대통령에 오른 것이다. 따라서 중앙정보부의 임무와 기능에 대하여 늘 문제가 되어 왔던 것은 말하자면 국가정보의 최종 평가를 중앙정보부와 보안사령부와의 사이에서 어느 기관에서 할 것인가가 쟁점이 되었다고 필자는 생각한다.

한국의 국가정보기관은 군사정보기관과의 첨예한 경쟁 관계에서 발전하여 왔으며 그 요원의 구성에 있어서도 여러 공작단계나 정보수집 과정에서 군에서 훈련된 사람들이 많이 활동한 흔적이 보인다. 방첩과 공안수사, 보안정보 그리고 범죄수사에 종사한 장교 등이 중앙정보부의 조직 기간을 이루게 되었으며 민간인으로 직접 충원된 사람으로 국가정보기관의 책임자가 되었던 사람은 지난 2008년 1월에 사임한 김만복(金萬福) 국가정보원 원장이 처음이다.

일제의 잔재와 정권수립의 과정에서 습득하게 된 인권탄압과 고문 등 불법적인 운영과 반체제 인사에 대한 감시는 1990년대 이후 이제 거의 다 없어졌다. 혹시 우리와 같은 식민지의 경험과 전쟁을 치르지 않은 나라의 국가정보기관과는 아주 다른 기관적 에토스(ethos)가 아직도 일부 남아 있을지는 모르겠다. 지금의 한국사회에서 국가정보에 관한 연구를 하며 공부하는 이들에게는 이러한 과거 한국의 국가정보기관이 가지고 있었던 그릇된 인상 때문에 지금의 국가정보원이라는 직분을 다소 폄하하는 경향이 엿보이기도 한다.

이에 반해서 미국이나 영국의 국가정보요원은 아주 우수하고 긍지를 갖는 이들로 구성되어 있으며 해외 공관에 근무하면서도 당당한 정보 요원으로 활동하고 있다. 한국도 최근에는 구직이 힘들기도 하지만 많은 우수한 사람들이 매년 8월에 정기적으로 충원되어 국가정보원에 7급으로 들어가는 것이다. 이들은 연간 약 120여 명씩 충원되어 국가정보대학원에서 교육을 받으며 정식요원이 되기 위한 특수훈련도 받는다. 기간요원이 점차 우수한 사람으로 충원되는 경향이 있어서 그 긍지가 크게 돋보이는 것 같다.

3. 정보 기구의 일반적 성격

미국의 일반적인 개념으로 국가의 정보 기구들을 모두 합쳐서 정보사회(intelligence community)라는 용어로 표시한다. 우리에게는 아직도 그런 종합적이고 통합적인 정보계열을 생각하면서 국가정보사회를 설명하지는 않고, 국가정보원, 군 정보기관들, 그리고 경찰의 정보 기구, 그리고 대통령비서실의 민정비서실 산하의 기구들을 개별적으로 나누어 학자들과 기자들은 설명하려고 한다.

앞의 절에서 시도한 한국 정보 기구의 변모과정은 순전히 저자가 지금까지 관찰하거나 여기저기서 얻은 조그마한 지식을 정리한 것으로, 아직까지 한국의 국가정보 기구의 발전이나 그 변혁과정에 대해서 미국의 경우와 같이 체계적으로 연구된 바가 없다. 때문에 우선 미비한 내용이나마 여기에 소개한 것이다. 앞으로 우리의 정보 기구에 관해서 보다 많은 공개자료와 구술자료라도 준비되어 간다면 한국의 국가정보사회에 대한 종합적인 구도와 기능, 그리고 국가 정책의 수립과 관련하여 설명할 수 있으리라고 생각한다.

여기에서는 정보 기구에 관한 자료가 없기 때문에 저자는 어쩔 수 없이 기존에 미국에서 설명하고 있는 국가정보 사회의 구조와 기능에 관한 일반적인 내용을 소개하거나 때로는 앞에서도 인용했던 로웬탈(Lowenthal) 교수의 저서에서 그대로 번역 인용한 부분도 있을 것이다. 다만 그러한 경우에도 미국의 경우와 비교해서 구체적인 저자의 견해를 제시하려 한다.

대체로 국가정보 기구는 어느 나라의 국가 기구에서도 우선적으로 위계적이고 관료적인 기관의 성격을 띠고 있으며 명령 계통의 종적(vertical)인 특성을 지니고 있다. 다만 각국의 정보기관에 대한 예산편성이 어떠한 국가기구에 예속되어 편성되느냐에 따라 개별적 정보기관을 구분하게 된다.

우리나라에서는 국가정보원과 같이 대통령 직속의 기구, 또는 국방부 합참의장 산하의 정보사령부, 육군본부 참모총장 산하의 육군보안사, 국세청장 또는 관세청장 산하의 정보조사과, 경찰청장 산하의 정보과, 그리고 법무부 검찰총장 산하의 수사 정보수집 부서 등 그 직무의 수행을 위한 개별 정보수집 기관이 존재한다. 한국에는 이 기관들을 종합적으로 통합하는 기관이 설치되어 있지 않다. 그래서 국가정보의 최정상에 있는 소비자, 또는 수요자인 대통령에게는 각각의 종적인 계층 구조에 따라 정보의 수집·분석된 보고서가 기능별로 상달된다.

대통령은 국가정보의 주된 수요자이고 대통령 산하의 국가안전보장회의(NSC)가 일차적인 정보의 소비자가 된다. 그래서 대통령, 즉 궁극적인 정책결정자에게 국가정보 기구가 접근할 수 있다는 이익이 있지만, 대통령은 외무장관이나 국방장관, 또는 통일원장관과 같은 장관급 관료와 합참의장과 같이 국가안보의 문제 이외에 부서 관련의 다른 안건을 취급하고 있다는 문제점이 있다. 그래서 국가정보원장은 국가안보와 관련된 정보 이외의 보다 넓은 사회·정치적인 내용을 취급하게 된다.

장관급 산하의 부처별 정보기관은 매일 일어나는 상황에 대한 보고서를 만들어야 하지만 국가정보원은 장기적인 안보 상황에 대한 정보 판단에 대하여 수요자의 요구에 응하게 된다. 한미 간의 동맹관계와 연합사령부의 존재 때문에 우리 국방부는 직접 미국의 국방성으로부터 받게 되는 기술정보(technical intelligence)가 정보사령부에 전달되고 이것이 또다시 국가정보원으로 전달하게 되는 경우가 많을 것으로 판단된다.

정보기관의 기본적인 기능에는 크게 나누어 두 가지가 있다. 이는 정보의 수집·관리를 담당하는 기관과 국가정보를 분석·평가하는 정보를 집행하는 기관으로 구분할 수 있다. 물론 두 가지 다른 기관은 각각의 특정한 임무를 가지게 된다.

첫째로 정보의 관리(management) 기구는 정보의 소요(requirements)와

정보출처(resources), 정보의 수집(collection), 그리고 정보의 생산(pro-
duction)을 담당하는 기구이고, 둘째로 정보의 집행을 담당하는 기구(예컨
대 미국의 국가안보처, NSA)는 정보의 수집 체계의 개발, 실제 수집과 정보
의 생산, 그리고 지원기지의 기본구조 유지(maintenance of infrastructure
support base)를 담당하는 기능을 갖는다.[18] 정보의 평가 기능은 일반적으
로 정보 기구 가운데 중요한 기능이라고 생각하지 않는다. 그래도, 정보의
수단, 즉 출처, 예산, 그리고 사람과 같은 요소들을 정보의 목적인, 결과,
분석, 그리고 공작과 현실적으로 연계하여 운영하는 것은 대단히 어려운 작
업이기 때문에 정보기관들은 그 과업 수행에 있어서 그렇게 커다란 기대를
가지고 공작을 시작하지 않는다. 그러나 이런 작업이라도 공작은 중요한 것
이면서 좋은 결과를 얻게 되면 정보관리자에게는 커다란 보상이 따른다.

정보기관의 이러한 기능적 연계를 로웬탈(Lowenthal) 교수는 다음과 같
은 도식으로 정보사회의 업무 순환 과정을 설명하고 있다.[19] 미국의 경우,
국가정보 기구는 제2차 세계대전을 치르는 동안 군사정보와 정치정보를 군
기관에서 수집하면서 대 민간 심리전과 적의 후방에 침투하여 사회적 교란
을 유도하여 적국의 전력을 약화시키기 위한 전략적 활동을 하는 과정에서
유래되었다는 것이다. 물론 전투를 위해 전장의 상황을 파악하려하는 군 사
령관의 전통적인 정보수요를 충족시키는 일은 물론이고, 그보다도 적국 국
민에 대한 전쟁 의욕의 약화를 노리는 심리전 차원에서 광범위한 전략정보
를 수집하였다.

이러한 미군의 전략적 활동은 유럽과 아시아의 중국에서 크게 두드러졌
던 것인데 전쟁이 끝나고 미국의 점진적인 아시아에 대한 경제건설과 민주
적 통치체제의 확산을 도모하기에 이르러서 미국의 정보 기구는 그 특성이
달라졌다. 전후 유럽을 중심으로 시작된 냉전의 여파가 중국 대륙의 공산화
때문에 아시아로 확대되는 가운데 미국의 개입정책은 마침내 전 세계에서

---

18) Lowenthal, 앞의 책, pp.25-26.
19) 앞의 책, p.26.

공산진영, 특히 소련의 국제공산주의 팽창을 막으려고 노력하였다. 1947년
이후 미국 정부가 중앙정보국을 만들게 된 것도 구소련의 국제적 활동과
아시아 및 유럽의 여러 나라에 공산주의 세력이 정치적으로 침투하는 것을
방어하기 위한 정보의 소요가 생기고 나서부터였던 것으로 보인다.

미국의 경우보다 그 이전에 영국이나 프랑스와 같은 나라와 일본과 같은
나라가 1920년~40년대에 제국주의적 식민지의 관리를 위한 정보의 소요가
많았고 그 때문에 이런 나라에서는 군과 민간의 통합적인 정보 기구의 운용
과 국가정보의 소요가 급증한다.

국가정보는 모든 나라에서 수요가 생기는 것인가? 최근에 동남아의 작은
나라에서 유학온 젊은 외교관들에게 국가정보론을 강의하는 과정에서 알

〈그림 2-3〉 기능상으로 본 정보 기구의 연계성

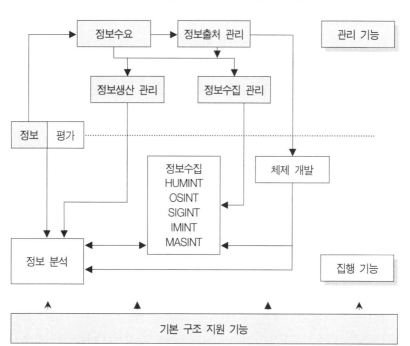

게 된 일인데 외교관으로서의 인간정보를 수집하는 비밀공작(clandestine operation) 활동에 대해서는 이 학생들도 대체로 그 필요성을 인식하고 있었다. 그러나 이런 전통적인 외교활동을 넘어선 방대한 분야의 정보활동이 외교관이 주재하는 나라에 대하여 꼭 필요할 것인가에 대해서는 의구심을 갖고 있다는 점을 알게 되었다.

예를 들자면 인구가 약 600만 명의 캄보디아나 라오스와 같은 나라의 외교관들은 상대국에 대한 인간정보 및 정치정보 이외에 막대한 정보활동이 꼭 필요한가를 묻기도 한다. 한국의 경우에는 1950년의 북한침공에 대한 격퇴와 국토의 회복을 도모하는 전쟁기간은 물론이지만 지난 60여 년간 남한을 적화통일하려는 북한의 집요한 의도를 파악한 우리로서는 방대한 정보조직이 필요하며 인간정보뿐만 아니라 기술정보의 소요가 증가하였다는 점이다.

제2차 대전이 끝난 이래 지금까지 일본은 미국과의 군사동맹관계를 유지함으로써 미국이 가지고 있던 국가정보를 공유해왔기 때문에 우리와 같이 방대한 중앙정보부의 조직을 가지고 있지 않았다. 다만 최근 들어서 일본의 보통국가화에 발을 맞추어 신호정보(SIGINT)와 영상정보(MASINT)와 같이 기술을 요하는 분야의 기술을 자체 개발하고 있으며, 한반도의 정세를 관찰하는 기술정보의 기지국을 대마도에 설치했다.

비공식적인 것이지만 일본 정부가 그동안 어떻게 외국에 대한 정보를 수집해 왔는가를 지난 수년간에 걸쳐 관찰한 것이지만 그 수집범위와 정보의 내용은 방대하다. 일본의 경우 정보소요의 판단을 국가기관에서 만들어 그 우선순위를 정하는 미국이나 영국과는 다른 것을 알 수 있다. 대체로 모든 정보를 수집하고 있는데, 일본국민은 늘 그렇게 했듯이, 국가에 유리할 것이라고 생각되는 좋은 정보가 있으면 노트에 적어 두었다가 활용하는 습관이 있다. 실제로 외국에 주재하는 상사의 직원이나 기자들은 늘 주재국에 대한 관찰과 수집된 정보를 본국에 있는 상사에게 문서로 보고한다. 이 보고서는 그 회사의 국제과(國際課)를 통해서 조사과(調査課)로, 이렇게 해서 정리, 분류된 보고서는 정부의 산업관련 부서로 보고되고 이것이 다시 간추려져서 내각조사실(內閣調査室)까지 보고된다고 한다. 이것은 산업기술정보, 디자인 그리고 시장조사 같은 것뿐만 아니라 주재국에서 만난 학자 또는 관료와의 대화내용도 늘 보고되고 있다는 것을 알게 되었다.

미국의 정보사회와 마찬가지로 한국의 국가정보 기구는 각 정부기관으로 분산된 기관을 가지고 있는데 여기에서 그 기관을 일일이 설명할 수는 없으나 다만 일반적인 분업 또는 기능적 분류를 소개하려고 한다. 정보기관은 정부의 구조상 계층별로 나뉘어서 상위기관과 하위기관 등으로 종적인 구분에 따라 세분하기도 한다.

정보와 관련된 지휘계통의 정상에는 한 개인이 있으며 이는 가장 중요한 정보관리자가 되며 또한 정보의 중요한 고객이 되기도 한다. 그러나 대통령은 정보의 관리자는 아니지만 정보의 가장 중요한 고객인 것만은 틀림없다. 각료급에서는 국방장관과 외교통상부장관 또는 통일부장관 역시 중요한 정보수요를 가진 고객이 된다. 대체로 이들 각료급은 정보의 자산(intelligence assets)을 가장 자주 관리하게 된다.

아무래도 우리나라에서는 국방장관이 합참의 정보사령부를 통하여 획득된 정보의 많은 부분을 관할하고 안보 정책의 수행을 위해서 외적 공격에 대한 위험성을 경고하는 모든 정보를 취급하게 된다. 미국과의 군사적 동맹관계 때문에 한미연합사령부를 통하여 획득되는 기술정보는 주로 정보사를 통하여 한국 정부에 전해지리라고 생각된다. 이런 점은 미국과 동맹관계에 있는 일본의 경우에도 우리와 마찬가지로 일본의 국방성 산하 정보사령부가 그런 역할을 한다고 한다. 국방부는 국가수준의 정보 과정과 생산에 참여하게 되며 외부로부터의 공격에 대한 경고와 각 예하 부대의 군사적 활동에 관한 정보를 장악하게 된다.

미국의 법무부장관은 연방수사국(Federal Bureau of Investigation: FBI)을 통해서 국내외의 범죄정보를 취급하고 에너지 장관은 소규모의 정보 요원을 두어 적절한 에너지 정보를 확보한다고 한다. 특히 미국의 상무성은 외국의 공관에 주재하는 상무관을 통하여 공개적인 정보기능(overt intelligence functions)을 수행하게 한다. 미국의 중앙정보국장(Director of Central

Intelligence: DCI)은 미국 중앙정보국의 관리자로서 예하에 여러 관리요원 (management staff)과 조정관(coordinators)을 두어 그 방대한 정보 기구들을 통합한다.

국가적 수준의 다음 단계로 주로 기술정보를 수집하는 기관을 설치하여 신호정보나 영상정보, 또는 계측 및 신호정보 등을 수집하는 기관을 두고 보다 기술적인 정보의 생산을 하고 있다. 여기에서는 그 자세한 설명을 생략하고 다음에 정보의 수집활동에 관한 설명부분에서 자세하게 언급하기로 한다.

결국 정보의 기능적 흐름으로 보아 종적으로 가장 위에서 일하는 사람을 정보의 관리자 또는 정보 고객이라고 할 수 있고 그 다음 단계에 정보수집자 또는 정보 구축자(collectors/builders)가 있으며 그 다음 단계의 기능으로는 단순히 정보를 수집하는 수집자가 있고 그리고 제일 아래 단계에는 정보의 생산자가 있다고 볼 수 있다. 이런 기능적 관계 안에서 정보기관은 서로 상당한 긴장관계에서 경쟁하고 비밀주의를 지키며 은밀하게 정보 방해를 하기도 하는 등 치열한 경쟁관계를 관찰할 수 있다.

아직도 우리나라의 정보기관 사이에서 일어나는 관계가 쉽게 공개되지도 않으며, 1996년 이후 국회의 정보위원회가 설치되면서 다소 공식적인 정보기관의 관계와 예산의 편성 그리고 의회의 감독에 관한 논의가 시작되었을 뿐이다. 그리고 국방위원회를 통한 정보사령부의 예산과 감독에 대한 논의와 그 내용은 아직도 학자들에게까지 다다르지 못했다.

어디까지나 종적인 지휘체계에 따라 기관의 여러 계층에서 정보를 관리하고 집행을 하지만, 정보 과정의 흐름을 관찰해보면 그 기능상의 분업이 중요한 여건이 된다. 그러나 기본적으로 정보의 흐름은 일정한 정보 과정을 형성하고 있다고 실무자들은 생각한다. 정보를 필요로 하는 국가 최고 지위의 대통령은 자신의 정보소요 판단에 따라 필요한 정보를 수집 분석 그리고 평가하여 종합적인 보고서를 제출하도록 하부조직에 요청하게 된다. 이러한 정보 과정을 넓게 보면 누가(who?) 무엇(what?)을 누구(whom?)를 위하여 정보를 수집하여 분석하고 그 분석 결과를 제공하는가에 관한 일련의 과정을 설명할 수 있다. 국가정보를 관리하는 국가정보기관에 관해서는 제7장에서 보다 자세하게 설명하려고 한다.

다음 제3장에서는 국가정보의 순환과 그 정보 과정을 설명하려고 한다. 앞의 〈그림 2-3〉에서 확실하게 드러난 것으로서 수집된 정보는 모두 분석을 위하여 기능적으로 연결되어 있다는 것을 알 수 있다. 이런 점에서 분석의 단계가 중요하며 국가정보의 순환 과정에 있어서도 마찬가지로 정보의 분석을 특별하게 이론적으로 설명하게 된다.

대부분의 국가정보론 교과서는 이 지점에서 각 나라의 정보기관과 정보사회를 설명하고 있으나 학부 학생들에게는 특별한 지식이 되지 않는다는 것을 경험하였다. 따라서 미국이나 영국, 러시아와 일본 그리고 중국 등의 정보기관과 정보사회에 관한 내용을 대학원과정에서 취급하려고 한다.[20] 이 교과서에서는 외국의 정보기관에 관한 분석내용을 제외한다.

---

20) 각 국가의 정보기관에 관한 간략한 소개는 문정인 편저, 『국가정보론』(서울: 박영사, 2003) 제3편 "국가정보기관의 비교분석"에 미국, 러시아, 이스라엘, 일본, 중국, 유럽 그리고 북한의 정보와 보안체계를 소개하고 있다.

국가정보의 순환과 그 과정

제3장 국가정보의 순환과 그 과정

I. 국가정보 과정

국가정보의 처리는 국가 정책의 수립과 집행을 지원하기 위하여 여러 첩보를 수집하여 정책결정에 필요한 정보로 생산하는 일련의 순환 과정을 말한다. 이 정보의 처리과정을 단순하게 정보의 과정(intelligence process) 또는 정보의 순환(intelligence cycle)이라는 말로 통용하고 있다.

정보 과정은 정책결정자가 인식하는 첩보(information)에 대한 소요로부터 이들에게 정보기관이 분석적 정보보고서를 보내주는 데에 이르는 여러 단계와 과정을 의미한다. 확실하고 믿을 만한 대외 정보를 만들어 내는 과정은 역동적이고 끝없이 이어지는 과정이다. 정보대상 또는 표적(target)에 대한 정보 과정상의 의문이 생기고 그 의문에 대한 충분한 해답을 찾으면서 끊이지 않는 순환 과정이 반복되는 것은 근본적으로 한 순환의 끝은 다음의 순환 과정을 시작하게 만들기 때문이다.

정보란 일반적으로 일련의 단계를 거쳐서 만들어지는 결과물이다. 앞의 〈그림 1-1〉에서 보듯이 일의 정황과 배경이 되는 자료를 정리하여 첩보로 만들어지면 이것을 분석하고 추론하는 과정을 거쳐서 정보가 생산된다. 여기에 전문가적 판단을 가미하면 정책결정을 위한 근거가 되는 지식을 만들

어 낸다고 삼각형의 모양으로 설명한 바 있다. 이렇게 정보 표적에 대한
의문이 단계적으로 정보 취급자의 생각과 지식을 가미하면서 정책 수행을
위한 정책결정으로 만들어지는 정보처리 과정은 적어도 다음과 같은 일곱
단계로 구성된다.

① 정보의 소요를 확인하는 일과 정보수집의 기획 및 지시(planning
and directions)
② 첩보의 수집(collection)
③ 자료의 처리 및 추출(processing and exploitation)
④ 첩보의 분석 및 정보의 생산(analysis and production)
⑤ 생산된 정보분석물의 배포(dissemination)
⑥ 전문적 판단이 가미된 지식의 소비(consumption)
⑦ 피드백(還流, feedback)

이상의 7단계를 걸쳐서 완성된 정보보고서는 정책결정자의 행동을 위한
기반이 된다.

이 같은 정보처리 과정을 일반적으로 〈그림 3-1〉과 같은 정보의 한 순환
과정으로 표현한다. 정보순환의 과정이 여러 필자의 교과서에 따라서 다소
차이는 있으나 대체로 미국의 대학교재에서 볼 수 있는 것은 〈그림 3-1〉과
같다.

그림에서 보듯이 정보의 순환주기는 개념적으로 생각하는 구도인데 정책
결정자가 정책결정과 정책집행에 이용할 수 있도록 정보를 개발하는 과정을
말한다. 적어도 필요한 정보가 소비자에게 전달될 때까지는 누군가가 정보
의 필요를 확인한다. 정보의 수집을 계획해서 어떤 특정 정보가 필요한지를
하부기관에 그 지침서를 하달하고 지시하며, 그리고 정보를 수집하는 복
잡한 정보처리 과정을 거친다. 이때 수집 가능한 전 출처정보(all-source
intelligence)를 분석하고 전문가적 판단을 내려 보고서를 생산하는 것이다.

이렇게 생산된 정보보고서는 전문적 의견을 첨부하여 평가되며 소비자에

〈그림 3-1〉 정보주기와 처리 과정

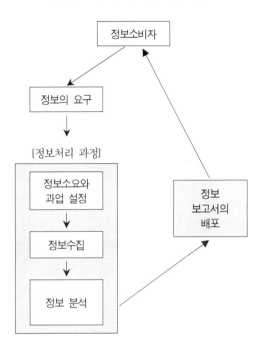

게 배포되면 한 번의 정보순환주기가 완성된다. 그러나 늘 보고된 정보나 정보처리 과정에서 있던 일에 대한 평가가 환류(feedback)되어 또다시 정보의 소요 판단에 첨가되게 마련이다. 이러한 정보의 순환주기에 대하여 국가정보론을 강의하는 모든 교과서에서 형식은 달리하지만 기본적으로 비슷한 설명을 하고 있다.

일반적으로 정부의 행정체계상 국가정보의 궁극적 소비자는 그 나라의 대통령이다. 내각책임제의 국가에서는 내각의 총리인 수상이 궁극적 소비자가 된다. 대통령 자신이거나 그 대통령의 국가안보에 자문하는 국가안전보장회의(National Security Council: NSC)가 국가정보소요의 판단을 하는 경우를 정보소요 확인(identifying requirements)이라고 하는데, 이는 특정한 정책 문제나 정책 분야에 대해서 정보가 정말로 기여할 것이 있는가를 확인하는 것이다. 그래서 "정보소요 확인"은 실제로는 어떤 특정 유형의 정보가 정책문제의 해결에 도움이 될 것인가를 명백하게 규정하는 것을 의미한다. 단순하게 생각하면 모든 정책 문제에 정보가 필요하다고 생각하기 쉽지만 실제로는 꼭 그런 것은 아니기 때문이다.

정보를 수집할 수 있는 국가의 정보능력을 무한히 키울 수는 없다. 어느 나라든지 정보능력은 제한되어 있기 때문에 어떤 정보를 수집할 것인가의 정보의 우선순위를 정하는 것이 정보요청을 하급기관에 지시하기 전에 결정을 하여야만 한다. 이때 문제는 누가 정보의 소요 판단을 하고 정보의 우선순위를 정하며, 이를 정보기관에게 지시할 것인가를 결정하는 일인 것이다. 만일에 정책결정자가 자기네가 필요한 정보소요 판단을 하지 않은 경우에는 적지않게 곤란한 문제들이 생겨날 수 있겠다.

일단 소요 판단이 확정되어 정보의 우선순위가 정해진 경우에는 필요한 정보의 수집을 추진하게 된다. 경우에 따라서는 정보요청이 특정한 유형의 수집(collection discipline)에 적절하지만 때로는 다양한 정보수집 유형을 동원하여 일을 처리할 수밖에 없는 경우가 있다. 결국 특정 유형의 수집을 필요로 하는 경우에 아무래도 정보수집 능력의 한계가 정보소요를 충족시키는 한계가 될 수 있다.

우리가 제1장의 피라미드형의 〈그림 1-1〉을 통해서 설명했듯이 단순한 자료의 수집은 첩보에 지나지 않으며, 그것이 바로 정보가 될 수는 없는 것이다. 수집된 자료는 정보로서 취급되기 전에 특별한 과정을 거쳐 처리되고 그 수집 목표에 따라 발굴되어(exploited)야 하며, 또한 의미 있는 분석을 거쳐야만 마침내 '정보'가 된다. 이런 과정은 정보의 수집 내용에 따라서 그 과정을 달리한다. 특히 인적정보(human intelligence)나 공개출처 정보(open-source intelligence)와 같은 것은 기술적인 자료 추출 절차나 과정을 거칠 필요는 없으나 기술정보(technical intelligence)의 자료 처리나 자료 추출의 경우에는 정보 또는 첩보로서 간주되는 자료 이전에 기술적 수집과 그 자료의 처리과정이 필요하다.[1]

우리나라에서는 미국과 마찬가지로 대통령의 국가정보에 대한 인식에 따라서 차이는 있었지만 군부의 지도자가 대통령으로 당선된 경우에는 늘 군 내부의 방첩을 담당하는 기관이 강화되기가 일쑤였고 실제로 수집되는 첩보를 다 처리할 수 없을 만큼의 첩보를 많이 모으는 경우가 흔히 있었다. 특히 군의 정보기관이 일반적으로 민간기관과 언론기관까지도 조정 통제하고 첩보를 수집하기도 했으며, 대학사회나 기업의 활동까지도 관여하여 첩보를 수집하였으나 그 분석의 우수성이나 종합성에 대한 경쟁적 긴장관계는 중앙정보부의 업무와 항상 비교되어 왔다. 미국의 군부는 이런 일을 절대로 하지 않고 군의 문민통제(civilian control) 원칙에 따라서 중앙정보국과의 경쟁관계는 전혀 있을 수 없었다. 그렇지만 미국은 점령지역이나 특히 동맹국의 주둔지역 내에서는 반드시 그런 원칙을 지킨 것 같지는 않다. 한국에서의 미국의 중앙정보국 요원은 주로 주둔군 사령관의 고문이라는 지위를 유지하기도 했었다.

정보 분석의 평가를 놓고 미국의 정보사회는 중앙정보국장을 위주로 한 정부의 평가와 배포를 주관한 경우도 있고, 때로는 국가정보평가국이 주관이 되어 대통령에게 보고되는 정보의 평가와 배포가 이루어진 경우가 있으나 이는 실제로는 미국의 전쟁 상황과 그렇지 않은 상황에 따라서 기관 간의 경쟁이 있었던 것으로 관찰된다.

수집된 첩보나 자료가 각 분야의 전문적 분석관에게 신속히 이관되어 수집 발굴된 정보보고서로서 정책결정자의 소요에 충족한 것이 되지 않는다면 그 많은 첩보의 수집은 모두 의미가 없는 자료일 뿐이다. 선택된 정보생산의 유형이나 분석의 질, 그리고 현안 문제에 관한 정보보고서와 장기적 전망의 보고서와 같이 정책결정에 반영되는 것이 결국 정보의 순환 과정에서 중요한 대상으로 삼게 된다.

정보의 분석자로부터 정책결정자에게로 수집된 첩보가 이관되는 것은 우

---

1) 정보의 기술적 수집 유형에 관한 교과서로서는 다음과 같은 책이 있다. Robert M. Clark, *The Technical Collection of Intelligence*(Washington, D.C.: CQ Press, 2011), p.322.

선 다양한 정보의 배포선에 달린 것이다. 얼마나 광범위하게 정보를 배포하는가, 혹은 얼마나 신속하게 배포하는가라는 문제보다도 중요한 것은 정책결정자의 관심이 어디에 있느냐에 따라 정보의 최종 생산물의 중요성이 결정된다는 점이다. 그러기 때문에 정보 과정의 마지막 단계의 배포선과 정책결정자의 관심사가 결국 정보순환의 끝을 마감하는 셈이다.

정보처리에 관한 논의는 사실상 정책결정자가 추구하는 정보소요를 충족시킬 때 일단락을 지어 정보의 일차적 순환을 종결짓는다고 할 수 있다. 그러기 때문에 생산된 보고서가 적절하게 정책결정자의 욕구에 맞는 것이 가장 성공적인 정보처리가 된다고 볼 수 있다.

이런 점에 관해서 오래된 예화가 하나 있다. 영국의 한 물리학자가 30여 년간 과학정보 부처의 정부고문으로 있었던 경험을 기초로 강연을 하면서 밝힌 이야기인데, 그는 자기 시간의 40%는 전문성을 키우기 위해서 자료를 모으고 전문 분야의 활동을 하는 데 들였고, 30%의 시간은 자료를 분석하고 보고서를 쓰는 데 시간이 소요되었으며, 나머지 30%의 시간은 정책결정자에게 자기의 생각을 투입하는 데 쓰게 되었다고 했다. 그 학자는 미국 중앙정보국에서 행한 한 강연에서 그렇게 밝힌 일이 있다.[2] 여기서 중요한 것은 자료의 수집과 분석이 모든 출처(all-source)에 근거하더라도 사용자에게 전해지고 납득되지 않으면 그 정보 분석의 내용은 정보의 수요자와 관계없는 문건이 되고 만다는 것이다.

그렇지만 정책결정자들은 주어진 정보에 따라서 자동적으로 반응을 하는 "속빈 사람"이 아니라 정보의 전달이 문서의 형식이건 구두로 전해진 '브리핑'이건 간에 어떻게 그 정보를 사용하는지, 또는 정보에 대한 정책결정자들이 가지는 정보에 대한 의존도가 어느 정도인가에 우리의 관심이 있는 것이다. 일단 정보보고서가 소비자에게 전달되면 이에 대한 피드백이 꼭 정보생

2) R.V. Jones, "Some Lessons in Intelligence: Enduring Principles," *Studies in Intelligence*, Vol.38, No.5(1995), http://www.odci.gov/csi/studies/95unclas/may. html(1995년 5월 30일).

산자에게 전해지는 것은 아니지만 이따금이라도 국가정보의 소비자인 대통령과 국가정보의 관리자인 국가정보원장과의 계속적인 대화는 필요하다고 생각된다. 보고된 정보가 소비자의 정보소요에 적중한 것은 아닐지라도 정책결정자가 실제로 보고서를 얼마나 참고하여 결정에 영향을 주었다고 생각하는지는 서로 의견을 교환할수록 국가정보의 순환 과정은 그 효율이 높아질 것으로 생각한다.

II. 국가정보의 소요 판단과 정보기획 및 지시

어느 나라든지 국가안보와 외교 정책에 수반되는 다양한 국가이익이 있다. 다른 나라에 비하여 어떤 나라는 더욱 복잡하고 많은 국가이익의 추구를 위한 강한 의욕을 보이기도 한다. 역사적인 이유에서나 혹은 지역적 국제환경에 있어서 사활이 걸린 문제를 국가이익으로 추구하는 국가와 그 지도자도 있기 때문에 각 나라의 정부지도자가 판단하는 국가정보의 소요 내용은 서로 많이 다르고 그 소요의 심각한 정도도 다르다고 생각된다. 이러한 국가이익을 둘러싼 갈등의 내용은 그 나라에 대한 위협으로 간주되기도 한다. 또한 그러한 갈등의 배경은 서로 붙어 있는 나라나 서로 가까운 거리에 인접해 있는 나라 사이에서 생기는 이해관계의 차이에서도 생기게 된다. 국제사회는 항상 역동적이고 그 세력 간의 관계가 유동적이기 때문에 주요 이해관계에 대한 협의가 이루어졌던 부분도 때때로 그 이해관계의 우선순위를 재조정하여 적응해야 하는 경우도 생긴다.

국가정보는 정책과 관련짓고 있는 것이지 정책결정자와 직접 관계되는 것은 아니다. 따라서 국가정보의 우선순위는 반드시 정책의 우선순위를 반영해야 한다. 이상적으로는 정책결정자는 자신이 다루어야 하는 정책의 우선순위에 대한 확실하고 사려 깊은 우선순위를 이해하고 있어야 하며 그 정책의 우선순위에 대한 소견을 확실하게 국가정보기관에 알려주어야 한다. 우리의 경우 북한에 대한 정책적 우선순위에 대하여는 오랫동안 분명한 입장이 있었기 때문에 때로는 그 우선순위에 대한 논의가 필요없을 듯도 하지만 사실은 꼭 그런 것은 아니다.

김대중 대통령의 '햇볕정책' 이후의 대북 정책에 대한 우선순위와 지금의 박근혜 정부의 그 우선순위는 사실상 크게 다르다. 때문에 대통령실의 안보담당관은 분명한 정책적 우선순위와 이에 대한 국가정보의 소요 판단을 명백하게 국정원에 알리지 않으면 여러 가지 정책상의 혼선을 일으키게 된다.

만일 정책결정자가 우선순위를 정하지 못하거나, 정할 수 없는 사람들이라는 것을 발견한 경우, 혹은 국가정보기관에 정책의 우선순위에 대하여 충분하게 숙지시키지 못했다면 어떤 일이 벌어질 것인가? 그렇다면 누가 실제로 정책의 우선순위를 정할 것인가? 국가 정책 수행에 있어서 이런 일은 실제로 일어나지 않을 것이라고 생각하며 그런 상황을 가정할 수도 없다고 한다.[3] 대체로 고위 정책결정자들은 국가정보의 필요는 실제로 정보를 제공하는 사람들이 무엇이 필요하고 또 필요할 것인지 더 잘 안다고 인식하고 있다. 왜냐하면 정보를 담당하는 사람은 대통령이나 국방장관이나 외무부장관이 무엇을 하고 있다는 것을 잘 알고 있어서 필요한 정보에 대하여 미리 요청하지 않아도 국가정보원의 실무자가 알아서 주요한 정보를 제공한다고 예단한다.

저자가 오래전에 국가정보를 담당하는 기관의 연구부분을 관리하는 경우가 있었다.[4] 물론 학자 중심으로 구성된 연구기관이지만 학자는 주로 공개

---

3) Lowenthal, 앞의 책, p.42.
4) 박정희 대통령은 1978년 국가의 장래에 대한 장기적 기획을 위하여 외교, 국방, 안보 및 대북 정책을 위한 대규모 연구소를 창설할 것을 당시 중앙정보부장 김재규에게 지시하여 그 설립을 추진 감독하도록 이철희 차장에게 지시하였었다. 당시 중앙정보부의 제5국장(정보 분석 분야)이었던 권영백 국장과 김관봉 부국장이 그 업무를 주관하게 되었다. 필자가 1977년 귀국하자마자 대학시절부터 알고 있었던 권영백(독일 법철학 박사)과 김관봉(영국 정치학 박사)의 권유로 미국의 RAND 연구소와 Brookings 연구소 수준의 「사단법인 한국국제문제조사연구소」를 창설하고 그 연구소의 연구부를 담당하기로 한 것이다.
   창설 당시 연구부에는 약 40여 명의 국내 학자가 비상임연구위원으로 취임하고, 여러 분야의 프로젝트를 담당하고 있었으며, 조사부에는 약 60명의 조사연구원으로 언어에

출처 정보를 가지고 연구하며 그 연구의 내용은 연구계획서에 제시된 현실에 대한 가설을 가지고 자료를 읽고 정리하는 것이다. 신문이나 외국의 국가정보기관 산하의 연구보고서, 그리고 현지를 방문하여 인터뷰를 하든지 또는 학회에 출석하여 외국의 정부 정책을 검토하든지, 등등을 기초로 논문을 작성하는 것이다. 이때 정부나 국가정보기관의 간부로부터 아무런 정책적 우선순위에 대한 요청이 없어도 학자의 현실 인식과 국가의 장래 소요 판단을 근거로 지정된 용역의 논문을 쓰게 마련이었다.

물론 중견 간부로 있는 국가정보기관의 국가정보 평가자에게 물어도 정책결정자의 우선순위가 무엇이고 무슨 과제를 연구해야 하는지를 전혀 일러주지 않았다. 그래도 우수한 학자들에게는 대통령이 필요한 과제, 국방장관이나 외무장관 또는 통일원장관이 필요로 하는 대북관계, 대미관계 또는 에너지 수급관계, 일본 내에서의 대북 공작에 대한 정책적 우선순위 등등에 관한 연구결과는 학자들의 현실 정책결정 과정에 크게 공헌했다고 생각한다.

정책결정자가 정하지 못한 정보의 소요 판단은 실제로 국가정보를 수집하고 제공하는 정보기관의 몫이 된다는 것은 어쩔 수 없다고 생각된다. 그렇지만 미국이나 한국과 같은 나라에서 정책결정과 정보의 수집 처리가 제도적으로 엄격하게 구분된 나라에서는 원칙적으로 생겨날 수 없는 것이다. 그럼에도 불구하고 현실적으로 정부의 고위 정책결정자들은 정책결정에 필요한 내용이 무엇일 것인지는 정보를 취급하는 기관에서 더 잘 알고 있을

능통한 석사과정 출신의 젊은 연구원이 전 세계에서 출판되는 정기간행물의 한국 관련 기사와 국가적 관심 분야의 글들은 요약 번역하여 주간지로 책자를 출간 배포했다. 이렇게 공개출처 자료(OSINT) 정보를 기초로 한 국가안보 정책을 위한 자료를 생산한 것이다. 물론 당시의 정보 분석 수준이 지금과 같이 높지는 않았어도 한국 정부는 공개 출처 자료에 의한 정보 분석의 필요성을 감지하고 실제적 경험을 쌓기 시작한 것이다. 이 연구소는 그 명칭을 변경하여 아직도 활동하고 있으며 국가의 장기적 전략정보의 수집 분석을 위한 기관으로 역할을 하고 있다. 대통령의 구체적인 정보요청에 관한 지시가 이따금 있었으며 당시의 연구소의 임무수행과정은 마치 미국의 국가전략정보 생산 기관과 비슷하게 운영하려는 목표를 가지고 있었다.

것이라고 생각하는 경우가 많다. 오히려 필요한 정보에 대해서 상세하게 요구하게 되면 정보를 취급·생산하는 기관의 요원들은 자기네들이 하고 있는 일에 대하여 정책결정 담당자들이 너무나 잘 알고 있다고 생각하게 되기 때문에 정보처리 과정이 왜곡될 수도 있어 정보의 생산에 지장을 줄 수도 있다고 생각된다.

이따금 한국의 정책결정 과정에서 주무장관이 대통령에게 보고하기 전에 정보기관에서 먼저 정보 보고를 하는 경우, 기관 사이의 적대적 관계가 불거져 때로 커다란 정치적 갈등에까지 이르게 되기도 했다. 이는 특히 정치자금의 수급이나 과거 정경유착의 정치적 관행이 심할 경우에 흔히 드러난 국가정보기관과의 경쟁인 것이었다. 이러한 관행을 방지하고 보다 적절하게 국가정보기관의 활용을 위해서는 국회의 정책기관인 정보위원회에서 정보기관의 감독과 예산 통제를 할 수 있는 기능이 강화되고 미국의 의회와 같은 국정조사나 청문회 등을 활용하는 것이 하나의 대책이 될 수 있다.

우리나라의 국정원장의 임무 가운데 "국가정보 목표 우선순위의 결정"이 문서에 명시되어 있는데 이는 자칫하면 정책결정자의 정보요청 내용의 우선순위에 저촉되는 것이 아닐지 고려해볼 필요가 있다고 생각된다. 물론 정책결정 기관으로부터 정보요청이 없을 경우에는 어쩔 수 없이 국가정보원이 국가정보의 목표 우선순위를 정할 수밖에 없겠지만, 국가정보원은 다음과 같은 두 가지 위험부담을 갖게 된다. 첫째는 그렇게 정보요청의 공백을 메우는 것이 잘못된 일이라든지 혹은 정책 분야에 월권하였다고 비판을 사게 된 경우이다. 두 번째의 경우는 국가정보관이 구체적인 정보요청이 없었다는 것을 간과하고 계속해서 정보를 수집하게 된다. 결국 이런 과정은 과거의 정보 우선순위나 현재적으로 정보기관이 갖고 있는 우선순위에 근거하여 정보를 처리하게 됨으로써 정보의 실패를 저질렀다고 추궁받게 되는 경우이다. 정보요청이 없는 경우에 국가정보원은 아무래도 마땅한 선택을 하기 어렵게 되어 있다.

대체로 이런 경우를 대비하기 위하여 정보를 관리하는 기관은 자신들의 선택에 대한 그 뜻을 잘 알아둘 필요가 있다. 분명하게 알아야 할 것은 국가정보의 기능 가운데 하나는 현재에는 우선순위가 높지 않더라도 장래에 우선순위가 높아질 문제들에 대한 보고서를 만드는 것이다. 그러나 이때 어떻게 하면 정책결정자들이 예상하지 못하는 문제점에 대하여 관심을 끌 수 있게 할 것인지를 고려해야 한다. 여하튼 국가정보의 최종 수요자로부터 적절한 정보요청이 없는 경우에는 정보의 관리기관은 어려운 점이 많게 된다.

문제점에 대한 정책적 우선순위가 서로 상충되거나 경쟁적인 입장에 있을 때는 언제나 문제가 많게 된다. 어떤 문제점에 대해서는 정책결정자가 쉽게 그 우선순위에 대한 느낌을 갖게 되지만, 어떤 때는 한 문제에 대한 우선순위가 동시에 제일 중요한 것으로 판단될 때도 있다. 그래도 이상적인 경우는 정책결정자가 결정하기 어려운 그 우선순위를 먼저 정하는 것이 좋다고 본다.

대부분의 정부는 정보의 수집 관리 기구가 크고 취급하는 안건이 다양해서 정부의 여러 기관 사이나 또는 한 부서 안에서도 이해관계와 관심거리가 상반되는 경우가 많다는 점이다. 이런 때는 결국 우선순위의 결정이 정보기관의 판단에 맡겨지게 되는 것이다. 우리나라에서도 정보기관이 가장 많이 관련을 짓고 있는 대통령실과 그 직속 기관에 자주 드나들고 행정적으로 관련을 가지고 있기 때문에 정책결정자의 정보의 선호에 대해서는 대통령의 수요가 많이 반영될 수 있다. 경우에 따라서 우선순위의 결정이 최종적으로 이루어지지 않는 경우에는 국가정보원장이 현실적으로 그 결정권을 갖게 된다. 그렇다고 해도 국가정보원장은 통상적인 일에 대한 감독과 조정의 한계가 있다. 여러 가지 문제들이 국정원장의 관심을 경쟁적으로 유발할 수 없는 짧은 순간에 일어나기 때문에 국가정보의 우선순위를 국정원장이 독자적으로 결정하는 것은 정보의 실패를 만들어 낼 우려가 있다.

국정원법 제3조 5항의 규정에 정한 바에 따라서 국정원장은 정보 및 보안 업무의 기획·조정에 관해서 일정한 임무와 권한이 정해져 있다. 특히 지금까지 논의한 바와는 달리 우리나라의 정보기관의 수장에게 정책의 우선순위와 정부의 각급기관과의 정책조정을 할 수 있는 중대한 권한이 대통령에 의하여 주어진 것이다.

『정보 및 보안업무 기획·조정규정』(대통령령 제10239호 1981.3.2. 제정 및 추후개정)에 따르면 그 제4조에서 국가정보원장의 기획업무 범위를 정함에 있어서 다음과 같이 정하였다.(1999.3.31. 개정)

① 국가 기본정보 정책의 수립
② 국가정보의 중·장기 판단
③ 국가정보목표 우선순위의 작성
④ 국가 보안방책의 작성
⑤ 정보 예산의 편성
⑥ 정보 및 보안업무의 기본지침 수립

실질적으로 국가정보원장이 일차적으로 국가정보의 소요 판단을 하게 되어 있으며 정보 목표의 우선순위도 정보원장의 직무 범위에 속한다. 기획조정의 기능에 대하여 조정대상과 범위도 이 규정의 5조에 정해져 있는데 국정원장의 조정범위는 통일원, 외교통상부, 행정자치부, 법무부, 국방부, 문화관광부, 정보통신부, 해양수산부, 그리고 과학기술부 등 기타 정보 보안업무 관련기관의 업무를 전반적으로 조정하도록 광범위한 업무범위가 정해져 있다.

우리나라의 대통령은 미국이나 중국과 같이 대외 정책의 관심이 지구적 문제에 모아지고 있지 않기 때문에 비교적 우선순위 결정이 간단할 수도 있다. 특별히 북한에 대한 것, 국제무역과 관련된 상대국 문제, 자원이 부족한 나라로서 자원외교에 필요한 정보, 자본시장의 지구적 확대에 따른 세계적 자본 이동과 투자에 관한 정보 등 한국의 최고 정책결정자로서의 문제점을 나열할 때 대체로 국가정보원의 전문적 분석관은 정책의 우선순위를 알아내기 쉽다고 생각된다.

미국의 경우에는 정부가 냉전을 거쳐서 지금까지도 지구의 모든 구석에서 일어나는 일들에 대하여 항상 깊은 관심을 가지고 있으며, 따라서 어떤 문제는 보다 중요하게 보고, 어떤 문제는 가장 핵심적인 문제라고 생각하는 등의 정책적 성향이 내재되어 있다. 그래서 미국의 정보기관들은 대통령의 관심과 국가적 정책의 우선순위에 관한 결정을 내리는 데에 여러 가지 과정을 겪게 된 것이다. 앞에서 잠시 언급한 바 있는 1995년의 빌 클린턴 대통령의 PDD-35(Presidential Decision Directive 35)는 정책의 우선순위를 객관적으로 다음과 같이 정하였다.

PDD-35는 대통령의 관심 주제를 크게 두 가지로 나누었다. 하나는 '확고한 표적(hard targets)'이며 다른 하나는 사안의 '세계적 관심범위(global coverage)'로 구분하였다. 확고한 표적에 속하는 문제들은 '깡패 나라(rouge states로서 쿠바, 이란, 이라크, 리비아, 그리고 북한)'와 초국가적 관심사항인 무기의 확산, 마약, 국제범죄, 그리고 테러행위 등으로 정하고, 세계적 관심범위의 문제들은 그 밖의 모든 것이다. 대통령의 지시각서 35호는 실제로 정보사회가 보유하고 있는 활동 자원을 배분하는 뜻에서 생각해 낸 것이나, 대부분의 국가 예산자원은 확고한 표적에 대한 정보수집에 쓰게 만든 것이다. 당시에 미국 정부의 최상위의 순위에 속하는 정보 순위의 문제는 군사작전을 지원하는 일로서(Support of Military Operation: SMO) 정보사회의 여러 가지 사안들이 군사화되는 경향이 이때 생긴 것이다. 그래서 민간 국가안보 관련 기관의 정보소비자들에게 치명적인 정보 불이익을 초래했다는 비판을 받게 된다.[5]

결국 국가정보의 표적 순위(target priorities)를 정하는 미국의 제도가 결과적으로 전체 국가정보기관의 새로운 문제점을 만들어 낸 것이다. 원래 우선순위는 한번 정하면 고정적인 것인데, 이따금 재고하거나 정기적으로 순위를 다시 매긴다고 하더라도 한 순간은 그대로 미리 정해진 대로 있게 마련이다. 그렇기 때문에 정책결정자나 정보관들은 소요되는 자원과 정보요구에 대하여 이따금 그 과업과 재원사용의 순위를 다시 정하는 것이 올바른 길이라고 생각한다. 국가정보라는 것은 그 사안에 따라서 때로는 융통성을 요구하고, 때로는 의외의 능력을 필요로 하는 것이기 때문에 국제관계 속에

---

5) Lowenthal, 앞의 책, p.43.

서 기대하지 못했던 일이 일어날 수 있다는 상항에 늘 대처해야 하는 것이
다. 이 같은 정보소요 판단의 현실에 잘 반응할 수 있도록 그 제도의 마련을
생각할 필요가 있다.

더욱이 정보소요 판단과 현행 정보수집 체계가 잘 맞지 않을 경우에 새롭
게 기술 체계를 개발하거나 소요에 맞게 인적자원을 다시 배치하는 것도
많은 시간이 걸린다. 따라서 정보소요 판단의 불확실성과 소요 판단의 우선
순위가 낮은 문제에 도전하는 경우가 결국 정보의 수집 능력에 많은 영향을
미치게 된다.

III. 국가정보의 수집

정보의 수집은 바로 정보소요 판단에 근거하여 시작된다. 따라서 기존의
정보처리 과정에 따라서 정보는 요구된다. 정보의 요구는 그 요구의 내용과
범위에 따라 언제나 예산과 다른 자원의 동원을 수반하게 된다. 이 같은
초기과정이 정보수집에 있어서 가장 중요한 내용이 된다. 국가정보의 기술
적 수집이 필요한 경우에는 대단히 돈이 많이 드는 작업이다. 이는 일반적
인 정보수집의 경우와 달리 그 결과적 이득이 클 뿐만 아니라 그 기능적
능력에 있어서도 현저하게 정보수집의 성과를 향상시킬 수 있기 때문에 정
부와 국회는 어려운 결정을 내려야 할 때가 있다.

얼마만큼의 첩보를 수집해야 하는가? 혹은 많은 정보의 수집은 좋은 정보
가 되는가? 등과 같은 질문에 대한 답은 사실상 애매하다. 물론 자료를 많이
모을수록 필요로 하는 분야의 자료도 많아지겠지만, 수집된 자료라고 해서
모두가 같은 중요도의 내용을 가진 것은 아니다. 어떤 것은 별로 가치 없는
것도 있을 것이다. 분석은 자료를 수집하고 처리하며 필요한 정보를 찾기
위해 활용하는 자료를 통해서 만들어지기 때문에 첩보의 수집량이 많아지면
그만큼 중요한 정보를 찾는 일이 더 많아질 뿐이다.

미국의 예로 보아서는 서로 다른 분석관 집단은 그 자료를 수집하는 데

있어서도 서로 다른 자료를 구하고 있다는 사실이다. 미국의 중앙정보국은 항상 은밀한 활동을 통한 인적정보, 즉 첩보(espionage)를 중시하는 반면에 모든 출처 분석(all-source analysis)을 주로 하는 분석 집단은 은밀한 인적 정보를 중시하지 않고 신호정보(signal intelligence)를 크게 중요시하기도 한다. 따라서 국가정보의 수집에 있어서도 그 양과 질에 대한 사전 결정은 어느 정도 규정되어 있어야 한다고 생각된다. 인적정보나 신호정보를 선호 하는 경우에도 정보의 내용이 정보의 표적이 가지고 있는 의도와 행동방향 을 감지하기 위한 것이다. 만일에 장기적이고 전략적인 정책방향을 분석, 판단할 필요가 있을 때는 많은 양의 정보수집보다도 한두 가지의 질이 높은 정보가 절대적인 것이라고 생각한다.

정보의 수집 과정에서 수집된 자료의 처리란 주로 기술정보의 수치형 자 료(digital data)의 처리를 의미하는데, 주로 인공위성에서 보내오는 영상자 료나 미사일을 발사하면서 발생하는 신호를 계측한 징후자료(measurement and signature data)도 역시 수치형 자료로서 준비된 수신자의 컴퓨터 안에 저장된다. 이렇게 수신된 자료를 분석하기 위해서는 먼저 컴퓨터의 모니터 에 사진이나 지도, 또는 미사일의 궤도로 드러낼 수 있는 컴퓨터 프로그램을 입력하거나 그 프로그램의 알고리즘(algorithm)을 거쳐서 우리가 눈으로 볼 수 있는 영상, 또는 지도 등으로 표현된다. 이런 과정을 기술정보의 처리과 정 또는 자료 채굴이라고 하며 이 분야의 공학적 지식을 갖추고 있는 전문 가에 의하여 정보로서 처리되는 것이다. 현재 인공위성 관련의 기술이 개발 되지 않은 나라에서는 기술정보를 직접 처리할 수 없으며 이 분야의 개발을 위해서는 막대한 연구비와 시설이 필요하기 때문에 한 나라의 정보 능력이 란 이런 의미에서 기술정보 처리를 위한 국가의 예산 편성과 조달에 연관되 어 있다.

따라서 미국이나 한국과 같이 정보기관을 설치한 국가에서는 늘 한편으 로 중앙정보국이나 국가정보원과 같이 정보를 수집·관리하는 기구를 중시 할 것인지, 그렇지 않으면 수집된 첩보를 처리하고 발굴하는 분야의 기구를 중요하게 여길 것인지에 따라서 예산과 인원 배치를 저울질해야 하는 갈등과 긴장이 상급기관이 떠안아야 할 과제로 제기되고 있다.

가까운 예이지만 우리나라 대통령의 스타일이나 정보기관에 대한 대통령의 개인적 인식 경험에 따라 정보수집이 비정상적인 경우도 있었다. 김영삼 대통령은 30여 년의 군부지도자 이후 처음으로 민간 출신의 대통령으로 취임하면서 국가정보의 소요에 대한 인식이 이전과는 크게 달랐던 것을 보여주었다. 물론 국가안보 정책을 위한 국가정보의 소요와 동맹관계에서 얻어지는 기술정보에 대하여는 크게 다를 바가 없었으나 국내의 정치적 첩보의 수집을 위해서는 김영삼 대통령이 국가정보기관을 신뢰하지 않고 자신의 가족이나 개인 조직을 동원하여 막대한 자금을 들여서 별도로 정치 첩보를 수집하는 일까지 있었다. 특히 그의 아들 김현철이 사적으로 정치정보와 기업정보를 수집, 관리한다는 정치권과 언론으로부터의 비난이 일자 결국 종전과 같이 정보기관의 정치과를 재건하여 국내 정치 정보에 대한 첩보수집 임무를 맡겼다.

그 다음의 김대중 대통령도 그와 비슷한 유형의 사조직을 통한 정치첩보의 필요성을 충족시켰다. 아·태평화연구소라는 방대한 조직을 동원하여 연구를 통한 정보의 분석과 그 내부 조직을 동원하여 사적인 정보수집을 한 것이다. 그러나 기술적인 정보수집 능력의 유형에 따라 정치인을 도청하거나 정치적 활동에 관한 첩보수집에 관해서는 전문적인 국정원의 기관 내부에서 사적인 계보(사선, 私線)를 이용하여 수집하였다고 한다.

한국의 특수한 경우를 제외하고 국가가 공식적으로 국가안보를 위한 정보수집에 동원하는 수단에 따라서 수집된 첩보의 원 자료(raw data)는 다음의 여섯 가지가 있다. 미국에서도 중앙정보국이 취급하는 국가정보는 정보출처 또는 수집원리(collection disciplines)에 따라 구분하여 수집하는 데 결국 정보수집의 출처에 따라서 구분하여 이름을 붙이게 된 것이다.

- 인간정보수집(human intelligence: HUMINT)
- 공개출처정보수집(open-source intelligence: OSINT)
- 신호정보수집(signal intelligence: SIGINT)

- 영상정보수집(imagery intelligence: IMINT)
- 징후계측정보수집(measurement & signature intelligence: MASINT)
- 지형공간정보수집(geospatial intelligence: GEOINT)

이 가운데 인간정보와 공개출처 정보를 제외하고 다른 네 가지 정보의 출처는 특별한 기술적 방법을 통하여 수집되는 정보이므로 이를 통틀어 기술정보라고 한다. 기술적인 과정을 통하지 않고 사람으로부터 직접 수집하거나 관찰을 통하여 얻은 정보라든지 도서관, 인터넷, 또는 방송과 미디어와 같이 공개된 출처에서 수집하는 것은 수집 과정이 기술정보의 경우와 달리 경비가 많이 들지도 않고 수집장비도 필요하지 않다.

인간정보와 공개출처 정보는 대체로 사람들이 상호소통하는 언어나 문자의 형식으로 된 정보를 말한다. 그러나 기술정보와 같이 특별한 과학기술의 원리를 통해서 정보를 획득하는 경우, 그 수집된 내용은 문자로 된 내용이 아니다. 이를 비문자(non-literal) 소통의 수단으로 정보를 수집하는 것이다. 그리고 한편으로는 문자형식의 정보를 비기술(非技術)적 수집(non-technical collection) 정보라고 하며, 기술을 동원해서 수집·처리되는 정보수집을 정보의 기술적 수집이라고 한다. 이를 우리는 기술정보라고 한다.

정보의 수집방법을 기준으로 보면 크게 나누어서 첫째, 사람이나 공개출처의 자료를 직접 대면하거나 직접 관찰을 통하여 얻어지는 자료가 있다. 이는 주로 인간의 의사소통의 수단인 문자적인 첩보(literal information)를 가리킨다. 그러나 둘째로는 전자자기 스펙트럼(電子磁氣 스펙트럼, electro-magnetic spectrum)과 같이 표적으로부터 발진되는 전자파의 파장을 측정함으로써 여러 가지 물체나 정보의 표적을 감식하는 비문자적 첩보를 수집하여 그 자료로부터 정보 표적의 행태, 활동, 그리고 방향들을 확인하거나, 이를 영상으로 전환하는 자료 추출을 도모하는 기술적 정보수집이 있다.

기술정보 가운데 신호정보수집(SIGINT)은 그 특성상 다른 정보의 내용을 보완하는 경우가 많다. 기술적으로 적대국이 사용하고 있는 통신기구나, 레이더, 또는 무기의 시스템이 작동하면서 방출하는 전자충격과 감지장치 신호의 전송을 감청하는 것이기 때문에 다른 정보출처를 담당하는 기관의 일을 보완하게 된다. 미국에서는 국가보안처(National Security Agency: NSA)가 주로 정보의 소통을 신호정보로 하는 암호의 취급과 정보의 보호를 위한 조치를 하는 기관으로서 미국 외교와 전투에 절대적으로 중요한 정보를 수집하고 분석을 하고 있다.

우리나라 국가정보원의 역할에 대해서는 공개된 정보가 없기 때문에 미국의 예를 들지만, 인간정보수집(HUMINT)은 기본적으로 국가정보국(CIA)과 국방정보사(Defense Intelligence Agency: DIA)가 수집 책임을 지고 있는 정보이고, 영상정보수집(IMINT)은 국가지상정보처(National Geospatial-intelligence Agency: NGA)의 책임으로 되어 있다. 이 모두가 서로 다른 정보의 수집방법에 따라서 모아지는 정보들이지만 미국에서는 서로 보완적인 관계를 가지고 정책결정자에게 제공된다.[6]

특히 전자정보수집은 주로 국제 테러조직에 관한 정보와 외국 정부 또는 국제 조직과 관련된 개인에 관한 정보를 수집하는 데 동원된다. 오늘과 같이 IT 기술이 발전된 정보사회에서 정보통신 환경은 동시에 도처에서 정보를 수집처리할 수 있게 하였으며, 아주 빠른 속도로 변하고 있는 다 기능적 기술 조건을 갖추고 있다. 따라서 전자정보의 수집은 여러 가지 기술적 발전을 계속 따라가야 하는 압박 속에 처해 있다. 이는 계속 증가하고, 빠르면서 다양한 신호정보를 때에 맞추어 적절한 정보보고서로 만들어야 하는 또하나의 도전일 수밖에 없다. 더욱이 다양한 언어의 전문가, 수학자, 분석자, 그리고 공학도가 이 분야에 많이 필요하게 되어 가는 것도 정보수집 체계에 대한 새로운 도전인 것이다. 이 점에 관해서는 우리 정보수집 체계의 많은 발전을 기대하게 되며 보다 과학적이고 기술적인 분야의 발전이 필요하리라고 생각된다.

---

6) "What is SIGINT?" http://www.nsa.gov/sigint/index.shtml(2009년 3월 27일).

IV. 국가정보의 분석 및 정보의 생산

일반적으로 기술적인 방법으로 획득된 정보는 곧바로 활용할 수 있는 상태로 모아진 것이 아니다. 영상(imagery), 신호(signals), 검증자료(test data) 등과 같이 특정한 기계로 수집된 정보는 정보의 기초자료로 처리되고 활용할 수 있게 전환되어야 한다. 복합적인 신호를 잡아 이를 영상으로나 또는 지리공간의 형식으로 처리하지 않고서는 정보로서 이용될 수 없다. 수집된 정보가 영상의 형태인 경우에는 분석 활용되며, 신호인 경우에는 이를 번역하거나 해석을 해야만 알아볼 수 있는 것이다. 여기에서 말하는 정보의 처리와 추출은 기술적으로 채취된 첩보를 정보로 전환시키는 기본 단계를 말하는 것이다.

수집된 정보자료를 분석하는 전문가들은 주로 공개출처 정보(Open-Source Intelligence: OSINT) 가운데 인쇄된 공식 출판물을 중요하게 여기고 있으나 최근에는 기업체나 시민단체 조직이 만들어 내는 인쇄물도 많고 여러 정치적 단체가 발행하는 인쇄물도 수없이 많아서 이제는 그 중요도를 체크할 필요가 있다. 예를 들면, 학생 조직도 지하유인물을 많이 생산하며, 노동조합도 자기들의 주장을 알리기 위하여 공개자료로써 유인물을 많이 만들어 조직의 주장을 위한 배포에 노력하고 있다. 최근에는 조직 간의 통신이나 개인 사이에 의견교환을 위해서 전자우편을 사용함으로써 공개자료의 소통 광장인 가상공간 안에서 빈번한 공개적 의사소통이 일어나고 있다.

이 가상공간에서는 전자우편(e-mail)을 할 수도 있고, 자료를 모아 도서관을 만들 수도 있고(virtual library, 또는 electronic library), 자기 집을 지어 모든 정보를 소장할 수도 있고(homepage), 여러 컴퓨터를 서로 연결하여 하나의 네트워크를 만들어 필요한 정보를 공개적으로 나누어 갖게 할 수 있는 포털(portal)을 만들 수 있다. 나아가 몇몇 그룹의 컴퓨터끼리만 배타적으로 자료를 나누어 갖는 경우도 있고(intelnet 또는 intranet), 특정 회사나 기관 내에서 자료보관과 자료사용을 위하여 정보처리의 기능을 가질 수도 있다(in-house intelligence). 심지어는 상업적으로 보관하고 있는 자료를 돈을 받고 공개하는 경우도 있다. 이 모두를 공개출처 자료(OSINT)라고 하며 가상공간에 일단 존재하는 자료는 공개된 것으로 보아야 한다.[7]

과거와는 달리 비밀정보를 주로 취급하거나 정보수요자와의 대화를 피하는 첩보수집관(information collectors)도 이제는 그 역할이 변해가고 있다. 전통적 정보수집자는 일반적으로 정보를 비밀스런 사무실에서 감청하거나 종합하는 일을 주요 업무로 삼았고, 민간 분야에서 얻을 수 있는 공개출처 자료에 대해서는 이를 아주 제한된 범위 내에서 이용하고 있었다. 동시에 시간적인 이유에서나 자료획득 가능성의 제한과 비밀이라는 제한 때문에 일반적으로 사설 기관의 상대방이나 정보수요자를 좀처럼 만나려고 하지 않았다.

따라서 최근에 이르러 모든 출처 자료의 분석이 가지는 역할이 중요하게 평가되기 때문에 정보를 수집하는 경우 정보를 공급하는 기관의 역할이 달라지고 있다. 종합판단을 하는 분석자는 비교적 고립된 채 첩보보고서나 기술정보를 국가정보의 생산품으로 간주한다. 정보분석자가 무기명 정보보고서를 일반 배포선을 통해서 수요자에게 전달하게 되는 과정을 될 수 있는 대로 피할 수 있어야 한다. 왜냐하면 종합판단을 내리는 분석자가 지금은 오히려 일반 사람과 정보의 제공자들을 관리하는 입장이 되어야 좋은 판단에서 정확한 정보생산품을 만들 수 있기 때문이다.

분석자가 첩보의 내용이 비밀이건 비밀이 아니건 간에 모든 첩보를 망라해서 파악할 수는 없다. 이따금 분석자는 정보의 수집과 생산의 기초가 되는 공개출처의 네트워크를 관리하는 사람으로 역할하게 된다. 그리고 분석자는 사설정보센터가 운영 관리하는 공개출처의 주관적 편견에 빠지지 않게

---

7) Corner Vivert and others(eds.), *An Introduction to Online Competitive Intelligence Research: Search Strategies, Research Case Study, Research Problems, and Data Source Evaluation and Reviews*(Texere: Thomson Learning, 2004); and Larry Kahaner, *Competitive Intelligence: How to gather, Analyze, and use Information to move your Business to the Top*(New York: Simon & Schuster, 1996) 등의 기업 관련 자료수집과 분석에 관한 저서가 많이 출판되고 있다.

정보판단의 오류를 걸러낼 수 있는 역할을 하여야 한다. 그 밖에 유능한 분석자라 하더라도 사정에 따라 짧은 기간 안에 급증하는 사건 관련 첩보를 접할 수도 있다. 이때 공개출처가 아닌 비밀첩보의 편견적일 수 있는 기본 오류를 분석자가 잘 정리하여야 한다.

공개출처의 네트워크를 관리하고 동원하기 위해서는 '정보출처의 관리자로서의 분석자'가 되어야 하며, 이런 분석자는 누가 그 분야에서 제일가는 전문가인지, 필요에 따라서 특정한 문제에 대해서 직접지원을 받기 위하여 그런 전문가를 고용할 수 있는 권한이 있어야 한다. 물론 미국과 같은 나라에서는 국가정보사회가 정부 주변의 여러 연구소나 연구전문 기업으로부터 많은 지원을 받고 있다. 그러나 이들 사기업의 국가정보처리 기관도 정보사회가 일반적으로 제한적 상황에서 일하듯이 통제된 상황에서 정보를 처리하는 환경을 제도화할 수 있는 능력을 겸비해야 한다.

국가정보 분석자의 역할 변화에 대응하려면, 외부의 연구와 용역에 대한 관련 여부를 직접 통제 가능하도록 하여야 한다. 이름도 모르는 기관으로부터 첩보를 받는 것보다 늘 전문가와 직접 지원계약을 맺는 관계에 있어야 보고서 작성이 보다 효율적이 된다. 이러한 접근방식이 갖는 이점은 국가정보 사회가 직접 사용하는 정보에 대해서만 비용을 부담하는 편이 되고, 전문가로부터 획득하는 정보를 사용하는 것은 국가정보 분석자가 전문가로서 일생을 거쳐서 축적한 전문적 지식을 대가 없이 이용하게 되는 것이다. 특히 이들 전문가를 양성하고, 유지하는 비용은 정부의 세금으로 충당되는 것이 아니라 누구인가가 부담하는 것이 된다. 동시에 이 같은 정보관리 요령은 민주화된 정부로서는 민간의 참여를 높여서 정치 체제의 지지를 향상시키는 결과를 가져온다고 생각한다.

만일 정보수요자에게 대량의 공개자료가 제공되는 경우에, 정보분석자는 다음의 세 가지 점에서 특정 목적을 가지고 수요자와의 관계를 관리하는 새로운 역할이 요청된다.

새로운 노력은 ① 항상 정보소비자의 신뢰를 얻기 위한 노력이며, ② 정보소비자가 자기 결정에 대한 적절한 지원을 기대하게 만들기 위한 것이고,

그리고 ③ 정보소비자에게 오는 공개출처 자료를 검색하고 이용함으로써 소비자의 주변 정보를 늘 확보하는 것이다. 이렇게 해서 정보소비자와 아주 친숙한 관계로 발전시키면서 소비자에게 정보보고서를 전달하게 된다. 정보의 소비자들이 공개출처 자료가 마치 더 권위 있는 분석 자료와 같이 생각하는 경우에는 이러한 일반적 오해를 해소시킬 수 있어야 한다.

국가정보를 취급하는 직업적 정보분석가가 학자와 언론인, 그리고 전문적 평론가와는 다르게 보이는 이유는 이들이 주로 비밀정보 자료와 비밀정보 기구에 접근할 수 있기 때문이다. 광범위한 공개출처에 접근하지 않고 전적으로 비밀자료에 기본적으로 의존하는 직업적 정보분석자는 오늘과 같은 정보의 개방적 사회에서 경쟁적일 수가 없다. 물론 공개출처 자료의 폭발적 증가로 정보처리 과정의 이로운 점과 해로운 점이 있기는 하나, 비밀자료는 아무래도 세밀한 것에 중점을 두거나, 서로 혼합되거나 통합되어야 하는 편협한 첩보를 생산하게 되는 경향이 있게 마련이다. 그래서 만일 분석 책임자가 정보 분석의 배경과 국가정보의 기반을 제공할 공개출처 자료를 이용하지 못하는 경우에는, 비밀공작의 오류나 공작을 위해서 필요한 힌트를 암시할 여러 계기를 놓치는 경우가 생긴다. 따라서 국가정보 분석자가 공개 첩보자료의 근거 있는 정보보고서를 생산하고 배포하는 비밀기능의 관리자로서 궁극적 책임을 다하게 된다.

최종보고서에서 공개 첩보자료의 역할이란 중요한 것이다. 미국의 중앙정보국의 경우, 최종 정보보고서의 40%가 공개된 자료로 구성되고 있으며 미국의 국방정보국(Defense Intelligence Service)의 경우는 30%가 공개자료로 구성되고 있다고 한다. 캐나다의 경우에는 미국보다 훨씬 더 많은 분량의 공개출처 자료가 이용된다고 한다. 캐나다의 보안 및 국가정보원(Canadian Security and Intelligence Service) 원장인 워드 엘콕(Ward Elcock)에 따르면 공개자료가 최종보고서의 80%가량이 된다고 한다. 이는 결국 공개자료가 비밀기능을 목표로 삼는 데에 결정적인 요인이 되는 동시에 모든 출처 자료의 상황에서 비밀첩보를 설명하는 데에도 결정적인 것이라고 생각하게 한다.[8]

이는 마치 우리가 퍼즐(puzzle)게임을 할 때와 같은 경우라고 조셉 나이(Joseph Nye) 교수가 공개자료와 비밀정보 자료와의 관계를 설명한 일이 있다. 나이 교수가 1994년 미국의 국가정보위원회(National Intelligence council: NIC) 위원장으로 근무하면서 얻은 경험을 바탕으로 정보수집의 근거와 한계를 말한 것이다.[9]

퍼즐게임을 할 때 우리는 가장자리의 모양에 잘 맞출 수 있는 것부터 채워나가면서 점점 가운데를 향해서 조각들을 채워가는 것이 보통이다. 그러나 어느 정도 중앙에 가까이 가면 정말 어떤 조각이 맞는 것인지를 찾기가 어려워지는 것을 경험한다. 이때에 가장자리에 먼저 맞출 수 있는 것이 일반적으로 알고자 하는 사건이나 예측하고자 하는 사건에 대한 가설과 같은 것이고 구체적인 정보를 수집하기 전에 어떤 정보가 필요한지에 대한 한계를 찾는 것과 같다는 것이다.

결국 가장자리에 먼저 맞출 수 있는 것이 공개출처 정보이고 이를 근거로 한 가설은 구체적으로 어떤 정보를 수집할 것인가를 결정하도록 방향을 정하게 된다. 공개출처 정보의 중요성은 물론이지만 이 정보의 양이 많을수록 핵심의 비밀정보를 적중하게 구할 수 있다는 경험을 설명한 것이다.

로웬탈(Lowenthal) 교수는 그의 집필 교과서에서 정보의 분석이 가지는 역할을 다음과 같이 설명하고 있다.[10] 그의 설명에 의하면 정보의 분석은 결국 정보수집의 우선순위(collection priority)를 결정하는 데 도움을 주게 된다고 한다. 한국의 중앙정보부 시절이나 국가안전기획부 시절에 정보의 수집과 분석이 상호 어떤 관계에서 운영되었는지는 공식적으로 학자들 간에 설명된 일은 없지만, 학생들에게 강의하는 강의안으로서는 로웬탈 교수의

---

8) Open Source Solutions, Inc., "Overview of Open Sources and Services," Chapter 1, in *Open Source Intelligence Handbook*, http://www.oss.net/Papers/training/Lesson001Guide.html(1996).

9) *Open Source Intelligence: HANDBOOK Proceedings, 1997 Volume 1*, 6th International Conference & Exhibit Global Security & Global Co. Chapter 1, p.6.

10) Lowenthal, op. cit., pp.46-47.

미국에 관한 설명을 참고로 한다.

미국의 중앙정보국은 오랜 기간에 걸쳐서 정보의 분석과 수집 체계 사이의 관계를 활성화시키기 위하여 상호의존적인 일련의 조직상의 업무 조정과 프로그램을 추진하였으나 분석과 수집 기관의 양자관계는 결코 밀접한 관계나 또는 상호 대응적인 관계로 전환되지 못했다. 현실적으로 직접 정보를 분석하는 사람에게는 지난날의 훈련과정과 현재의 생각을 관리하는 마인드 세트(mind-sets)가 중요한 요인이 된다. 분석관은 자주 자신의 생각이나 전문적인 판단에 맞지 않은 새로운 정보를 다루어보는 것이 보다 좋은 정보 판단을 하는 데 있어서 중요한 점이 된다. 취급하는 정보가 분석관의 생각이나 전문가적 신념에 어긋나게 되는 경우라도, 이는 자료를 검토하는 과정에서 분석 체계의 특성이나 훈련 때문에 전혀 다르게 생각될 수 있다는 것이다. 때로 정보의 사실판단과 분석자의 주관적 소망이나 편견이 섞인 경우에 현실에 대한 객관적 인식이 방해된다는 것을 알아야 한다.

끝으로 또 한 가지 중요한 점은 분석관들은 지적으로 암호를 풀어내는 사람들(intellectual ciphers)이 아니라는 것이다. 정보기관에서 오래 일 해본 경험이 있는 분석관들은 야심이 특별히 많을 수도 있으며, 대체로 정부의 높은 지위에 있는 사람들이 분석관이 늘 관심을 가지고 있는 문제점에 대하여 어느 정도의 관심을 표해주기를 기대하고 있다는 점이다. 이런 분석관들이 상급자가 자신에게 관심을 갖도록 하기 위해서 지적으로 거짓을 저지르지는 않지만, 이 같은 경향의 분석관이 정보기관에는 많이 있을 것이라는 점을 인식하는 것이 정부의 정보 분석기관을 운영하는 책임자는 잘 알고 있을 필요가 있다는 것이다.

V. 국가정보의 구성 요인들

국가정보의 분석과 생산을 추진하는 과정에서 현실적으로 요청되는 국가
정보의 취급범위는 다음의 경험적 설명에서 잘 나타나고 있다. 정보란 결국
무엇을 하는 것인지, 어떻게 하는 것인지에 대해서 미국의 정보국에 근무했
던 한 책임 있는 경험자의 설명을 여기에 정리해 본다.

냉전이 끝을 맺어 미국이 궁극적으로 소련의 국력을 무력화하게 만들게
된 것은 냉전기간에 미국의 정보기관이 이루어 놓은 정보전쟁의 결과라고
할 수 있다. 한때 미국 중앙정보국장을 지냈으며 클린턴 대통령의 국가보안
처(NSA) 인수팀에서 일한 경험을 가진 조지 테네트(George J. Tenet)는
국가정보의 순환 과정에서 다음과 같은 다섯 가지의 중대한 책임과 임무를
정보기관이 수행해야 할 요인으로 지적한 바 있다.[11]

첫째로, 정보기관은 적시에(timely), 선각적인(prescient) 그리고 설득력
있는, 우수한 전 출처분석을 근거로 정책에 필요한 정보를 생산하며 이를
위해서는 정보기관은 여러 분야에서 가장 우수하고 선구적인 전문가가 되어
야 한다. 현재 가용할 수 있는 모든 수단을 통해서 정부 밖에 있는 학계와
민간 분야에 있는 풍부한 전문가를 동원하는 것이다.

둘째로, 국가가 다른 방법으로는 획득할 수 없는 치명적 첩보(vital in-
formation)를 얻기 위하여 상상력이 풍부하고 세련된 논리로 주장하는 은밀
한, 인적이고 기술적인 공작(human and technical operations)의 수행을
필요하게 한다. 이때는 위험이 수반되며 모든 공작활동이 성공적일 수는 없
지만, 정보기관의 성실성과 객관성, 그리고 위험을 무릅쓰는 윤리관이 국가
정보를 다루는 전문가적 정체성 가운데 가장 중요한 것이 된다. 이러한 어
려운 목표에 집중하면서 국가정보를 다루는 사람은 높은 수준의 전문성, 직

---

11) George J. Tenet, "A Strategic Look at Intelligence in the Future," in *Preparing
    America's Foreign Policy for the 21st Century*, edited by David L. Boren and
    Edward J. Perkins(Norman: University of Oklahoma Press, 1999), Chapter 11,
    pp. 167-170.

업적 필요지식, 그리고 새로운 혁신적 사고를 꼭 수반하게 되는 것이다. 국가가 필요로 하는 활동을 수행하기 위해서 세계에서 가장 위대한 첩보 기관이 된다는 자부심을 가지고 근무하는 것이다.

셋째로, 방첩(counterintelligence) 전선에서 방심하지 않을 것이며, 적과 경쟁자들, 심지어는 일부 우호적인 사람들도 우리가 가지고 있는 비밀을 훔쳐가기 위해서 부단하게 노력하고 있다는 것을 인식하는 것이다. 적과 경쟁자들은 가능한 한 경쟁적 우세를 얻으려 하고, 만일에 이런 분야에서 최선을 다하지 않으면 우리자신에 상당한 손실을 남기게 된다. 오늘날 우리가 살고 있는 세상에서 강력한 공세만으로는 충분하지 않으며 강력한 방어도 수행해야 한다.

넷째로, 국가의 지도자가 다른 수단으로는 중요한 목표를 달성할 수 없다고 판단을 내리게 되면, 그 특정 상황에서 효율적인 비밀공작을 수행할 능력을 연마하는 것이다.

다섯째로, 이 모든 노력을 통해서 업무수행에 필요한 영구적 기반(infra-structure)의 지원을 확보할 뿐만 아니라 정보수집과 분석을 위한 기술 개혁이 가능하게 되는 과학기술 개발의 국가적 중심이 되는 전문성을 확보하는 것이다.

미래에 임무를 성공적으로 이룩하자면, 명백한 방향성을 확립하고 국가에 대한 가장 중요한 위협이 무엇인지에 대해서 준엄한 초점을 맞추어야 한다. 정보의 성공은 최고 수준의 개인적 성실성과 전문가적 성취를 요구한다. 이는 국가정보의 요원들이 모두 독립적이고 솔직하게 될 것을 요구하기 때문이다. 나라의 지도자들은 국가이익 보호를 위한 첩보 획득에 위험을 무릅쓸 것을 기대한다. 정보의 성공이란 궁극적으로 비밀스런 정보활동을 하는 것이 아니라 국민과 개방적이고 정직한 대화를 하며 이 복합적인 세상의 일을 이해하는 데 도움이 될 많은 전문가의 지원을 받아야 하는 것이다.

정보순환의 각 단계에 있어서 필요한 점과 정보요원의 임무에 관한 내용을 소개한 것은 국가정보의 업무에 종사하고 전문가로서의 삶을 계획할 때 준엄한 개인적 성실성과 전문가적 정신자세가 다른 공무원보다 강하게 요구

된다는 것을 설명하기 위한 것이다. 성공적인 정보활동은 그만큼 특별한 요
구를 수용할 수 있어야 하지만 그에 반해서 국가와 기관은 개인에게 충분한
보상을 하는 것이 이 정보사회에서의 삶이라고 믿는다.

경험 있는 미국의 정보 전문가들은 국가의 정보활동이란 다음과 같은 다
섯 가지로 구성된 활동이라고 하였다. 국가정보를 취급한다는 것은 결국 이
같은 구성 요인을 실무로 다루게 되는 것을 의미하는 것이다.[12]

첫째의 정보활동은, 정보수집(情報蒐集, intelligence collection)하는 것
이다. 이는 상대방이 인식하지 못하게 몰래 첩보자료를 수집하는 스파이와
같은 행동을 이용하거나 과학기술의 수단을 동원해서 적대적 상대방에 대한
기초자료를 모으는 것이다. 사진을 찍거나 전자통신을 도청하거나 영상사진
을 확보하는 것을 말한다. 때로는 텔레비전, 라디오와 같은 방송매체로부터
정보를 수집하거나 출판물과 같은 "공개출처(公開出處, open-sources)" 정
보를 수집하는 것이다. 정보의 수집은 정보활동의 기본적인 과업임에는 틀
림없지만 수집방법에 대한 상대적 중요성에 대하여서는 의견이 갈린다. 예
컨대 공개출처 정보와 정보활동 특유의 방법 사이에 상대적인 중요성이 다
르다든지, 첩보행위의 상대적 중요성과 기술적인 정보수집과의 중요성의 차
이가 있다는 것이다.

둘째로, 정보활동은 수집된 자료를 분석(分析, analysis)하는 것이다. 분
석의 내용은 상대방의 행동에 관련된 능력과 그 행동에 따르는 의지에 대한
판단을 내리는 것이다. 특히 외국 정부(적대 관계에 있는 나라이건 아니건
간에 표적이 된 국가의 정부의 활동)나 정치적 조직의 능력, 의지 그리고
활동의 추이를 평가하고 예측하는 일이다.

셋째로, 정보활동은 공작적 활동을 취하는 것으로 비밀공작(秘密工作,
covert actions)인 것이다. 표적이 된 정부나 조직에 관련된 정치적 이벤트
에 직접적으로 영향을 미치도록 공작을 하는 것이다. 공작의 정도에 따라서

---

12) Abram N. Shulsky and Gary J. Schmitt, *Silent Warfare: Understanding the World of Intelligence*, op. cit., pp.8-9.

설득공작 또는 선전공작, 혹은 준군사적공작을 취하는 정도로서 외교와 전쟁의 중간 정도에 미치는 영향을 표적국가의 활동에 투사하는 것이다. 이는 정보기관이 직접 정책을 수행하는 공작활동으로서 정책결정자에게 정보를 제공하는 활동은 아닌 것이다. 이런 경우에는 국가정보원 기구상 정보를 수집하는 부서와 공작활동을 하는 부서가 서로 협력하지 않는 경우이다.

넷째로, 한 국가의 정보활동은 방첩활동(防諜活動, counter-intelligence)을 당연히 수행하는 것으로 되어 있다. 방첩활동은 적성국가의 정보활동으로부터 자국의 사회 안전을 확보하고 자국 정부의 정보능력을 보호하기 위한 활동이다. 적대국가에게 정보가 누출되는 것을 거부하는 것이며 보안프로그램을 성취하는 것이다. 다시 말해서 공식적으로 허용되지 않은 사람이나 기관 또는 조직을 보안조치된 정보로부터 지속적으로 격리시키기 위한 활동을 계속 이행하는 것이다.

다섯째로, 정부의 정보활동은 대간첩활동(對間諜活動, counter-espionage)을 지속적으로 수행하는 것이다. 외국에서 자국에 침투하여 활동하는 간첩(foreign agents)의 정보수집을 방해하거나 그렇지 않으면 그 활동을 중립화시키는 조치를 말한다. 특히 비밀정보를 획득하거나 이 정보를 적대국으로 송출하는 간첩행위를 못하게 조치를 취하는 활동인 것이다. 대간첩활동은 주로 간첩이 거짓정보를 수집하도록 유인하거나 정보의 내용을 왜곡하여 이해하도록 유인하는 정보활동을 하는 것이다.

이렇게 다섯 가지 분야의 활동을 수행하는 것이 국가정보의 활동내용으로 구성되는 것이다. 따라서 대학의 강의안을 마련하는 입장에서는 여기에 설명한 활동 구성 내용을 학생들에게 잘 설명할 필요가 있으며 이런 내용은 반드시 비밀을 유지하여야 하는 것은 아니라고 생각한다.

VI. 국가정보의 보고서 배포와 정보의 소비

정보기관은 정보소비자에게 보고된 결과에 대한 피드백(feedback)이 늘 정보생산자에게 돌아오기를 기대한다. 만일 그런 피드백이 없더라도, 정보의 생산한 자와 정보소비자 사이에 이따끔 대화가 있어야 한다. 정책결정자는 필요한 정보소요 수준에 정보기관이 어느 정도 맞아떨어졌는지를 밝혀줄 필요가 있다고 생각한다. 그리고 어느 분야에 대한 보다 상세한 보고서가 필요한가를 설명할 필요도 있다. 특히 문제가 되고 있는 사건이나 이슈가 해결되기 전에 정보소비자의 의견을 정보생산자에게 알려서 그 보고서의 내용을 보다 충실하게 만들 필요가 있다. 현실적으로 꼭 그렇게 서로 의견을 나누고 대화를 할 수는 없을 때라도 사후(*ex post facto*)에라도 그런 대화가 필요하다고 생각된다.

우리나라의 경우에 박정희 대통령은 복수의 정보분석보고서를 받아 스스로 정책결정에 참고하였으며 부족한 정보 보고를 배포한 기관에게는 엄중하게 꾸짖었다고 한다. 군의 고위장성을 지낸 대통령일수록 정보보고서에 크게 의존하는 경향이 있으며 김영삼 대통령과 노무현 대통령은 국가정보원장의 직접보고나 그 보고서의 내용에 관해서 크게 정책결정에 반영을 하지 않았다는 것이 일반적인 견해이다.

미국의 경우에 앞에서 인용한 중앙정보국장인 테네트(Tenet)는 클린턴(Clinton) 대통령의 초기 2년 기간 동안에 겨우 두 번밖에 접촉할 수 없었다고 하며 그 후임으로 임명된 부시(George W. Bush) 중앙정보국장은 그 기관을 이용하여 대통령으로 되는 준비를 하였고 대통령의 재임기간에 정보보고서를 정책결정에 충분히 이용하였다.[13] 대체로 미국 대통령도 중앙정

---

13) Tim Weiner, "Tim Weiner discusses the History of the CIA," www.FORA.tv(June 5, 2008). 강연을 한 사람은 *Legacy of Ashes: the History of the CIA*(New York: Anchor Books, 2007)의 저자로서 30년간 미국 중앙정보국을 취재한 *New York Times*의 전문기자이다. 세계 여러 중요 지역의 특파원으로서 CIA의 대외 정보활동을 잘 관찰한 사람이다.

보국장과의 직접적인 접촉을 하는 경우는 드문 것으로 알려지고 있다. 오히려 미국정보국의 정보실패 때문에 냉전기간 중에 전쟁이 발발하여 세계의 많은 생명을 죽게 했다는 것이며 많은 과오와 오판을 일으켰다고 비판하기도 한다. 물론 냉전기간에 소련에 대한 아무런 지식이 없이 대결하는 데 있어서 수많은 외국 정보원을 통해서 결국 소련이 전쟁을 일으키지 못하게 한 은밀한 공작에는 성공했다.

대체로 어느 나라에서든지 정보가 생산되어 보고서로서 정리가 되면 그 보고서들을 어떻게 배포하는가에 대하여는 규정으로 잘 정해져 있다. 이는 주로 만들어진 보고서의 종류에 따라서 어떤 계통으로 배포하며 정보소비자를 어떻게 다룰 것인가에 대한 사전원칙은 잘 만들어져 있다. 보고서의 배포선은 급전의 비망록(bulletins of fast-breaking)으로부터 수년에 걸쳐 연구해야 하는 중대사건의 보고서가 있다. 배포선에 관한 규정 자체가 일종의 기밀 사항이 되어 현재까지 공식적으로 우리나라의 보고 채널에 대한 연구 결과는 얻기 어려우나, 또다시 로웬탈 교수의 미국의 경우를 설명한 것을 참조하여 소개한다.14)

다음은 미국의 정보보고서의 배포선과 정보보고서의 구성 내용을 설명한 것이다.

• 대통령 일보브리핑(President's Daily Briefing: PDB): 이 브리핑 보고는 매일 아침 대통령에게 구두로 보고되는 것으로서 대체로 대통령 주변의 고위 보좌관들에게도 중앙정보국의 일보 작성 직원이 보고한다. 브리핑의 형식은 실제로 대통령의 선호에 따라서 그 형식을 달리한다.

• 고위간부 정보브리핑(Senior Executive Intelligence Brief: SEIB): 미국의 조야에서는 이 보고서가 "국가정보 일간신문(National Intelligence Daily)"이라고 불리는데 워싱턴에 있는 수백 명의 고위 관리를 위해서 중앙정보

---

14) Lowenthal, op. cit., pp.47-48.

국이 다른 정보생산자와 협력하여 준비한 조간 정보신문인 셈이다. 이 정보보고서들은 정부의 각 부서에 배포되는 동시에 의회에서 정보기관을 감독하는 위원회에도 배포된다. 한국국회의 정보위원회와 같은 위원회를 말한다.

• 장관의 아침속보(the Secretary's Morning Summary: SMS)와 군사정보 다이제스트(Military Intelligence Digest: MID): 이는 전체 정보사회가 준비한 앞의 고위간부 정보브리핑(SEIB)과 다르다. 아침속보(SMS)는 국무성의 정보·연구국(Bureau of Intelligence and Research: INR)이 준비하는 보고서이고, 군사정보 다이제스트(MID)는 국방정보처가 준비한 보고서이다. 이 문건들은 일차적으로 해당 부서의 정책결정자에게 도움이 되는 것이고 두 보고서는 결국은 행정부의 다른 부서에도 필요에 따라 배포하게 된다.

아침속보와 군사정보 다이제스트는 일련의 다른 문제점에 대한 정보와 다른 분석내용을 제공한다는 의미에서 정보브리핑에 필적하는 영향력을 가지고 있다고 한다. 어떤 날에는 고위간부 정보브리핑, 아침속보 그리고 군사정보 다이제스트가 동일한 문제점을 다루기도 하고 어떤 때는 일차적인 수요자에게 특별하게 관심을 끄는 각각 다른 문제점에 관해서 정보를 제공하기도 한다.

• 국가정보 평가(National Intelligence Estimates: NIE): 이 평가보고서는 현재 진행 중인 사건의 추세는 물론 앞으로 사건의 추이가 어떻게 전개될 것인가를 예측 판단하려는 가장 의욕적인 정보생산의 하나이다. 이는 중앙정보국장에게 직접 보고하는 국가정보위원회의 구성원인 국가정보관(National Intelligence Officer: NIO)이 책임지고 만드는 보고서이다.15)

---

15) 우리나라의 국가정보원에도 국가정보관이 있으며 이 관료의 기능에 관해서는 미국의 경우와 같이 자세하게 외부에 알려져 있지는 않다. 한때 과거에는 국가정보관이 삼성 경제연구소의 부소장을 지낸 전문적 기업정보 요원으로 충원한 것을 저자는 알게 된

국가정보 평가(NIE)는 기본적으로 전체 국가정보 사회의 숙고된 의견으로 표현되기도 하지만 일단 보고서가 완성되고 대통령과 고위 행정 관료에게 보고하기로 합의되면 중앙정보국장의 재가를 받아 보고된다.

국가정보평가서(NIE)의 초고를 작성할 때부터 몇 달식이나 걸리고 때로는 일 년 이상이 걸릴 때도 있다. 특별 정보평가서(Special NIEs) 또는 SNIEs(스니즈; "sneeze"로 발음함)는 주로 급한 문제에 대해서 빨리 만들어진 것을 말한다.

위에서 설명한 일보브리핑(PDB), 정보브리핑(SEIB), 아침속보(SMS), 그리고 군 정보 다이제스트(MID)는 모두 현실적인 정보생산으로서 하루 또는 늦어야 이틀 지난 사건에 대하여 중점적으로 보고하는 것이다. 이는 주로 현재 취급되고 있는 문제들이나 앞으로 며칠 사이에 취급하게 될 문제들에 관한 정보를 보고하는 것이다. 국가정보평가보고서(NIEs)는 미래에 취급하게 될 문제점이나 방향에 대하여 "평가(評價)"하는 것이지 사건의 추이를 예측하기 위하여 보고되는 것이 아니다. 평가보고서는 가까운 장래에 중요하게 될 문제점에 집중하여 예상되는(anticipatory) 것이어야 하고 적어도 정보사회 전반적인 합의에 도달할 수 있는 시간의 여유를 가지고 만들어진 보고서여야 한다. 이런 이상적인 과정은 사실상 늘 지켜지는 것이 아니고 이따금 이미 정책결정자가 정책으로서 구상하고 있는 안건과 동일한 문제점에 대하여 국가정보의 평가문제로 다루고 있는 경우도 생긴다. 같은 문제점이 현재적 사건으로 제기되어 있는 경우에는 다른 배포선이나, 특별정보평가서(Special NIEs)의 형식으로 보고되기도 한다.

여하간 생산된 정보보고서를 배포하는 데에 있어서는 다음의 다섯 가지 점에 유의할 필요가 있다고 로웬탈 교수는 지적하고 있다.[16]

일이 있었다.
16) Op. cit., p.48.

① 매일같이 수집되고 분석되는 자료 가운데 무엇이 보고하는 데 중요한 것인가에 대한 판단을 해야 하고

② 어떤 정책결정자에게 보고되어야 하는지? 주로 고위 공직자에게 보고할 것인지 그렇지 않으면 낮은 계급의 공직자에게 보고되어야 하는지? 또는 많은 공직자에게 보고될 것인지 또는 아주 적은 수의 공직자에게만 보고될 것인지?

③ 얼마나 빨리 보고되어야 하는지? 당장 보고되어야 할 만큼 급한 것인지? 또는 다음날 고위 정책결정자에게 보고될 때까지 기다려도 되는 것인지?

④ 여러 정보소비자에게 얼마나 자세한 내용을 보고해야 할 것인지? 보고서의 길이는 얼마나 되는 것인지?

⑤ 정보를 보고하는 데 어떤 수단이 가장 적절한 것인지? 앞에서 열거한 보고서는 물론 그 밖에 메모 형식이거나 브리핑 형식으로 보고되는 것이 좋을 것인지?

등에 대한 것을 정보기관들은 일반적으로 결정하게 마련이다.

정보기관들이 일상적으로 결정하는 목표 사이에 서로 상충되는 여러 가지 불이익이 발생할 수도 있다. 이상적으로는 정보기관이 같은 내용의 정보를 보급하는 데에 있어서 다른 형식과 자세한 정도의 차이가 있는 내용으로 된 보고서를 사용할 수 있으며 똑같은 방법으로 여러 분야의 정책결정자들에게 보고서를 전달할 수도 있다. 이같이 보고서가 전달되는 과정에서 "계층별 차이"를 두고 내용의 형식과 상세한 정도의 차이를 두는 "계층별 접근(layered approach)"을 한다는 것이다.

이상에 설명한 정보보고서들은 정보생산물의 일반적 유형 가운데 정기적으로 보고되는 현재적인 추세 정보(current intelligence: "현용정보"라고도 함)라고 부르게 된다. 다만 정보의 내용이 급박한 사태의 발생을 경고하거나 일어날 사건이나 문제점들은 지시하는 경우가 있어 이런 경우는 주로 적국의 공격에 대비하여 준비하거나 직접 대응해야 하는 경우를 말한다. 이

러한 보고서를 지시 및 경고(indications and warnings: I&W)라고 부르기
도 한다.

정보생산물 가운데 일반적 유형으로서 "기본정보보고서(Basic Intelli-
gence Report)"라고 불리는 것이 있는데 이 보고서는 주로 가능한 한 주어
진 상황에 대하여 충분히 모든 내용을 제공하는 경우이다. 기본정보보고서
는 공식적으로 통용되는 자료에서 추출한 것이며 정보의 모든 출처("all-
sources" intelligence)로부터 얻은 정보를 의미한다. 정보보고서가 군사문
제를 다룬 것인 경우 기본정보보고서는 마치 전투명령과 같은 것이 된다.
마찬가지로 한 국가의 정치체계에 관한 기본보고서는 그 나라의 주요 정치
세력과 인물, 이들의 전통적인 견해와 관심사, 그리고 이들 사이에 상호 연
결된 양상 등 모든 내용을 망라한 보고서를 말한다.

이 밖에도 지시와 경고보고서(I&W)와 같이 국가적으로 중대한 사항에
관한 보고서로서 "수시보고서(periodic report)"라고 부르는 것이 있다.
2001년 미국의 중앙정보국장이 수시보고서로 발표한 내용은 다음과 같은
문제에 관련된 것이다.[17]

• 지역개요(Regional Reviews): 일보나 월보의 경우도 있겠으나 대체적으로
  일정 기간에 한 번씩 국가의 이해관계에 중대한 관심이 되는 특정 지역
  에 대한 보고서다. 국가정보기관은 특정 지역이나 국가의 정치, 경제,
  군사, 그리고 사회 문제에 관하여 그 추세를 조사 보고하는 것이다. 대
  체적으로 지구적 관심이 있는 강대국의 정보기관들은 아프리카, 유럽,
  남미, 중동지역, 아시아 및 과거 러시아의 위성국가들에 관한 수시보고
  서를 자체적으로 만들지만 한국과 같은 나라의 경우에는 그렇게 방대한
  지역을 포괄하는 직접적 정보수집이 불가능하다. 따라서 미국이나 일본
  등의 나라가 만들어 놓은 지역개요보고서들을 이용한다. 예를 들면, 미
  국의 중앙정보국이 발행하는 국가별 개요나 지역 단위의 출판물이 공개

---

17) Shulsky and Achmitt, op. cit., p.60.

적으로 많이 이용되고 있다.

• 테러 추세 개요(The Terrorism Review): 매월 국제테러 활동의 추세와 테러
  방법에 관해서 보고서를 작성하는 것이다. 이 보고서에는 국제적 테러
  사건의 연표가 포함되어 있다.

• 마약감시(The Narcotics Monitor): 세계적으로 전개되는 마약관련 활동보
  고서.

• 무기확산 다이제스트(The Proliferation Digest): 대량살상무기, 화학무기, 또
  는 핵무기와 같은 것들의 확산에 관한 보고서로서 이는 주로 월간으로
  발간된다.

• 국제무기거래보고서(The International Arms Trade Report): 2개월마다 발행
  하는 보고서로서 국가 간의 무기거래에 대한 정보를 모아 보고서로 작성
  한다.

VII. 국가정보보고서의 사용자와 그 평가

국가정보의 사용자에게 전달되는 정리된 정보(finished intelligence)에는
다음과 같은 다섯 가지 보고서가 있다.18)

1) 현용정보(current intelligence): 매일 일어나는 사건에 대한 새로운 사태와
  그 관련 배경에 관하여 정보소비자에게 알리는 것이다. 이와 함께 사건의

---

18) "Dissemination," http://www.intelligence.gov/2-business_cycle5.shtml(2009년 3
  월 27일).

중요성을 평가하고 가까운 시일 내에 일어날 결과에 대하여 경고하며 가까운 장래에 위험이 발생할 것을 신호하는 것이다. 이 보고서는 일보(日報), 주보(週報) 또는 월보(月報)로 이루어지기도 하지만 이따금 임시적인 비망록(memorandums)을 제출하거나 상관에게 구두로 브리핑을 하기도 한다. 앞서 설명한 대통령에게 전달되는 일보가 전형적인 예다.

2) 평가정보(estimate intelligence): 자국의 국가안보에 영향을 미칠 만한 사태의 진전에 관한 평가를 하는 것이다. 모든 정보가 그러하듯이 평가정보는 먼저 있는 사실을 근거로 보고서가 쓰이지만 궁극적으로 알려지지 않은 부분과 전혀 알 수 없을 만한 것에까지 정보를 탐색해 들어간다. 평가정보는 정책결정자가 발생가능한 결과의 범위와 사건의 대안 시나리오의 함의(含意)를 음미하고 토론하여 장기적 위협에 대한 전략적 사고를 하게 만드는 데 도움을 주려는 것이다. 미국의 경우 NIC가 만든 평가정보는 미국의 국가정보 사회에서 가장 권위 있는 보고서라고 한다.

3) 경고성 정보(warning intelligence): 정책결정자에게 경고의 소리를 들리게 하거나 상항의 위태로움을 고지하는 것을 말한다. 사태의 급박함을 알리고 경우에 따라서는 대응정책 행동을 취해야 할 필요성을 알리는 것이다. 경고하는 경우에 정부가 군사력을 동원하게 될 지도 모르는 사태를 확인하고 예측하는 것이다. 혹은 정부의 외교 정책에 급작스럽게 영향을 미칠 사태, 즉 상대국의 쿠데타, 다른 나라와의 전쟁, 또는 피난민 사태 같은 것이 발생하는 것을 알린다. 경고의 분석내용은 대응책에 대한 분석내용과 사태의 최저의 영향을 미칠 가능성과 최고의 영향을 미칠 가능성에 대한 시나리오를 만든다.

4) 연구정보(research intelligence): 모든 정보기관이 취하는 입장이지만 깊이 있는 연구와 조그만 책자 정도의 연구보고서를 만드는 것이다. 연구 내용은 현황에 관한 것과 상항의 평가에 관한 것이다. 연구정보에는 다음과

같은 두 가지 종류가 있다.

- 기본정보(basic intelligence): 기본적으로 지리, 인구, 사회, 군사 그리고 정치에 관한 외국의 정보를 싣는다. 이 자료는 지도책, 군사력의 대강, 편람, 그리고 때로는 지세에 관한 것을 내용으로 한다.

- 작전지원 정보(intelligence for operational support): 모든 유형의 정보보고서를 의미한다. 즉 현황, 평가, 경고, 연구를 포함해서 과학·기술정보까지를 포함한다. 정책 입안자와 작전을 하는 사람을 위해서 잘 다듬어지고 요점 중심의 급조된 보고서를 모두 작전지원 정보로 간주한다.

5) 과학·기술정보(scientific and technical intelligence): 기술발전에 관한 정보를 포함하여 무기체계와 그 예하 조직을 포함한 외국기술의 특성, 성능, 그리고 능력을 모두 포함한다. 이런 첩보는 기술적 계측을 포함한 전 출처자료의 분석을 통해서 수집된다. 일반적으로 이런 기술적 분석과 보고서는 무기획득 과정, 군축교섭, 또는 군사작전을 위한 국가적 소요에서 만들어지는 보고서이다. 이 보고서는 주로 심층연구보고, 상세한 체제연구, 주요사항 요약, 평가에 중점을 둔 브리핑, 또는 자동으로 보관되는 자료 축적 등의 형식을 따라서 정보소비자에게 전해진다.

일반적으로 정보 과정을 설명하는 교과서에서는 정보의 소비차원에 관한 설명은 없다. 이상에 열거한 보고서들이 어떻게 정책결정에 이용되며 그 용도가 얼마나 중요한 것인지에 대하여는 논의하지 않는다. 왜냐하면 정보 과정이란 일단 만들어진 정보보고서를 배포하면 정보기관으로서는 그 임무를 마치는 것으로 간주되기 때문이다. 그러나 여기에서는 정보를 소비하는 정책 담당기관의 분위기에 관해서 언급하려고 한다.

이상적으로는 일단 보고서가 수요자에게 전달된 후에 소비자가 무엇인가 그 보고서의 내용에 대하여, 혹은 정보보고서의 유용성이라든가 정책결정에 공헌하기 바라든가 하는 피드백을 정보생산자에게 전해준다면 정책결정자와 정보생산자 사이에 발전적인 관계가 생길 수 있다. 그런 경우에는 보다 적절하고 필요한 정보지식이 공급될 것이라고 생각하기 때문이다. 현실에 있어서는 정보기관은 기관 스스로 생산한 보고서에 대한 피드백을 별로 들을 기회가 없다고 한다. 이에 대한 이유를 로웬탈 교수는 다음과 같이 지적하고 있다.19)

무엇보다도 이런 현실이 지속되는 이유는 정책을 다루는 사람들의 대부분은 너무 바쁘기 때문에 정보생산자들에게 보고서에 대한 반응을 전달할 수 없다. 이들은 무엇보다도 문제점에 집중하여 한 가지 지나면 또 다른 문제점에 대해서 생각해야 하기 때문에 정책결정자가 취급한 일에 대하여 잘·잘못을 스스로 생각할 겨를이 없다. 물론 일부의 정책결정자들은 피드백이 필요하다고 하는 경우도 있다.

물론 정보보고서를 받았을 때 보고서 내용이 정보소비자가 필요로 하는 것이 아닌 경우가 있지만 이런 일에 대해서 정보생산자에게 무엇이라고 말하게 되지 않는다는 것이다. 결국 피드백을 주지 않는다는 것은 정책결정자가 정보의 소요에 대한 적절한 판단을 내릴 능력이 없을 수도 있고 또는 정보에 대한 소요 판단을 거절하는 것과 마찬가지라는 것으로 생각하게 된다.

어느 국가의 정보사회에 있어서든지 정보의 순환 과정과 정보 과정을 설명하자면 적어도 그 개념과 조직 원리에 대하여 확실한 이해가 필요하다. 제3장의 서두에서 정보의 순환 과정을 다음과 같은 순서로 설명하였으나 실제상황에서는 그렇게 단순한 순환이 이어지는 것은 아니다. 그 순환 과정은 정보의 소요를 확인하는 일, 첩보를 수집하는 일, 자료의 처리 및 추출하는 일, 수집한 자료를 분석하고 정보보고서를 생산하는 일, 생산된 정보분석물을 배포하는 일, 보고서를 수요자에게 배포하는 일 그리고 피드백 등의

---

19) Lowenthal, op. cit., p.49.

7단계를 걸쳐서 일련의 순환을 하는 것 같이 되었으나 이는 〈그림 3-1〉에서
와 같이 순차적으로 진행되는 것은 아니라는 지적이다.

　다음 장에서는 정보 과정 가운데 정보의 수집과 수집원리(collection dis-
ciplines)를 설명하려고 한다. 수집은 정보의 가장 기본적인 주춧돌(bed-
rock)이다. 어느 나라든지 필요한 정보를 수집하는 데에 여러 가지 수단과
방법을 동원하게 마련이다. 이처럼 여러 가지 수단을 동원하여 정보를 수집
하는 것을 "수집원리"라고 한다.

정보의 출처와 수집원리

정보의 출처와 수집원리

I. 정보수집의 배경과 이론

정보의 수집은 국가정보의 가장 기본적인 과정이다. 그러나 일정한 기준 없는 정보수집의 결과는 단순한 추측이나 의미 없는 첩보의 수준을 벗어날 수 없다. 따라서 어느 나라에서든지 필요한 정보를 수집하기 위해서 여러 가지 수단을 강구한다. 어떤 방법으로 정보를 수집할 것인가는 무엇보다도 국가가 추구하는 정보의 특성과, 다방면으로 수집할 수 있는 국가의 능력에 따라 결정된다. 일반적으로 정보를 수집하는 여러 방법을 정보의 "수집원리 (collection disciplines)"라고도 하며, "무슨 무슨 정보수집(INTs)"이라고 미국의 국가정보기관에서 부른다. 제4장에서는 정보수집 방법과 원리에 따른 여러 가지 정보의 출처와 그 유형을 설명하고 각 정보출처(INTs)의 장단 점에 관해서 논의하려고 한다.[1]

어느 국가든지 정보를 수집하는 데는 정보를 수집해야 하는 요원이 직접 대면하여 정보의 표적을 관찰하거나, 정보를 가진 자를 유인해서 그가 가지고 있는 정보의 내용을 듣든가, 혹은 정보내용의 문서나 녹음 또는 글

---

[1] Lowenthal, 앞의 책, pp.53-61.

들을 비밀리에 훔치거나 하는 직접 사람으로부터 얻어내는 인간정보(human intelligence: HUMINT)가 있다. 이 인간정보의 대부분은 해외에 주재하는 외교관이 적대국이건 동맹국이건 필요에 따라서 알아야 하는 정보를 수집하는 것이다. 만약 간첩이 자기나라 안으로 침투한 경우에는 그 간첩을 추적하고 감시하면서 국내의 방첩요원이 직접 접촉한다.

이런 단순한 작업을 통해서 얻어내는 인간정보 외에도 정보를 생산하는 요원이 이미 공개된 정보, 말하자면 신문이나 방송, 또는 연구소나 기업에서 발행한 책자, 그리고 학자들의 학술잡지를 비롯해서 기타 지하조직에서 발행하거나, 반정부의 단체가 배포하는 여러 문건과 같이 공개적으로 의사와 행동강령을 알리는 문서를 통해서 정보를 얻을 수 있는 공개출처 정보(open-source intelligence: OSINT)가 있다. 공개출처 정보는 사실상 초등학교에서부터 배워온 여러 지식을 포함해서 출판사들이 발행한 무수한 도서나 지도, 또는 통계자료 등과 같이 도서관이나 인터넷에 담겨진 것이 공개정보출처의 대부분을 이루고 있다.

이상과 같이 인간의 오관을 통해서 인지할 수 있는 정보수집 이외에 간접적으로 과학·기술의 방법을 동원하여 정보 표적의 활동을 알아내는 간접적 정보수집이 있다. 인간정보와 공개정보는 인간이 서로 의사소통을 할 수 있는 언어적 표현으로 된 문자 그대로의 첩보(literal information)를 근거로 하여 수집되는 것이다. 그러나 문자로 되지 않은 첩보(non-literal information)를 모아서 정보를 생산하는 경우가 있는데 이는 주로 과학·기술의 도움을 받아 정보를 생산하는 정보의 기술적 수집을 말한다. 따라서 정보의 수집 과정을 통해서 보면 인간의 언어소통을 통해서 생산되는 문자 그대로의 정보수집 과정이 있는가 하면 전혀 문자가 아닌(non-literal) 신호(signatures)나 소리(acoustics) 또는 색깔(colors)로 된 첩보자료를 분석·정리하여 만들어지는 정보자료가 있다.

언어적 표현으로 되지 않은 비문자적 기술정보(non-literal technical intelligence)로는 신호정보(signal intelligence: SIGINT), 영상정보(imagery intelligence: IMINT), 징후계측정보(measurement and signal intelligence:

MASINT) 그리고 지리정보(geospatial intelligence: GEOINT) 등이 있는데 이에 대해서 그 과학기술적 이해를 돕기 위하여 최소한의 과학이론과 기술적 해결에 관해서 설명하려고 한다.

정보수집에 있어서 수집 수단이 과학적이고 기술의 발전에 따라서 변화되는 까닭에 국가정보의 기술적 수집에 관한 여러 가지 문제점이 생기게 된다. 전반적인 정보의 수집원리에 대한 문제점은 주로 정보의 수집 결정과 그에 따르는 논의와 관련이 있다. 이는 "무슨 정보를 수집할 것인가?" 또는 "어떤 특정 정보를 수집해야 하는가?"라고 하는 단순한 질문의 수준을 넘어 정보의 수집은 현대 과학기술의 발달과 연관된 첨단기술의 이용이 전제되고 있다. 국가정보의 수집과 활용은 정부의 정책결정자들이 결정하게 되는 문제이고 이에는 조직과 인원 등 예산의 조달을 수반하게 된다. 이런 가운데 우리가 알아야 하는 몇 가지 과정을 여기에서 설명한다.

1. 기술정보수집의 예산 문제

첫째 문제는, 정부의 예산 문제이다. 특별히 정보의 기술적 수집의 경우에는 주로 인공위성의 사진이나 영상을 취급하기 때문에 인공위성 프로그램을 위한 많은 예산이 소요되는 것이다. 동시에 여러 가지 정보를 수집하려고 하는 경우에는 더 많은 경비를 소요하게 된다. 신호정보나 영상정보와 같이 그 유형이 다른 정보를 동시에 수집하는 경우에 다른 유형의 인공위성 시스템을 활용해야 하기 때문에 상대적으로 어떤 유형의 정보수집 체계를 택해야 하는지 정책결정의 어려움이 생기는 것이다.

두 개의 다른 정보를 모두 선택하는 경우에는 또 하나의 인공위성을 발사해야 하는 까닭에 정부의 예산상의 어려움을 해결해야 하는 것이다. 발사할 인공위성의 중량이 크면 클수록 그 경비는 많아지고, 더욱이 인공위성에서 송출하는 여러 자료를 처리하고 자료로부터 정보를 추출하는 경비가 많이 들기 때문에 이 점도 고려되어야 한다. 지구상에 도달된 개별 위성의 정보 자료가 제대로 처리되지 않으면 정보 분석을 할 수 없기 때문에 자료의 처리와 채굴(processing and exploitation: P&E)경비도 정보의 유형에 대한 전체 경비 추산에 고려되어야 한다. 정보의 수집 체계를 설계하는 사람은 꼭 정보수집의 경비를 판단할 때 기술정보 자료의 추출과 처리에 소요되는 경비를 꼭 참고해야 한다.

남북한이 지금처럼 대립되어 있으며 북한의 영역 안에서 첩보활동이 용이하지 않기 때문에 우리 정부는 항상 기술정보에 의존하는 경우도 많았다. 최근까지는 한국의 정보기관이 직접 영상기술정보를 수집할 수 없었기 때문에 한미 동맹의 수혜로 한국의 정보사나 국정원에 전해지는 미국의 정보에 의존해 왔다. 물론 요즈음은 제한적으로 위성에서 보내지는 정보자료를 직접 수취할 능력이 확보되어서 정보의 처리 및 추출에 대한 예산이 점차 증가하는 것으로 보인다.

앞으로 한국의 국방을 위한 정보수집과 처리에 관한 정책결정에 따라 국회의 정보위원회는 이 분야에 대한 감독권을 가지고 국가정보기관에 대한 영향력이 늘어날 것이다. 어떤 정보수집 체계와 분석 체계를 확립할 것인가가 국방비 예산의 문제일지 또는 국가정보원의 예산 문제일지는 많은 논의가 필요한 부분이다. 일본의 경우에는 헌법상 제약 때문에 이 분야의 문제는 이따금 과학기술 분야의 발전을 위한 예산으로 취급된 흔적이 보인다.

2. 정보수집의 시너지 효과

둘째 문제는, 정보수집의 시너지(collection synergy) 효과에 관한 논의이다. 다양한 출처로부터 정보를 수집하는 경우에 한 수집 체계(collection system) 또는 수집방법(collection disciplines)이 다른 수집 체계에 수집 비결(tips) 또는 정보수집의 단서(clues)를 제공하는 수가 있다. 중대한 정보소요가 생긴 경우에 일반적으로 단 한 가지 출처에 의한 정보수집이 진행되지 않는 것이 일반적이다. 정보기관이 제대로 운행되고 있는 경우에는 정보수집자는 여러 정보수집 체계와 협력적으로 활동한다.

미국과 같이 막대한 예산과 다양한 정보수집 출처를 동원하여 정보수집을 추진하던 냉전시기에는 정보사회의 목표로서 모든 수집된 정보를 혼합 이용하였다. 가능한 한 모든 전 출처(all-source)를 동원하고 상이한 출처로 부터 획득한 정보를 혼용(fusion)하여 분석 평가함으로써 정보의 누락이나 차질을 기피하려고 하였다. 결국 정보력을 총동원하여 정보능력의 총화를 극대화한다. 결국 '전 출처정보' 또는 혼용정보(fusion intelligence)가 정보의 심층적 수집에 이르게 된다고 주장한다. 반면에 다양한 수단에 의한 정보수집 방식은 수집 책임자가 정보수집의 폭을 넓힐 수 있으며 비록 어떤 문제에 대하여 깊이는 없을지라도 많은 문제에 대한 포괄적 정보를 확보하게 된다.

북한의 핵 재처리(spent-fuel reprocessing)에 관한 확증을 잡게 된 경우에도 외국으로부터 북한이 수입해가는 핵 관련 기술과 자재에 관한 정보와 함께 영변화학실험실 건설 및 운영에 대한 인공위성의 사진은 북한이 핵무기 개발에 힘쓰고 있다는 것을 일찍이 1990년대 초기에 발견한 것이다. 물론 인적정보에 의한 추진계획과 의도를 확인하기도 했지만 여러 수단에 의하여 획득한 정보의 출처는 상호 정보의 확인에 시너지 효과가 있게 하였다.

북한의 핵무기 개발을 위한 사용 후 연료의 재처리과정을 관찰한 미국은 2개의 우라늄광산을 가진 북한이 플루토늄 연료를 가지고 전력을 생산하려는 것에 대한 의심을 가지고 상당 기간 예리하게 관찰하였는데 결국 전기의 생산보다는 핵폭탄의 제조에 힘쓰고 있는 것으로 결론지었다고 한다. 그래서 김영삼 정부가 대통령으로 당선된 다음 해인 1994년경에 그 시설을 사전에 제거할 「페리보고서(Perry Report)」 같은 것이 만들어진 일이 있었다. 플루토늄의 제조에 대한 확증을 얻기 위하여 한국군부는 비밀공작을 통해서 북한에 침투한 한 육군 중령이 영변의 화학실험소 내의 흙과 물을 떠오도록 북한의 첩자를 이용한 일이 최근에 알려졌는데 이런 경우가 정보내용을 확인하기 위한 시너지 효과를 높이는 것이었다. 채취된 흙과 물에서 방사되는 방사선(radiation)의 대기노출 시간을 계산하는 과학적 측정을 통한 징후계측정보(MASINT)를 확보한 것이다.[2]

3. 기술정보의 수집 과다 문제

셋째 문제는, 기술정보의 수집 과정에서 인공위성이 지구상으로 전송하는 끝없는 정보자료의 쇄도 때문에 생기는 문제이다. 일단 정보자료가 지상으로 송달되고 이를 받아 그 많은 정보를 분석할 인원과 시간이 없어 마치 진공청소기에 빨려 들어가듯 하는 정책 부서의 혼선이 생긴다는 것이다. 어떻게 이 많은 자료로부터 정보를 추출하는 것인지를 걱정하게 된다. 인공위성으로부터 받아들이는 모든 정보를 분석할 만큼 많은 분석관을 채용할 수도 없고 계속 송달되는 정보자료를 축소할 수도 없는 것이 모두 문제가 된다는 것이다.

한국의 현실은 아직 이 단계에는 이르지 않은 듯싶다. 기술정보의 수집과 분석에 대한 요원확보도 충분하지 않고, 현 단계의 여러 인공위성을 보유하고 있어도 미국과 같이 수많은 정보용 인공위성을 가진 것도 아니기 때문이다.

4. 경쟁적 수단을 동원한 정보수집의 우선순위 문제

넷째 문제는, 상호경쟁적 수단에 따라서 수집되는 정보에 대한 소요 판단의 우선순위를 정하는 문제인 것이다. 이는 같은 수단에 의하여 수집된 정보의 분석 가운데 어느 기관의 정보를 활용할 것인가의 문제가 아니라 수집원리가 다른 정보의 소요 판단에 관한 것이다.

우리나라의 국가정보수집에 있어서는 이러한 수단의 문제는 아직 제기되지 않는다. 군사적 정보의 수집에 있어서는 이따금 생길 수 있는 문제로서 신호정보의 경우에 무인정찰기의 무선통신에 의한 정보에 의존할 것인지, 혹은 북한의 내부 통신에 대한 통신 감청에 의한 정보에 의존할 것인지

---

2) 『조선일보』, 2011년 5월 30일 월요일. pp.1과 A10 기사에 상세한 정보수집 과정이 공개되어 있다. 이 공작은 중국의 요령성 선양시의 정보망을 중심으로 한 한국군의 정보사가 1990년 당시 많은 고급정보를 획득할 수 있었다고 한다.

등 낮은 수준의 기술정보에 있어서 다소 문제는 있을 수 있다. 여기에서 논의되는 문제점은 근본적으로 군사과학기술이 발달한 강대국의 정보수집 체계에서 수집 수단 사이에 일어나는 이슈인 것이다. 말하자면 스파이나 첩보위성, 무인정찰기, 혹은 함정에 의한 첩보수집 등 여러 가지 수단 가운데 어느 수단의 정보에 더 의존할 것인가의 우선순위가 사전에 정하여져 있지 않은 경우, 위급상항에 어느 수단의 정보수집에 의존해야 하는가의 문제가 제기된다는 것이다.

5. 정보출처와 정보수집 방법의 보호 문제

다섯째 문제로서 이는 정보수집에 있어서 가장 중요한 문제점이 된다. 어느 나라이든지 그 나라의 정보수집 능력의 내용이 자세하게 알려지는 것은 적대국에 비하여 아주 불이익이 많은 것이다. 심지어는 정보수집 능력이 있다는 자체가 중요한 정보인 동시에 그 국가가 가지고 있는 보안유지의 최상급 비밀에 속하는 문제인 것이다.

어느 나라에서든지 정보의 중요한 정도에 따라 등급을 정하여 정보의 보안을 유지하려는 것은 정보의 출처를 보호하고 정보수집 방법을 보호하려는 데 있다. 이 같은 조치는 모든 정보기관이 가지는 기본적인 관심사이고 보안유지에 관한 권한을 법으로 정하여 중앙정보국장, 또는 국정원장에게 위임한 것이다. 정보의 보안을 유지하고 그 등급을 정하는 데는 두 가지 방법이 있다. 비밀문건 중심의 문서보안과 비밀을 취급하는 사람 중심인 인원보안으로 구분된다.

정보의 비밀을 보호하기 위한 보안등급(security classification)은 정보의 민감성과 정보의 수집 수단을 감안하여 여러 등급으로 정보를 구분하여 정보의 중요도를 나타낸다. 나라의 정보수집 능력이 공개되면 정보의 수집 대상국가(intelligence target states)가 자국을 보호하기 위하여 효과적인 정보 체계의 방해공작을 하게 된다. 따라서 정보의 등급에 따라서 공개될 문건의 구분을 하는 것이다. 이를 문서보안(文書保安, classification of documents)이라고 한다.

정보의 등급을 유지하는 데는 경비가 소요된다. 이는 또한 앞에서 논의한 정부의 예산과 관련되는 것으로 첫째 문제의 예산상의 고려를 해야 한다. 이와 관련되어 논의해야 할 점은 정보를 취급하는 개인을 등급을 나누어 비밀 취급인가를 하는 것으로 보안을 유지할 수 있다. 등급에 따를 정보를 취급할 수 있는 개인에게 취급인가(security checks)를 함으로써 비밀정보를 다룰 수 있게 하는 인원보안(人員保安, Security Clearance)방식이 법으로 정해져 있다.

이런 보안조치를 유지하기 위한 물리적 비용이 사실상 소요된다. 예를 들면 건물이나 사무실을 지키는 일, 안전하게 보관할 수 있는 금고의 설치, 그리고 정보를 이송하는 데 소요되는 특송수단(特送手段)을 강구하는 것은 경비를 필요로 하는 것이다.

특정 정보나 그 취급자에 대한 보안조치를 하는 것은 때로는 정보기관의 과오, 정보실패 또는 심지어는 범죄 사실을 숨기는 데 남용될 가능성이 있다는 비판을 하는 경우도 있으나 보안조치의 예산상의 부담은 물론 정보기관의 운영상 문제가 된다고 하는 이론도 있다.

국가정보의 문건 보안등급에 관하여 대체적으로 다음과 같이 세 가지로 나누어서 시행하고 있다. 미국은 이 점에 있어서 1995년 4월 17일자 행정명령(Executive Order) 제12958에서 보안등급의 정의를 명시하고 있다.

- 기밀 또는 친전(機密-親傳, Confidential): 허가 없이 비밀이 공개되는 경우 그 첩보가 국가안보에 위해(damage)를 끼치는 경우.
- 비밀(秘密, Secret): 허가 없이 비밀이 공개되는 경우 그 첩보가 국가안보에 심각한 위해(serious damage)를 끼치는 경우.
- 절대비밀(絕對秘密, Top Secret): 허가 없이 비밀이 공개되는 경우 그 첩보가 국가안보에 특히 막중한 위해(exceptionally grave damage)를 끼치는 경우.

한국의 『보안업무규정』(대통령령 제5004호 1970.5.14 및 개정령)에 따르면 그 제4조에서 비밀의 구분을 다음과 같이 규정하고 있다.

- I급 비밀: 누설되는 경우 대한민국과 외교관계가 단절되고 전쟁을 유발하며, 국가의 방위계획·정보활동 및 국가방위상 필요 불가결한 과학과 기술의 개발을 위태롭게 하는 등의 우려가 있는 비밀은 이를 I급 비밀로 한다.
- II급 비밀: 누설되는 경우 국가안전보장에 막대한 지장을 초래할 우려가 있는 비밀을 II급 비밀로 한다.
- III급 비밀: 누설되는 경우 국가안전보장에 손해를 끼칠 우려가 있는 비밀은 이를 III급 비밀로 한다.

국가정보를 취급할 수 있는 인원보안은 이상의 세 등급에 관한 문건 취급을 허용하는 것이며 한국에서는 북한과 대치되어 지난 60여 년을 살아온 까닭에 보다 철저한 인원보안제도를 가지게 되었다. 그 보안대상의 인원은 공무원, 국영기업체 임원, 항공조종사 등 일정한 신분과 자격을 획득함으로써 생기는 신분상의 보안조치인 것이다. 신원파악, 동향파악, 비밀유지 서약을 하는 보안조치 등 비밀문서 취급인가 이외에도 여러 가지 수단으로 신원보안을 실시하고 있다.[3]

6. 공개정보와 전 출처정보의 통합적 이용 문제

미국에서 정보를 취급하는 전문가들이 흔히 말하는 정보처리의 "난로연통(stovepipe)" 효과라는 말이 있다. 이는 실내에서 장작이나 연탄을 태워 방을 덥히는 전통적인 난로의 연소현상과 정보의 처리과정을 비교하여 비유한 것이다. 각 정보의 수집 수단이 다른 여러 정보수집 기관이 서로 다른

---

3) 국가정보포럼, 『국가정보학』(서울: 박영사, 2006), pp.135-142 참조.

수집방법 때문에 각 기관으로 들어온 정보자료는 분석 결과가 배포될 때까지 전혀 혼용되지 않아 그 통합적인 분석 판단에 기여하지 못한다는 의미에서 쓰인 것이다. 결국 각 정보의 수집 수단에 따라 정보가 혼용되지 못한다.

그런데 공개출처 정보수집(open-source intelligence: OSINT)은 기술정보수집이나 인간정보수집과 같이 개별적으로 활용되지 않는 것이기 때문에 보다 광범위한 정보자료에 의한 수집과 분석 그리고 배포되는 정보처리가 가능하다는 것이다. 그래도 비록 한 정보의 출처는 다른 출처와 분리되어 정보를 제공하지만 어떻게 하면 모든 출처의 정보를 모아 전 출처정보를 근거로 정보처리를 하는 것인가에 고민하는 미국의 정보 담당자의 문헌을 요즘 쉽게 접할 수 있다.

실제로 한 정보의 출처에 따른 정보수집은 여러 다른 출처의 정보를 활용할 수 있다는 시너지 효과 때문에 때로는 미국의 정보사회가 중앙정보국장의 휘하에 통합되었다가 또는 개별적 정보수집 기관으로 분할되는 등 그 정보기관의 개혁 원칙을 논할 때 이따금 등장하는 논점이 되고 있다. 그러나 우리나라의 정보기관은 이 같은 정보수집 출처의 기술적 차이에서 생기는 기관 사이의 통합 또는 분할의 논의가 생기는 것이 아니라 대통령에게 보고하는 배포선의 통합을 문제로 논의되는 경우가 많다.

공개출처 정보의 점진적 확대 때문에 정보의 수집이 보다 용이하게 되었다. 특별히 과거 냉전기간에 정보수집의 표적이 거부되었던 공산국가 내에서 현재 정보수집이 비교적 용이하게 됨으로써 정보활동이 쉬워진 것이다. 지난날의 공산국가들, 특히 철의 장막이라 불리던 구소련과 죽의 장막이라 불리던 중국 내에서 어느 정도의 정보활동이 용이해지면서 공개출처 정보를 과거의 수집 체계와 연계시키는 데에 어려움이 있었다고 한다.[4] 미국 정부는 영국이나 프랑스를 통하여 맹렬하게 활동하던 제3국을 통한 정보수집 체계의 처리 문제가 있었던 것으로 생각된다.

한국의 국가정보기관도 북한의 폐쇄적 사회분위기 때문에 정보의 수집에

---

4) Lowenthal, op. cit., p.60.

한계가 있어 늘 일본에 거주하는 조총련의 대북 관련 기관을 통하여 정보를 수집할 수 있었다. 그러나 북한이 조총련과의 관계를 다소 정리하고 외국의 원조기관 또는 국제기구의 활동을 북한 내에서 허용함으로써 인적정보와 그 밖에 공개정보의 수집이 용이하게 된 것이다. 특히 북한을 탈출하여 중국으로 나온 북한주민과 이에 관련된 인적정보와 공개정보의 수집 체계는 1990년대 이후 한국의 국가정보기관에게도 분명히 혼선과 어려운 수집 체계의 정비를 할 수밖에 없었을 것으로 짐작이 된다.

1990년대 이후 북한을 위한 포털사이트인 www.kimsoft/kim-spy의 운영은 북한에 대한 관련 공개출처 정보가 많이 보급된 셈이다. 그 포털에는 북한 관련 자료를 모아 놓았고 이를 운영하는 김근식 박사는 함북 갑산 출생으로 6.25 전쟁 중에 남으로 출전한 17세의 학병출신이었다. 한국 전쟁포로가 되었으나 미국의 G-2와 CIA에 포섭 활동을 하면서 서울공대를 졸업하고 미국 대학에서 핵물리학 박사학위를 받은 후에 미국에서 영주하고 있다. 이렇게 공개출처의 정보가 확대되는 과정에서 언제나 비밀스러웠던 북한에 대한 정보수집은 점차 공개출처 정보의 활용이 일반화되고 있다.

공개출처 정보에 대한 정보기관의 편견(institutional prejudice)은 피할 수 없다. 공개출처의 발굴작업은 국가정보를 수집하기 위하여 창설되고 북한에 대한 비밀을 수집할 목적으로 창설된 한국의 국가정보기관의 목표에 반하는 현실이기 때문이다. 그러나 현재의 정보수집 활동과 분석사업의 역량은 미국이나 한국에서도 정보기관이 아닌 다른 기관이 합법적으로 수행할 수 없으며 오직 국가정보기관만이 국가안보를 위협하는 상황에 대처하기 위하여 그 임무로 삼고 있음은 지금도 마찬가지이다.

II. 정보수집 출처와 원리

정보를 어떤 방법을 통해서 수집할 것인가에 따라서 정보의 유형 또는 종류를 구분하고 있다. 때로는 이 수집방법을 하나의 특수한 수단으로 생각하여 원리를 가지고 있다고 주장하기도 한다. 그러나 우리가 대학의 학부 수준에서 이해하기 좋은 형태로는 어떤 종류의 정보를 다루고 있는가에 대한 정보의 유형이라고 하는 것이 훨씬 이해하기 쉽다고 생각한다. 앞 장에서 간략하게 설명했으나 정보는 여섯 가지 정보출처(intelligence sources) 또는 수집원리(collection disciplines)에 따라서 그 유형을 나누어 설명한다.

각 유형의 정보는 그 특성에 따라 장점과 단점을 드러내게 된다. 여기에서 우리는 정보 유형이 지니고 있는 장·단점을 설명하려고 한다. 각 정보를 평가하는 데는 특별히 약점에 대한 주요 쟁점에 관해서 설명할 필요가 있다고 본다. 다양한 출처나 원리를 적용할 때 정보수집 과정에서 상호 유익한 지원을 받아 단독출처의 수집에 의존하는 것보다 정보수집의 시너지 효과를 볼 수 있다는 것이다. 예를 들면, 특정 지역에 미사일 기지를 구축하고 있다는 첩보에 대한 또 하나의 사실을 밝힐 수 있는 것은, 정찰기나 인공위성에서 찍은 사진을 제시할 때 앞서 먼저 얻게 된 정보는 그 진실성이 한층 더 확보되는 것이다. 다양한 수단과 출처에 의해서 첩보의 확실한 정보를 밝힐 수 있게 되기 때문이다.

그렇기 때문에 언제나 종합적으로 정보출처를 판단하고 평가하는 것이 요청되는 것이며, 최근과 같이 전자산업기술의 발전과 통신장비 및 영상렌즈와 이미지영상의 구현이 기술적으로 발전했을 때 정보의 확실한 평가는 어렵지 않게 이루어진다. 다만 수집자가 상호간 경쟁적일 경우에는 각각 정보출처에 따라 다른 정보의 수집 과정이 '한 통로(pipeline)'가 되어 다른 정보와 함께 종합적으로 그 정보를 평가할 수 있지 않고, 정보를 수집한 집단이나 개인이 직접 소비자에게 개별적으로 보고하게 된다. 이런 경우에는 다양한 수단에 의하여 수집되는 정보의 시너지 효과가 있다고 할 수 없다.

기술적으로 정보의 수집 내용이 반드시 기술을 주관하는 기관에게만 전해지도록 되어 있는 경우에 '화덕에 불을 때듯이' 모든 자료가 화덕의 연통 불길과 같이 한군데에 집약되어 보고된다. 이런 상황은 마치 정보수집과 처리가 '한 통로(pipeline)'에서 일어나는 것과 마찬가지 결과를 갖게 한다. 결국 수집 기관이 자료를 정리하여 보고될 때까지 다른 정보의 출처와 연관해서 평가할 수 없다. 이 같은 예는 인공위성이나 공중정찰을 수행하는 비행기지로부터 수집된 자료가 반드시 지상에 있는 같은 수신기지에게만 전해지기 때문에 그 수집 자료를 처리하여야 하고 결과적으로 이 기관이 단독으로 보고하게 되는 것을 말한다.

기본정보를 모으는 것은 사실에 관한 자료를 수집하는 것과 공개출처 정보를 찾아보는 것 또는 비밀스런 출처로부터 자료를 얻어내는 것이다. 이 과정에서 정책결정자들이 필요하게 될 결론을 도출하기 위해서는 현존하는 정보는 물론 다른 첩보를 인내심을 가지고 적극적으로 분석·평가하며 비교·통합할 필요가 있다. 특히 기술정보를 취급하는 과정에서 이미 수집되어 보관된 정보가 일반적인 추세(trends)를 드러내는 경우와 그 추세와 다른 현상을 드러내는 경우(이를 anomalies 또는 '이례(異例)')에 그 보관된 정보는 조심스럽게 처리해야 한다. 만일 수신하고 있는 정보가 기존의 정보(pre-existing intelligence)와 같은 패턴을 드러내고 있는 경우, 이를 미국의 정보학에서는 '점을 이어 간다(connecting the dots)'라고 하며, 수집되는 정보가 그 양이나 질에 있어 상당히 다른 경우에는 이를 '잡음(chatter)' 또는 '소음(noise)'이라고 한다.

기술정보의 수집 과정에서 볼 때 일단 수집된 기존자료의 일부가 정보 보고에 전개되어 가고 있으면, 새롭게 유입되고 있는 정보를 정보생산 직전 과정(the pre-production process)의 상태와 비교하여 빠르게 기존정보로 '건너뛰어(cross-cueing)' 정보생산물을 적시에 배포할 가능성을 확보하도록 하는 것이 일의 중심이 된다. 여기에서 설명하고 있는 내용은 기술정보 자료가 위성이나 비행기의 센서로부터 지상의 자료수집 기지로 전송되는 과정에서 일어나는 상태를 설명하고 있는 것이다.

기본적 정보수집 결과를 인공위성이나 정찰비행기에서와 같은 기술적인 방법으로 정보가 수집되고 있는 상태를 보면 정보생산 직전의 과정을 '혼합(fusion)'이라고도 한다. 비록 정보자료 흐름의 '건너뛰기' 상태나 '혼합' 상태의 용어를 서로 엇갈려 사용하기도 하지만 이런 현상은 기술적으로 기존 정보자료와 동일한 상태의 새로운 유입자료일 경우에 서로 혼합한 자료로서 영상정보나 신호정보의 정보생산이 가능하게 된 다는 것이다. 정보의 혼합 이용에 관한 경우는 미국과 같이 다양하고 다층적인 조직체계에서 정보처리의 상호운용과 협동이 중요시되는 경우와 서로 다른 정보출처로부터 수집된 정보가 한 출처로부터 다른 출처로 빠르게 전환되어 정보처리되는 경우에 일어나는 현상이다. 그러나 한국과 같이 아직 기술정보의 수집 수준이 다양하지 않은 경우에는 기술정보수집의 혼합 현상은 거의 없다고 할 수 있다.

수집된 정보자료의 질과 신뢰성에 따라 그 등급을 정하고 그 자료로부터 정보를 발굴한다. 자료의 질과 신뢰성에 따라 미국의 정보기관은 A-F의 등급으로 분류하거나 1-6의 숫자로 분류하여 기초자료를 보관하고 있다. A-F의 글자로 구분되는 경우는 정보출처의 신뢰성(A=완전 신뢰; F=신뢰도 모름)에 관한 것이고 1-6의 수자로 구분하는 경우에는 첩보의 정확성(accuracy; 1=다른 출처로 확인됨; 6=사실 확인 불가)을 표시하는 것이다. 실제로 자료의 정확도와 신뢰성이 A-1로 분류되는 경우는 아주 흔하지 않다고 한다.

정보생산 직전의 분석상태에서 보면 '건너뛴' 정보수집은 '경합된 가설의 분석(analysis of competing hypothesis)'을 거쳐서 평가된다. 즉, 분석관들은 정확한 자료를 선택하려는 노력으로 문제점에 대한 그럴듯한 설명이나 결론을 들어서 확인하려고 한다. 따라서 가능한 가설을 가장 잘 확인할 수 있는 정보가 무엇인가를 시험하는 것이다. 정보보고서는 최종 소비자에게 제출되며 그가 문제의 가능성이나 일어날 확률을 판단하게 된다. 그러나 모든 정보보고서에는 항상 유보적인 경고나 불확정적인 상황이 전제되고 있어 정보분석관의 마음의 자세에는 많은 영향을 주지만 정책결정자인 정보소비자에게는 그렇게 많은 영향을 미치지 않는다고 생각된다.

정보수집 분야에서 흘러 다니는 다음과 같은 이야기들을 흔히 들을 수가

있는데, 정보보고서를 생산하는 분석관은 이런 점들에 대하여 잘 생각해 보아야 할 것들이라고 생각된다.[5]

- 무엇을 생각하든지 당신은 완전하지 않다는 것을 알고 있다.
- 적어도 그 가운데 잘못된 것이 있다.
- 당신이 안다고 생각하고 있는 것의 어떤 부분에 잘못이 있다는 것을 알 수 없다.
- 당신이 모르는 것이 무엇인지 알 수 없다.
- 당신은 얼마만큼 모르고 있는지 알 수 없다.

결국 수집되어 분석되고 평가되어 최종 소비자에게 배포되는 정보는 그 출처에 따라서 신뢰성이나 정확성에 대한 의문을 늘 가지고 있다. 특히 기술정보를 통해서 수집된 정보는 그때마다 그 신뢰도나 정확도에 대한 의구심을 가지고 분석관은 정보처리에 임하게 된다. 아무래도 수집된 기술정보 가운데 상대방의 의지나 행동방향에 관한 정보가 포함되어 있지 않으므로 자연히 신뢰도와 정확도에 있어서 여러 가지 의구심을 가지고 정보를 분석하게 마련이다.

정보수집의 출처는 5~6가지가 있으며 이 출처에 따라서 수집된 정보는 각각 장점과 단점을 지니고 있어 정보수집 과정과 그 분석의 순환 과정에 있어서 상세한 지식을 요구하게 된다. 수집된 정보를 평가하고 분석하는 데에는 가능한 한 많은 수집 출처를 동원하여 문제의 핵심을 파악하는 것이 가장 중요한 것이라는 점을 알아야 한다. 그래서 여기에 약점을 보완하여 정보의 분석과 평가에 있어서 보다 효율적인 방법을 찾아보는 노력을 기울이게 된다. 그래서 정보의 수집 출처를 모두 동원한다는 뜻에서 전 출처정보라는 말을 쓰게 된다.

국가정보의 수집이 인간이 서로 의사소통하는 언어와 문자로 된 인간정보

---

5) http://www.apsu.edu/oconnort/4200lec01a.htm(2010년 1월 30일), page 6/16.

(HUMINT)와 공개정보(OSINT)에 관해서 먼저 설명하고 그 후에 기술적으로 정보를 수집하는 기술정보인 신호정보(SIGINT), 영상정보(IMINT), 계측신호정보(MASINT) 그리고 지구공간정보(GEOINT)에 관해서 필요한 과학적 응용과 자료수집의 도구와 수집 기지(collection platform)에 관해서 차례로 설명하려고 한다.

1. 인간정보 출처(Human Intelligence: HUMINT)

인간정보는 사람을 정보수집의 기지로 이용하여 정보를 수집하는 것을 말한다. 따라서 인간정보를 수집하기 위해서는 상당한 인적자원을 확보할 필요가 있다. 먼저 국가정보수집을 위해서 필요한 사람의 구성에 대해서 설명할 필요가 있다. 이 정보수집에 개입된 사람을 흔히 스파이라고 한다.

스파이는 어느 나라에서든지 잘 조직된 정보체계 가운데 가장 기본적인 정보수집 기지가 되며 그래야 하는 것이다. 비밀스럽게 수집되는 정보는 대체로 비밀경찰의 활동으로 모아지는 여러 범죄 첩보와 같다. 경찰관이 그 업무를 수행하는 과정에서 사건이나 범죄의 정보를 얻기 위하여 '끄나풀을 두는 경우(stool pigeon)'나 '좀도둑을 두는 경우(snitch)'와 같다. 정보전문가가 현실적으로 '간첩책임자(case officers)'이거나 '간첩담당자(case handlers)'로서 활동하는 경우에는 그 '첩보원(agent)'은 대부분 외국인, 첩자, 반국가 사범, 그리고 자국의 스파이가 주를 이루고 있으며, 이들이 수집 기지가 된다. 비밀리에 일하는 까닭에 첩보를 획득하는 데 장애가 되는 것을 배제한다. 감시, 도청, 첩자의 이용, 그리고 간첩행위 등과 같은 여러 활동은 결국 남모르게 비밀리에 하는 활동이다.

표적이 되는 정보를 얻기 위하여 아무도 접근할 수 없는 특정 지역을 배회한다든가, 몰래 숨어서 일하는 사람은 사건을 확인하기 위해서 충분한 첩보를 얻어야 하는데 이는 단순히 정보를 수집하는 것이 아니라 그 첩보를 수집하고자 하는 표적 또는 대상목표를 '사냥하듯 하는' 것이다. 비밀리에 공작하는 정보수집의 첫 번째 원칙은 '큰 사건의 뒤를 따르는 것(go after the big game)'이라고 미국의 정보원들은 말한다. 꼭 필요한 정보획득에 성공하면 아주 막대한 보상을 기대하는 것 같이, 정보수집 활동을 가급적 가장 위험한 지경에까지 몰고 가서 최대한의 공작효과를 얻을 수 있어야 한다.

비밀리에 정보를 수집하는 첩보원은 일반적으로 자신의 정체를 은폐(under cover)하거나 아주 깊이 감추어서 남이 모르게 하는(under deep cover) 두 가지로 구분된다. 정체를 은폐하는 것이 합법적인가 또는 비합법적인가로 구분하기도 하지만 국가정보의 분야에서는 대체로 그 용어를 공식적인 은폐(official cover)와 비공식적인 은폐(unofficial cover)로 구분하여 그 활동의 범위와 역할이 부여된다.

공식적인 은폐의 경우 정보관은 대사관과 같은 해외 직책으로 그 활동내용에 따라서 상무관, 교육관 또는 군무관 등 아타셰(Attache)이거나 연락관(liaison officer)으로 구분해서 부른다. 우리나라의 대사관 직위로 보아서는 주로 공사(公使, minister)가 정보관의 역할을 하고 있다.

비공식적인 은폐의 경우 미국 정부는 해외주재 기업인, 기자, 여행자 또는 교류 프로그램으로 방문한 대학교수 등과 같이 아주 깊이 그 신분을 감추고 활동하는 경우가 있다. 상대국에 경제원조를 주고 있는 사회복지재단의 책임자, 혹은 영자 일간신문이나 중앙은행에 고문으로 일하면서 영문출판물의 교정을 보아주는 전문인력, 때로는 신부나 목사도 정보의 기지가 되기도 한다. 정보원의 신분이 아니더라도 자국 정부의 요청에 따라서 보고서나 메모 같은 것을 써서 보내는 경우도 있으나 이들은 정보의 수집 기지는 된다 하더라도 신분상 정보원은 아닌 경우가 많다.

미국의 정보조직에서는 비공식적으로 은폐되어 활동하는 정보관을 약자로 'NOC'이라고 표시하며 이를 '녹(knock)'이라 부른다. 이는 비공식 은폐(Non-Official Cover: NOC)의 약자이다. NOC의 명단은 신중하게 다루고 있으며 주재국 공관의 비밀에 속한다. 왜냐하면 이들은 일반적으로 높은 지위의 주요 첩보원이면서 여러 가지 은폐된 기관의 직원이기 때문이다. 원래 대사관은 정보수집의 허브(hub)라는 것을 다 알기 때문에 미국은 미국 대사관 이외의 다른 은폐활동을 하지 않는다.

인간정보의 출처는 주로 첩보원(Information Officers)을 외국에 보내어 필요한 국가정보를 수집하는 경우이다. 자국의 외교공관에 파견된 첩보원은 주재국에서 그 나라 사람을 뽑아서 스파이로 활용한다. 미국과 한국의 공관에서 스파이 행위를 하는 것은 주로 중앙정보국 요원에 의해서 이루어진다. 일반적으로 이런 스파이 행위는 미국의 경우 중앙정보부의 공작국장(Directorate of Operations) 책임하에서 CIA가 담당하고 국방성의 국방정보국(Defence Intelligence Agency: DIA)도 인간정보를 수집하는 인간정보처(Defense HUMINT Service: DHS)가 있다. 대체적으로 어느 정부든 필요한 국가정보를 수집하기 위하여 정보원을 관련 외국에 파견하여 그곳에서 외국인을 뽑아서 스파이로 삼아 인간정보의 수집 기지로 삼는다.

외국에 파견된 첩보원은 먼저 주재국에서 정보수집을 위한 스파이를 뽑는 과정에 대하여 알아두어야 할 것이 있다. 무엇보다 먼저 첩보원은 필요한 사람을 확인하고 그가 필요로 하는 첩보에 접근할 수 있는 인물인지 확인하는 일이다. 그리고는 그 사람에게 접근하여 신뢰를 얻어야 하며 그 사람의 약점은 무엇인지, 그리고 그 사람 자신이 스파이로 뽑히게 될 것이라는 의심을 가지고 있지 않은지를 확인하여야 한다. 그리고는 서로 특수한 관계를 맺자는 일종의 '미끼(pitch)'를 던지는 것이다.

일반적으로 이런 경우에 정보출처가 되는 사람은 다음과 같은 여러 가지 이유 때문에 그 미끼를 받아들인다는 것이다. 첫째는 많은 돈이 필요한 경우에 처하게 된 사람으로 돈을 미끼로 받아들이며, 둘째는 자기정부에 대한 불만이 있는 사람으로 반정부 운동을 하는 사람이나 반정부 운동을 하다 검거되어 풀려난 사람들이 일종의 소속감 상실 또는 반감에서 정보를 제공하는 역할은 받아들인다는 것이다. 셋째로는 범죄사실이나 부정이 있는 사실을 감추어 주기로 하고 정보제공의 역할을 받아들이는 공갈이나 협박의 경우도 있다는 것이다. 넷째로는 보다 단순하게 스파이의 역할이 재미있고 스릴을 느끼는 사람들이 이런 스파이의 미끼에 빠진다는 것이다.[6]

정보기관에 고용된 정보원은 자신들은 스파이라고 생각하지 않는다. 자신은 스파이를 뽑아서 활용하는 사람이라고 생각한다. 이들은 때로 외국에 침투해 들어가서 스스로 스파이의 역할을 하기도 하지만 기본적으로 자신들은 간첩책임자(case officers)나 감독관(supervisors) 혹은 간첩담당자(case handlers)라고 생각한다. 실제 일의 조직 관리상 첩자와 그 간첩담당자 혹은 간첩책임자를 지원하기 위한 사람들의 관료적 위계는 철저하다.

어떤 비밀공작에서도 첩자의 상부계보는 4개의 계층이 있다.[7] (1) 지역담당관(regional desk officers)으로서 세계 가운데 한 특정 지역에서 인간정보수집 활동을 감시하는 사람, (2) 감독관(watch officers)으로서 24시간 동안 위기관리센터에서 직원을 감독하는 사람, (3) 방첩관(counterintelligence officers)으로서 관리자와 첩자 사이의 비밀회의를 감시하는 사람, 그리고 (4) 보고서 담당관(reports officers)으로서 현장에 있는 담당관과 본부에 있는 분석자들 사이에 연락하는 일을 맡은 사람 등 그 기능에 따라 담당관이 역할을 하고 있다.

한편으로 첩보원에게 뽑혀서 활동하는 스파이는 대부분 스스로를 배신자 혹은 바보라고 한다. 그러나 비밀리에 공작을 수행하는 과정에서 스파이는 원 스파이(primary spies)와 보조적 첩보원(access agents)으로 구분된다. 원 스파이는 필요로 하는 첩보에 직접 접근하는 첩보원이고 보조적 첩보원은 더 다른 중요한 사람에 연결시켜주는 일을 하는 첩보원을 말한다. 배신자이며 어리석은 바보인 스파이들은 자신들이 다음의 여섯 가지 경우 가운데 하나에 속한다고 생각한다.

① 주의력 부족한 스파이(inadvertent spies)로서 입이 가볍고 보안에 신경을 쓰지 않는 사람이다.
② 변절자(defectors)로서 자기 국가로부터 도망쳐 나온 사람이다.

---

6) Lowenthal, op. cit., p.67.
7) http://www.apsu.edu/oconnort/4200/4200lect01a.htm(2010년 1월 30일), page 8/16.

③ 자발적으로 찾아온 사람(walk-in)으로서 별도의 수입원을 찾는 사람의 경우이다.

④ 신분을 위장한 사람(undercovers)으로서 법집행기관과 계약관계를 맺고 있는 사람이다.

⑤ 뽑혀 온 사람(recruits)으로서 다른 사람의 꼬임에 빠지거나, 돈에 매수되고 혹은 협박받고 첩보원으로 뽑혀 온 사람이다.

⑥ 이중간첩(double agents)으로서 침투해온 간첩이 자기나라에 대한 스파이활동을 하는 사람이다.

해외 공관에 주재하는 HUMINT 정보원은 주재국의 국민을 뽑아서 첩자로 이용하는 것 말고도 직접 본인이 서류를 훔친다든지, 또는 도청기를 몰래 설치하거나 스파이 이상으로 주재국에서 일어나는 활동에 대한 첩보를 몰래 수집하는 스파이 일도 하게 된다. 그러나 실제로 첩보활동은 기술정보수집에 비교하면 정보의 수집량이 아주 적은 편이다.

이렇듯 HUMINT 정보원은 스파이가 일단 미끼를 받아들여 주어진 역할을 하게 되면 정기적으로 그를 만나서 첩보를 받아야 한다. 언제 어디에서 만나는지 주재국 당국에 들키지 않아야 하며 받은 첩보를 본국으로 전송하는데 주재국 정부의 정보기관에 포착되지 말아야 한다.

한국의 국가정보요원은 실제로 어떻게 활동하고 외국에 주재하면서 첩자를 심고 다니는지는 알려진 바가 없다. 그리고 이들 정보요원이 어떤 경위로 충원이 되어 어떤 활동을 하는지도 전혀 공개된 바가 없다. 이따금 전직 정보요원의 이야기가 있지만 이를 확인할 수 없어 여기에서는 미국의 정보요원의 충원과 관리에 관한 미국 중앙정보국의 웹사이트에 실린 내용으로 학생들이 이해하기 쉽게 정리한다.[8] 미국의 중앙정보국은 정보요원으로 근무하고자 하는 사람의 커리어(career)에 대한 소개와 여러 가지 주의사항을 채용공고난에 게시하고 있다. 다음에서는 미국 정부의 정보요원 관리 체계

---

8) https://www.cia.gov/careers/opportunities/index.html(2011년 6월 10일).

와 활동내용에 대한 설명을 소개한다.

✛ ✛ ✛ ✛

〈CIA에서 색다른 커리어 만들기〉

다른 직업과 색다른 경험을 통해서 앞날을 설계하도록 권하면서 세계적 고용기회(global employment opportunities)를 생각해 보라는 권고를 한다. 미국의 안전을 확보하는 중요한 직업을 위하여 여러 다른 종류의 사람을 채용한다고 선전한다. 이는 인적정보(HUMINT)의 최전방에서 일하는 비밀작업관(Clandestine Service Officers)을 포함해서 과학, 엔지니어링, 기술, 분석, 외국어, 그리고 행정에 능통한 인력으로서 미국 안에서나 해외에서 근무하게 된다는 것을 명시하고 있다. 다음과 같은 여러 가지 직종에서 근무하게 된 커리어를 설명한다.

〈궁극적인 국제적 커리어가 되는 비밀작업(Clandestine Service)〉

미국 CIA의 비밀작업은 중대한 국제적 발전에 대한 비밀첩보의 최전방이 된다. 테러 활동과 대량살상무기는 물론 군사적이고 정치적인 문제에 대한 국제적 이슈의 최전방에서 일한다. 이런 임무는 비밀작업관이 정보출처에 대한 성실한 임무수행으로 이루어지며 이따금 해외에 거주하여 일할 것을 요구한다.

비밀작업은 단순한 직업이라고 하기보다는 일종의 생활방식으로서 개인의 지적능력과 자신감 그리고 투철한 책임감을 가지고 도전하는 일이다. 국가의 비밀작업관은, 중대한 목표에 대한 임무를 수행하기 위하여 개인의 다양한 배경과 삶의 경험, 그리고 전문적이고 교육적인 경험을 가진 사람들이며 언어능력이 탁월한 사람으로서 그 밖의 다른 특성을 가진 사람들이다. 미국 CIA 직원 모집광고에는 여러 직종의 내용이 열거되어 있으나 여기에서 먼저 정보 분석 관련 업무에 종사하는 자리에 대하여 예를 들어 소개한다.

정보 분석을 주로 하는 자리는 담당자가 언제나 국가를 위해서 앞서 가는 생각을 해야 한다. 미국의 CIA에서는 국가적 주요사항의 결정을 내리는 정책결정자에게 완성된 국가정보를 공급한다. 분석관은 다양한 정보출처로부터 받은 첩보를 연구하고 평가하는 주제에 대하여 숙련된 전문가이다. 이 정보를 가지고 분석관은 정부의 최고 수준의 정책결정을 위하여 쓸만하고 의미 있는 정보 판단을 하게 된다. CIA의 분석관은 외국의 정치적 전개와 리더십, 경제문제, 군사적 위협, 그리고 과학기술에 대한 것을 늘 감지하고 평가하게 된다. 이렇게 해서 문서로서 수집 정리되고 분석된 정보를 인적정보(HUMINT)라고 한다.

이 밖에 모집광고에는 우리가 이해할 수 있게 여러 가지 정보수집 활동을 하는 직책에 관해서 다음과 같이 잘 기술하고 있다. 이 직책은 주로 인적정보를 수집하는 정보관으로서 국내·외 근무지에 따라 그 역할과 직책의 명칭이 달라진다.

여기에 미국 정부에서 인적정보를 수집하고 관리하는 여러 요원의 임무와 활동에 관해서 소개하는 이유는 이 내용을 통해서 학생들이 인적정보의 내용이 무엇이며 어떻게 수집되며 인적정보수집을 위한 요원의 자격과 활동을 알 수 있기 때문이다. 인적정보는 비기술적 정보수집으로서 인적 네트워크를 통해서 직접 정보를 획득하고 이를 관리하는 정부의 조직이 중요한 것을 알 수 있다.

(1) 현장 중심의 직책(Field-based Positions)

① 공작원(Operations Officer: OO)
- 공작원은 남모르게 첩자를 뽑아 주재국의 정보출처를 관리함으로써 인적정보수집 업무의 최전선에서 일한다. 이런 공작은 비밀스런 정보출처로부터 고급정보를 받을 수 있는 돈독한 인간관계를 설정할 줄 알아야 하고, 특별히 숙련된 전문적인 기강(discipline)을 필요로 한다.
- 공작원은 급변하고(fast-moving), 애매하며 정리되지 않은 상황을 잘

다룰 수 있어야 한다. 이를 위해서 공작원은 신체적으로나 심리적으로 건강해야 하며 정력적이고 통찰력이 있으며 '세상 물정(street sense)'에 밝은 사람이어야 한다.

• 공작원의 대부분의 시간은 외국에서 임무를 수행하게 된다.

② 정보수집관리관(Collection Management Officers: CMO)

• 미국 외교계의 현장에서 일하는 비밀작업 공작원과 정보사회의 분석관과의 연결고리가 되는 직위를 정보수집관리관(CMO)이라고 한다. CMO는 중앙정보국 정보 첩보를 수집하고 평가하며 배포하는 책임을 진다.

• 정보수집 노력의 관리란 미국 정부의 정책결정자가 무엇을 알 필요가 있는지 판단하고 그 정보수요를 공작원(OO)에게 통지하는 일을 한다.

• 보다 효율적인 활동을 위해서는 CMO는 비밀작업 공작을 이해해야 하고, 이 공작이 해외에서 어떻게 수행되며 또한 국제문제와 해외 공작환경에 대하여 충분한 이해가 필요하다.

(2) 워싱턴 D.C. 본부 중심의 직책(HQ-based Positions)

① 공작요원(Staff Operations Officer: SOO)

• 공작요원은 해외 정보수집을 지도하고 협조하며 지원하는 일을 한다.

• 공작요원은 전 중앙정보국에 걸쳐 정보출처를 가지고 있는 기간요원을 확보한다. 특히 이 기간요원은 비밀공작이 안전하고 순탄하게 진행되도록 사려 깊고 유용한 지침을 현장에 제공한다.

• 공작요원은 현장의 요원과 상호접촉하고 조언과 상의를 하기 위해서 테러 문제, 무기확산, 마약거래, 그리고 정치적인 이슈와 같은 주어진 전문 분야의 실질적 전문성을 개발하여야 한다.

• 해외에 있는 공작원과 밀착해서 일하려면 본부의 공작요원(SOO)은 공작사건과 첩보원 개인에 관한 일에 관해서 본부의 상관에게 구두

또는 문서로 브리핑을 해야 한다. 때문에 이들 본부의 공작요원도 때로 해외여행을 할 기회를 갖는다.

② 본부의 전문 정보수집관리관(Collection Management Officer-Headquarter Specialist: CMO-S)

- 전문 정보수집관리관(CMO-S)은 미국 정부의 정보소비자와 깊은 관계를 맺고 있다. 이들은 주로 국무성(the Department of State), 재무 및 에너지성(Treasury and Energy), 국방정보처(the Defense Intelligence Agency: DIA)와 군지휘관, 연방수사국(Federal Bureau of Investigations: FBI), 그리고 국토안전성(the Department of Homeland Security) 등과 같은 정부 각급기관의 요원과도 깊은 관계를 맺고 있다.
- CMO-S는 미국 각급기관의 국가안보 관련 관심을 특정한 비밀작업 문제로 전환하도록 유도하는 일을 한다. 이런 작업을 효율적으로 추진하기 위해서 CMO-S는 공작과 어떻게 해외에서의 공작활동이 추진되고 있는지 이해하고 있어야 한다. 그리고 또한 이 전문 정보수집관리관은 항시 CIA가 정보를 수집하고 있는 나라와 문제점에 대하여 구체적인 지식을 가지고 있어야 한다. 그래서 단기간의 국내와 해외여행의 기회를 갖는다.

③ 공작표적지정관(Operational Targeting Officer: OTO)

- 오늘날 빠르게 전진하는 기술발전의 세계에서 표적지정은 비밀작업의 지구적 임무 성공에 중대한 요인이다. 공작표적지정관들은 미국의 국가안보에 대하여 가장 위협이 되는 상황에 대처할 수 있는 정보의 개발을 위하여 복합적인 세계적 공작을 직접적으로 지원하고 추진하며 또한 그 공작을 관리한다.
- OTO들은 그러한 위협의 태세를 갖춘 국제조직이나 네트워크에 침투하고 방해하는 일을 확인하고 분석하며 지원하기 위한 특별한 솜씨를 보여야 한다.

- 표적지정관(Targeting Officers)들은 테러활동, 무기확산, 마약의 밀매 혹은 방첩활동과 같은 비밀작업 임무의 여러 기능에 대한 상당한 지식을 개발해야 하며 나아가 그 활동지역에 대한 구체적인 지식을 가져야 한다.
- 효율적인 표적지정관은 호기심이 많고, 분석적이며 그리고 구체적이고 행동 중심적이며 많은 자료 가운데 새로운 방향을 모색하는 능력을 갖추고 있어야 한다. 해외여행의 기회가 주어지며 때로는 교체근무하기도 한다.

④ 특별공작관(Operations Officer-Special Skill Officer)
- 특별기술공작관들은 위험하고 준엄한 해외환경에서 미국의 정책결정자를 위하여 정보공작에 중점을 두고 있다.
- 이들은 육군, 공군 또는 해병대의 특수공작 혹은 실전경험이 있으면 우대를 받는다. 그리고 과거에 해외 여행경험이 있거나 전투지원과 외국어 능력이 있으면 또한 높이 평가를 받는다.

⑤ 외국어요원(Language Officer)
- 외국어요원은 여러 가지 비밀공작을 위해서 번역, 통역, 그리고 언어관련 지원을 제공할 고급 외국어의 능력과 경험, 그리고 전문성을 활용한다.
- 외국어요원은 깊은 문화적 통찰력을 가지고 정보획득의 전반적 임무를 지원하기 위하여 특히 현장의 정보수집원의 비밀작업과 관련하여 일하게 된다. 해외여행의 기회가 주어지며 직책을 위한 특수교육을 실시한다.

이상에 예시된 직책을 통한 비밀공작생활에 대하여 각급 요원이 어떻게 정보를 획득하며 그 실제 생활환경은 어떤 것인가를 미국 CIA 모집공고에 잘 기술하고 있다. 여기에 그 일부를 소개함으로써 인적정보수집과 관련된 정보요원의 생활을 소개한다. 인적정보를 수집하고 관리하는 비밀공작생활의 내용을 다음과 같이 게시하고 있다.

공작원은 그 생활의 대부분 시간을 해외에서 보낸다. 전형적인 경우, 이 요원들의 커리어의 60~70%는 해외근무를 하고 정보수집관리관(CMO)은 30~40%의 커리어를 해외에서 보낸다. 다만 본부에서 근무하는 공작요원(SOO)은 워싱턴에서 근무하지만 때때로 외국을 여행하기도 한다. 외국어요원의 경우에도 기본적으로 워싱턴에서 근무하지만 단기간 또는 장기간 경우에 따라서 해외에서 근무하는 경우도 있다.

이들 요원의 각 커리어는 모두 신분을 감추고(under cover) 일하고 있다. 바로 비밀작업이라는 성격 때문에 이런 요원들은 자신이나 가족의 신분이 외부에 노출되는 것을 제한받게 된다. 그러나 정보기관의 내부에서 승진하는 것이나 포상을 받는 일, 메달을 받는 일은 수시로 있어 근무하는 요원의 개인적 성취에 대한 기관의 인정을 받고 있다.

비교적 높은 수준의 급료를 받는가 하면, 이 근무원의 대부분은 관사에서 살고 해외 근무수당도 받는다. 해외에서 근무하는 기간 동안 아이들의 교육에 대한 특혜도 있다. 이 밖에 언어를 배우거나 지위상이 다른 기술을 습득하게 되는 경우에는 교육비를 지급받는다. 전체적으로 보아 국가안보에 영향을 주게 될 중대한 공헌을 할 수 있도록 정보 관련 근무원은 여러 가지 혜택을 받으며, 일에 대한 높은 수준의 만족도를 경험하고 일하는 동안에 동지로서의 동료에 대한 단결력도 강하게 된다.

인적정보를 수집하는 미국 정부의 주요 직책과 그 임무의 대략적 개관을 통해서 인적정보의 수집과 관리에 대한 현실을 알게 되었으리라고 믿는다. 다음에서는 실제로 공고된 정보수집과 관리를 하는 주무관의 채용공고의 내용을 살펴보면 더욱 구체적으로 인적정보의 수집 수단과 주무관의 역할을 이해할 수 있다고 생각한다.

(3) 정보수집주무관: 비밀작업훈련 프로그램

〈요원 모집〉
풀타임(full time) 근무하며 근무지는 워싱턴

- 정보수집주무관은 12개월의 비밀작업훈련원 프로그램(Clandestine Service Trainee: CST Program)을 성공리에 마치면 국립비밀작업반 (National Clandestine Service: NCS)을 위해서 외국에서 인적정보수집의 최전선에서 근무한다.
- CST 프로그램은 지원자가 외국 정보요원의 비밀충원을 포함해서 주요 외국 정보에 접근하는 정보원을 관리하는 데 이르는 전 과정을 수행할 수 있도록 훈련시키고 그 능력을 보증한다.
- 정보수집주무관에는 공작원과 정보수집관리관(CMO)의 두 가지 커리어의 길이 있다. 훈련기간 중에 드러난 개인의 재주를 근거로 훈련생들을 배치하거나 비밀작업의 수요에 응해서 NCS가 훈련생을 배치한다. 공작원이건 정보수집관리관이건 모든 수집주무관은 해외애서 근무하는 동안 필요한 비밀공작의 모든 과정에서 일해 보기를 기대한다.
- 때문에 국립비밀작업반(NCS)의 수집주무관의 직분으로 일하기 원하는 지원자들은 해외에서 비밀정보수집 공작을 안전하고 안정적으로 그리고 효율적으로 수행하기 위해서 필요한 기술, 능력, 그리고 개인의 특성을 갖추어야 한다.

① 수집주무관/공작원(Core Collector/Operations Officer: OO)
- 공작원은 풀타임으로 언제나 국가안보 문제의 모든 분야에 대한 주요 외국정보에 접근한다. 이들은 비밀리에 사람을 배치하고, 평가하며, 개발하면서 정보원을 뽑아 충원하여 관리하는 데 중점을 두어야 한다.
- 이 인간정보는 미국의 국익을 보호하면서 미국의 대외 정책과 국가안보 정책을 개발하고 수행하는 데 절대적인 역할을 한다. 공작원은 강

한 인간관계를 쌓기 위해서 다른 사람의 동기와 성격을 잘 평가하는
정확한 판단력, 높은 성실성, 강렬한 인간관계의 성숙성 그리고 능력
을 구비한다. 그래서 외국의 정보출처로부터 고급정보를 얻어낼 수 있
는 기초가 되는 신뢰를 쌓는다.

- 공작원은 안건의 전문성과 외국어, 지역 및 문화에 대한 지식을 "항간
의 상식"과 더불어 섞어가면서 급변하고, 애매하며 정리되지 않은 상
황을 다루게 된다.
- 공작원의 커리어는 NCS의 다음 주요활동 가운데 어느 한 가지 일을
하게 된다.
    - 인적정보의 수집(human intelligence collection)
    - 방첩(counterintelligence)
    - 비밀공작(covert action)
이런 일은 미국의 국가안보의 가장 중요한 국가이익과 관련된 문제를
다루는 것으로서 국제테러, 무기의 확산, 국제범죄와 마약 밀거래, 그
리고 적성국가의 능력과 의도에 관련된 것들이다.
- 공작원은 전형적으로 2~3년간의 해외근무로 그 시간의 대부분을 보
낸다. 공작원은 직무의 초기 단계로부터 많은 책임과 신뢰를 받고 일
한다. 비록 한 팀으로 일하지만 이따금 자신이 일반상식을 가지고 홀
로 서서 일하거나, 자신만의 빠른 판단을 내릴 수 있는 융통성이 필요
하다.

② 수집주무관/수집관리관
  (Core Collector/Collection Management Officer: CMO)
- 수집관리관은 비밀정보 출처로부터 개발된 해외정보를 수집하고 평가
하고 분류하며 배포하는 일을 감독하며 촉진한다. 그리고 비밀 출처로
부터 수집된 해외정보의 적절성, 적시성 그리고 최고의 외교 정책과
국가의 안보의 필요성을 확보하는 데 결정적인 역할을 한다.
- 이들은 자기 특과에 대한 전문성이 있으며, NCS 공작이 어떻게 이루

어지고 있는지 잘 알고 있다. 특히 현실적이고 불분명한 국제문제는 물론 해외공작의 환경을 깊이 이해하고 있다.

- 해외근무 기간에 정보수집 공작은 물론 개별적 정보출처를 보호하면서, CMO는 공작원이 정보수집 공작이 충분하고 정확하게 정보 우선순위에 맞도록 계획하였는지를 확인한다. 그리고 CMO는 또한 공작원이 비밀정보 출처의 충원과 연락관계가 가능한 한 효율적으로 계획되었는지를 확인한다. 활동의 결과인 정보 보고가 확실하고 명백하며 적절한 첩보를 제공하는 것인가를 확인한다. 따라서 정보관리관은 공작원과 함께 정보수집 공작의 전 과정, 즉 사람을 찾아 배치하고(spotting), 평가하며(assessing), 개발해서(developing) 정보원으로 뽑아 충원하고(recruiting) 정보출처를 관리하는(handling) 전 과정에서 함께 일한다.

- 본부 근무기간에 CMO는 원로 정책결정자로부터 정보부, 국방성 그리고 법 집행기관의 분석관들에 이르기까지 정보소비자와 직접으로 소통하고 작업을 한다. 그리고 정보수집 수요를 확인하고 그 우선순위를 매겨 현장의 공작원과 정확한 소통 여부를 확인한다.

- 전형적으로 수집주무관인 CMO는 자신의 커리어 가운데 40~50%를 해외근무하며 한 팀의 일원으로 일하거나 최소한의 감독을 받으며 독립적 근무를 한다. 이들은 여러 계층의 개인들과 효율적으로 관계를 맺을 수 있어야 하고 때로는 재빨리 변하고(fast breaking), 때로는 애매한 상황과 정보의 우선순위가 급변하는 압력을 받으면서 일하게 된다.

- 우수한 언어소통과 문어(文語)소통의 기술은 CMO에게 꼭 필요한 자질이다. 그리고 시간관리를 잘하며 확고한 판단력을 가지고 다양한 목표를 동시에 성취할 수 있는 능력이 필요하다.

미국의 중앙정보국에 지원하는 사람은 내부 사람들과 자신의 지원에 관한 상의를 하지 말라고 주의를 주고 있다. 그래서 특히 NCS 지원자는 비밀작업 분야에 지원을 했다거나 지원할 의사가 있다는 것을 절대로 남에게 알리지 말라고 한다. 친구나 가족, 또는 개인이나 조직이 지원하는 자신이 CIA 요원이 된다는 것에 대한 흥미가 있을 수 있지만 이는 결코 지원자의 좋은 징조가 되지는 못할 것이라고 경고한다. 적어도 누구에게 이야기할 것인지 잘 통제하며 중앙정보국에서 일하고 싶은 의사를 표시하는 데 적절한 판단을 하라고 경고하고 있다.

✢ ✢ ✢ ✢

그런데 앞에서 정보관리관(CMO)은 공작원(OO)과 함께 정보수집 공작의 전 과정을 함께 일한다고 하였는데 그 과정을 여기에서 설명할 필요가 있다. 가장 먼저 사람을 찾아 '배치한다(spotting)'는 의미는 정보의 출처에 접근성이 있는 사람을 찾는 것이다. 예를 들면 필요한 정보가 있는 기관의 중견간부로서 좀 불만이 있거나 절망적인 사람을 표적으로 정하고 이 사람이 야심이 있으나 불만스러운 사람일 경우에 그 인물을 확인하는 일이다.

다음으로는 그 찾아진 사람의 인간성의 윤곽을 평가하는 것이며 주로 동기가 무엇인지 또는 정신건강은 괜찮은지를 알아보는 것이다. 세 번째 단계인 개발하는 단계는 첩보원을 가르치고 훈련시키는 것이며, 첩보원이 신뢰성 있는 정보를 획득하는지, 미끼로 준 돈을 어떻게 사용하는지, 혹은 특수한 기구를 어떻게 사용하는지 등을 가르치고 그 활동을 확인하는 단계다.

네 번째 단계에서는 정보원으로 뽑아 충원하는 과정인데 정보 표적을 만나고 서로 사귀는 형식을 취한다. 가까운 개인적 관계를 만들고 서로 믿음을 키운다. 처음에는 조그마한 개인적 호의를 구하고 점차 그 보상을 늘려가면서 마지막으로는 분명하게 고용자, 정부, 동료 또는 애인을 배신하라고 요구한다. 안 되면 심리적인 위협으로 협박을 한다.

끝으로 정보출처를 관리하는 것은 심리적인 과정으로 첩자를 상관에게 인계함으로써 처음에 첩자를 충원한 자국의 공작원과 밀착하지 못하게 하는 조치다. 이는 첩자가 윗사람을 알게 됨으로써 더욱더 보호를 받고 있다는 느낌을 갖게 되며 첩자의 역할이 조금 승급한 것 같이 느끼기 때문이다.

첩자의 불안한 심정은 가족을 보호하기 위한 것으로 자기를 뽑은 사람을 떠나 다른 윗사람과 연결되면 일반적으로 많이 안심한다고 한다. 이때 윗사람을 간첩책임자 또는 간첩담당자라고 한다. 이런 과정을 거치는 동안 첩자의 관리 예산이 삭감되면 관계를 즉각 정리한다.

스파이나 그 연락책과의 연결을 위한 일정한 장소를 정하기는 어렵지만 때로는 공공장소에 있는 쓰레기통에 자료를 버렸다가 후에 찾아 가기도 한다. 스파이와의 접촉을 위한 전화통화는 절대적으로 피해야 하며 기록이 남는 컴퓨터 형식의 소통은 절대로 금물, 간혹 게시판을 이용하는 것은 가능하다. 우리나라의 경우에도 스파이나 그 연락책과 접촉하는 경우에는 흔히 쓰이는 안가(Safe House)나 시내 호텔 방을 계속해서 빌려 쓰기도 한다.[9]

주재국에서 일하도록 선발된 스파이를 일반적으로 첩보원(agents)이라고 부른다. 모든 첩보원을 정의하는 한 가지 특성이 있다면 이는 '소모품'인 것이다. 첩보원에는 몇 가지 유형이 있다. 즉 침투첩보요원(penetration agents) 또는 '두더지(moles)'라고 하는 경우인데 이들은 주재국의 정보조직에 깊이 위장되어 있으며(under deep cover) 적절히 좋은 직위를 찾아 안정되어 있다. 다음은 이중간첩(double agents)으로 주재국 정부와 외국 정부, 양쪽을 위해서 일을 한다.

이 밖에 조직과는 연관이 없이 잠시 사건의 중간에 끼어 있거나 용병과 같이 잠깐 돈 받고 동원된 사람이 있다. 이를 '끝 잘린 첩자,' 영어로 'cut-outs'라고 한다. 같은 개념으로 조직상의 첩자는 아니지만 주로 전투 중에 군이 후퇴하거나 작전 중에서도 후방에 남아 있는 '후방 요원'으로서 주재국의 정치적 사건의 풀이를 해주는 '평가요원(feedback agents)'이 있는가 하

---

9) "Intelligence Collection," http://www.apsu.edu/oconnort/420lect01a.htm(2010년 1월 30일), pp.8-11/16. 이 자료는 인터넷에서 얻은 자료인데 테네시주에 있는 Austin Peay State University에서 O'connor라는 강사가 정보수집에 관한 특강을 할 때 만들어진 자료인 것 같다. 일반적으로 이런 자료는 일단 게시되어 있다가 얼마 지나면 기관이 다시 내리는 것 같다. 비교적 정보수집을 위한 정보관의 활동을 문서로서 자세하게 기술한 것이다.

면 특별한 지시를 받지 않고 거의 단독으로 활동하는 다목적의 '영향력 있는 첩보원'이 있다.[10]

국가정보의 기술적 수집능력이 과학기술의 발전을 따라 많이 향상되었음에도 불구하고 인간정보의 중요성을 강조하는 이유가 있다. 인간정보의 옹호자들은 전통적인 간첩행위가 일이 벌어지기 전에 사전지식이 되는 첩보를 제공하는 절대적인 중요성이 있다고 믿기 때문이다. 예를 들면, 간첩은 상대방의 의도에 대한 첩보와 적대적 관계에 있는 나라의 지도자들이 가지고 있는 전략적 개념이나 정치적 활동의 첩보를 제공해 주기 때문이다.

우리나라와 같이 북한의 공산주의 정권과 국경을 맞대고 있고 군사적으로 항상 도발할 태세로 적대적 관계에 있는 북한 지도자의 활동이나 전략적 개념에 관한 직접적인 첩보의 중요성은 말할 필요가 없다. 모든 나라의 경우에서 그러하듯이 오늘날의 국제적 테러에 직면하고 있는 나라에서는 점차 테러집단의 규모가 적어지면서 아주 유동적이며 지하로 잠복해 있는 상황에서 오직 인간정보 기지(HUMINT platform)의 중요성은 한층 더 높아가고 있다.

정보수집에 인적자원이 동원될 경우에는 운영상 사람을 다루는 일이기 때문에 특별한 경륜이 꼭 필요하다. 간첩행위는 분명히 스파이활동이며 다른 의미를 가지는 것이 아니다. 사가(史家)들은 이 직업이 세상에서 두 번째로 오래된 전문직업이라고 한다. 범죄학자는 이 직업을 반정부적 범죄라고 한다. 다만 간첩행위를 하는 사람들은 국가적 활동 가운데 중요한 정치적 수완을 행사하는 것이라는 자부심을 가지고 있다. 특히 어떤 기술이나 술책과 같은 정치적 경륜으로서 기술직이나 기능직의 일을 하는 것으로 간주하고 있다. 따라서 간첩행위 작업을 위한 가장 공통적인 공작 술책은 공작원을 감시하는 것과 첩보원을 계속 활용하는 것이다. 가장 꾸밈없는 최소한의

---

10) 이러한 용어는 현장에서 첩보원을 부르는 말이 나라마다 다르지만 그 기능에 있어서는 대동소이한 경우가 많이 있다. 필자는 현장에서 정보요원으로 근무한 일이 없어 실제로 우리나라에서는 무엇이라고 부르는지 전혀 모르고 있다. 앞의 주 9)에서 밝힌 문건에 미국의 용어가 설명되어 있어 여기에 소개할 뿐이다.

간첩행위공작(espionage operation)이라도 다음 세 가지 기본적 필요조건이 있다.

첫째는 위기상황에서 첩보원이 누구라도 붙잡을 방도가 있어야 하고, 둘째로는 정보관이 첩보원으로부터 첩보를 받을 방도가 있어야 하고 끝으로 첩보원에게 보상을 지불할 방도가 있어야 한다. 정말 현실적으로 스파이 행동을 하는 사람은 첩보원(agents)이라 하고 그를 감독 지도하는 사람을 정보관(officers)이라고 한다.

주재국 대사관을 중심으로 활동하는 정보관이 외교관이나 정부의 다른 주재원과 같이 공식적으로 은폐한 경우와 기업인, 신문기자 또는 관광객과 같이 비공식적으로 은폐 활동하는 경우를 비교하여 어떤 좋은 점이 있는지를 밝혀 보려고 한다. 다음의 〈표 4-1〉에서 나열한 이해득실을 참고하기 바란다.

직접 인간정보를 수집하는 방법 가운데 스파이활동은 가장 기본이며 수

〈표 4-1〉 정보관의 유형에 따른 장·단점

정보관의 유형(Type of Intelligence Officers)	
공식은폐(Official Cover)	비공식은폐(Non-official cover)
장 점	장 점
• 외교적 면제특권 있음	• 다양하고 광범위한 정보출처에 접촉 가능함
• 잠정적 정보출처에 접근이 가능함 예를 들면, 주재국의 정부관리와 다른 외교관을 접촉할 수 있음	• 파견된 국가의 시민과 같은 행동을 할 수 있음
• 민감한 자료는 대사관에서 전문적인 정보관이 취급할 수 있음	• 잠정적 정보출처와 접촉이 용의함
• 월급을 책정하거나 개인적 사정의 해결을 쉽게 처리할 수 있는 행정적 편의를 도모할 수 있음	• 외교적 단절이 생긴 경우에도 계속해서 정보활동을 할 수 있음
	• 주재국 정부가 침투된 첩보원을 확인하기 어려움

단 점	단 점
• 주재국의 방첩작업으로 보다 쉽게 정보관이 발각될 수 있음	• 경비와 행정적 지원이 어려움
• 외국 관리를 만나기 꺼리는 사람에게 접근하기 수월함	• 정보수집보다 은폐활동 시간이 더 많이 소요됨
• 외교단절 때문에 정보공작이나 그 네트워크가 소멸될 수 있음	• 정보의 소통이 어려움

집방법이 다양하고 그 방법이 기술적 정보수집과 같이 정교하게 체계를 잡아 운영되는 것은 아니다. 스파이활동은 스파이를 고용하는 정부에서는 범죄로 간주되지 않으나 스파이의 표적이 되는 정부에서는 범죄로 취급한다. 만일 스파이가 이중간첩인 경우나 자국 정부에 대하여 스파이를 하는 경우에는 반역죄에 해당되며 역적의 죄를 짓는 것이다. 스파이활동을 하는 간첩에 대한 일반적 정의는 '자기정부에 피해가 생기거나 외국 정부에 이로울 국방에 관련된 첩보를 고의 또는 고의라고 간주될 만한 이유에서 획득하거나, 전달하며, 전파하고, 소통하며 또는 수령하는 행위'라고 한다. 스파이를 통한 국가정보수집 분야에서 가장 논란이 많은 것은 방첩활동과 비밀공작이다. 이 두 가지 분야는 단순한 인적정보의 수집 이외에 또 다른 국가정보활동이 수반되는 것으로 뒷부분에서 각각 따로 설명할 것이다.

스파이를 통한 인간정보의 수집은 영상정보(IMINT)나 신호정보(SIGINT)와 같이 다량의 정보를 수집하는 것이 아니라 아주 소량의 정보를 모으는 것이다. 그러나 인간정보와 신호정보는 비밀리에 다른 나라의 정부활동에 접근하여 무슨 이야기를 했는지, 어떤 계획을 세웠는지 또는 어떤 생각을 하고 있는지를 알아내는 것이다. 때로는 잘못된 첩보나 거짓첩보를 제공하여 표적이 되고 있는 다른 나라의 정부활동에 영향을 미칠 수도 있다.

아무래도 인간정보는 오직 정보를 획득하여 전달하는 그 정보원이 기준이 되기 때문에 유일한 정보출처이면서 수집방법도 그 정보원의 특성에 따른 특별한 것이 된다. 그래서 인적정보의 출처는 항상 쉽게 없어질 수 있는 허약한 것이다. 특히 정보출처에 스파이가 침투해서 자리 잡는 일은 상당한 시간이 걸리고, 만일 이 침투된 정보원이 드러나면 그 스파이나 가족에게 치명적인 상처를 입히게 된다. 따라서 정보의 분석관이나 관리자는 이 정보의 출처를 보호하는 데 항상 철저한 노력이 필요하다. 정보분석관은 그 보고서에 정보출처를 절대로 밝히면 안 된다. 예를 들면, "이 정보는 대사관의 일등서기관 ○○○으로부터 확인된 것이다" 등으로 발표해서는 안 된다.

그 대신에 보고서는 첩보의 출처에 접근할 수 있는 내용을 설명하거나, 과거의 출처에 대한 신뢰도를 설명하는 등 여러 가지 형태로 출처의 신뢰성을 설명한다. 때로는 한 보고서에 대해서 정보의 여러 출처를 섞어서 그 신뢰성을 설명할 수도 있다. 보고서에서 이런 정보출처의 처리를 잘못하면 보고서 자체의 신뢰성에 흠집을 낼 수도 있다.

미국과 같이 과학기술이 발달한 나라의 정보수집 방법에 대해서는 아무래도 인간정보의 수집으로는 상황판단이 불충분하다는 비판이 일어나지만 실제로 정보의 실패 현상이 발생할 때에는 보다 정확하고 충분한 인적정보가 부족했었다는 지적이 늘 따른다. 실제로 인간정보와 다른 정보의 수집 사이에 올바른 균형이 어디에 있는가는 늘 문제가 되고 있다. 그러나 이런 논의는 '전 출처정보'의 개념에 맞지 않는 것이다. 전 출처정보의 개념은 될 수 있는 대로 여러 정보의 출처에서 획득한 정보는 동일하게 중요한 것이며 정확한 판단을 위해서는 많은 다른 출처에서 획득한 정보를 비교하면서 판단해야 한다.

끝으로 인간정보는 그 특성상 정보출처에 직접 접근해서 정보를 획득할 수밖에 없는 현실적인 어려움이 항상 있다. 정보의 기술적 수집과 같이 원거리에서 다양하게 정보를 수집하는 방법을 택할 수 없기 때문에 인적정보는 그 수집 과정에서 상대방의 방첩활동으로 발각되기 쉽다는 점이 가장 큰 약점이다. 그리고 또 한 가지 약점이라 할 수 있는 것은 개인을 직접 정보수집 공작에 투입하기 때문에 그 개인에게 커다란 위험이 항상 따른다는 점이다. 만일에 정보활동을 하는 가운데 상대국 정부가 공작원을 발견하게 되면 정치적 문제가 파생할 수 있는 약점이 있으나 기술적 정보수집에는 그런 위험이 없다.

무엇보다도 인간정보가 기술적 정보의 경우보다 유리한 점은 정보수집 시설의 막대한 비용이 들지 않는 것이다. 물론 첩보요원을 훈련시키거나 특별한 은폐 체제를 마련하는 데에 예산이 필요하긴 하지만 정보의 기술적 수집방법보다는 훨씬 소규모의 예산이 쓰인다.

인간정보의 문제점은 아니지만 정보 분석을 하는 사람들은 항상 인적정보를 취급할 때 그 첩보가 거짓(deception)이 아닌지 다음과 같이 늘 의심할 필요가 있다. (1) 첩자가 왜 이 첩보를 넘겨주는가? 혹시 이념적 갈등에서, 또는 돈을 필요로 해서, 그렇지 않으면 보복의 수단으로 그러하는 것인가를 생각하고 분석에 임하여야 한다. (2) 첩보의 질이 얼마나 양호한 것인지, (3) 늘 첩보를 넘겨 줄 것인지 그렇지 않으면 단순한 일회적 사건인지, (4) 첩보를 넘겨준 사람이 원래 첩보를 넘기고 싶은 다른 사람의 '끄나풀(dangle)'로서 거짓 첩보이거나, 특정 효과를 노리고 첩보를 넘기도록 한 것이 아닌지, (5) 이 사람이 첩보를 우리 측에 넘겨주면서도 우리 측의 인적정보기술과 능력에 관한 첩보를 수집하는 이중간첩은 아닌지 등에 관한 의문을 가지고 분석에 임해야 한다.

2. 공개출처 정보수집(Open Source Intelligence: OSINT)

정보란 비밀스런 내용이라는 생각에서 볼 때 공개적으로 얻을 수 있는 첩보가 어떻게 정보라고 할 수 있겠는가? 의심할 수도 있다. 이런 의문은 앞에서 정보의 개념을 설명했듯이 '정보는 반드시 비밀과 관련된다'라는 잘못된 생각에서 생긴다. 물론 많은 양의 정보는 비밀이지만 공개적으로 활용할 수 있는 첩보를 반드시 배제해야 할 필요는 없다는 것이다. 미·소 간에 냉전이 한참 심할 때에도 미국 정부가 가지고 있는 소련 정보의 20%는 공개출처 정보에서 얻은 것이라고 한다.[11] 앞에서 지적한 것과 같이 요즘 미국

---

11) Lowenthal, op. cit., p.69.

CIA의 정보보고서 내용 가운데 40%가 공개출처 정보이고, 미국 국방성의 정보보고서는 30%, 그리고 일반적으로 캐나다의 정보보고서는 80%가 공개출처 정보를 근거로 한 것이라고 한다.

방대한 외교채널을 펴고 있는 미국의 경우에 아무래도 많은 외교관들이 여러 나라에서 활동을 하고 있으며 재정적으로 여유 있는 예산을 가지고 활동하는 까닭에 다른 어느 나라보다 인적정보에 의존하는 경우가 많고 비교적 비밀정보의 분량이 다른 나라의 경우에 비하여 많을 것으로 생각된다. 위키리크스(Wikileaks)가 최근 이런 인적정보의 내용을 공개한 것을 보면 미국의 국무성과 정보국은 수만 건의 비밀자료가 미국의 국무성으로 집결되고 이를 다른 정부기관이 이용하는 체계를 가지고 있다. 아무래도 미국의 중앙정보국은 다양한 활동을 하기 때문에 다른 나라에 비하여 비밀정보의 수집량이 월등히 많을 것이다. 미국의 중앙정보국은 주로 인적정보를 선호한다고 하지만 그래도 공개출처 정보의 중요성을 인식하고 그 분야의 새로운 정보 관리기관을 만들었다.

공개정보수집은 다음과 같은 여러 가지 광범한 첩보를 포함해서 다양한 정보의 출처를 가지고 있다.

- 대중매체(Media): 일간신문, 잡지, 라디오, 텔레비전, 그리고 컴퓨터를 기초로 한 첩보
- 공공자료(Public Data): 정부의 보고서, 정부예산이나 인구와 같은 공식적 자료(official data), 청문회 회의록, 국회의 회의록, 기자회견 기록, 그리고 연설문 등
- 전문적이고 학문적인 자료(Professional and Academic materials): 학회의 발표자료, 심포지엄의 출판물, 전문가협회의 출판물, 학술논문, 그리고 전문가의 글 등

이 같은 공개적으로 구할 수 있는 자료를 모두 정보의 공개출처로서 간주한다. 1990년대 중반까지 냉전이 한창 극심할 때는 미·소 간에 공개자료를

통해서 정보를 구하기 어려웠었는데 냉전 이후에는 정보의 여러 가지 환경
이 변하여 아주 많은 양의 공개출처 정보가 유통되고 있다. 폐쇄된 사회에
자유로운 출입이 허용되지 않았던 냉전 시절에는 비밀로 획득한 인적정보가
공개자료보다 훨씬 더 많이 이용되었었다.

때로는 공개출처 정보의 이용이 비밀리에 얻어진 정보만큼이나 중요하게
취급되는 일도 있으며 어떤 때는 정보문제를 따라서 분석하는 경우에 그
가치가 비밀 문건보다 더 중요하게 취급되는 경우도 있다. 공개출처 정보의
가치를 다음의 몇 가지 점에서 생각해 볼 수 있다.[12]

- 속도(Speed)의 문제: 기존의 정보자료가 많지 않은 원거리에서 어떤 위
  기가 발생한 경우 정보분석관이나 정책결정자들은 흔히 텔레비전이
  나 인터넷을 틀고 빠른 첩보를 구한다.
- 정보량(量, Quantity)의 문제: 세상에는 한 나라의 간첩담당관(case offi-
  cers)의 숫자보다 더 많은 블로그 운영자(bloggers), 기자, 박식한
  사람(pundits), 텔레비전 기자, 두뇌집단(tink-tank)이 있다. 2~3명
  의 간첩담당관이 훌륭한 첩보원을 가지고 비밀에 접근하기 때문에
  공개보도하는 집단을 능가할 수 있지만, 그렇지만 여러 가지 많은 첩
  보를 모아서 처리하는 경우에는 소수의 비공개보고서를 능가할 수도
  있다.
- 정보질(質, Quality)의 문제: 때로 얼뜨기(duped) 정보관은 도려낸 신문
  내용이나 첩보원이 마구 만들어낸 첩보에 의존할 수도 있는데, 첩보
  원의 속임수에 영향을 받지 않은 공개출처 정보가 보다 좋은 첩보
  가 된다.
- 확실성(Clarity)의 문제: 이따금 분석관이나 정책결정자들은 확실한 HU-
  MINT가 문제가 된다고 한다. 고위 정보관이 '아직 신뢰성이 증명되

---

12) http://ddanchev.blogspot.com/2006/09/benefits-of-open-source-intelligence.html
   (2006년 9월 5일).

지 않은 정보출처(a source of unproven reliability)'나 이에 준하는
언질에 근거한 정보보고서를 읽게 된다면 확실히 진퇴양난의 궁지에
빠지기 일쑤다. 비록 '믿을 만한 정보출처(reliable source)'에 의거
한 정보일 경우에도 문제는 마찬가지다. 결국 간첩담당관이 의존하
고 있는 정보의 출처는 보고서를 읽는 상관의 입장에서는 의심스러
운 경우가 많다. 그 이유는 심지어는 CIA의 첩보담당관이 대체로 자
기가 관련하고 있는 첩보의 출처를 감추기 때문이다. 그러니까 차라
리 공개된 정보의 출처에 근거한 정보가 확실하다고 믿어지게 된다는
것이다. 출처가 분명하게 상관에게 보고되지 않는 정보는 그것이 비
밀이건 공개출처 정보이건 똑같이 출처의 확실성이 문제된다.

- 사용하기 편리함(Ease of Use): 비밀정보, 비밀구분에 의한 보안처분된
  문서, 기관 간의 비협조와 특별 취급 프로그램 등으로 정책결정자,
  또는 정보관도 서로 공유할 수 없는 문건에 비하여 공개출처 정보는
  모든 정부관료가 읽을 수 있어 편리한 특성이다.
- 정보수집 비용(Cost)의 문제: 적의 군사적 표적을 감시하는 인공위성의
  발사와 운영 유지 등 막대한 비용이 드는 반면에 때로 잡지에 실린
  표적의 사진을 발견하는 경우에 그 비용이 엄청난 차이가 있다는
  것을 인지하고 공개출처에서 필요한 정보를 헐값에 획득할 수가 있
  다는 것이다.

이상과 같은 공개출처 정보의 유용성에 대한 가치를 논의할 필요도 없이
오늘날의 주요 정보의 표적이 되는 무기확산, 테러, 그리고 방첩의 문제에
있어서 정보수집의 도전은 공개출처 정보만큼 비밀정보수집에 가까운 실제
적 효용이 있다고 한다. 예를 들면, 신무기를 개발하는 경우에 그 나라 또는
다른 나라의 과학자나 엔지니어가 참여하고 이들이 쓰는 논문과 그 발표를
보면 이에 참여한 요원에게 비밀리에 접근하지 않아도 무기의 확산이 추진
되고 있음을 알 수 있다.

저자의 경험으로 보아도 공개출처 정보의 조직적 수집은 연구에 있어서

정확한 자료를 마련하게 되고 이를 근거로 한 정보판단의 정확도는 높다고 생각된다. 필자는 20세기 말을 기하여 일본이 21세기의 국가전략을 어떻게 전개할 것인가의 판단을 위해서 수년간의 공개출처 정보에 접근하였다. 비교적 일본 사회는 공개적 출판물의 자유로운 유통을 강조하는 나라이기 때문에 일단 논의가 되는 중요한 국가 정책의 내용은 출판물로 발행된다. 이를 수집하는 경로를 여기에 소개한다.

정기적으로 동경을 방문해서 일차로 정부청사 근처에 있는 '정부간행물센터'에 들른다. 그러면 지난 2~3개월 사이에 정부가 발행한 대외 정책과 전략에 관한 정부의 견해를 실은 정부간행물을 찾을 수 있었다. 그리고는 정부 청사 주변의 서점을 방문하면 외무성이 있는 쪽 서점은 외무성 직원이 잘 찾는 책을 나열해 놓고 있다. 이를 훑어보고 당시의 일반적 생각을 추측하고 몇 권의 책을 구입한다. 이렇게 해서 통산성의 근처 책방, 방위청의 근처 책방을 들러서 책을 구입하여 서울에 돌아와서 읽어보곤 하였다. 이렇게 80년대 중반부터 90년대 중반까지 10여 년간 거의 2개월마다 방문하여 일본의 국가전략이 어떻게 구상되고 있는지를 연구하는 과정에서 직접 정부 관리에게 묻지 않아도 일본 정부가 어느 방향으로 그 정책을 펼칠 것이라는 생각이 확실해졌다.

이렇게 머릿속에 틀을 만드는 한편, 기회가 되는 대로 일본 정부의 고급 관료를 만나기도 하였다. 자연스럽게 한 마디만 들어도 다른 내용과 연결되는 정보 판단이 선다. 물론 일본의 대외관계 정책수립에 관한 연구를 40여 년간 했기 때문이기도 하지만 필자는 늘 좋은 인물과 접촉할 수 있었다.[13]

---

13) 1984년 나카소네(中曾根) 총리가 민자당의 총재로서 초청하여 그분은 물론 후쿠다(福田), 스즈키(鈴木) 그리고 미아자와(宮澤) 총리와 각각 2~3시간씩 환담을 하면서 주로 나는 그들의 한국에 대한 생각을 듣기만 하였다. 그 후에 다나카(田中) 총리의 30년 비서인 혼마(本間) 씨와 반나절을 함께 이야기할 수 있었다. 외무부차관, 방위청차관, 대장성차관, 그리고 방위대학교 총장 등 국가전략의 실무적 인물들을 자주 만날 수 있었다. 1993년 이후에 일본신당의 호소카와(細川) 총리 당선자와도 긴 시간 이야기했었다. 이 밖에 자민당 간사장 가토 고이치와 현 자민당 총재인 다니가키와 같은 정객들과도 이야기를 나누면서 이미 공개출처 정보에 익숙해 있기 때문에 많은 질문

남을 위해서 정보를 수집하고 분석하는 경우가 아니라서 국가정보강의를 위한 좋은 예가 아니지만 필자는 누구든지 공개정보의 수집 능력이 탁월하면 그만큼 많은 것을 알게 된다고 생각한다.

마찬가지로 미국의 국가안보 정책에 관한 자료의 획득은 미국 국방성 펜타곤(Pentagon)이 위치한 버지니아(Virginia)주의 크리스털(Christal)시에 가면 그 국방성 뒤에 노드스트롬(Nordstrom)이라는 백화점이 있는데 그 1층에 커다란 서점이 있다. 마찬가지로 서점에 진열된 책은 대체로 대학가의 서점과 달리 미국안보 및 국방 관련 서적이 많다. 이 서점에 이따금 들러 책을 뒤지면 현재 미국이 택할 수 있는 여러 정책방향과 관련된 서적을 구할 수 있다. 그리고 서적의 제목만 보아도 미국의 고급관료가 안보 정책에 관하여 무슨 생각을 하고 있는지 알 수 있다. 공개출처 첩보의 의미 있는 활용은 일반학자가 정부적 차원에서 보지 않아도 국가정보와 관련된 중요한 내용을 알아낼 수 있다.

하버드대학의 조셉 나이(Joseph Nye) 교수가 국방성의 정보분석실장을 경험하고서 공개출처 정보와 비밀분류된 정보와의 관계를 퍼즐놀이(kig-saw puzzle)에 비유하였다. 공개정보는 비밀분류된 자료의 기능을 대치하지는 못하지만 정보분석관이나 정보소비자가 급한 상황에 적응할 수 있는 귀중한 기초와 경위를 제공하며 꼭 필요한 비밀정보수집이 무엇일 것인가에 대한 정보수요를 확인할 수 있다는 것이다. 말하자면 퍼즐놀이에서 중요한 것은 주변의 빈칸을 메워가며 점차 가운데의 중요한 패를 찾아서 메워가는 것인데 공개정보는 놀이판의 가장자리 채우기와 같은 기본적인 역할을 한다는 것이다. 학자가 미리 책을 읽고 후에 꼭 필요한 질문만 하는 격으로 비밀정보의 역할은 가장 필요한 마지막 요점을 알아내어야 한다는 것이다. 덮어놓고 모든 상황을 비밀정보로부터 퍼즐 판을 채워가는 것은 정보수집 공작

을 할 필요 없이 간간히 간단한 질문으로 내가 알고 싶은 내용을 파악할 수 있었다. 필자가 정보를 수집하는 요원이 아니기 때문에 자유롭게 접촉할 수 있었다고 생각했다. 그런 상대국의 고위층을 만나면 정말 많은 것을 배우게 된다.

에서 어려운 것이다.

국가정보의 수집이 공개출처 정보를 기초로 할 수 있다는 여러 가지 이유가 있음에도 불구하고 영어가 공용어가 아닌 국가에서 공개정보출처의 문제는 결국 언어의 장벽을 어떻게 극복하는가에 있다. 정책결정자에게 필요로 하는 정보를 항상 보급하기 위해서는 정보수집과 생산요원이 외국어에 능통해야 하기 때문이다. 이러한 문제를 극복하기 위한 대안으로는 외국에 주재하는 정보관을 통해 수집한 현지의 공개출처 자료를 본국으로 파우처를 통하여 보내오면 이를 언어에 능통한 번역관이나 분석관을 동원하여 매주 발행하는 보고서를 만드는 일이다. 일종의 주보형식으로 선택된 기사나 논설을 발췌 요약하여 번역한 것을 제한된 부서만 출간하여 상급 공무원에게 공급하는 일이다. 이를 위해서 관변 연구소가 국가안보에 관련된 내용을 보고서를 작성하여 보급하면 된다.

물론 외국에서 대학원 교육을 이수한 정보관은 스스로 인터넷에서 공급되는 신문들의 특보(breaking news)를 매일매일 접할 수 있으며 전 지구적 흐름을 매일 같이 접할 수 있기 때문에 공개출처 정보의 이용은 아주 간편하고 용이하다. 이러한 능력을 가춘 정보관리관이 중앙 부서나 외국의 현장에서 국가정보에 필요하다고 생각되는 첩보를 수집하여 본국으로 보내오면 그만큼 광범위한 첩보에 접할 수 있게 될 것이다.

공개출처 자료에 의한 국가정보의 생산은 어제 오늘의 일이 아니다. 경험 있는 정보관들은 정보로서 처리된 첩보의 대부분은 실제로 공개된 자료에서부터 얻어진다는 것을 강조한다. 대분의 나라들이 운영하고 있는 국가정보원에서는 학계의 학자들과 함께 일을 하든지, 사업차 여행하는 사람이나 관광객의 간단한 브리핑을 듣든지, 그렇지 않으면 외국신문이나 방송매체를 뒤지면서 얻게 되는 공개출처 정보를 늘 이용한다. 그렇지만 일반대중에게 공개되지 않는 첩보와 그 분석내용인 정보는 꼭 정부의 정책결정자나 군의 사령관들만이 이용하도록 준비된 것을 말한다.

'공개출처 정보(公開出處情報)'의 정의에 대한 논의를 보면 지난 수년 사이에 여러 가지 내용으로 규정짓고 있다. 가장 단순하게 그 의미를 정한 것은 비밀처분되지 않은(unclassified) 첩보를 가리킨다. 숨기거나 비밀로 수집한 것이 아니고 공개적이고, 은밀하지 않으며, 비밀이 아닌 수단으로 수집한 첩보를 의미한다.

국가정보기관이 특별하게 규정한 '공개출처 정보'는 '공공연하게 입수할 수 있는 정보로서 누구든지 요청하거나 구매하거나 혹은 관찰하여 합법적으로 얻을 수 있는 정보'를 의미한다.14) 결국 공개출처 정보의 획득이 출판물 판권의 규정에 저촉되지 않아야 하는 것은 물론이다.

공개출처 첩보가 비밀처분되지 않은 자료라고 할지라도 국가정보기관은 일단 수집된 특정 자료와 대부분의 내용이 외부 전문가에 의하여 제공된 첩보일지라도 이들을 비공개자료로 비밀처분하는 경우도 있다. 이런 경우에는 정보수집 과정이 정보출처나 방법, 특정 정보수집 요구, 혹은 특정 정책에 관련된 내용이 공개될 가능성이 있을 때 수집된 공개출처 자료를 비밀처분하여 국가의 이익을 보호한다.

공개출처 정보의 장점은 정보에 대한 접근성이 수월하다는 것이 무엇보다도 중요한 것이다. 정보를 바로 얻을 수 있기는 하지만 그래도 첩보를 수집하여야 하고 하나의 의미 있는 정보를 생산하기 위해서는 체계적인 수집과 분석을 병행해야 한다. 공개출처 첩보는 정보의 기술적 수집에 비하여 그 수집 정리과정이 덜 복잡하고 비용이 덜 든다. 어떤 면에서 공개출처 정보는 다양한 형태로 존재하고 있어 다른 정보활동에 비하여 상대방을 기만하거나 특정 비밀내용을 숨길 필요가 있는 공작적 활동에는 활용하기 어렵다. 그렇지만 자료 자체의 넓은 폭 때문에 한 귀퉁이에 비밀정보를 숨겨두는 데는 아주 값어치가 있는 정보출처라고 할 수 있다.

---

14) 이 같은 정의는 미국의 정보사회에서 공식적으로 통용되는 정의로서 Intelligence Community Directive Number 301과 미국 공법(Public Law) 109-163, Section 931에 규정된 정의이다. 공개출처 정보에 대한 미국의회의 견해에 대하여는 미국의 회의 의원과 특별위원회를 위하여 준비된 다음의 조사자료를 참고할 수 있다. Richard A. Best, Kr and Alfred Cumming, *Open Source Intelligence(OSINT): Issues for Congress*, CRS Report for Congress, Order Code RL34270(December 5, 2007). 구체적 논의에 대하여는 pp.CRS-5 - CRS 8을 참조.

공개출처 정보의 가장 단점이라고 하면 정보의 양이 많다는 데 있다. 공개출처 정보라고 하지만 비용 없이 취득할 수 있는 것은 아니고 적어도 인쇄된 매체나 출판물은 돈을 주고 구입해야 하며 인터넷을 통한 공개출처 자료에 있어서도 중요한 정보는 정보의 값을 지불해야 획득할 수 있다. 그런데 획득한 공개출처 자료가 얼마만큼이나 쓸 만한 자료인가를 판단하는 일은 간단한 것이 아니다. 많은 공개출처 첩보가 있는 대신에 그 내용 중에 쓸 만한 정보가 많았으면 좋겠지만 현실은 그렇지 못하다.

공개출처 정보는 어떤 정보라도 수집하기 시작하는 시발점이 되는 것이고 어떤 자료가 수집 초기에 손쉽게 이용할 수 있는가는 정보수집과 분석에 있어서 중요한 퍼즐게임(Puzzle Game)이 된다고 생각한다.

실무적 차원에서 고려하게 된 공개출처 정보의 이용에 관해서 구체적인 요령을 설명한 미국 육군의 공개출처 정보 매뉴얼(FMI 2-22.9)과 테러리스트의 표적 정보에 대한 링크 디렉터리(Link Directory)의 내용을 학생들의 이해를 돕기 위하여 소개한다.[15] NATO나 미국 육군의 정보 관련 기관에서 공개출처 첩보 및 정보에 대한 설명을 보면, 물론 일반적으로 중앙정보국이나 정보 관련 연구기관에서 공개출처 정보를 다루는 그 개념이나 범위와는 다소 차이가 있을지라도 군의 구체적인 내용을 여기에서 살펴보는 것이 초기 단계의 국가정보이론을 배우는 대학원 수준의 학생에게 잘 맞을 것으로 생각된다.

혼돈하기 쉬운 개념들을 여기에서 설명하는데, 무엇이 공개출처 정보이고 무엇이 아닌지를 명백하게 할 필요가 있다.

NATO의 핸드북에서는 공개출처 첩보와 정보를 다음의 네 가지로 분류하

---

15) 이 책에 인용되어 참고한 자료는 다음의 네 가지가 있다. Headquarters, Department of Army, *Open Source Intelligence*, FMI 2-22.9, For Official Use Only (December 2006, Expires December 2008); *NATO Open Source Intelligence Reader*(February 2002); E. Ben Benavides, *Open Source Intelligence(OSINT) Link Directory: Targeting Tomorrow's Terrorist Today through OSINT*(December 2010); and *NATO Open Source Intelligence Handbook*(November 2001).

여 설명하고 있다.

1) 공개출처 자료(Open Source Data: OSD)

자료는 주로 일차적 출처에서 나온 프린트, 방송, 구두 브리핑 및 첩보와 기타 유형으로 된 자료를 가리킨다. 사진, 녹음테이프, 상용 인공위성 사진, 혹은 개인 간에 오간 편지 등도 같은 자료의 범주에 포함한다. 아프간이나 이라크 전장에서 보내온 기자의 보고가 좋은 예가 된다. 그 현장의 사진, 군인과의 대화, 전투기 조종사의 대화내용 녹취, 그리고 현장상황을 연필이나 펜으로 기록한 자료도 마찬가지로 공개출처 자료로 간주한다. 이런 자료는 분명하게 일관성 있는 정리된 정보산물로 전환되는 과정을 거치게 될 때까지 원재료(raw data)로 취급한다.

2) 공개출처 첩보(Open Source Information: OSI)

공개출처 첩보는 원재료로 구성되는 것인데 간단한 편집과정을 거쳐서 다시 정리되고 걸러내어 내용을 확인해서 발표할 수 있게 된 자료를 말한다. 공개출처 첩보는 일반적으로 널리 배포된 보통 첩보를 가리킨다. 일간신문, 책, 방송 그리고 흔한 일보(daily reports)가 공개출처 첩보의 범주 안에 든다. 예를 들면, 한 기자가 원재료를 가지고 다니는 병력에 묻혀 다니면서 그 자료를 의미 있는 기사로 전환해서 신문이나 잡지, 혹은 전파를 타고 방송하게 되는 포괄적 첩보를 의미한다. 공개출처 첩보(OSI)는 뉴스위크(*Newsweek*) 같은 주간지나 US투데이(*USA Today*) 같은 일간지를 군부대 내의 PX(Post Exchange) 서점에서 군인들이 사는 것들을 말한다.

3) 공개출처 정보(Open Source Intelligence: OSINT)

공개출처 정보는 관심 있는 특정한 문제에 역점을 두고 첩보를 다루기 위하여 일부러 찾아서 분류하고 요약하여 특별히 선택된 독자, 즉 일반적으로 사령관이나 그 직속 간부에게 배포하는 정보를 가리킨다. 전쟁터의 지휘관인 경우에는, 우선 정보요청(priority intelligence requirement: PIR)이거나 특별 명령 혹은 요구(Special Orders or Requests: SOR)에 응답하는 것이상인 것이다. 공개출처 정보는 말하자면, 기왕에 확인된 정보절차를 공개출처 첩보의 넓은 다양성에 적용하는 것이다. 예를 들면, 공개출처 첩보에서 논의한 원재료로부터 만들어진 의미 있는 기사를 작전지원에 이용하는 것이다. 어떤 기사와 함께 실린 사진을 반란자들을 숨긴 집이라고 할 수 있지만 반란자를 공격하는 작전에서 보면 그 집의 사진은 반란자의 위치 정보가 되며 공격 목표를 제공하기도 한다는 것이다.

4) 확인된 공개출처 정보(Validated-OSINT: OSINT-V)

확인된 공개출처 정보는 고도의 확실성을 인정할 수 있는 첩보로서 비공개정보 출처와 함께 전 출처정보의 전문가가 생산하는 정보를 말한다. 실제로 표적의 인물이 비행기로 도착하는 장면의 기사인 경우 정보의 정확성에 대한 의문의 여지가 없는 경우를 말한다. 확인된 공개출처 정보(OSINT-V)란 언제나 비밀정보와 함께 취급될 때 가능한 것이다.

결국 공개출처 첩보(OSI)가 처리과정을 거쳐 분석되고 특정 정보요청을 지원하게 될 때까지는 정보분석관은 공개출처 정보(OSINT)를 보유하고 있다고 말할 수 없다는 것이다. 정보의 특정한 요구는 작전에 맞추어지는 것이고 단순하게 문제에 답하는 격이다. 그래서 분석관은 스스로 솔직하게 OSI와 OSINT의 구분이 어떻게 이루어지는가를 알고 있어야 한다. 대체로 공개출처 정보는 공식적으로 군이나 정부의 국가정보기관이 정기적으로 취급할 경우에 그 공개출처의 정보적 의미를 갖는다.

공개출처 정보를 이용하는 과정은 실은 단순하게 표현해서 다음의 네 과정을 걸쳐서 이루어진다. 이는 일반적으로 한 주제를 놓고 연구하는 연구자와 자료를 분석하는 분석관의 작업과 같은 것이다. 이런 과정에 대한 훈련을 대학원과정에서 일반적으로 받기 때문에 많은 분석관을 대학원 출신으로 충원하게 된다. ① 가능한 한 여러 공개출처 정보를 모아서, ② 한 지역이나 주제를 고르고, 그에 맞는 공개출처 정보의 다양한 내용을 모니터링(monitoring)하며, ③ 모아진 조사 내용을 가지고 한 그림을 그리는 것, 즉 자료를 통해서 얻어진 내용을 정리하는 것이며, ④ 공개출처 정보를 기초로 구성된 가설을 테스트(test)하는 것이다. 즉 Gather sources → Pick a region or topic → Connect the dots → Test your Theory의 4단계를 거쳐서 공개출처 정보를 이용하여 요구된 정보를 생산하는 것이다.[16)]

그렇다면 공개출처 자료는 어디에서 구하는가. 막연히 공개된 자료를 말하는 것보다, 정보요청이 있는 경우에는 그 내용에 따라 주제별 참고자료의 웹사이트 링크를 뒤져 보거나, 도서관의 참고도서목록을 뒤지거나, 그렇지 않으면 모아놓은 정보를 판매하는 회사를 찾아보든가 하는 따위의 자료검색을 하여야 한다. 여기에서는 분야에 따라 필요한 자료검색을 위한 참고문헌에 관하여 설명하고자 한다.

즉 OSINT를 모아둔 자료의 원천(resource)에 관한 지식이 있어야 적절한 시간조정을 하면서 필요한 정보를 공개출처를 통해서 얻을 수 있다. 자료의 소재여부와 자료의 검색기술과 방법이 이런 단계에서는 중요한 기술이 되고 방법론이 되는 것이다. 그래서 국가정보기관은 공개출처 첩보의 겉 그림을 찾아내고 그 내용을 확인하는 기관이어야지 스파이들의 모임이어서는 안 된다는 것이다.

1970년대 말 한국에서 일본에 관한 공개출처 첩보를 얻기 위해서 여러 도서관을 찾아 뒤지던 중에 미국 미시간대학교의 자료에서 많은 자료를 구할 수 있었다. 미시간대학의 아시아도서관은 1950년 초부터 지난 60여 년간 충분한 돈으로 일본의 자료를 수집하였는데 그 가운데 귀중한 공개출처 자료를 그 도서관에 비치하고 있다. 정당이나 국회 등 공식적으로 간행한 출판물로 일본의 국내정치와 대외관계에 대한 원재료(raw data)가 되는 프린트물까지 모아놓고 있다. 예를 들면, 일본의 자민당의 내부문서로서 제한된 인원에게 배포되었던 자료, 일본공안청에서 좌익에 관한 참고자료의 간행물, 중국과 북한과의 교역관련 자료(1960~1970)들을 찾을 수가 있었다. 이러한 자료는 오랫동안 자료를 모아 미시간대학에 납품해온 고서점에서 수집

---

16) Benavides, 앞의 책, p.8.

하여 보내오는 것이다. 일본에 관련된 희귀한 공개문건들은 아마도 미시간을 포함해서 컬럼비아대학, 하버드대학 그리고 버클리에 있는 캘리포니아대학 등에서 많이 보관하고 있다.

프린트물과 함께 인터넷에 올린 자료는 우리가 몇몇 검색엔진을 통해서 수집할 수 있는데 이런 자료는 관심 있는 여러 분야와 정보요청에 따른 문제에 관한 것도 쉽게 구할 수 있다. 가장 흔히 검색할 수 있는 구글(www.google.com)이나 야후(www.yahoo.com)에서 찾으면 된다. 전략적 국가정보의 출처로는 로욜라대학의 한 웹주소를 들여다볼 필요가 있다.

그 자료는 다음 제목 Loyola Homepage of Strategic Intelligence에 들어 있다. http://www.loyola.edu/departments/academics/political-science/strategic-intelligence/index.html 이 웹주소를 열면 미국의 모든 정보기관과 외국의 기관에 관한 자료가 가득하다. 처음으로 국가정보를 공부하는 학생들이 이 주소를 들여다보면 놀랄 만한 공개출처 자료가 들어 있다는 것을 알 수 있다.

Spot Image Corp.(www.spotimage.com)이나 Google Earth Enterprise (http://www.google.com/enterprise/earthmaps/earth_enterprise.html) 와 같은 기관으로부터 상세한 지도를 얻을 수 있는 것도 중요한 공개출처 자료가 된다. 이 밖에도 정보수집을 위하여 접근할 수 있는 출처가 다양하게 있으며 구체적인 내용은 여기에 소개하지 않지만 여기저기 찾으면 무한한 내용의 출처가 있다.

공개출처 정보(OSINT)는 불확실한 비밀출처로부터 획득한 첩보보다 신뢰성이 있으며 조작이 쉽지 않다는 것을 알지만 마치 주요신문의 기사를 분석해서 알아내듯이 인터넷을 통한 공개출처 정보는 신뢰하기 어렵다. 그래서 공개출처 정보의 유용성에도 한계가 있다. 특히 방첩활동(counterintelligence)의 경우에 있어서는 더욱더 공개출처 정보의 한계가 드러난다. 테러집단들의 활동계획이나 어디에 숨어 있는지에 관해서는 공개출처 첩보는 전혀 쓸모가 없는 정보라는 것이다.

결국 폐쇄된 북한이나 이라크와 같은 사회에서는 미국과 같이 첩보를 일반대중에게 공개하지 않기 때문에 공개출처 정보의 수집은 별 의미가 없다. 그래서 인간출처 정보(HUMINT)나 기술정보(TECHINT)는 오히려 폐쇄된 사회의 첩보를 알아내는 데에는 기본적일 수밖에 없다.

3. 정보의 기술적 수집(technical collection of intelligence: TECHINT)

언어나 문자 또는 말로 된 첩보를 확보하여 상대방의 의도나 행동의 방향을 알 수 있는 인간출처 정보와 공개출처 정보에 관해서 지금까지 설명하였으며 정보의 출처에 따라서 정보수집의 방법이 다양한 것을 보았다. 그러나 여기에서는 반드시 기술적인 방법에 의해서 정보를 수집할 수 있는 경우를 설명하려고 한다.

정보의 기술적 수집은 어떻게 운영되며 정보수집에 어떻게 이용되고 있는가를 설명한다.[17] 정보의 기술적 수집(technical collection)이란 비문자적 첩보(non-literal information)의 수집, 처리 그리고 채굴하는 것을 말한다. 인간이 소통하는 데 이용되는 형식의 첩보가 아닌 것을 주로 다룬다. 즉, 가상공간 수집(cyber collection)의 경우와 신호정보(SIGINT) 출처의 모든 내용을 설명하는 것이다. 비문자적 첩보는 일반적으로 수집된 문자적 첩보의 번역이나 분석 이상의 특별한 자료처리 과정을 필요로 한다. 문자적 정보와 비문자적 정보의 구분은 요즈음 점점 더 중요하게 되는데 이는 적절한 시간 안에 첩보가 제공되기를 바라는 기대가 커지고 있기 때문이다. 정보는 확실하게 적절하고(precise), 정확하며(accurate) 그리고 적시(timely)의 것이어야 한다는 요청 때문이며 이는 특히 군사작전을 지원하는 경우에 더욱더 그렇다.

가장 적절한 예로써는 2011년 5월 초에 아프간에서 오사마 빈 라덴(Osama

---

17) 최근에 정보의 기술적 수집에 관한 아주 간략한 교과서가 미국에서 출판되었다. 여기에 설명하는 내용은 대부분 이 교과서에서 다룬 것을 소개한다. Robert M. Clark, *The Technical Collection of Intelligence*(Washington, D.C.: CQ Press, 2011), p.322.

Bin-Laden)을 제거하는 비밀공작에 참여한 US Navy SEAL의 특수대원이 동영상 카메라를 몸에 달고 있어 작전 수행을 대통령과 국무장관이 직접 보게 되었고, 이는 정보소비자들이 정확하고 적시의 정보를 가지고 싶어 하는 것을 알 수 있다.

다음의 사진은 작전 수행 과정을 보고 있는 백악관 상황실이다. 작전의 실시간 정보를 요구하는 경우이다.

▶ 오사마 빈 라덴이 파키스탄의 은신처에서 사살되는 광경을 백악관에서 실시간으로 보고 있다(2011년 5월 2일)

다음에서 기술정보의 역사가 가장 오래된 신호정보수집(SIGINT)부터 차례로 정보수집의 방법과 그 정보의 출처를 설명하려고 한다.

1) 신호정보 출처(Signal Intelligence: SIGINT)

신호정보는 기술정보 출처 가운데 가장 오래된 것이다. 영국은 제1차 세계대전 기간에 독일의 군사정보를 얻기 위하여 해저 케이블에 대한 도청을 처음으로 성공한데서 비롯된 것이다. 이는 전보(telegram) 내용을 도청하는 것이었으며 그 뒤에 여러 가지 기술의 발전에 따라서 다양한 방법으로 여러 통신의 내용을 교신하는 중간에서 빼어내는 기술이 개발되었다. 다만 암호에 의한 전보나 방송인 경우에는 그 내용을 해독하기 위하여 전문가에 의한 암호 해득을 해야 하고 그 해독기술이 필요하게 된다.

신호정보는 선박이나 항공기 또는 지상 시설의 수집매체를 통해서 모아지는 경우가 많으며 현재에는 인공위성이 첩보수집 기지가 된다. 일반적으로 신호정보는 영어의 글자를 따서 SIGINT라고 흔히 부르는데 신호의 흐름에 끼어들어 중간에서 몰래 그 내용을 파악한다. 이를 영어로 Intercepting이라고 하며 대체로 사람들이 사용하고 있는 말과 문자의 소통에 끼어들어 정보를 수집하는 교신정보(Communication Intelligence: COMINT), 기계와 기계 사이의 전자통신에 끼어들어 정보를 수집한다. 후자는 전자정보(Electronic Intelligence: ELINT)라고 한다. 때로는 이 두 가지 방법을 혼용하는 경우도 있다.

민감한 내용의 통신은 주로 암호화(encrypted)된 문자나 숫자로 교신되며 신호정보는 항상 암호분석(cryptanalysis)의 일이 늘 따르게 된다. 그러나 암호를 해독하여 그 메시지 내용을 파악하지 못했을지라도, 누가 누구에게 얼마만큼의 신호교신을 하느냐를 분석하는 신호교신분석(traffic analysis)만으로도 값진 첩보를 획득하게 된다.

신호정보에는 다음의 네 가지가 있다. 첫째는, 통신정보(通信情報, Communication Intelligence: COMINT)가 있으며 이는 대화나 문서의 전자신호를 취급한다. 통신정보수집의 목표는 주로 외교통신을 감청하는 것으로 각 국가가 자국의 외교 네트워크에 하달하고 보고받는 통신에 대해 제3국이 감청하는 것을 말한다. 전화, 전신, 텔렉스, 컴퓨터, 팩시밀리 등 유·무선통신 수단으로 교환되는 외교정보의 출처가 된다. 각 국가는 자국의 통신망을 보호하기 위하여 많은 노력을 하게 되며 특히 컴퓨터 정보의 "해킹(hacking)"을 방지하기 위한 정보전이 치열하다.

기본적인 통신정보의 수집기술은 일반적으로 라디오를 통한 음성통신을 엿듣는 것이지만 전화 음성이 새어나오거나 전화선에 줄을 대어 목소리를 도청한다. 만일 말소리가 암호화되어 통신이 되면 그 대화내용을 듣기 위해서 먼저 기술적으로 암호화 해제의 방책이 필요하다. 그리고 도청자는 대화를 하고 있는 표적이 사용하는 언어를 알아야 한다. 특히 보안을 감시하기 위해서는 자국의 우호적인 통신내용을 이따금 모니터링할 필요가 있으며 암호화되지 않은 라디오통신을 간간히 들어볼 필요가 있다.

둘째는, 전자신호 분석으로서 주로 전자정보(電子情報, Electronic Intelligence: ELINT)와 레이더정보(Radar Intelligence: RADINT)를 말하는데 주로 전파신호(beacons), 방해전파(jammers), 항해신호(navigational signals), 그리고 레이더와 같이 전파 또는 전자신호를 발신하는 기구와 상대하여 정보를 다룬다. 전자정보출처에는 기술정보와 작전정보의 두 분야가 있고, 레이더정보는 전쟁터에서의 전자명령을 이루고 있어 전술전자정보(tactical ELINT)라고 부르고 있다.

레이더정보(RADINT)는 양자 또는 다자간의 통신을 감청하는 것과 달리 전자신호를 이용하여 원거리에 있는 첩보수집 목표에 대한 무선전자신호를 발사하여 그것이 목표에 접속한 후에 되돌아오는 시간을 측정하여 목표까지의 거리를 산출할 수도 있으며, 첩보 목표물의 표면의 모양을 그려내거나 비행 중의 물체 또는 부착물의 방향과 형상을 감지할 수 있다. 따라서 레이

〈그림 4-1〉 레이더정보의 수집원리

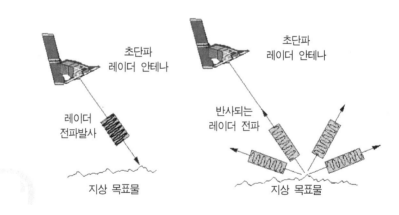

* 마이크로웨이브 전자파가 안테나를 통해서 지상의 목표를 향하여 발사된다. 지표에서 흩어진 전파는 반사하여 안테나로 되돌아오는 과정의 시간과 반사되는 형상으로 목표물의 실체에 관한 정보를 얻는다

더정보는 주로 첩보 목표물의 이동경로, 속도, 위치, 그리고 목표물의 행동을 알아내는 데 유용한 것이다.

셋째는, 외국기기신호정보(外國器機信號情報, Foreign Instrumentation Signals Intelligence: FISINT)로서 외국의 여러 기기 또는 하드웨어에서 발진되는 신호와 전자파, 컴퓨터 단말기에서 생산되는 원격제어신호 등을 랜(LAN)을 통하여 획득하거나, 무선원격제어의 신호에 대한 원격측정(tele-metry), 전파측정(beaconry), 그리고 이에 관련된 신호들의 수집과 처리에서 획득되는 기술적이고 정보적 첩보를 말한다. 외국기기신호정보를 과거에는 단순하게 전자정보(ELINT)라고 불렀으나 현재에는 대체로 FISINT라고 부른다. 이때 컴퓨터에 근거하여 획득되는 자료를 프로포마(PROFORMA)라고 하며 이 자료가 정보로써 전환되어야 비로소 외국기기신호정보가 된다.

넷째로, 신호전환분석(signals conversion analysis)은 신호정보수집 활동 가운데에서도 전파나 광선의 파장을 조절하여 신호정보를 수집하는 방법인 것이다. 스펙트럼 확산(spectrum-spreading)이나 주파수 도약(frequency-hopping)과 같은 기술로 감추어진 비영상적외선과 고밀도 광선신호나 저밀도 광선신호를 통한 첩보의 수집과 처리를 통해서 정보를 획득하는 것이다. 이는 표적의 온도를 통하거나 반사되는 광선의 밀도를 가지고 정보를 얻는다.

〈그림 4-2〉는 스펙트럼 확산과 주파수 도약을 이해하기 위하여 그림으로 나타낸 것이다. 라디오와 같은 장파의 주파수와 우리의 시야 밖에 있는 적외선 그리고 엑스레이와 같은 전자파의 주파수가 다른 것을 그림으로 이해할 수 있다. 전파의 흐름을 도청하기 위한 기술적 조작과 고밀도 광선인 레이저(laser)를 이용하여 수집 목표들의 이동, 존재유무를 추적할 수 있게 한다. 말하자면 신호전환분석에 따라 정보수집을 하는 신호정보는 다른 정보출처와 동시에 많이 사용된다.

때로는 이상의 여러 가지 발달된 기술이 전혀 필요하지 않은 경우도 있는데 현재 미국과 적대관계를 가지고 있는 나라의 5%가 아직도 전형적인 모

〈그림 4-2〉 전파 및 광선의 주파수와 밀도

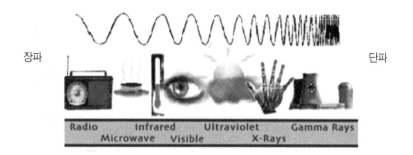

장파   단파

* 전자자장 스펙트럼은 라디오의 장파로부터 감마선에 이르기까지 퍼져 있다

르스 암호(Morse code)를 사용하고 있다는 것이다. 적대국가가 아무런 보안조치 없이 장·단파의 라디오, 유·무선 전화 혹은 기타 전자 자장 스펙트럼(electromagnetic spectrum)의 조작 수단을 통해서 첩보를 전하고 있는 경우에는 통신정보라는 용어는 마치 SIGINT의 하위 개념으로 사용되고 취급된다. 다만 이 경우에도 암호화된 첩보의 처리과정은 필요하게 된다. 그래서 신호정보의 처리 분야에 종사하는 사람의 직책을 보면 도청을 위해서만 보더라도 수색팀, 도청팀, 작업확인팀, 신호분석팀, 암호분석팀, 암호해독팀, 문서연구팀, 여러 과정의 혼합 및 결과보고팀 등 다수가 존재한다. 이 팀들은 여러 개의 기관으로 분할되어 도청을 통한 신호정보 출처로부터 정보를 수집하게 된다.

통신을 도청하는 능력은 대단히 중요한 것이다. 신호통신정보는 영상정보나 기술적인 전자정보와 달리 쌍방의 대화를 엿들음으로 인해서 표적이 되는 상대방의 대화내용을 파악하고 무엇이 계획되고 있는지, 심지어는 어떤 것을 고려하고 있는지를 직접 파악할 수 있다. 통신정보를 통해서 표적에 가장 가까이 다가갈 수 있는 것이다. 원거리에서 표적이 되는 상대방의 마음을 읽을 수 있는 것은 표적을 영상으로 보거나 그 상태를 알아볼 수만 있는 영상정보나 전자정보와 다르다. 통신내용을 추적하는 것으로 상대방의 의도를 파악하고 상황의 전개를 경고할 수 있게 된다.

통신정보는 어느 정도 영상과 마찬가지로 표적의 규칙적인 행태 파악에 의존하기 때문에 전시 중이나 평시에 있어서도 군부대의 포착된 행태만을 파악하게 되는 경우가 많다. 말하자면 군부대 사이의 메시지는 정해진 시간에 정해진 간격으로 기존에 알려진 주파수에 따라서 소통된다. 그러나 이런 규칙적인 행태가 늘어나거나 줄어들은 경우의 변화는 아무래도 부대활동의 커다란 변화가 있다는 징조를 보여줄 수 있다. 통신행태의 변화를 감지하는 것을 첩보의 '교신분석(traffic analysis)'이라고 하며 이러한 경우에는 통신의 내용보다는 통신량이나 통신양태에 관한 정보를 획득하는 것이다. 통신정보의 교신을 감청하는 경우에 통신내용이 물론 중요한 것이지만 교신자의 언어 선택, 악센트와 목소리의 톤 등이 의미 있는 경우가 있다.

예를 들어, 북한의 김일성 주석을 수행하는 기사나 수행원이 주석궁과 무선교신하는 것을 감청하고 있는 경우 말투가 달라진 새 기사의 경우를 듣고서 변화의 조짐을 알 수도 있으며, 말투가 위급하게 빨라질 경우의 그 곳의 상항을 알아볼 수 있어 때로는 말보다 더 많은 것들을 알려주고 있다.

또 한 가지 예를 들자면, 한때 1990년대 초에 북한의 체제가 붕괴될 것이라고 김영삼 정부에서 수차 발표한 일이 있었으나 그 당시 북한은 남한의 정보기관이 북한 군부대의 교신을 늘 도청한다는 것을 알고 있어 군용 교신수단의 이용을 자제한 일이 있었다. 그래서 부대 간의 교신을 급한 일이 아니면 통신수단을 사용하지 아니하고 전령(couriers)을 이용하게 한 일이 있었다. 그래서 남한에서 감청되는 정보의 3분의 2는 위급한 교신만을 감청하게 되어 북한의 어려움을 특별하게 부각했다는 설도 있다. 당시 일본에서 감청되는 장파의 라디오 전파의 교신에서 들어보면 한국 정부가 발표하듯이 북한의 사회적 어려움이 감청되지 않았다는 것이다. 이는 신호통신의 감청이 기술적이고 전략적인 조작에 의해서 크게 정보 분석의 결과가 다르게 파악된다는 것을 알게 한다.[18]

---

18) 당시 일본과 한국 사이에 북한 정세에 관한 통신정보 분석의 차이는 필자가 가까이

 통신정보가 정책결정자의 전략적 판단을 효과적으로 유도하는 데는 몇 가지 두드러진 결함 또는 약점이 있다. 가장 중요한 첫 번째 문제점은 통신정보의 수단에 기인되는 것이다. 만일 감청되는 교신이 장파의 라디오, 단파전화, 또는 함상 교신과 같이 무선 통신을 통한 것인 경우에 신호의 내용이 감청되고 있을 때에만 첩보를 수집할 수 있게 된다는 점이다. 만일 감청의 표적인 상대방이 갑자기 말을 하지 않고 조용해진 경우나, 아예 공중파를 이용하지 않고 보안조치된 지하 케이블(secure landline, 특히 광케이블)로 그 통신수단을 교체하는 경우에는 통신정보의 획득수단이 존재할 수 없게 된다. 물론 특수한 경우를 제외하고서는 땅에 묻힌 전화선(landline)일지라도 선을 대어 감청할 수도 있지만 지상기지나 인공위성으로부터 원격도청하는 것보다 훨씬 문제가 많이 생긴다.
 그뿐만 아니라 교신의 내용을 암호화하거나 코드(code)를 이용하는 경우는 한층 더 문제가 많게 된다. 앞에서도 지적된 바 통신정보의 수집은 그것이 공격적이건 방어적이건 간에 교신되는 내용이 암호화되면 특별한 암호해독을 위한 기술과 능력이 필요하다. 이 점이 일반적으로 통신정보의 두 번째 문제점으로 지적되고 있지만, 컴퓨터가 통신수단으로 이용되면서부터 암호의 해독이나 이를 정리할 수 있는 기술은 많이 발달되어 복잡한 암호 코드일지라도 해독을 하고 있다.
 통신정보는 표적대상의 기기에서 발진되는 언어이거나 암호, 또는 특정한 소음이 수신자에게 교신되는 것을 원격감청하거나 전화선에 선을 대어 도청하는 것이기 때문에 발진되는 신호내용의 진위에 대한 판단이 어렵다는 것이 세 번째 문제점으로 드러나고 있다. 감청대상의 표적이 도청되는 것을 감추기 위해서나, 그렇지 않으면 수신하는 제삼자의 정보교란을 위해서 일부러 거짓내용을 전송시키거나 이해할 수 없는 교신의 패턴을 만들어 신호

 지내고 있는 합참의 정보 담당자와 일본 방위연구소의 선임 연구관과의 차이 나는 의견을 듣고서 알게 된 것이다. 이런 경우에 통신정보 이외의 다른 정보수집 출처에 의하여 종합적으로 전 출처정보에 따른 판단을 하여야 한다.

를 전송해낼 경우에 실제로는 불필요한 내용의 신호를 수신하게 된다는 문제점이다. 앞의 〈그림 4-2〉에서 보여주듯이 통신기기의 발달로 스펙트럼의 확장과 주파수의 도약으로 감청에 많은 장애를 일으키고 잡음의 양을 많이 섞어서 감청이 곤란하게 하고 있다.

통신정보의 또 한 가지 문제점으로 네 번째로 지적될 수 있는 것은 감청 수신된 과다한 정보량의 분석인 것이다. 미국과 같이 지구적인 관심과 방대한 군사력으로 국제적 안보를 담당하려는 경우에 감청해야 할 통신정보는 무한정일 것이다. 20억 개가 넘는 무선전화와 10억 개가 넘는 유선전화에 대한 감청은 방대한 작업이 된다. 여기에다 인터넷을 통한 전화마저 확산된다면 막대한 양의 통신정보의 분석은 거의 불가능할 정도이다. 특정한 표적대상으로부터 수집한 정보량이 많아 컴퓨터를 이용하여 주요단어(key words) 검색을 통한 내용분석을 하기도 하지만 필요 이상의 많은 통신정보가 수집된다는 문제점이 있다.

신호정보(SIGINT) 가운데 전자신호를 수집하는 전자정보(ELINT)는 기기에서 발진되는 전자파 신호를 수집하는 것인데 특별히 접근이 곤란하거나 위험성이 있는 무기로부터 발진하는 전자신호를 원격측정하는 것을 원격측정정보(Telemetry Intelligence: TELINT)라고 한다. 이는 아주 위험한 인간정보 작업을 통하여 수집하지 않고는 획득할 수 없거나 알 수 없을 무기의 성능에 관한 중요한 정보를 제공하는 것이다. 정보수집의 표적 상대국이 무기를 실험하는 경우에 발생되는 신호정보를 수집하여 그 무기의 성능과 기능을 감지하는 것이다.

북한이 수년 전 노동 1호의 미사일을 시험발사할 때 이를 감시하는 국가들은 발사장비가 발진하는 전자파를 원격측정하여 그 성능을 알아볼 수 있었다. 미국의 이지스함이 당시 동해안에 정박하고 있으면서 미사일 시험발사에 대한 원격측정정보를 수집할 수 있었을 것으로 보인다. 그렇지만 무기를 실험하면서 여러 가지 비밀을 유지할 수 있는 기술을 적용할 수 있으나 북한의 경우에도 그렇게 했는지는 알 수 없다. 통신정보가 상대국에 감청되지 않기 위한 여러 가지 기술을 적용하듯이, 무기의 시험데이터를 암호화

〈그림 4-3〉 고주파 라디오 감청 안테나(AN/FLR-9)

▶ 통신정보(COMINT)의 수신을 목적으로 설치된 고성능 감청 시스템 원형 안테나. 직경 400미터로 여러 방향에서 오는 전파와 여러 주파수의 전파를 수신할 수 있음. 1964년 이 탈리아의 San Vito del Normanni에 설치됨

할 수도 있고 또는 시험데이터를 캡슐 안에 넣어 시험과정에 신호정보가 밖으로 유출 발진하지 않게 할 수도 있다.

즉, 시험하고 있는 새로운 무기 내부의 시험자료를 캡슐에 저장하여 시험이 끝난 뒤에 그 캡슐을 수거하는 것이다. 그래서 도청이 의심되는 경우에 신호가 전혀 밖으로 전송되지 않도록 한다. 시험자료의 전송방지를 위한 다른 방법은 전송신호의 확산 스펙트럼 방식이나 주파수의 도약과 같은 방법으로 신호정보의 유출을 막을 수 있다.

그러나 끝으로, 신호정보, 특히 통신정보를 이용한 정보의 수집에 있어서 일반적으로 제기되는 문제점이 하나 더 있다. 정보의 표적국가가 가지고 있는 기술의 수준에 따라 찾고자 하는 특정 정보를 수집하는 과정에 상대방에게 수집자의 기술이 노출될 수 있거나 정치적으로 문제가 야기될 수 있다. 이는 때로 표적국가가 자기 통신정보가 감청되고 있다는 것을 알 수 있기

〈그림 4-4〉 초단파 라디오 연결 안테나 타워(왼쪽)
인공위성 교신 13미터 밴드 안테나(오른쪽)

신호 발진 안테나 타워　　　　　　　　1995년 설치

때문이다. 그래서 통신정보의 감청은 항상 득과 실이 따르게 된다.

미국의 9.11 테러 이후에 미국 정부는 테러와의 전쟁 때문에 신호정보에 대한 관심이 증대하고 있다. 국내·외의 테러 조직에 대한 신호정보의 수집은 사적인 조직 간의 교신을 주로 하기 때문에 과거 국가 단위의 교신과 달리 그 신호의 발진 출력이 약하여 테러리스트들에게 가까이 접근하지 않고서는 감청하기 어렵다고 한다. 따라서 냉전기간에 발달한 장거리 신호정보 감지장치로는 테러리스트들의 교신이 잘 포착되지 않아 최근에는 대상목표에 물리적으로 가까이 접근하거나 특별히 대상표적에 접근하여 설치한 감지장치를 통한 신호정보를 수집할 수밖에 없다고 한다.[19] 때문에 테러리스

___

19) 김계동 옮김, 『국가정보: 비밀에서 정책까지』(서울: 명인문화사, 2008), p.122. 이 번역서는 Mark M. Lowenthal의 *Intelligence: From Secrets to Policy* 제3판 (Washington, D.C.: CQ Press, 2006)이다. 인용한 새로운 정보는 제2판의 원본에는

트에게 접근하는 인간정보(human intelligence: HUMINT)와 함께 신호정보가 보다 많이 활용된다. 테러리스트들에 밀착접근하여 감지하는 것이 필요한 것이다. 다만 이들은 미국 정부나 다른 나라의 정부가 테러리스트의 교신을 항상 감지하고 있다는 것을 알고 신호감지를 피하기 위하여 휴대전화를 한 번만 사용하거나 팩스의 이용을 피하는 경우가 많아졌다고 한다.

2) 영상정보 출처(Imagery Intelligence: IMINT)

영상정보는 전자공학적으로 대상물을 재현하거나, 광학적 수단(optical means)으로 필름에 대상물을 올리거나, 또는 전자적 진열(electronic display) 수단으로 표현하거나 다른 어떤 매체로라도 표적을 재현하는 것을 말한다. 영상정보는 시각적 사진, 레이더 탐지기, 적외선 탐지기, 레이저, 그리고 전자광학으로부터 생성되는 것이다. 표적의 형상과 색깔을 있는 그대로 재현하여 탐지할 수 있는 각종의 과학기술이 적용되는 까닭에 이 모든 정보의 출처를 모든 나라가 보유하지 못한다. 한국의 경우에는 군사적 목적을 위한 영상정보의 출처는 한미 합동으로 연합사령부를 통해서 획득되면 이에 대한 분석도 한국이 별도로 분석능력과 해석기술을 가지게 되어 있다. 현재의 한미연합사령부의 해체가 2015년에 이루어지면 한국의 영상정보수집 능력은 급속하게 감소할 것으로 보인다.

미국의 경우에는 1960년대에 정보수집기술이 혁명적으로 발전하게 되어 수집된 정보의 분석과 관료 조직의 커다란 변혁을 가져 왔다. 1960년에 정보수집의 전반적인 새 면모를 가져왔는데 이는 정보가 하늘을 통해서 모아졌기 때문이었다. 코로나 암호(Corona code)라고 이름 지은 인공위성의 정찰사진이 처음으로 소련의 최초 대륙간 탄도미사일 실험을 포착하게 되어 영상정보수집의 전기가 마련된 것이다. 1961년에는 코로나 영상 사진의 양이 급증하게 되어 미국 정부는 국립사진분석센터(National Photographic Interpretation Center: NPIC)를 창설하고 미국 중앙정보부장은 국방성

없었던 내용이다.

〈그림 4-5〉 영상정보의 송신기구와 원거리 촬영의 원리

〈인공위성에 반영되는 영상 촬영〉

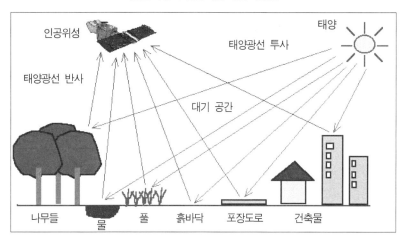

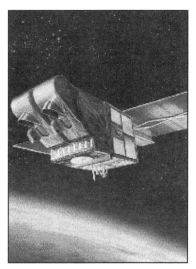

〈촬영 도구를 장착한 인공위성〉

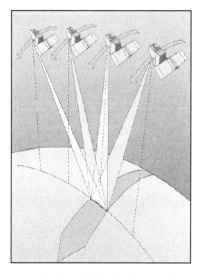

〈우주에서 지구를 촬영하는 모습〉

과 협력하여 이 기구를 운영하였는데 오늘의 국립지형공간정보처(National Geospatial-Intelligence Agency: NGA)의 전신이 되었다.[20] 미국 정부는 영상정보의 관리기관으로 NGA를 지정하고 비밀 이건 공개된 영상이건 모든 영상정보활동을 수행하며 영상정보의 정보수요, 수집, 처리, 발굴, 배포, 보관 및 재생에 관련된 모든 관리를 담당한다.

정보출처인 영상정보는 처음에는 사진정보(photo intelligence: PHOTINT)라고 불렀는데 세계대전 기간 중에 비행기에서 직접 찍은 사진을 획득하여 이를 정보로 삼았다. 군사과학기술의 발전은 사진의 영상을 공중촬영하는 비행기나 인공위성기지로부터 지상의 정보수집 기관에게 직접 송신하게 된다. 계속 촬영되는 사진은 정찰기의 항공기간이나 인공위성의 지구주위를 순회하는 기간에 계속하여 지구로 송신되기 때문에 많은 양의 영상을 생산하게 된다.

수집된 정보를 지상의 수집 분석기관으로 전송하는 수단에 따라서 여러 가지 다른 방법으로 정보를 영상으로 재현하지만 기본적으로 촬영하고 전송하는 원거리 조작수단은 마찬가지로 그 원리는 앞 페이지의 그림에서 쉽게 알아볼 수 있다.

우주나 항공 기지로부터 전송되는 디지털 정보는 지정된 수신기지 밖에는 계속해서 자료를 받을 수 없기 때문에 다른 기관이 받은 자료를 이용할 수 없다. 이런 현상을 미국 정보계통에서는 '스토브 파이프(stovepipe)' 현상이라고 한다. 이렇게 여러 정보기관과의 협력관계를 방해한다고 하여 2001년 9.11 사태 이후에 가급적으로 미 CIA 산하에 있는 16개 정보기관이 서로 그 자료를 사용할 수 있는 방안을 모색하였다.

---

20) Roger Z. George and James B. Bruce(eds.), *Analyzing Intelligence: Origins, Obstacles, and Innovations*(Washington, D.C.: Georgetown University Press, 2008), p.26. 이 책의 제1장에 실린 John H. Hedley의 논문 "The Evolution of Intelligence Analysis"에서 인용됨.

3) 징후계측정보 출처(measurement & signature intelligence: MASINT)

징후계측정보 출처는 영상정보나 신호정보 출처보다 훨씬 더 기술적으로 생성되는 첩보자료이다. 정보 표적의 소재 확인과 현격한 특징을 설명하고 기술하는 첩보자료로서, 핵 방사(nuclear radiation)에 관련되거나 전자광학, 혹은 무선주파수, 음향 또는 지진(seismic)과학 그리고 소재(materials) 과학을 포함한 넓은 분야의 과학이론을 동원하여 수집되는 정보이다. 징후계측정보 출처에서는 주로 무기의 성능과 적대국의 산업활동에 관한 첩보를 수집하는 데 이용된다.

징후계측정보의 수집은 고도의 과학기술과 지식을 필요로 하고 있기 때문에 MASINT 정보의 분석관이나 이와 관련된 정책결정자는 앞서 열거한 5~6가지 분야의 과학적 지식을 필요로 한다. 따라서 미국에서도 기술적으로 훈련된 국가지형공간정보국(National Geospatial Agency: NGA)에서 징후계측정보수집과 분석을 담당한다. 한국의 군 기관에서도 현재에는 상당한 수준의 징후계측정보의 수집 수단을 가지고 있으며 그 요원을 훈련하고 있다.

징후계측정보의 수집은 표적에 따라서 그 수집 수단이 다르다. 적대국의 연안에서 멀리 거리를 두고 해상에서 레이더와 같은 여러 장비로 무기의 연습활동이나 그 성능을 탐지하는 경우도 있으며 종종 특별 항공기를 동원하여 공중에서 징후계측정보의 수집을 쾌하는 경우가 많다. 다음의 〈그림 4-6〉은 2009년 2월 북한이 미사일 실험을 하던 때에 미국은 오키나와기지로부터 그 미사일의 성능과 특성을 계측하기 위하여 RC 135 Cobra 정찰기를 파견하였는데 그 모형을 여기에 소개한 것이다.

실제로 이런 정찰기가 공중에서 활약하는 원리에 관한 것을 〈그림 4-7〉로 설명할 수 있다. 일반적으로 인공위성의 경우보다 고성능정찰기로 군사적 표적을 감지하는 것이 보다 정확한 정보를 획득할 수 있다는 이점 때문에 원격감지정찰기를 이용한다. 징후계측정보가 가진 기본적인 기능은

① 무기의 성능과 산업활동의 내용을 탐지할 수 있으며

② 대량학살무기의 확산을 감시할 수 있으며

③ 화학무기의 생산공장에서 배출되는 가스와 폐기물을 확인할 수 있으며

④ 무기체계의 구성과 소재 내용의 특성을 확인할 수 있는 장점을 가지고 있다.

〈그림 4-6〉 미 공군의 RC 135 Cobra 정찰기 모형

〈그림 4-7〉 정찰기의 원거리 탐지기능

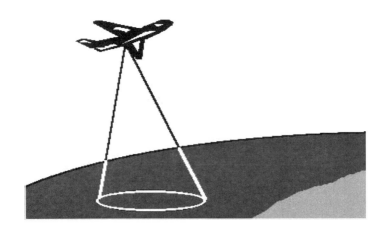

그러나 한편으로 징후계측정보의 생산은 다른 기술정보에 많이 의존하고 있기 때문에 신호정보(SIGINT)나 영상정보(IMINT)를 다루는 정책결정자들 보다 증후계측정보에 덜 친숙하다. 현재로 보아서는 한국은 물론 미국에 있어서도 이 정보를 충분히 이용하려면 보다 많은 기술적 훈련을 소요로 한다는 결점을 가지고 있다.

징후계측정보와 같이 과학기술의 뒷받침으로 발전하는 정보출처의 개발은 주로 어떤 목표물이나 신호를 계측하는 일과 이에 따르는 증후(signature)를 개발한다. 이는 마치 모든 인간이 가지고 있는 손가락의 지문(指紋, fingerprints)이 다르고, 각자가 자기 이름을 서명하면 그 글씨체가 다르듯이 표적물체와 신호가 각각 다른 것을 인식하고 징후를 개발하여 대상이나 신호가 의미하는 것을 첩보로서 분석하는 것이다.

결국 정보출처의 기술적 수집은 (1) 비문자 첩보를 수집하고, (2) 표적에 대한 징후를 계측하는 것이며, 그리고 (3) 사람, 사건의 특징, 그리고 표적대상의 징후를 연결시켜서 현 상태와 변화의 징후를 확인하는 작업을 한다. 예를 들면 정보출처 대상이나 진행사건, 또는 인물에 대하여 어디에 어떤 형상으로 있느냐 지리적 확인을 밝힌다.

현재 가장 많이 이용하고 정확한 첩보를 수집하는 징후계측첩보의 출처를 이해하기 위해서 이 분야에서 사용되는 용어와 징후계측의 과학적 원리를 설명하려고 한다. 인간정보와 공개정보출처 이외의 많은 정보의 출처는 주로 이러한 과학적 지식을 필요로 하기 때문에 수집된 첩보를 분석하는 분석관은 요즈음 과학도들이 많이 일하고 있다.

과학기술의 전문용어 가운데 정보출처에서 발견된 징후를 표시하는 내용으로는 사람이나 물체, 또는 상황의 표적이 배출하거나 발사하는 여러 징후를 생체인식(biometric), 전리기체(plasma: 원자핵과 전자가 분리된 가스 상태), 계량(metric), 각도나 양상(angle), 통신 변조(modulation), 자기유체역학(hydromagnetic), 빛의 분광 상태(spectral) 등 다양한 전문용어와 개념을 통해서 정보출처의 표적을 분석하고 설명하는 지식을 요구한다. 정보의 기술적 수집은 이런 뜻에서 별도의 전문 과목으로 대학에서 강의하고 있다.

징후는 어떻게 사용되고 있는지, 징후 자료를 모아두는 징후도서관(sig-natures libraries)이란 어떤 것이며 전자자기분광증후(Electromagnetic Spectrum Signatures)와 비전자기분광증후(Non-electromagnetic Spectrum Signatures), 그리고 전자기감지기(Electromagnetic Sensors: 빛·온도·방사능 등의 자극을 신호로 바꾸는 감지기(感知器))란 어떤 것인가를 설명하려고 한다.

(1) 징후(Signatures): 공간, 시간, 그리고/혹은 주파수에 대한 물리화학적 실체의 상태, 내구력과 농도를 계측하여 얻어지는 특성자료로서 표적의 용적(dimensions), 온도, 신호강도, 기압 등 이 모든 물리적 특성으로써 만들어진다. 그리고 화학적 징후는 표본이 함유하고 있는 화학적 성분의 유·무와 그 구성분량을 계측하여 얻어지는 자료를 말한다. 색채의 인식은 주파수 기능에 따라 빛의 강도를 계측하며, 이러한 문자로 되지 않은 첩보는 그 자료의 분석 결과로서 표적의 징후 양상을 알 수 있게 한다. 그래서 기술적 수집에 의한 첩보의 출처는 자료의 분석을 통한 징후의 양상을 확인하는 것이다.

예를 들면, 범죄자의 활동이나 비행사의 방향조정의 행태 양상(behavior patterns)을 관찰하면 범죄 활동에 대한 것을 알게 되거나 비행기의 상태 또는 조종사의 의도에 대한 것을 확인하게 된다. 이런 행태 양상은 레이더를 통해서 얻어지는 일련의 징후를 가지고 확인한다.

미국이 징후계측정보의 전형적 예로 들고 있는 경우는 1962년 쿠바에 설치된 미사일 기지를 발견한 경험을 들고 있다. 〈그림 4-8〉은 미국의 U-2 고공정찰기가 촬영한 영상정보로서 별모양(Stars of David) 사진의 징후가 과거 소련 내에 있는 SA-2 지대공미사일 기지와 동일한 것을 쿠바의 상공에서 찍은 영상 징후를 통해서 발견하여 미국이 강력하게 그 철수를 요구한 일이 있었다. 그림의 왼쪽 사진은 미사일 배치를 영상으로 찍은 것이다. 이 영상의 징후는 지상에 생긴 흉터형성과 차량의 배치모양과 합쳐져서 만들어진 소련식 지대공미사일 배치의 징후를 만든 것이다.[21]

〈그림 4-8〉 징후계측정보로 발견한 쿠바의 미사일 기지

쿠바의 지대공미사일 기지

미사일 기지가 '다윗의 별'
모양으로 나타나고 있다.

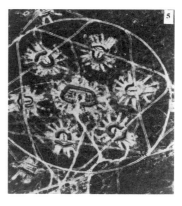

사진의 가운데 있는 표적 추적 레이더(target-tracking radar)의 영상 징후(image signatures)가 6개의 미사일 발사대의 영상 징후로 둘러싸여 있는 모양이 유태교의 상징인 '다윗의 별(Stars of David)' 모양을 이루고 있어서 미국 정부는 즉각 쿠바의 지대공미사일 기지인 것을 알게 되었다고 한다.

징후수집기술로는 인공위성이 대기 중에서 다층분광 열 영상(Multi-spectral thermal image)을 통해서 표적이 배출하는 가스유형의 물질을 추적하는 것이다. 예를 들면, 플루토늄이 방사하는 방사능 가스유형의 배출 물질은 핵 또는 화학무기의 생산, 저장, 또는 사용에 의해서 생성된다.

이렇게 정보출처의 표적이 되고 있는 사람, 대상 또는 사건의 진행과정과 연관되어 있는 징후를 가지고 정보수집관은 특정 인물을 확인하고 정보 표

---

21) 〈그림 4-8〉의 사진은 George Washington대학에 있는 *The National Security Archive* 에서 따온 것, http://www.gwu.edu/~nsarchiv/nsa/cuba_mis_cri/photos.htm(2011년 7월 10일).

<그림 4-9〉 북한의 핵실험 징후의 계측과 현장 사진

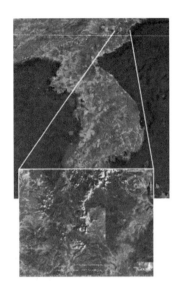

핵실험 때 배출되는 방사능의
강도가 색으로 표시
(2006년 10월 10일 촬영)

적의 움직임을 추적하는 방법은 사람의 지문이나 생채인식으로 이용하는
DNA 또는 가스를 측정하여 징후를 찾아서 상황을 알아내는 것과 같다. 그
리고 지구표면 온도, 수질, 소재의 성분과 오염정도 등 환경 상태를 확인할
수 있다.

(2) 징후도서관(Signature Library): 징후 자료수집이나 징후도서관을 만드는
이유는 특정한 사람이나 현상, 표적, 또는 표적의 특별한 종류를 충실하게
확인하기 위하여 세운다. 대부분의 징후 수집 기관은 거의 일 초 내의 실시
간으로 징후를 포착하는데 이를 실시간으로 확인하려면 많은 징후의 수집
자료가 보관되어 있어 그 확인과정이 용이해야 한다. 특별히 전쟁터에서 빠
르고 정확한 표적을 확인하기 위해서는 기술적 수집 기관은 징후자료의 방
대한 수집이 필요하다. 징후 수집장비의 빠른 발달로 과거의 자료들은 쉽게
쓸모없게 되기도 하고 새로운 화학재료의 분석내용이 변하기 때문에 징후

수집 기관은 항상 보관하고 있는 자료 모음을 늘 갱신(update)할 필요가 있다.

흔히 경험하는 징후의 확인은 사람의 지문을 통해서 공항에서 용이하고 신속하게 드나들 수 있는 것은 이민국이 보유하고 있는 징후에 늘 새로운 사람들이 등록을 하면 새 사람의 신상을 쉽게 확인할 수 있는 것과 같다. 이민국이 보유하고 있는 지문을 업데이트하지 않으면 새 사람을 확인할 수 없는 것과 같다.

마찬가지로 현존하는 분자구조의 징후를 계속해서 수집하고 화학성분의 합성은 늘 새로운 것이 나오기 때문에 관심 있는 표적의 징후를 확보하는 데는 계속적으로 수집노력을 해야 한다.

정보출처의 대상이 되는 표적을 원거리에서 감식하려면 주로 태양의 빛에서 나오는 전자자기분광징후(Electromagnetic Spectrum Signatures)를 기본으로 하여 표적을 감식한다. 어떤 물체를 감식하는데, 그 물체가 태양빛을 여러 가지 파장으로 반사하거나 흡수하거나 또는 발사하는 태양 발광량을 측정하여 징후를 삼는다. 이때 분광되는 파장(spectral)의 상태를 각 물체의 징후로 보는 것이다. 이를 분광징후(spectral signature)라고 한다.

지구표면에 비쳐지는 태양광의 에너지가 반사되거나 흡수되거나 또는 되방사되는 전자자기 에너지(electromagnetic energy)를 특수한 디지털 감식기로 측정하여 표적물체의 특성을 측정함으로써 그 물체의 징표를 수집하는 경우도 있다. 반사되는 에너지량(reflectance)을 기준으로 그 특성의 징후를 삼으면 원거리 감식을 통해 물인지, 흙인지, 모래인지, 또는 수풀인지 등을 식별해 낼 수 있으며 이를 파장반응곡선(spectral response curves)이라고 한다. 그래서 지상 풍경의 특성에 따른 징후를 가지고 실시간 정보를 수집한다.

물체의 모양이나 그림을 직접 감식하는 경우와 달리 라디오주파수 스펙트럼(radiofrequency spectrum)에 의해서 여러 가지 파장에 따른 통신수단의 징후를 감식하거나 사람이 눈으로 볼 수 있는 빛의 분광(optical spectrum)에 따른 여러 가지 물체의 감식이 가능하지만 적외선(infrared)이나 자외선(ultraviolet)과 같이 인간의 육안으로 감식할 수 없는 빛을 가지고 표적의 형태나 상황을 감식하기도 한다. 이렇게 징후를 찾아내는 정보의 수집은 분광기(spectrometer)를 이용하여 그 특성의 차이를 찾아 징후로 삼는다.

여러 가지 과학기술을 동원하여 정보의 출처로 삼는 표적에 대한 징후는 수집되어 컴퓨터로 자료처리된다. 이런 분석의 시스템을 통해서 실시간으로 감식할 수 있는 징후의 자료 모음이나 도서관이 필요한 것이다.

징후를 모아서 표적을 감식하는 데 지금까지는 전자자기 스펙트럼(electromagnetic spectrum)의 에너지가 반사, 흡수, 또는 발사되는 물리적 현상을 기준하여 징후를 찾는 과학적 정보수집 출처에 관해서 설명하였으나, 여러 다른 징후가 전자자기 감식을 통하지 않고 물질이나 인간으로부터 수집되는 징후의 정보출처가 있다. 전자자기 징후가 아닌 것을 비전자자기징후(non-electromagnetic signature: Non-EM Signature)라고 한다.

Non-EM 징후로는 음파(acoustic), 핵, 화학, 생물학, 생체인식 등 많은 다른 징후가 있다.

① 음파 징후는 선박, 잠수함, 육상 차량, 및 항공기지의 확인과 추적을 위한 기술정보로서 이용된다. 때로는 핵장치 실험을 포함한 폭발실험을 찾아 그 특성을 감지하는 데 이용된다. 소리는 땅 밑에나 물 밑에서 대륙간 거리에까지 전해진다. 그래서 음파 징후는 장거리에서 수집된다. 단거리에서는 공중의 소리를 감지하며, 탱크나 트럭과 같은 차량을 확인하는 유일한 징후이기도 하다.

② 핵 징후는 물리적이고 화학적이며 동위원소의 특성을 가지고 있는 징후로서 다른 물질로부터 나오는 핵 혹은 방사능물질과 구별된다. 이 징후는 연구자가 핵물질을 최초로 만드는 데 동원된 과정을 확인할 수 있게 한다. 그리고 핵물질의 출처를 확인할 수 있게 하는데 이 점은 이 분야의 정보를 취급하는 데 가장 결정적인 문제가 된다. 예를 들면 우라늄 조각의 모양과 크기는 핵물질의 출처에 대한 실마리를 제공한다.

방사능물질은 하나 이상 여러 유형의 방사선을 배출하는데, 알파 소립자, 베타 소립자, 중성자 그리고 감마선(gamma rays)을 배출한다. 소립자와 감

마선의 특정 배합이 각 유형의 강도에 따라서 배출되며, 이것이 징후를 구성
하는데 방사선 출처의 물질이 어떤 것인가를 확인하게 한다. 표본으로부터
배출되는 방사능의 양에 따라서 언제 핵물질이 생산되었는지를 가늠하게
한다.

좋은 예로 1993년경에 북한의 영변에 건설된 화학실험소에서 사용 후 핵
연료(spent fuel)를 플루토늄으로 만들고 있는 것을 정찰기의 원격감식으로
핵 징후를 탐지했었다. 미국은 이를 발견하여 북한과의 교섭 끝에 IAEA 요
원들이 그 실험소를 방문하여 감식하기 위한 조사를 실시하면서 실험소 내
의 흩어진 장갑과 가운을 수거하여 옷에 붙어있는 방사선의 양을 검사함으
로써 적어도 2~3년 전부터 핵물질을 생산한 것으로 판단할 수 있었다. 따라
서 북한이 확실하게 플루토늄 생산에 힘쓰고 있다는 것을 알게 된 것이다.

③ 화학적 징후는 주로 환경감시나 법집행과정에서 많이 이용한다. 예를
들면, 물의 오염물질이 있거나 오염물질의 출처를 확정짓는 경우에 화학적
징후를 이용한다. 특별한 물 오염물질을 검출하기 위한 물의 표본조사 혹은
오염물질의 징후를 원거리에서 감식함으로써 오염된 것을 알 수 있다. 역시
같은 기술적 방법으로 공기 중에 산재한 대기 오염물질의 징후를 찾아서
공기의 오염 정도를 알 수 있다. 환경오염의 범죄를 검거하는 경우에 원거
리에서 공장의 배출가스나 연기의 화학적 징후를 가지고 판단한다.

국가정보의 수집을 주도하는 감시기능은 지상에 있는 공장에서 대량살상
의 화학무기를 생산하는 공장에서 배출하는 여러 가스의 화학적 징후를 포
착하여 그 정보의 출처로 삼는다. 특히 농축우라늄을 생산하는 과정이나,
우라늄의 감마선 등의 방류 징후를 가지고 핵연료 재처리과정을 감식하는
것이다. 대량살상 화학무기의 생산에서 쓰이는 신경마취 화학물질 징후를
가지고 감식하기도 한다.

④ 생물학적 징후와 관련한 일차적인 국가정보는 병을 유포하는 미생물
병균의 확인이다. 정보기관이나 공중위생기관에서는 병원균에 대한 징후를
포착하여 그 확산을 억제하고 있다. 국가정보기관은 병균을 살포하는 생물
학적 전쟁을 방지하기 위하여 병균의 징후를 포착하여 목록을 정리하고 원

격감시하려고 한다. 그런데 대부분의 생물학적 병균은 그런 징후를 찾을 수가 없다. 이들 생물학적 병원체(biological agents)는 색깔이 없고 냄새가 없기 때문에 그 징후를 찾기 힘들다. 그래서 실시간으로 생물학적 징후를 확인하기는 어렵다. 결국 병원체를 현장에서 채취하여 실험실에 가서 배양하고 그 뒤에 확인할 수밖에 없기 때문에 사건발생 후 수시간이 지나야 그 징후를 확인할 수 있다.

⑤ 생체인식(biometric) 징후는 생체인식 자료의 계칙과 분석의 과학·기술의 결과이다. 정보나 공작적 차원에 있어서 그 중요성은 주로 범죄수사, 이민 혹은 세관 등에서 취급하는 업무와 관련된 사람의 확인에 있다. 모든 사람이 각자가 지니고 있는 생체인식의 특성을 가지고 있기 때문이다. 손가락의 지문과 DNA의 두 가지 징후가 가장 흔하게 이용되는 것들이다. 눈의 내회선(retina)과 홍채(iris)는 각자마다 다른 특징을 가지고 있기 때문에 개인의 특수한 징후로 사용된다. 이에 대한 전형적인 예는 9.11 사건 이후 미국의 입국심사에서 미국 이민국은 입국인의 지문은 물론 두 눈 내 회선과 홍채의 사진을 확인하는 것이다.

현재 생체인식의 징후로서 가장 많이 국가정보기관이 사용하고 있는 것은 원거리에서 확인할 수 있는 얼굴모양의 특성과 체취, 그리고 목소리의 생체인식 징후를 사용하고 있다.

4) 지리공간정보 출처(Geospatial Intelligence: GEOINT)

지리공간정보 출처는 영상과 영상정보(image intelligence) 그리고 지리적 첩보(geospatial information)로서 이루어진다. 영상은 카메라로 찍은 일종의 사진으로서 땅에서 찍은 것이나 비행기 또는 인공위성에서 찍은 것이다. 이 사진의 영상에서 무엇을 볼 수 있는가를 설명하면 그 내용이 영상정보가 되는 것이다. 그리고 우리가 본 것에 대하여 영상정보보고서를 쓰게 된다. 과거 어느 한때 작성한 보고서는 현재의 보고서의 내용과 다를 수밖에 없다. 지리공간적 첩보는 지구에 관한 것과 지구 위에 인간이 만들어놓은 형상들에 관한 첩보인 것이다. 이 첩보를 지도, 항해도, 그리고 영상에 그려낸다. 예를 들면 도로, 건물, 연못, 공원, 지명, 그리고 지형의 높낮이를 그려넣는다. 그리고는 항해에 저해되는 것, 위험지역, 또는 항해의 편이시설 등을 지도 위에 그린다.

지리공간정보의 출처에서 수집된 정보인 영상, 영상정보, 그리고 지리적 첩보를 모아 그 의미를 분석하고 문제를 해결하기 위해서 이들 정보를 어떻게 이용할 것인가를 분석한다. 이것이 GEOINT의 분석이다. 지리정보를 이용하는 사람들은 비행기 조종사, 운전사, 항해사들이지만 국가정보를 다루는 정책결정자들이 국가안보와 관련되어 국가이익을 보호하기 위하여 지리공간정보 출처를 이용하며 특히 군 작전에서 많이 사용된다.

지리공간정보는 일반적으로 국가정보활동의 이면에서 지리적 위치를 알리면서 작전이나 정보공작을 지원한다. 마치 국가 정책 수행의 눈동자와 같이 지상에 있거나 일어나고 있는 사건의 움직임을 영상으로 보여주기 때문에 모든 정보출처의 배경으로 제공되는 경우가 많다. 그래서 다른 정보와 동시에 원용하면 정보의 활용기능을 극대화할 수 있다.

실제로는 독자적 정보의 출처이지만 다른 정보의 출처를 확인하고 보강하는 기능을 한다. 밤낮으로 전 세계의 고도로 관심 있는 사건에 대한 조기경고나 상황인식을 하게 한다. 결국 지리적 위치를 따지는 경우에는 모든 공작을 위한 정보활동의 중심이 된다. 지리정보 출처는 어디에 어떤 것이 있으며 어떤 사람이 있는지, 그것이 무엇이며 왜 중요한가를 알려준다. 신호정보에서 얻은 정보나 인간정보에서 얻은 정보를 실제로 눈으로 볼 수 있게 확인하는 기초적 정보출처라고 할 수 있다.

지금까지 정보의 수집 출처와 수집원리의 이론적 배경을 설명하였다. 인적정보와 공개출처 정보 그리고 정보의 기술적 수집으로서 신호정보, 영상정보, 징후계측정보, 그리고 지리정보 등 네 가지 정보의 출처와 수집의 과학·기술적 원리에 관해서 설명하였다. 일반적으로 이상의 여섯 가지 정보의 출처가 국가정보의 주요 내용이 된다. 미국과 영국, 중국, 러시아, 독일, 그리고 불란서 등 구라파의 몇 나라를 제외하고는 이 모든 출처에서 정보를 획득할 수는 없다. 기술정보의 수집은 국가의 많은 예산과 과학기술의 발전 수준에 좌우되는 것이므로 대부분의 나라들은 거의 그러한 정보의 출처를 확보하지 못했다고 본다.

그러나 국가정보의 효율적인 획득과 운영을 감안해서 볼 때, 정보순환 과정의 극치는 사실상 전 출처정보의 개발에 있다. HUMINT, OSINT, SIGINT, IMINT, MASINT 그리고 GEOINT를 통합적으로 관리함으로써 가능한 전 출처정보는 첩보 보강의 개발 노력과 주요자료의 의미를 확인하는 다양한 출처를 이용하려는 노력으로 이루어진다. 각 정보출처는 특정한 유형의 자료를 획득하는 데 적절하기 때문에 전 출처정보의 활용을 위해서는 정보 표적의 전면적 검토와 그 운영의 보다 나은 이해를 도모한다. 그래도 공개출처 정보를 통해서 적대국가에 대하여 점증하는 첩보를 활용할 수 있기 때문에 위협에 대처할 수도 있다.

제 **5** 장

방첩과 비밀공작

제5장	방첩과 비밀공작

I. 정보 과정으로서의 방첩

6.25 전쟁이 발발하기 전에도 한반도에선 남한에는 자유민주정부가 북한에는 공산주의 정권이 수립되어 남북이 이념적으로 대치하고 있었다. 때문에 우리는 일본의 식민지로부터 해방되면서 독립되었으나 국가의 이익을 수호하고 안보를 유지하기 위해서 다른 신생국가와는 다른 국가정보 과정의 경험을 겪게 되었다. 남한에서 사회주의 혁명을 선동하기 위한 북한의 침투공작은 정부수립 이전부터 시작되었다. 북한을 점령한 소련군과 스탈린주의자들은 남조선노동당 등을 통한 남한의 사회주의화를 획책함으로써 1945년 이후 미군정청과 주둔군사령부 방첩부대는 남한에서의 북한의 정보활동을 저지하였다.

남한은 반사회주의 우익인사들로 나라를 건설하였기 때문에 과거 사회주의 운동을 검거하던 일본의 경찰과 헌병 출신의 인사들이 계속하여 방첩활동에 기여하게 되었고 마침내 정부가 수립되면서 이들을 계속 활용하게 된다. 오제도(吳制道)와 같은 검사와 노덕술(盧德述)이나 김창룡(金昌龍)과 같은 군 출신은 정부 수립 후 이승만 대통령으로부터 막중한 임무를 받았다.

방첩(防諜, counterintelligence)이란 개념은 상대방의 정보활동에 대응하는 활동으로서 상대방의 정보활동에 관한 정보를 수집하는 것과 그 국내에 침투한 정보활동을 저지하는 활동으로 나누어서 생각할 수 있다. 이는 정보활동의 하나로서 적대국의 자국 내 정보활동을 무력화시키고 간첩행위로부터 자국의 정보출처를 보호하며, 자국에 침투한 간첩의 파괴활동으로부터 사람과, 시설, 장비, 기록자료, 물자들을 보호하기 위한 여러 가지 비밀활동을 말한다.

방첩활동은 정보의 수집(蒐集, collection), 분석(分析, analysis), 비밀공작(秘密工作, covert action)과 함께 4가지 중요한 정보활동으로서 정보의 비밀유지, 보안, 대간첩(對間諜, counterespionage), 기술적 정보출처의 보호, 방첩공작으로서의 기만정보(欺瞞報, disinformation)와 역정보(逆情報, misinformation)의 기만, 그리고 방첩정보의 분석 등을 위주로 하는 활동이다. 이런 다양한 방첩활동을 통해서 적대국으로부터 국가안보를 유지하고 국가이익을 보호하는 여러 활동과 이에 관련된 정보를 수집·분석하는 것을 방첩이라고 한다.[1]

6.25 전쟁 기간 중 1950년 9월 28일 서울이 공산군의 군정으로부터 수복되고 우리 정부가 서울을 완전히 탈환했을 때 한국군과 미군은 방첩활동을 위하여 비밀공작원(Hidden Intelligence Detachment: HID)을 투입하여 서울 일원의 북한 침투공작을 막았다. 이들은 근본적으로 미국의 지원으로 전쟁 중 일본의 동경에 있는 UN 사령부로부터 훈련을 받았다고 한다. 그 당시 주요 간부로 후에 1981년 중앙정보부장을 잠깐 지낸 윤일균(尹鎰均) 공군 장군은 미국으로부터 방첩을 위한 특별훈련을 받았다.

이 밖에도 대북첩보부대(Korean Liaison Office: KLO)라는 이름으로 6.25 전쟁이 일어나기 전인 1948년 하반기에 북한의 동향과 북한 내부의 움직임을 파악하기 위하여 젊은 장교와 사병을 특별히 충원하여 북한 내부에 투입시켰다. 이들의 정보보고서의 내용이 최근에 김영호 교수의 연구보고서 내용으로 밝혀졌다.[2] 우리 국가정보기관은 전쟁기간을 통해서 직접

---

1) 국가정보포럼, 『국가정보학』(서울: 박영사, 2006), pp.127-128.

미국군과 예하 특수방첩부대가 창설되면서 방첩에 대한 기본적인 훈련을 받은 것으로 짐작이 간다.

한국군의 방첩활동이 일찍부터 가능하게 된 점은 1940년대 미국의 육군 중심으로 아시아의 전선에서와 미얀마의 국경지대에서의 군사 동향과 중국의 마오쩌둥의 움직임 그리고 소련의 활동을 감시하면서 베트남의 호치민군을 지원하던 미국의 특수부대인 전략전국(Office of Strategic Service: OSS)이 있었기 때문에 그 전통이 한국에 1945년부터 3년간 주둔한 미국의 군정청을 통해 이어진 것으로 생각된다. 일본군이 항복을 하자마자 미국의 제224방첩대가 1945년 9월 9일 제일 먼저 서울에 들어왔다. 이 방첩부대는 동경에 있는 맥아더 사령부의 제441방첩대의 지휘를 받았다. 당시 한반도와 아시아대륙에 대한 국가정보의 수집과 관리는 미군의 방첩부대(Counter-Intelligence Command: CIC)만한 것이 없었다고 한다.[3]

한국군이 이러한 특수임무를 맡게 된 것은 1948년 8월 대한민국 정부의 수립 직후 한국군에 침투하고 있는 좌익분자의 색출을 위한 육군정보국의 활동에서 비롯된다. 여수·순천 반란사건으로 정부는 국가보안법을 제정하고 북한을 추종하는 좌익세력에 대한 방첩활동을 육군정보국의 특별수사과가 담당하면서 그 과장에는 김창룡 대령이 맡았다. 이 특수수사과는 처음부터 방첩활동을 하였으며 그 특수부대의 명칭이 특무대(Special Investigation Section: SIS), 방첩대(Counterintelligence Corps: CIC), 보안대, 기무사 등의 이름으로 변천하였다.[4] 한국군의 방첩활동이 1960년대 초에 중앙정보부

---

2) 김영호, "미국 국립문서보관소(National Archives II) 문서군(Record Group) 338 "미 육군 사령부 문서철(Records of US Army Commands)" 중 극동사령부(Far East Command) 한국 관련 문서 자료 조사 및 해제"(2002.11.15), http://web.sungshin.ac.kr/~youngho/data/koreanwar/KoreaWar-4(15Nov2002).pdf(2011년 7월 21일).

3) Stephen C. Mercado, *The Shadow Warriors of Nakano: A History of the Imperial Japanese Army's Elite Intelligence School*(Washington, D.C.: Brassey's Inc., 2002), p.225. 한국전쟁과 관련된 미국과 한국의 정보활동에 관하여는 pp.223-232에 설명되어 있다.

4) 한용원, 『창군(創軍)』(서울: 박영사, 1984), p.130.

의 발족과 함께 국가정보활동으로 그 역할과 인원들이 흡수병합된 것으로 보인다.

정보 과정으로서 방첩활동은 적대국의 정보활동이나 침투에 의해서 생기는 정보체계의 혼란을 막기 위한 노력이면서 정보의 분석과 공작을 동시에 수반하는 활동이다. 이는 인간정보의 수집과 같은 활동은 아니지만 국가정보를 수집하며, 비밀리에 활동하거나 방어적 활동만을 하는 것도 아니다. 그러나 상대국이 정보기관을 운영하고 있다면 이는 당연히 자국 정보활동의 좋은 표적이 된다.

이때 상대방에서 무엇을 알고 있으며, 무엇을 모르고 있는지, 그 나라는 이 문제를 어떻게 해결하려고 하는지를 알아내는 것이 방첩활동의 아주 중요한 부분이 된다. 상대방의 정보기관이 자국에 대해서 비슷한 공작 노력을 하고 있는지를 알아내는 것은 더욱더 중요하다. 그래서 국가정보의 방첩활동은 자국의 비밀을 보호하고, 상대국의 정보기관에 의해서 자국의 정보체계가 침투·조종되는 것을 방지하며, 그리고 상대국의 정보활동을 찾아 이용하는 노력을 기울인다.

방첩활동은 크게 분류하여 두 가지 노력을 의미한다. 즉, 소극적인 활동과 적극적인 활동으로 구분되는데 소극적인 첩보활동은 주로 보안조치라고 하며 적극적인 경우에는 대응조치(對應措置)라고 한다. 보안조치는 특정인이 첩자인지 발견하여 심사하고 확인하며 이들이 비밀자료에 접근하는 것을 제한하고 이미 분실된 정보를 추적하여 정보손실을 확인하는 체제를 확립하는 노력을 말한다. 이보다 적극적인 대응조치는 적을 압도하거나 상시 감시하에 두는 것과 같은 책략을 통해서 특별한 보안조치를 취하는 일이다.

다시 말해서, 방첩활동은 대체로 다음과 같은 세 가지 임무를 가지고 있다.[5]

---

5) Mark M. Lowenthal, *Intelligence: From Secret to Policy*(Fourth Edition)(Washington, D.C.: CQ Press, 2009), p.151.

① 정보수집(情報蒐集, collection)으로서 상대국가가 자국을 목표로 하는 정보수집 능력을 파악하는 것이다.

② 방어적 조치(防禦的 措置, defensive)로서 자국의 정보기관을 침투하려는 적대적 정보기관의 노력을 막아내는 것이다.

③ 공격적 조치(攻擊的 措置, offensive)로서 자국의 정보조직을 침투하려는 상대방의 노력을 확인하고 상대국의 첩자를 이중간첩으로 돌려놓거나 첩자가 본국에 보고할 거짓정보를 대어주는 등 공격적 조작을 시도하는 것이다.

앞에서 인용한 로웬탈 교수의 책 제4판 152페이지에서는 스파이나 첩자 활동에 대해서는 항상 누가 누구를 몰래 감시하고 조사하는 것인가에 대해서 교수 자신이 미국의 CIA에 오랜 근무를 통해서 얻은 경험으로 설명하고 있다. 우호적인 국가 간에는 서로 스파이활동을 하지 않을 것이라고 하지만 "우호적이란 무엇인가?"가 문제라는 것이다. 미국은 영국연방의 사촌격인 영국, 오스트레일리아, 캐나다와 같은 나라와는 가까운 정보 동반자로서 협력하며 서로 스파이활동을 하지 않는다고 한다.

그러나 1990년대 미국 정부는 프랑스의 경제정보를 스파이하였으며 1980년대에는 이스라엘 정부는 미 해군의 고정첩자를 두고 필요한 정보를 빼갔으며 냉전 후 소련의 후계체제도 첩자를 통해 미국의 정보를 빼낸 일이 있다고 한다. 로웬탈 교수는 과거 미국의 국무장관을 지낸 헨리 키신저의 이런 말을 인용하고 있다. 즉 "우호적인 정보기관 같은 것은 세상에 없으나 우호적인 나라의 정보기관만은 있다(There is no such thing as friendly intelligence agencies. There are only the intelligence agencies of friendly powers)."

최근에 미국의 NSC가 정보계약자인 에드워드 스노우든(Edward Snowden)을 통해서 여러 우호국의 국가원수가 쓰고 있는 전화를 도청했다는 사실이 밝혀져서 독일의 총리가 아주 불쾌한 반응을 보이기도 했다.

정보수집이나 첩보활동은 어느 나라의 경우에도 국가안보와 이익을 보호하기 위해서는 사실 적대관계에 있는 나라에 대해서는 물론이지만, 우호적인 국가끼리에서도 필요한 정보를 획득해야 할 때가 많다. 특히 자국의 정보활동이나 자국이 비밀로 하고 있는 정보를 알고 싶어하는 우호국가인 경우에 대해서도 방첩이라는 면에서는 적대국에 대한 방첩활동과 동일한 수준의 경계와 감시 또는 저지를 할 필요가 있다.

상대국이 자국의 정보시스템을 침투하여 활동하는 경우에 이런 침투가 가능하지 않도록 기관의 내부에 대한 단속을 한다. 첩보작전의 소극적인 대치의 경우이지만 정보기관 내부의 안전장치는 항상 필요하다. 첫째로 새로 채용되는 정보요원의 경우에 채용 전에 철저한 신원조회와 채용될 당사자에 대한 과거의 행동을 정보기관은 잘 파악한다. 정보원으로 채용되는 사람이 전혀 결격사유가 없어야 하는 것만은 아니고 결격사유가 있어도 이에 대한 확실한 고백과 그 과거사실을 솔직하게 밝혀 기록에 남기는 과정이 필요하다.

한 예를 들면 1980년대 일본어를 전공한 한 미국대학 졸업생이 있었다. 그는 동경에 와서 당시 일본의 외무성 차관 하마다 다쿠지로(浜田卓二郎)라는 자민당 국회의원의 비서를 했다. 그가 약 5년간 일하는 동안에 저자와 함께 외무차관의 정책개발을 위한 세미나나 국제회의에 참여한 일이 여러 번 있었다. 그리고 말레이시아와 인도네시아에서 열리는 국제회의에 외무차관과 함께 참석한 일이 있었다. 이 젊은 미국인 비서는 그 후에 동경의 근무를 마치고 워싱턴으로 돌아가서 미국의 CIA에 취직을 했다. 그가 취직한 후에 내게 연락을 하고 저자를 꼭 만나고 싶다는 전언이 왔다. 미국으로 가는 길에 그를 만났는데 그는 자기가 동경에서 일본 외무차관의 비서로서 지낸 일에 대하여 소상하게 기록하는 중에 저자의 이야기를 적을 수밖에 없었다고 양해를 구한 일이 있었다.

한국의 경우에는 과거 신원조회라는 과정을 걸쳐 정보기관에 근무하게 되는 사람에 대한 조사를 철저히 한다. 정부의 고위직에서 일하게 될수록 그 신원조사는 철저하다. 본인이 기록하는 신원진술서를 제출하면 그 기록에 적혀 있는 과거의 관계를 모두 직접 조사원이 다니면서 조사를 한다.

현주소지, 본적지, 전 직장, 그리고 가족과 형제들이 살고 있는 곳을 조사원이 찾아가서 기록을 직접 확인한다. 이러한 조사는 미리 가까운 친구나 아는 사람을 조사원이 직접 인터뷰하기도 한다. 물론 우리나라에서는 범죄사실이 있으면 공직에 들어가지 못하며, 특히 정보 분야에서 일하게 될 때 가까운 가족 중에서 북한으로 월북한 사람이 있거나 가까운 친척이 북한에서 거주하고 있는 경우에는 어려운 경우를 맞게 된다.

이를 일반적으로 연좌제라고 하며 1945년 이후 1980년까지 오랫동안 사람의 과거 배경을 조사하여 방첩활동의 주요한 보안초치를 삼았다. 1980년 국보위 내무분과위원회는 이 연좌제의 신원조사제도를 간략하게 축소 폐지하였으나 아직도 국가정보원이나 군의 보안사령부에서 근무하게 되는 사람에 대한 신원조회는 철저하다.

방첩을 위한 내부의 안전장치로 둘째 방법은 현재 근무하는 직원의 생활상태를 잘 살피는 것이다. 이는 정보요원이 배신행위를 하는지를 관찰하는 경우이다. 요원의 개인적 행태나 생활습관이 갑자기 변하는가를 확인하는 일이다. 갑자기 결혼상의 불화가 생긴 일이 있는지, 일상생활에서 술을 많이 마시는지, 혹시 마약과 같은 약물을 상습적으로 복용하는지, 또는 알려진 개인의 재력을 넘어선 소비생활을 하고 있는지 그래서 빚을 지고 있는지 등의 개인생활이 비정상적인가를 살펴본다. 일반적으로 스파이가 되기 쉬운 동기는 많은 빚을 지었을 때 적대국의 공작에 빠지기 쉽기 때문이다. 더구나 전혀 스파이의 역할을 하게 되리라고 생각을 해보지 않은 요원이라도 개인적인 문제가 생기면 그런 충동을 가진다는 경험에서 직원에 대한 내적 보안조치를 취하는 것이다.

세 번째의 스파이의 공격을 막을 수 있는 내적 안전장치로서 취해지는 보안조치는 요원들이 취급할 수 있는 정보의 비밀등급에 따라 근무상황을 제한한다. 이 같은 접근차단제도(接近遮斷制度, compartmented system)는 비밀취급 허가등급에 따라서 출입이나 접근의 제한으로 정보요원이 업무상 제한을 받는다. 예를 들면, 특정 서류를 추적하는 경우, 고용된 요원의 보안조치를 시행하는 경우, 비밀문건의 특별한 금고나 안전한 저장소에 대한 접근, 문서에 숫자나 색으로 표시하는 경우, 비밀등급이 해제된 문서를 소각하는 경우, 보안조치된 안전한 전화의 사용과 건물 내의 출입제한의 경우 등 일반적으로 접근차단제도를 실시하는데 이를 위한 막대한 예산이 소요되기 때문에 많은 문제가 제기되기도 한다.

접근차단제도의 일환으로 군사기밀의 관리와 기밀의 분류 체계에 관한 우리 군수(軍需, procurements)의 문제가 최근에 자주 벌어지고 있다. 군에 근무하고 있던 간부들이 예편한 후에 민간기업에 취업해서 군사기밀을 빼돌리는 사고가 끊이지 않는다는 것이다.[6] 군사비밀을 분류함에 있어 너무 많은 것을 비밀로 분류한 까닭에 실제로 비밀누설에 따른 형사 처분 사건을 법원에서 재판할 때 실제로 기밀의 중요성 판단을 재판부에서 내리게 되는 문제가 있다. 더욱이 형법상에서 기밀누설이나 간첩죄는 적대국에게 우리 군사기밀을 누설하는 경우에만 적용하게 되어 있어 법정에서 판결할 때, 동맹국이나 우방의 정부에 누설한 것은 처벌을 받지 않는다.

이런 문제는 동맹국인 미국의 경우에는 그렇지 않다. 최근에 일어난 군사기밀을 한국군에게 누설한 경우에 몇 차례나 한국계 미국인이 처벌을 받았다. 이것이 로버트 김과 스티브 김의 사건이다

자국 내에서 외국의 스파이가 활동하는 것을 방지하기 위한 방첩활동의 내부적 안전조치 이외에도 문제의 외부적 징표를 관찰하여 스파이의 국내활동을 알아보고 그 저지에 노력하는 것이 방첩이다. 국내에 침투된 간첩의 활동을 탐지하는 징표와 실제로 상대국의 정보체계에 침투하여 획득할 수 있는 첩보에 내용을 로웬탈 교수는 그 교과서에 예를 몇 가지 들고 있다.[7] 스파이 행위가 일어날 수 있는 전형적인 징표는 다음의 몇 가지라고 한다.

---

6) 『조선일보』 사설, "군사기밀 관리, 기밀분류부터 다시 하라," 2011.7.21(목요일), p.A, 39.

7) Mark M. Lowenthal, *Intelligence: From Secret to Policy*(Fourth Edition), pp.156-157. 로웬탈 교수의 교과서 제4판을 국가정보대학원의 김계동 교수가 번역한 것이 있다. 『국가정보: 비밀에서 정책까지』(서울: 명인문화사, 2008), pp.209-211.

- 자국이 가지고 있는 해외 스파이망이 갑작스럽게 사라지는 경우
- 위성을 통해서 획득한 상대국의 군사훈련 유형이 갑자기 변하는 경우
- 자국의 첩보기관이 상대국의 스파이에 의해서 침투되었을 가능성을 드러내는 상대국의 정보기관을 침투한 경우
- 이 밖에 쉽게 포착하기 어려운 경우도 있다. 즉 뜻밖의 서투른 공작이거나, 상대국의 스파이가 자국이 사전에 내정한 교섭상의 최저선을 미리 예상하고 접선에 응하지 않는 경우 등이다.

실제로 상대국의 정보체계에 침투하여 획득할 수 있는 첩보의 내용을 다음과 같이 예시하고 있다.

- 상대국의 정보기관이 획득할 수 있는 인적정보수집 역량과 정보 표적 등을 알아낼 수 있으며 그 장점과 단점을 파악할 수 있다.
- 상대국 정보기관의 중요한 정보 관심 분야와 표적, 그리고 현재 정보가 없는 관심 분야가 무엇인가를 알 수 있다.
- 상대국 정보요원이 자국정보기관에 침투가능성에 대한 예측을 할 수 있다.
- 상대국의 정보기관이 다른 나라의 정보기관과 협력관계를 맺을 수 있는 가능성과 자국 내에서 상대국의 정보기관에 협력가능한 자를 어디서 찾을 수 있는가를 파악할 수 있다.
- 상대국의 정보기관이 인간정보수집 활동을 급작스럽게 변경할 수 있는 가능성을 파악 할 수 있는데 이는 새로운 정보 요구가 있거나, 새로운 정보 임무가 주어지거나, 정보의 표적이 변하거나, 또는 특정 지역으로부터 정보요원을 철수시키는 등 여러 징표를 통해서 집작하게 된다.

결국 외국의 스파이가 국내에 들어오거나 해외에 있는 정보망에 접근하여 자국의 정보활동을 파악하려는 것은 일상적으로 일어나는 상대국의 정보수집 활동이다. 이러한 위험에 노출되지 않기 위하여 스파이의 활동을 방지

하는 것도 또한 어느 나라의 정보기관이라도 취해야 하는 조치이다. 이런 방첩활동은 인적정보의 수집 과정에서 일어나는 것뿐만이 아니라 기술정보의 수집 과정에서도 기술적으로 자국의 정보망에 침투하기도 한다. 이런 경우는 최근의 위키리크스(Wikileaks) 사건의 경우와 같이 수십만 건의 미국 외교정보 자료를 빼내간 경우와 같이 미국 정부는 대비책을 강구하지 않았었다. 따라서 기술적으로 정보의 누설이나 도청을 차단하기 위한 방첩의 기술적 조치도 필요하다.

이러한 방첩활동에는 늘 여러 가지 다른 문제들을 수반하게 된다. 방첩활동은 기본적으로 은밀한 공작(covert operations)에 의한 적국의 활동이기 때문에 스파이의 성공적인 침투에 대한 확인을 침투의 초기부터 탐지하기 어려운 점이 있다. 특히 스파이의 침투는 자국의 국민들을 매수 또는 뽑아서 침투시키는 경우가 흔하기 때문에 이런 경우가 많이 일어난다. 미국 정부는 9.11 이후에 테러방지를 위해서 정보를 수집하기 위한 외국계 요원의 충원이 많아진 것으로 알려졌으며 따라서 최근에 미국이 신경을 쓰고 있는 중동지역에 대한 침투를 대비해서 중동국가에서 이주한 사람들이 다수 동원된다고 한다.

은밀한 공작이면서 자국 출신의 스파이가 침투하는 경우에는 방첩활동의 치밀한 준비가 필요하며 장기적인 관찰을 통해서 상대국의 정보요원을 확인할 필요가 있다. 특히 1970~80년대 일어난 북한의 침투는 주로 일본에 거주하는 조총련 계열의 사람이거나, 유럽에 유학하여 오랜 기간 독일, 프랑스 등지에서 공부하고 있던 학생을 이용하는 경우가 많은 것 같다. 최근에는 중국에 거주하는 조선족이 북한의 남한 침투 요원으로 이용될 가능성이 높아 보이며 이런 점으로 보아 방첩활동의 성공적인 조치는 항상 감시체제를 통해서 이루어질 것이다.[8]

---

8) 북한은 남한의 해외유학생을 포섭하여 간첩사건으로 비화된 "동백림 사건"이 한 예이지만 1967년에 중앙정보부가 지나친 조사과정에서 아무 관련 없는 사람도 방첩활동의 일환으로 유학생들이 정신적인 고통을 받은 경우가 있다. 여기에 소개되는 심상필 박사의 파리 유학시절에서 일어난 중앙정보부의 방첩활동이 어떻게 진행되었는지 실제

또 한 가지 항상 문제로 제기되는 것은 방첩활동과 같이 중요한 국가기관에 고용되기 전에 취해지는 요원의 사전신원조회나 차단조치 등이 철저하게 실행되기 때문에 일단 정보기관에 들어온 사람에 대한 기본적인 신뢰가 높다는 점이다.

II. 정보 과정으로서의 비밀공작

비밀공작(秘密工作)이 지니고 있는 의미가 일반적인 국가정보의 수집과 분석 과정을 다루는 내용에서 좀 동떨어진 것 같다. 이는 근본적으로 정보의 수집이나 분석보다는 미국의 외교 정책 수행 과정에서 보다 특수한 정책 집행이면서 정책목표의 결정적인 장악을 시도하기 때문이다. 제2차 세계대전이 끝날 무렵에 조직된 미국육군의 OSS(Office of Strategic Services) 조직이 주로 현장에서 공작정치를 하여 미국의 국가 목표를 효과적으로 달성하는 전통과 경험을 가지고 있었기 때문이다.

미국의 국가안보법(National Security Act)에서는 비밀공작이란 "미국 정부가 해외에서 정치적이고 경제적이며 군사적 상황에 영향을 미치려는 어떤 활동이나 일련의 활동을 의미하며, 이런 경우에 미국 정부의 역할이 드러나지 않고 공식적으로 확인되지 않도록 하는" 것을 말한다. 정보전문 학자들은 이때 미국의 법적 정의와는 달리 "특별 정치적 공작(Special Political Action)"이라고 표현하는 것이 올바르다고 하는 영국식 비밀공작을 지칭하기도 한다. 물론 이러한 정부의 활동이 비밀이라는 점에서 동일한 활동이라고 할 수는 있어도 활동의 진면목은 의미상의 구분으로서 중요한 차이가 있다. 미국의 비밀공작은 우선 정책 목표의 추진이라는 의미에서 취해지는 공작이라는 점에서 큰 차이가 있다.

적 경험을 기록한 것을 소개한다. 심상필 저, "그해 여름에 있었던 일, 동백림 사건," 『다시 찾은 시간: 심상필 反자서전』(서울: 도서출판 계간문예, 2011), pp.95-200.

  적절한 비밀공작은 정책결정자가 바람직한 목표를 달성하기 위해서는 가
장 최선의 길이라고 확정한 것이기 때문에 취해지는 공작이라는 것이다. 그
러나 이런 비밀공작은 정보기관의 선제(先制, initiatives)에 따라서 추진되
지 않으며 그래서는 절대로 안 된다.

  비밀공작을 수행하게 되는 전형적인 논리는 다음과 같다고 로웬탈 교수
는 그의 저서 제4판에서 지적하고 있다. 다시 말하면, 정책결정자에게는 국
가의 외교 정책 수행과 목표를 달성하기 위해서 제3의 선택이 있어야 한다
고 지적하고 있다.[9] 주어진 국제 사정 가운데 자국의 중대한 이익이 위협을
받고 있는 마당에서 정부는 첫째로 아무런 조치를 취하지 않는 경우(제1의
선택)가 있을 수 있고 그렇지 않으면 병력을 파견하는 경우(제2의 선택)가
있는데 후자의 경우에는 어려운 정치적 이슈가 생길 것이다. 물론 누구나
이런 이유에 대해서 동의하지는 않지만 제3의 선택으로 외교적 활동이 군사
력에 호소하지 않고 아무런 조치를 취하지 않는 것보다 나은 것이 아닐까
생각하게 한다는 것이다.

  방첩활동의 경우에서와 마찬가지로 비밀공작은 냉전시대의 유물이며 이
런 비밀공작이 오늘 날에도 필요한 것인가를 문제삼을 수 있다. 분명한 것
은 현재 비밀공작이 미국의 경우 점차 중앙정보국장의 휘하에서 수행되고
있기 때문이다. 1950년대, 아이젠하워 대통령 시기(1953~1961)의 비밀공작
은 비교적 유용한 수단으로 간주되어 소련과 광범위한 투쟁을 하는 상황에
서 점차적으로 매혹적인 정책 선택으로 간주된 일이 있다. 냉전 후에도 핵
무기 확대, 테러리스트의 활동, 그리고 마약의 밀매 등과 같은 국제적 상황
은 비밀공작이 어느 정도 필요한 조치는 아닐까 생각하게 된다. 다만 이런
새로운 집단의 파괴적 활동과 안전에 대한 위협 때문에 점차적으로 처음의
비밀공작과 같은 비교적 소극적 수단이 점차 적극적으로 활용되고 있어 비
밀공작이 정책집행수단으로 사용되는 데 있어 많은 논란의 여지가 생기고
있다.

---

9) Lowenthal, 4th edition(2009), p.165.

미국 정부는 최근에 알 카에다(Al-Qaeda) 테러리스트를 소탕하는 과정에서 2011년 5월 초에 오사마 빈 라덴(Osama Bin-Laden)을 사살하는 공작과 9월 말에 있었던 미국시민이면서 예멘의 시민인 안와르 말 마우라키(Anwar al-Awlaki)를 예멘에서 사살하는 작전과정에서 CIA와 미국군의 특수부대가 공동작전을 전개하게 되었는데, 이것은 과거와 다른 방식으로 비밀공작을 수행하는 것이다. CIA 국장이 직접 진두지휘하면서 무인 폭격기를 동원한 것은 지금까지 없었던 일이었다. 미국해군의 특수부대와 공군의 특수무기 및 장비를 동원하여 테러리스트를 제거하는 작전에 정당성을 부여하고 있다고 볼 수 있다.

원칙적으로 비밀공작은 다른 방법으로 성취할 수 없는 특정한 정책 목표를 달성하기 위하여 합법적으로 승인을 받은 정책결정자에 의하여 집행되는 것이며 반드시 그렇게 해야만 하는 것이다. 비밀공작은 아무래도 불충분하게 고안된 정책을 보완하거나 대신할 수는 없는 것이며, 비밀공작의 계획을 시작하는 것은 처음부터 정책결정자가 정책을 합리화하고 문제가 되고 있는 국가이익과 목표를 명백하게 정의하면서 정책결정자로부터 시작해야 한다.[10]

1. 국가정보와 외교 정책상의 비밀공작의 역할

국가정보에는 목적과 방법론에 따라 세 가지 다른 분야가 있다. 즉 정보수집과 분석, 방첩 그리고 비밀공작의 세 가지 분야는 그 임무와 훈련과정에서 근본적으로 다른 분야이다.

첫 번째로, 지금까지 논의된 국가정보의 수집과 분석은 적대국의 숨겨진 의도나 다른 방법으로는 획득할 수 없는 특수한 첩보를 수집하기 위하여 사람을 비밀리에 이용하거나 기술적 정보출처가 중심이었다. 이렇게 수집된 정보를 근거로 완성된 정보보고서나 정보평가서는 전략정보로서 대통령을

---

10) Ibid., p.166.

포함한 정책결정자에게 보고된다. 그런데 지난 10여 년 사이에 미국의 정보
사회에서는 다양한 정보출처를 이용하여 준비된 정보보고서가 공작원(工作
員, operation officers)의 활동에 유용한 전술적 정보(戰術情報)로 쓰이기
시작했다. 그 내용은 상대방을 감시하는 도로나 도주로에 대한 감시 정보,
간첩들의 접촉 장소에 대한 정보, 적대적인 인물의 저항행태와 유형, 그리고
다른 공작 지원활동의 근거 등에 관한 구체적인 정보를 요청한다. 특히 이
러한 전술적 정보는 외국의 정보나 보안활동, 테러리스트 집단 등에 관련된
것이 많다.

　　두 번째의 경우는 방첩활동과 관련된 것이다. 방첩활동은 주로 비밀공작
을 이용하는 활동인데 상대국의 정보수집 활동을 중립화하는 데 쓸만한 첩
보를 수집하기 위하여 적대국의 정보요원을 발탁하여 비밀활동을 수행한다.
그런데 상대국의 간첩이 침투하여 자국 내에서 활동하는 대간첩작전(對間諜
作戰)의 경우에는 적대적인 정보작업을 통해서 자국의 비밀수집을 막아
낸다.

　　미국의 경험에서 보면 1980년대 이후의 마약사범이나 테러리스트들의 조
직이 마치 국가정보나 보안 업무를 수행하듯 방어적 조치를 취하는 것이
많다. 특히 이런 범죄조직들은 경찰의 감시활동의 탐지방법, 경찰관이나 법
원직원에게 뇌물을 제공하는 따위의 "상대방" 침투를 하고 있어 경찰관이
무엇을 알고 있는지를 알아내고 있다. 더 나아가서 현장 "덮치기" 정보, 교
신 안전, 안가, 잠적지 주소 등의 첩보를 입수하여 공작상의 안전을 기하기
도 한다. 결과적으로 요즈음의 방첩활동 요원은 외사정보 혹은 보안 업무뿐
만 아니라 국제 범죄조직에 관한 전문적 지식을 갖도록 하고 있다.[11]

　　국가정보수집이나 방첩활동인 이 두 가지 정보활동은 공작활동의 기술이
나 방법을 같이 하는 경우가 많고 필요에 따라서는 일의 성질상 아주 비밀
적일 수밖에 없다. 이 때문에 실제적인 활동이나 이런 일에 참여하는 것과

---

11) William J. Daugherty, *Executive Secrets: Covert Action & the Presidency*
　　 (Lexington: Th University Press of Kentucky, 2004).

그 활동의 결과는 보이지 않도록 감추려고 하기 때문에 감춰진 채 일이 진행된다.

세 번째의 경우가 비밀공작인데 이는 그 용어의 정의상으로 보아도 여러 관점에서 검토하게 되어 있다. 숨겨진 공작들은 비밀에 가려 있기 때문에 공작 범위, 공작의 시작, 그리고 성공의 정도에 관한 여러 가지 자료를 손에 들고 있어도 누구도 비밀공작의 본질을 밝히기는 어려운 것이다. 그렇지만 비밀공작을 수행하고 있는 정부 측은 늘 비밀공작만이 유일한 정책선택이라는 것을 주장하고 있다. 지금까지 비밀공작에 관해서 연구된 내용을 살펴보면 미국 정부는 어떤 동기에서 왜 그런 공작을 택했는지 또는 미국 정부는 자국의 선택이 얼마만큼이나 정책 목표 달성에 공헌했는지에 대한 관심이 주로 논의되어 있다.[12]

데이비드 아이젠버그(David Isenberg) 연구원은 여기에 인용한 보고서에서 다음과 같은 두 가지 명백한 결과에 대하여 지적하고 있다. 첫째는 공작의 범위와 규모가 대단히 광범하다는 점이다. 마치 비밀전쟁을 하는 것과 같이 비밀공작의 가장 극단의 경우인 준군사적공작(準軍事的工作, para-military operations)을 취하기 때문에 무수한 생명의 희생과 막대한 파괴를 가져오고 있다는 점이다. 둘째는 미국 정부의 비밀공작이 정책목표 달성에 성공적이라는 과장이 있다는 점이다. 예를 들면, 2차 세계대전 직후 소련이 서유럽에서 취한 행동을 군사적으로 저지한 경우와 1964년 쿠바 사태에 미국 정부가 군사적으로 즉각 대응한 것은 분명히 성공적이라고 할 수 있어도 그 후에 그리스나 이란 등지에서 취한 비밀공작은 꼭 성공적인 것은 아니라는 판단이다. 결과적으로 반미정서의 확대라는 외교 정책상의 많은 문제를 제기하고 말았다는 판단을 하게 된다. 따라서 21세기에 들어서기 전에는 미국 정부의 비밀공작에 대한 많은 비판과 재검토성이 강조되는 여론이 많았다고 지적하고 있다.

---

12) David Isenberg, "The Pitfalls of U. S. Covert Operations," *CATO Policy Analysis*, no.118(April 7, 1989), "Executive Summary," p.1.

여기에서 정보 과정으로서 비밀공작을 논의하고 있지만 그 정확한 정의에 대해서는 미국의 행정부에 따라 다르고 나라마다 다르게 그 정의가 알려지고 있다. 다만 비밀공작이라는 그 본질적인 의미로 보아서 여기에 다음과 같이 그 정의를 정리하려고 한다.

비밀공작이란 한 정부가 다른 나라나 영토 안에서 자국이 관련된 것을 드러내지 않으면서 영향을 미치려고 하는 활동을 말하는데, 궁극적으로 상대국 정부나 사회의 정치에 영향을 추구하는 것이다. 이는 바로 외교 정책 수행의 전형적인 일면에 불과하다는 것이다. 더욱이 정부는 일반적으로 상대국에서 무엇을 성취하려고 하는지 또는 어떻게 하려고 하는지에 대해서는 전혀 공개하지 않기 때문에 이런 국가적 활동은 어느 정도 비밀이거나 숨겨진 활동이다. 그래서 모든 나라는 어느 정도의 비밀공작을 하고 있다고 본다.

무역거래가 국가 간에 확대되거나, 여행이 쉬워지고 빨라지며 통신의 기술적 발전이 이루어지면서 어떤 나라의 공무원이라도 비밀공작을 통해서 표적 국가의 정치적 환경에 영향을 쉽게 미치게 되었다. 결국 앞에서 지적한 대로 비밀공작은 정책결정자로서 쉽게 생각하게 되는 제3의 선택이 되었다. 외교적으로 가만히 있을 수도 없고 그렇다고 전쟁을 할 수도 없는 상황에서 과감하게 정책적 선택을 하게 만드는 것이다.

이런 점에서 제3의 선택으로서의 비밀공작은 앞에 설명한 다른 두 가지 비밀적 활동과는 분명히 다르고 별개의 임무를 가진 활동이다. 비밀공작의 정의에 대한 의견이 서로 다르다고 해도 가장 간단하게 설명한다면 비밀공작은 "영향(influence)"을 의미한다. 이는 복합적이고, 정책에 부수되며, 협조적으로 여러 가지 정보공작과 서로 얽혀서 추진된다. 또한 아주 장기간에 걸쳐서 추진되면서 표적이 되는 상대방에게 무엇인가 하도록 하거나 혹은 표적대상이 하려고 하는 것을 못하도록 하는 영향을 미칠 의도에서 취해지는 공작이다. 정책 표적의 대상이 되는 국가의 일반적 여론을 특정 방향으로 유도하려는 데서 취해지는 공작으로 주로 일반대중의 여론이나, 기업의 지도자나 정치적 또는 군사적 지도층의 사람들에게 영향을 미치게 함으로써 일정한 여론을 유도하기 위해서 취해지는 공작이다. 그래서 이는 주권국가의 정부에 대한 공작이 아니라 특정 부류의 개인이 어떤 비밀공작의 표적이 되는 경우가 흔히 일어나게 된다.

자국의 국익을 보호하고 증진시키기 위해 다른 나라에게 영향을 미치려는 비밀공작은 주로 평화 시에 일어난다. 미국의 CIA의 경우에 보면 대부분의 비밀공작은 평시의 임무다. 주로 미국의 외교 정책에 손해를 끼치거나 저해하려는 적대적 관계에 있는 상대방에 대하여 취해지는 공작이다. 물론 미국의 이익을 암암리에 지지하게 될 중립적이거나 우호적인 상대방에 대해서도 이따금 비밀공작을 한다. 결과적인 작업 내용은 성질상 억지로 생기는 공공연하고 명백한 행동이지만 어떤 상대방이라도 눈에 띠게 영향을 받거나 변질되는 경우는 있을 수 없다. 비밀적이라는 관점은 특히 공작의 추진자로서의 프로그램 뒤에 있는 정부가 끝까지 그 정체를 드러내지 않게 한다는 데 있다. 그러나 공작의 집행자는 전적으로 국내에 기초를 둔 자로서 사건이 완전히 내국인에 의하여 진행된 것으로 보이도록 하는 것이다.[13)

2. 비밀공작의 여러 가지 유형

특별히 비밀공작에서 사용되는 군사적 수단은 특수군에 의해서 집행되지만 이는 항상 평화 시에 쓰이고 가장 난폭한 수단에 속하는 것이다. 이 밖에도 여러 가지 단계적으로 쓰이게 되는 비밀공작의 유형이 있다. 전통적으로 쓰이고 있는 비밀공작은 주로 세 가지 목적을 위해서 발전해 왔다.

첫 번째의 것은 외국 내에서 일반 여론의 분위기에 영향을 미치기 위한 공작이다. 이런 경우는 주로 미국의 목표를 달성하거나 일반적인 민주적 가치를 앙양하는 것이었다. 두 번째 것은 외국의 국내정치적 균형에 영향을

---

13) Daugherty, op. cit., pp.12-22. 비밀공작의 법적 성격에 관하여 레이건(Ronald W. Reagan) 대통령의 1981년도 행정명령(Executive Order) 제12333호에서 처음으로 공식적인 정의를 규정하였다. 미국에서는 이 명령의 규정이 오늘에까지 효과를 가지고 있다고 한다.

미치기 위해서 개인이나 기관의 지위를 강화하거나 다른 한쪽의 사람들이나
집단을 약화시키는 데 영향을 미치려는 것이었다. 세 번째 것은 미국의 정
책 목적을 위해 어떤 특정한 국가이익을 유도하는 희망에서 취해지는 공작
이었다. 지금까지 대체적으로 미국의 비밀공작은 세 번째의 경우가 가장 많
았다고 한다. 미국군의 정보장교였던 존 오세트(John Oseth)는 세 번째의
비밀공작활동은 주로 다음과 같은 것이었다고 밝힌 바가 있다.[14]

① 외국에 있는 지도자나 영향력 있는 개인에게 자문을 하거나 상담을
   하게 되는 경우
② 처음 만나게 된 때에는 아직 지도자의 직위나 영향력 있는 직위에
   있지는 않았으나 그러한 직위에 오를 것으로 생각되는 개인과 관계
   를 맺어 접촉이 발전해가는 경우
③ 외국 정당에게 재정적 지원이나 다른 원조를 제공하는 경우
④ 노동조합, 청년단체, 또는 전문직 협회와 같은 민간기관에 원조를 제
   공하는 경우
⑤ 외국의 미디어 기관이나 개별적인 언론인의 지원과 더불어 취해진
   비밀선전을 공표하는 경우
⑥ 우호적인 정보기관에 기술훈련과 기타 지원을 하는 관계를 형성하는
   경우
⑦ 여러 가지 목적을 위해서 외국에 제공되는 재정지원에 의한 경제공
   작을 수행하지만 정부와 공식적으로 연관되지 않은 중개적 출처를
   통해서 추진되는 경우
⑧ 공식적인 정부의 관여가 확인되지 않은 시민항쟁을 당하는 정권에
   준군사적이거나 대반란 작전에 대한 훈련을 제공하는 경우

---

14) John M. Oseth, *Regulating US Intelligence Operations: A Study of Definition
    of the National Interest*(Lexington: University Press of Kentucky, 1985), p.27-
    28; CATO 연구소의 아이젠버그 연구원의 앞의 논문 (주) 87에서 다시 인용한 것임.

⑨ 특정 정권의 내부 부처와 정치 파벌과 영향력 있는 관계가 전개되는
경우

⑩ 외국 정권의 지도자를 바꾸고 미국의 목적에 비교적 친근한 후계자
를 세울 계획으로 정치적 행동이나 준군사적 행동을 전개하는 경우

이상 10가지의 경우를 열거할 수 있다. 그런데 이런 미국의 비밀공작 프
로그램을 수행하는 가운데 한 가지 지적할 만한 것은 1970년대까지 미국
정부의 계획에 추진되었던 공작들이 아주 잘 숨겨져 있었다는 것이다.

미국은 비밀공작의 유형에 대하여는 미국법규에 규정하고 있다. 특히 미
국의 국가안보법(National Security Act) 제505조 e항은 비밀공작은 미국
"정부의 개별적 활동 또는 일련의 활동으로서 외국에서 정치적, 경제적 그리
고 군사적 영향을 미치는 것이다. 다만 정부의 역할이 드러나거나 공식적으
로 확인되지 않도록 하는 경우에 한 한다." 따라서 기본적으로 정치적이고
경제적이며 군사적인 영향을 수단으로 삼고 있기 때문에 일반적으로 비밀공
작의 활동범위는 다음과 같은 등급으로 나누어서 그 폭력성을 설명하게
된다.

공식적으로 미국의 비밀공작으로 간주되는 미 중앙정보부의 활동에는 다
음의 몇 가지가 있는 것을 〈그림 5-1〉과 같이 표시할 수 있다. 이 그림은

〈그림 5-1〉 미 중앙정보부의 비밀공작 활동

	폭력성 정도	비밀공작의 유형	공작을 부인할 수 있는 개연성
비밀공작의 영향 정도	매우 강함 ↑ 매우 약함	준군사공작	매우 약함 ↓ 매우 강함
		쿠데타공작	
		경제공작	
		정치공작	
		선전공작	

대체적으로 국가정보 교과서에서 볼 수 있는 것이지만 여기에서는 또다시 로웬탈 교수의 교과에서 인용한다.[15]

〈그림 5-1〉에서 표시한 것과 같이 비밀공작의 유형에 따라 상대국에 미치는 영향의 정도로 구분되는 다섯 가지가 있다. 공작의 결과가 미치는 폭력성의 수준은 상대국에서 비밀리에 선전(宣傳, propaganda)하는 것이 준군사적인 공작(準軍事的工作, paramilitary operations)을 취하는 것보다 그 폭력성은 훨씬 낮다. 그러나 비밀공작을 주도한 국가가 개입된 것을 부인할 수 있는 개연성은 매우 높다고 할 수 있다. 폭력성이 약하나 자국 정부의 개입을 부인하기 어려운 심리전으로서의 선전으로부터 폭력성이 가장 강한 군사력의 동원은 때로 전쟁을 방불케 하는 준군사적인 조치이지만 이런 경우는 정식으로 군사력을 동원하여 전쟁을 하는 경우와 달라 미국에서는 비밀공작의 준군사적 행동에 국방부가 개입하지 못하도록 하고 있다. 그 밖에 상대국의 정권을 전복시킬 만한 영향력을 미치는 경우나 경제적 제제 혹은 정치적 영향력을 동원하는 것이 보통이다.

어떤 유형의 비밀공작일지라도 정책결정자는 다른 방법으로는 추구하는 특수한 정책목표의 실현이 불가능하다는 것을 밝힐 수 있을 때 비로소 그 비밀공작의 수행이 가능한 것이다. 정책결정자는 적법한 정책 목표를 정해야 하며 비밀공작이야말로 그 정책목표를 성취하는 데 적합하다는 것을 밝혀야 한다. 결국 비밀공작의 계획과정을 보면 먼저 추구하는 정책의 목표설정이 정당한 것을 밝혀야 하고 문제가 되고 있는 국가안보 이익과 그 목표를 명백하게 정의하여야 한다.

다음은 여러 유형의 비밀공작을 폭력성의 강도가 낮은 것부터 설명하는 것이다. 이는 주로 미국의 예를 들어서 설명한다.

1) 선전공작(Propaganda)

선전공작은 아주 오래된 정치적 활동으로서 메시지를 받는 쪽의 특정한

---

15) Lowenthal, op. cit.(4th edition), p.170, Figure 8-1: The Covert Action Leader.

심리적 작용에 영향을 주는 것으로 적절한 정보를 퍼뜨리기 위하여 취해지는 공작이다. 그래서 의도적으로 조작된 또는 진실일지라도 의도적으로 다른 사람에게 영향을 주어 공작을 시도하는 편의 우호적인 집단 또는 개인에게 상황이 유리하게 진행되도록 하거나 또는 비우호적이거나 적대적인 집단이나 개인에게 불리한 상황이 전개되도록 유도하는 목적에서 공작을 하는 것이다. 일반적으로 선전공작은 정치적 불안과 같은 괴담이나 루머를 퍼뜨리거나, 경제적 공황이나 상품의 품귀현상의 허위선전 등과 같은 상황의 선전, 그리고 개인을 직접적으로 공격하여 그 개인의 불리한 입장을 조장하거나 개인의 심리적 압박을 가하는 것들이 있다.

우리나라에서는 지난 수십 년간 북한과 대치하고 있어 북한에 대한 선전공작이 그런 것으로 대북방송이나, 풍선으로 전단지를 북한 상공에 살포하는 것, 요즈음은 인터넷을 통한 북한의 어려움을 공개하는 등 여러 가지 실례를 볼 수 있다. 우리나라가 혼란기와 전쟁을 치루는 사이에 미국 정부는 오랫동안 한국에 그 대사관의 산하기관으로 USIS 문화원(United States Information Services)을 설치하여 미국사회와 교육을 선전하고 한국에 민주적 사상을 고취하기 위한 노력을 경주하여 왔다. 이러한 미국의 오랜 노력으로 미국의 민주주의 정신에 심취되는 계층이 형성되고 이들의 미국의 정신적 지지를 기대하는 정치적 세력마저도 만들 수 있었던 때도 있다.

이는 적어도 오늘의 한류와 같이 아시아에서 "소프트 파워"의 효과가 있듯이 외국의 정부가 의식적으로 상대국에 영향을 미치기 위한 노력으로도 선전의 효과를 유도할 수 있는데 결국 한류를 통한 한국 상품의 시장 확대에도 선전의 효과를 볼 수 있다. 꼭 정치적 목적이 아니라도 소프트 파워의 작용을 의식적으로 유도해 온 나라들에 대해서는 일종의 선전적 비밀 효과의 혜택을 느끼게 한다. 한때 한국이 영화제작의 능력이 지금보다 많이 뒤떨어졌을 때, 미국이나 불란서 영화가 젊은 계층이나 지식인의 의식에 적극적으로 작용했던 것을 보면 상대국의 문화적 선전을 통한 국가이익의 보호와 성취가 가능한 것으로 생각이 된다.

2) 정치공작(Political Activity)

선전 다음으로 조금 더 적극적으로 상대국 안에서 영향을 미치기를 원하여 취해지는 정치공작을 설명한다. 정치적 활동을 통해서 표적대상국의 정치과정에 직접으로 개입하는 정보공작이 가능할 수 있다. 이런 적극적 개입공작은 선전과 마찬가지로 표적이 되는 다른 나라 안에서 우호적인 집단이나 개인을 도울 수 있는 반면에, 적대적인 집단이나 개인의 일을 방해할 수도 있다.

특히 선거기간 중에 필요한 신문지나 선전벽보를 제작하는 용지를 우호적인 집단에 보급하거나, 정당의 선거자금을 은밀하게 지원하여 반대편의 정치세력을 약화하도록 하는 일도 있다. 이러한 예는 2차 세계대전 전에 유럽에서 이탈리아나 프랑스 공산당의 정치적 승리를 막아내기 위해서 미국이 적극적으로 우호적인 정당과 정치인을 지원했던 일로써 알 수 있다. 물론 직접적으로 정치적 집회를 방해하거나 선거용 선전 출판물에 의한 허위사실을 배포할 수도 있다.

확인할 수 없는 일이지만 한국의 야당 지도자가 1980년대 말과 1990년대에 민주화운동을 할 때 과거 박정희 정권에서 형을 살거나 탄압을 받는 등 정치적 박해를 받은 인사들 가운데 미국에 우호적인 운동가나 기독교 계열의 민주화운동가들을 은밀히 지원하여 김영삼과 김대중 대통령 후보자의 선거에 합류하도록 한 것도 한국 정치의 민주화에 크게 영향을 준 미국의 정치적 공작이 아닌가 생각하게 된다. 필자는 그 당시 민주화의 초기 추진 과정에서 상당한 미국 대사관의 활동을 감지할 수 있었다.

결과적으로 보면 미국은 한국의 민주적 정권을 수립하고 미국과 우호적인 세력을 한국에서 유지하기 위하여 많은 정치적 활동을 하였다. 특히 정치적 인물을 기르고 미국식 민주정치 과정을 습득하도록 젊은 유학생들에게 장학금을 주선하고 사전에 미국 문화와 가치관을 습득할 수 있도록 1950년대부터 우수한 고등학교학생과 그 출신을 대사관의 문정관 중심으로 모임을 조직한 경우를 필자는 알고 있으며 그중의 하나가 SCC(Student Cultural Club) 같은 학생조직으로 학년별로 모임을 유지한 일이 있었다.

1960년대 말과 1970년대에는 정책적으로 미국의 연방정부가 하와이대학에 동서문화센터(East-West Center)를 설립하고 아시아의 많은 젊고 유능한 전문직 사람들을 장학금으로 유치한 일이 있는데 이에 응하여 한국의 젊은 사람들 60~70명이 하와이대학으로 유학하게 되었다. 이들은 대체로 신문기자이거나 대학의 강사 혹은 육군사관학교의 교수요원들이었는데, 하와이대학에서 석사과정을 마치고 본토의 대학에 박사과정으로 진학하였다. 귀국 이후 한국의 새로운 엘리트층을 형성하게 되었으며 이들 대부분은 전두환과 노태우 대통령의 정부에서 테크노크라트로 일하였다. 이들의 미국적 사고와 정책 성향이 박 대통령 이후 한국 정부의 민주적 전환을 공고화할 수 있었다. 이처럼 오랜 시간의 공작이기 때문에 특별히 관심을 가지고 관찰하지 않고서는 미국의 은밀한 정치적 공작을 감지하기는 어렵다고 생각된다.

3) 경제공작(Economic Activity)

비밀공작으로서의 경제적 활동은 원조를 제공하는 국가가 자국의 국가이익에 반하는 표적국가에게 경제적 지원을 자제하여 당시의 정권에 어려움을 주거나 투자를 약속한 내용을 이행하지 않고 지연 또는 압력을 가하는 등과 같은 것이다. 아무래도 경제원조를 많이 활용하는 미국의 경우는 원조나 외국자본을 유치해야 하는 한국의 1980년대와 90년대에 있어서는 한국의 정치적 변화와 민주화과정에서 크게 영향력을 가진 공작인 것으로 생각된다. 구체적인 것으로는 1980년대 당시 광주 민중항쟁의 추세와 그 후의 민주화과정이 지속되도록 미국 정부에 의한 경제적 지원책이 한국의 중화학 공업의 발전에 기여하게 된 것이다. 이에 따라서 한국 정부는 계속하여 국내정치의 민주화조치를 취하게 된 것 같다.

한국이 이미 80년대를 넘어서 90년대의 경제성장 때문에 미국의 경제공작이 한국사회에서는 크게 그 영향을 미치지 못했다. 따라서 한국사회에 대해서는 미국이 당시 크게 경제공작을 한 것 같지는 않으나 우리보다도 경제성장이 낮고 경제적 어려움이 많은 후진국의 경우에는 경제공작이 영향을 많이 미치게 된다. 이런 것은 현재에도 북한에 취해지는 경제적 제제가 북한의 정치적 불안의 원인이 될 수 있다는 것에서도 잘 알 수 있겠다.

대체로 민주적이건 권위주의적이건 그 나라가 당면하고 있는 경제적 상황이 정치적 안정과 연계되어 있음은 주지의 사실이다. 때문에 경제공작을 통해 표적국가의 국민이 일상으로 필요로 하는 소비재의 공급, 물가의 안정 등을 저해하는 정도의 소극적인 경제지원을 하는 경우도 일종의 경제공작이 된다.

그러나 민주화의 길에 들어서서 시장경제로의 개방과 개혁을 하고 있는 과거의 공산당체제의 사회주의 국가에 경제적 지원을 하는 것은 장기적으로 보아 미국의 외교목표이자 민주주의 국가로 점진적으로 변환하고 있는 국가에게는 적극적인 원조와 인력 개발을 지원하는 것이 바로 장기적인 경제공작의 일부인 셈이다. 한국은 주로 1960~70년대에 미국으로부터 경제원조를 통해서 많은 영향을 받아온 셈이다.

최근의 일이긴 하지만 중동의 여러 나라가 재스민 혁명을 통해서 반 독재국가의 움직임을 경험하게 된 것도 장기적으로 중동의 민주화를 유도하기 위한 미국의 정치·경제공작이 전제되었음이 명백하다. 다만 노동자의 실업과 저성장에서 오는 물가고 등에 대한 시민의 불만이 정치적 저항으로 표출된 이집트와 시리아의 변혁은 최근에 일어난 경우라고 할 수 있다. 이렇듯 중동지역에 미국이 군사적 개입을 하고 이에 따른 경제공작은 중동국가와 그 사회에 미치는 경제적 효과가 컸던 것이다. 경제적 효과를 통해서 중동의 민주적 변혁이 각 나라 안에서 시작될 것을 기대하면서 미국은 중동에 직적 개입했다고 볼 수도 있다.

4) 군사혁명(Coup d'eta)

정부를 전복하려는 군사혁명은 공작을 주도하는 국가가 직접으로 정부를 전복하거나 대리 집단을 시켜서 정부를 전복하게 하는 비밀공작으로서 경제공작보다는 한층 더 폭력을 동반하는 작업이다. 이는 앞서 설명한 세 가지 공작방법 가운데 가장 극단의 경우인데 미국이 취한 비밀공작 가운데 1953

년의 이란 정부의 전복과 1954년의 과테말라 정부의 전복을 그 예로 드는 경우가 많다.

냉전 이후 최근에는 외국의 공작에 따라 직접 다른 나라의 군인들이 개입하여 특정 국가의 정부를 전복하고 정권을 장악하는 일은 거의 없다. 그럴 만한 상황이 전개 되지 않는 오늘의 국제정치 환경 때문이기도 하지만 과거와 같이 다른 나라의 정권을 전복할 만한 이유를 발견하지 못하기 때문이다.

물론 오랜 시간에 걸쳐서 그 국가의 정치적 환경에 민주적 영향을 끼친 공작을 통해서 많은 대중이 경제적 이유와 정치적 해방을 요구하며 스스로 들고 일어나서 정부를 전복하거나 무력투쟁을 하여 혁명을 유도하는 경우가 있기는 하지만 이는 정말 외부의 세력이 혁명을 일으켰다고 말하기에는 너무나 복잡한 사회 환경 때문에 반정부시위를 통한 정부의 전복을 비밀공작으로서의 혁명이라고 말하기 어렵다.

5) 준군사공작(Paramilitary Operations)

준군사공작은 적국을 직접적으로 공략하기 위하여 무장하고 훈련된 공작원을 동원하는 등 대대적이면서 가장 폭력적이고 가장 위험한 비밀공작이다. 이는 표적 국가 정부에 대하여 직접 무력을 사용하는 공작이지만 기술적으로 전쟁행위가 되지 않도록 자국의 군인을 전투부대의 요원으로 쓰지 않는다. 미국은 1980년의 아프가니스탄 공격에서는 성공적이었지만 1961년의 쿠바의 피그만(Bay of Pigs) 공작에서는 실패한 셈이다.

다른 나라의 전쟁에 비밀리에 참여하는 경우가 있는데 소련이 6.25 전쟁 중에 공군 조종사를 투입시켜 미국 공군을 공격한 경우와 같은 예가 바로 그것이다. 이런 경우에는 전쟁행위에 따르는 국제법상의 보호를 받을 수 없고 군사적으로 보복을 받을 가능성이 있다. 미국은 대체로 정규군의 비밀공작 개입을 금하고 정보원으로 구성된 병력을 비밀공작에 투입하는 원칙을 가지고 있다.

미국은 준군사적공작과 특수공작 병력을 구분하고 있다. 가장 기본적이면서 중요한 차이점은 특수전투 병력은 군복을 입은 병력으로서 여러 가지 전투 목표를 달성하는 데 전통적 군 장비를 가지고 임무수행을 하지 않는다. 미국은 특별공작사령부(Special Operation Command: COCOM)를 설치하고 있으며 영국의 경우에는 특수공군(British Special Air: BSA)부대와 특수소형함정대(Special Boat Services: SBS) 등을 설치하여 특별한 비밀공작에 동원하여 정규군의 충돌을 피하고 있다. 이런 관행에 따라 2011년 3월에 아프간에서 오사마 빈 라덴을 사살할 때 동원된 미 해군의 "네이비 씰(Navy Seal)"은 정규군이 아닌 특수임무를 가지고 있는 특수부대다.

원칙적으로 준군사적공작은 전투 병력으로 자국의 군복을 입은 전투병을 동원하지 않으나 2001년의 미국 아프간 병력지원에 있어서 전투 병력을 투입한 것은 이들이 전선에서 전투를 하는 것이 아니라 그 임무는 주로 현지인의 군사훈련, 보급지원 및 현지 군인의 지도력 함양을 지원하는 일이었기 때문에 미국 정부는 정규군의 파견을 허용하였다. 그러나 아프간에서의 준군사적 병력은 미국의 중앙정보부 공작활동국(USCIA Directorate of Operation's Activities Division) 소속의 병력인 것이다.[16]

앞에서도 미국의 준군사적공작이 활용되는 경우가 지난날의 원칙에서 점차 벗어나는 경향이 있음을 지적하였지만 미국은 9.11 사태 이후에 테러와의 전쟁을 수행하는 과정에서 테러리스트에 대한 암살 공작을 허용하는 등 준 군사공작의 수행이 보다 난폭해지는 것을 감지하게 된다.[17]

어느 모로 보면 한국군도 북한에 대한 비밀공작을 수행하기 위하여 특별전투사령부를 설치하고 병력의 훈련은 일반 전투병과는 다른 유형의 훈련을 시키고 있다. 기본적으로 전시에 심리전을 전개하는 경우에 적의 후방에 투입되어 신속하게 전황을 장악하기 위한 것이다. 물론 북한에서도 특수훈련을 받은 병력이 있지만 이는 남한에서와 같은 개념의 특수부대가 아니라 게릴라전을 전개하기 위한 특수임무가 더 큰 비중을 가지고 있는 것 같다.

---

16) Lowenthal, op. cit., p.171.
17) 국가정보포럼, 『국가정보학』, p.123. 그리고 Lowenthal의 앞의 책, pp.171-172에서도 이 점이 지적되고 있다.

국제정치 환경이 변해가는 가운데 미국의 비밀공작을 통한 외교 정책의 궁극적 목표에 대하여 미국 의회와 정부에서는 그 타당성이나 정책의 윤리성에 관한 논의가 늘 제기되고 있다. 결국은 미국이 비밀공작을 통한 외교 정책의 목표추구는 일반대중이나 의회의 적극적 지원이 없이는 더 이상 허용되지 않는다. 그 이유는 도덕적인 근거와 현실적인 이유 때문이다. 실제로 국민과 국회의 지지를 확보하지 않은 외교 정책이란 결국 그 정책 수행을 성공시킬 수 없을 뿐만 아니라 도덕적인 관점에서 보더라도 비밀적이고 엘리트 중심의 외교 정책 수행은 미국의 대표민주주의 원칙에도 어긋나기 때문이다.[18]

III. 비밀공작의 이슈와 문제점

비밀공작의 개념과 실제와 관련되어서 많은 문제점이 제기된다. 가장 기본적인 논의는 외교 정책의 수행 수단으로서 비밀공작이 그 정당성(正當性, legitimacy)을 가질 수 있는가라는 이슈가 제기된다. 그런데 항상 그러하듯이 이런 문제에 대해서는 정당성의 여부에 대하여 현실적으로 판단하기 어렵다는 점이다. 결국 이상적으로 생각해서는 한 국가의 행동이 다른 나라의 국내문제에 비밀리에 개입하는 행동은 국제법적 규범상으로 정당화될 수 없다는 것이며, 따라서 제3의 정책이라는 개념은 정당성이 결여된 것이라고 할 수 있다. 그러나 현실주의적 입장에서 보면 이상주의적 이론을 받아들일 수는 있어도 국가의 자존적 이익을 위해서는 때때로 비밀공작이 필요하며 정당한 조치라고 할 수밖에 없다. 그래서 지난 수세기 동안에 각 국가들이 표적국가에 취한 비밀공작은 어쩔 수 없이 현실주의의 입장에서 정당화하게 된다는 것이다.[19]

---

18) Oseth, op. cit., 마지막 결론부분에서 인용한 것임.

19) Lowenthal, op. cit., p.172. 로웬탈 교수는 미국이 1998년 이라크 자유화법(Iraq

미국은 18세기와 19세기 사이에 명분을 가지고 제3국의 국내문제에 개입하였는데 이는 분명히 군사적 조치였으나 냉전기간에서는 개발도상국에 대해 비밀공작으로서 준군사적 수단을 이용한 외교적 조치가 많았다고 한다. 특히 냉전 초기에 미국은 소련의 위협에 대항하는 것만으로 비밀공작이 정당화되는 것인가를 생각하게 되지만 궁극적으로 비밀공작이 정책으로 타당한가는 아직도 많은 논의의 소지가 있다.

한 가지 비밀공작의 정책적 타당성말고도 늘 문제가 되는 것은 비밀공작의 정책적 선택에 대한 정부의 관련성을 부인할 수 있느냐의 문제가 있다. 비밀공작의 표적 국가의 국내문제에 개입이 타당한 것인가의 문제와 함께 정부가 공작의 관련성을 부인할 수 있는 개연성(plausible denial)이 비밀공작을 취한 국가에 문제가 된다. 말하자면 비밀공작을 정책수단으로 택한 것을 끝까지 감출 수가 있느냐가 늘 문제가 된다. 미국과 동맹 관계에 있고 항상 정치적으로나 경제적으로 지원을 받아온 한국의 경우에 미국 정부의 비밀공작이 우리 국내문제에 개입한 사실을 밝힐 수가 있을까가 하나의 숙제로 남아 있다.

예컨대 4.19 당시 이승만 대통령의 하야를 권고한 미국 대사의 행동이라든지 10.26 당시 김재규 중앙정보부장의 박정희 대통령 암살사건에서 미국과의 관련성은 없는지에 대한 사실 확인의 문제는 우방국에 대한 미국의 비밀공작을 연구하는 데 중요한 관건이기도 하다. 기본적으로 한국의 공산권 편입을 저지하고 전쟁을 거치면서 정치, 경제 그리고 막대한 군사적 지원을 통해서 한국 정치가 민주화되도록 이를 유도하고 권고하는 것이 미국의 외교 정책 목표인 것은 부인할 것이 없다. 다만 그 목적을 달성하기 위해서 미국은 한국에 대한 비밀공작은 없었을까 하는 의문이 남게 된다. 원칙적으로 미국은 그 개입을 부인할 수 있는 개연성을 가지고 정책을 장기간 수행

Liberation Act)이 의회에서 통과되고 빌 클린턴(Bill Clinton) 대통령이 9,800만 달러의 예산을 가지고 사담 후세인(Saddam Hussein) 정권을 교체하는 공작을 통해서 이라크의 국내문제에 개입한다는 명백한 공개적 공약을 한 이후에는 비밀공작으로 제3국의 국내문제에 개입하는 여부의 정당성 논의가 없어졌다는 것이다.

했을 것이라는 점에서 사실을 밝힌다는 것은 어렵다. 분명히 1950년대 6.25 전쟁 이후 미국 정보기관의 적극적 활동, USOM의 설치 그리고 1970년대 박정희의 핵 재처리 기술 습득과 장거리 미사일 개발, 그리고 유신 독제체제의 구축 기간에 미국 정보요원의 활동을 감지할 수 있으면 확인할 길은 열린다.

필자가 비밀공작에 관한 부분을 서술하면서 끊임없이 뇌리에 떠오르는 것은 박정희 대통령의 암살사건이다. 그를 제거하려는 미국의 의도가 있었던 것은 아니나, 분명히 미국은 1970년대 말에 박 대통령이 추구하는 외교 정책의 방향에 대하여 반대하고 있었다.

박정희 대통령은 카터 대통령이 미군을 철수하려고 하면서 한국 정부를 압박하고 있을 때 오래전부터 추진해온 핵 재처리에 관한 기술 축적과 500KM의 미사일 개발에 대한 우려가 한미 간의 커다란 걸림돌이었다. 특히 점차적으로 한국의 독립적 외교노선에 대한 미국의 반대의사는 한국 정부의 요인을 통해서 정책적 변경에 영향을 미치려고 한 것은 확실하다고 믿는다. 여기에 기술하는 내용은 1977년 가을에 필자가 귀국하여 중앙정보부의 5국 장이었던 권ㅇㅇ 박사(약 15년 전에 병으로 사망)와 그의 부국장이었던 정 ㅇㅇ 부국장(권 박사보다 6개월 뒤에 같은 병으로 사망)과 가까이서 필자가 「한국국제문제조사연구소」의 연구부를 창설하면서 알게 된 일들이다.

권 국장은 분석국장으로서 그 자리를 7년 이상을 지키고 있었고 1973년, 미국이 캄보디아에서 철수한다는 정보를 서울의 미국 정보책임자로부터 입수하여 대통령에게 직접 보고하게 되어 그는 대통령에게 브리핑하는 사람으로 발탁되고 늘 그 문안은 정ㅇㅇ 국장이 작성한 것으로 들었다. 그 이후 서울의 미국 중앙정보국의 캡틴인 D씨는 권 국장에게 늘 대통령의 고립적 외교 정책과 핵 관련 개발에 대한 위험성을 논의한 것으로 들었다. 권 국장은 D씨의 정보 표적이었고 그들 간의 대화내용이 박 대통령의 암살과의 관련성이 있는 것으로 권 국장이 1979년 말경에 필자에게 이야기한 일이 있었다.

권 국장은 1979년 10월 26일 김재규 중앙정보부장의 박정희 대통령 암살

사건이 일어나자 정부는 계엄령을 선포하고 육군의 정보사령부는 권○○ 국장을 포함해서 중앙정보부의 간부들을 체포 구금했었다. 권 국장이 한 20여 일 만에 귀가하게 되어 필자는 권 국장의 아파트에 찾아가서 경위를 듣게 되었다. 그는 20여 일간 매일 한 번씩 그의 근무활동이 정보부장의 대통령 암살사건에 영향을 미쳤을 것으로 생각되는 일을 적어내면서 자신이 확신하게 된 것은 미국 중앙정보국의 서울책임자로부터 들은 내용이라는 것이다. 당시 권 국장은 정보 보고를 늘 김재규 부장에게 보고하였다.

그 내용은 간단한 것이다. "박정희 대통령이 미국에 반대해서 비민주정치를 계속하고 핵개발과 미사일을 개발하면 미국으로부터 외교적으로 고립되고 점차 한국의 민중이 봉기하여 박정희 대통령도 이승만 대통령의 장기집권과 독재정치에 항거한 것과 같이 정권이 무너지게 된다"는 내용이다. 이런 보고내용을 늘 정보부장에게 보고하였으며 마침내 1979년 부마사태가 벌어지면서 정보부장의 부담이 커진 것 같다고 권 국장은 생각했다고 들었다.

암살현장검증을 하게 된 육군범죄과학수사연구소 소장인 최○○ 대령은 필자와 함께 국보위의 내무분과위원회에서 일하면서 그로부터 자세한 이야기를 듣게 되었는데 박 대통령이 암살된 저녁식사 자리에서 차지철 경호실장이 김재규 정보부장에게 "여보 김 부장 부마사태 처리를 잘하시오"라고 대통령 앞에서 느닷없이 말했다. 차 경호실장은 김 정보부장보다 군의 후배인데 이런 호령을 하는 데 대하여 분개한 나머지 순발적으로 권총으로 먼저 차 실장을 쏘게 되었다고 했다.

이런 상황을 지켜본 박정희 대통령이 "김 부장 이거 무엇하는 것이요?"라고 하자 놀란 김재규는 마주 앉은 대통령을 향해 권총을 발사했다. 그리고는 이내 권총에 문제가 생겨 황급하게 김 부장은 좌석을 떠나 밖에 나가 그의 보좌관이 가진 권총을 빼앗아 들고 방으로 다시 들어와 변소에 숨어 있는 차지철을 사살하고 대통령의 뒤를 지나가는데 고개를 숙였던 박정희 대통령이 고개를 들어 뒤로 젖히고 무어라 하려는 순간 김재규는 박정희 대통령의 정수리에 다시 한 발의 권총을 쏘면서 "각하 최후의 충성입니다"

라고[20] 하였다는 것이 현장검증에서 드러났다고 현장검증을 하게 된 최 대령은 내게 말했다.

이런 경위와 내용으로는 미국이 개입한 비밀공작일 것이라는 확증을 제시할 수는 없지만, 이미 세상을 떠난 권 국장의 심중이 자기가 보고한 정보보고 때문에 박정희 대통령을 암살한 것 같다는 이야기를 들었다. 그리고 권 국장은 늘 미국정보국의 D씨와 가까이 연락하는 것을 필자는 알고 있었다.

박정희 대통령은 그 임기 중에 암살될 수도 있을 것이라는 우려를 필자는 1972년 유신헌법이 제정되는 과정에서 갖기 시작했었다. 미국유학 시절에 "유신헌법"안을 읽어보고 난 후 "차기 대통령의 후보자는 전직 대통령이 지명하게 된 헌법조항"이 종신 대통령을 암살하게 될 것이라고 필자는 우려했었다. 귀국하여 일하면서 1979년 4월부터 박정희 대통령의 권력 내분을 필자는 알게 되었었다. 암살의 방지를 위한 특공대 조직을 차지철 경호실장의 동서인 윤ㅇㅇ 연구원을 통해서 경호실에 건의하였다. 이것이 마련되었음에도 불구하고 경호실장의 불찰로 박 대통령의 암살 당일 차지철 경호실장이 권총과 긴급연락 통신기를 휴대하지 않았던 것이 암살사건이 발생하게 된 원인을 제공하게 된 것으로 생각된다. 박정희 대통령의 암살은 전적으로 주변의 인물 사이의 갈등에서 빚어진 것으로 보이지만 그 실은 비밀공작의 전형적인 과정을 통해서 유도된 것으로 볼 수도 있다.

---

20) 김재규가 대통령에게 두 번째 총을 쏘면서 한 말에 대하여는 아직까지도 알려진 바가 없으나 현장을 검증하던 당시 범죄과학수사연구소의 소장을 지낸 최ㅇㅇ 대령은 필자에게 분명하게 그 이야기를 들려주었다. 이 부분을 감안해서 필자는 박 대통령의 암살이 오랫동안 미군의 공작을 통해 김재규 정보부장은 박정희 대통령의 마지막이 이승만 대통령과 같은 처지가 될 것이라고 생각했을 것이라는 추측이 들게 한다. 필자의 추론으로는 만약 "각하 마지막 충성입니다"라고 했다면 그가 자기 손으로 박 대통령의 정권을 종식시키고야마는 것이 박 대통령이 독재자로서 국민의 봉기에 의한 추방을 방지하는 것이라고 생각했으리라는 가정을 갖게 한다. 결국 1973년 미군의 캄보디아 철수 정보를 입수한 이후 6년이 걸린 오랜 기간 정보 표적인 권영백 국장을 통해 미국의 비밀공작이 진행된 것으로 보인다. 한국의 권력층 내부에서 붕괴하도록 한 전형적인 비밀공작이었을 것이라고 필자는 생각하게 된다.

1976년 이후 미국 정부는 미국의 공작원에 의하여 공작대상을 암살하거나 제3자를 이용하여 표적인물을 살해하는 것을 금하고 있다. 암살금지는 대통령의 특별지시에 따라서 실현되었으며, 1974~77 사이에 대통령이었던 제럴드 포드(Gerald R. Ford) 때 비밀공작 가운데 암살을 금했었으며 1981년에 이르러 레이건(Reagan) 대통령에 이르러서 암살금지는 확정된 미국의 정책이었다. 그러나 앞에서 논의된 바 있지만 9.11 사건 이후 테러와의 전쟁을 선포한 조지 부시(George W. Bush) 대통령 이후 테러의 주모자를 살해하는 준군사적 작전은 테러의 주모자를 암살하는 것이 주요 작전목표가 되고 있음을 상기할 필요가 있다.

비밀공작이 제기하는 윤리적 그리고 도덕적 문제 이외에도 외교 정책을 수행하기 위하여 비밀공작이 꼭 필요한 수단인가를 평가하는 데는 의견이 엇갈리고 있다. 비밀공작의 결과를 검토하는 경우에 주로 다음의 몇 가지 의문이 제기된다.

① 무엇이 비밀공작의 성공을 이루고 있는가?
② 비밀공작은 사전에 정해진 공작의 목표를 달성하는 것으로 마무리지을 수 있는가? 아니면 공작 이후의 외교적 효과를 기대하는 것인가?
③ 만약의 경우에 막대한 인간적 희생이 따른다고 할지라도 비밀공작을 수행할 것인가?
④ 결과적으로 공작을 시작한 기관이 들어났더라도 그 비밀공작은 성공이라고 할 수 있는가?

일반적으로 비밀공작이 결과적으로 성취한 효과의 정도에 따라서 판단하지만, 만일에 비밀공작을 실시한 국가와 그 공작의 표적국가가 수십 년간 우호적이고 상호의존적으로 협력할 기반이 비밀공작에 의하여 마련되었더라도 아마도 성공적인 적절한 공작이었다고 판단하게 될 것이다. 이런 경우에 어느 정도의 기간 동안 상호적인 우호관계를 유지해야 하는가가 논의의 대상이 된다. 미국으로서는 냉전기간에 한국과 대만 등 아시아의 국가가 공산권에 흡수되지 않고 경제적으로 기적적인 성장과 발전을 이루도록 유도한 미국의 여러 가지 비밀공작은 성공적이라고 주장하게 될 것이다. 그렇기 때문에 비밀공작은 그 정책 목표가 분명하고 구체적일 때와 공작의 내용이 보다 주의 깊게 규정된 경우에는 성공적일 수 있다는 것이 미국의 경험에서 배울 수 있다고 본다.[21)

1990년대에 들어서 과거 냉전기간 중의 비밀공작을 둘러싼 국제적 환경이 변화하였으며 2000년대에 들어서 국제적 테러와 마약거래 등 국제적 범죄형의 위협 사태가 증가하여 미국의회는 이에 대응하는 법적 조치를 추진하고 비밀공작에 대한 새로운 방향을 제시하게 되었다. 미국의 정보활동으로서 비밀공작에 관한 내용을 여기에 소개할 수 있는 것은 미국 정부의 비밀공작이 추진된 데 대한 자료가 가장 손쉽게 얻을 수 있기 때문이다. 미국의 현행 규정을 통해서 한 국가의 비밀공작이 어떻게 준비되고 추진되는가를 설명하려고 한다.

미국의 비밀공작에 관한 현행 법 규정은 근본적으로 1991년에 제정된 것을 벗어나지 않고 있다. 이는 1988년의 레이건(Reagan) 대통령 지시문과 기타 의회입법 규정을 포함한 "케이시 협의안(Casey Accords)"을 주 내용으로 하고 있다.[22) 당시 미 의회는 비밀공작에 관련된 의회에 보고하는 절차와 규정에 관하여 처음으로 다음과 같은 원칙을 정하였다.[23)

- 보고내용은 반드시 문서로 한다.

---

21) Lowenthal, op. cit., p.178.

22) 1984년 니카라과 민주저항운동을 지원하기 위한 니카라과 항구의 기뢰부설 공작을 추진하는 과정에서 일어난 상황으로 미 의회의 상원 정보위원회가 비공식 합의에 이르게 된 당시 중앙정보국장(DCI) 윌리엄 케이시(William Casey)와의 협약을 아직도 준수한다. 이 협약의 내용은 비밀공작을 국회에 보고하는 절차를 규정한 것이다. 이를 "케이시 협의안"이라고 한다.

23) Alfred Cumming, Covert Action: Legislative Background and Possible Legislative Questions(Congressional Research Service, July 6, 2009), pp.5-7.

- 보고내용은 이미 집행된 공작활동을 소급하여 승인해서는 안 된다.
- 합중국 대통령은 비밀공작이 특정 외교 정책의 목적을 달성하기 위하여 필요한 것임을 결심한다.
- 보고서는 관련된 모든 정부기관을 확인하고 기타 제3자가 개입하게 될 것인지를 확인한다.
- 보고서는 합중국의 정치과정, 여론 그리고 미디어에 영향을 미칠 것을 의도하는 어떠한 활동이라도 허용하지 않는다.
- 보고서는 합중국의 헌법과 어떤 실정법 규정에 어긋나는 공작을 허용하지 않는다.
- 의정지도자에게 알리는 법안에 명시된 통고는 정보위원회 위원장에 문서로 된 보고서가 접수된 후에 행해져야 한다.
- 정보위원회는 비밀공작의 중요 내용의 변화에 대한 통보를 받아야 한다.
- 문서로 된 보고서에 결제가 날 때까지는 행정부의 어떤 부서나 기관 또는 단체라도 비밀공작을 위한 기금을 전혀 사용해서는 안 된다.

미국 의회는 앞에서 지적한 비밀공작의 법적 정의를 확정하면서 한편으로는 다음의 네 가지 형태의 정보활동에 대하여 비밀공작의 범주에서 제외하고 있다. 이 점은 우리가 비밀공작과 비밀공작이 아닌 것이 어떤 활동인가를 알 수 있는 좋은 보기가 되며 미국 정부가 한국에서 비밀공작으로 취해진 정보공작인지 일반적인 외교활동의 적극적인 실천인지를 구분하는 기준으로 삼을 수 있다.

첫째는 일차적 목적이 정보를 수집하는 활동, 전통적인 방첩활동, 그리고 미국 정부의 프로그램이나 행정적 사업의 운용상의 안보를 유지하거나 증진시키기 위한 전통적 활동은 제외된다.

둘째, 전통적인 외교활동과 군사적 활동 혹은 이런 활동을 지원하기 위한 일상적 지원 활동은 제외된다.

셋째, 미국의 법집행기관에 의하여 수행되는 전통적 법 집행활동과 이에 수반되는 지원활동은 제외된다.

넷째, 앞의 세 가지 활동을 제외한 미국 정부기관이 해외에서 공개적으로 활동하는 일상적인 지원활동은 제외된다.

한국에서 지난 60여 년 동안 미국 정부기관은 공식적 활동을 원만하게 수행하여 왔으며 그 지원활동을 지금까지도 계속하고 있다. 특히 1950년의 6.25 전쟁을 계기로 미군과의 연합적 군사활동을 하여 왔기 때문에 동맹국으로서 한국은 수많은 경험을 하게 됐다. 미국 정부가 꼭 비밀공작을 통하지 않고도 얼마든지 정보를 수집하고 그 외교적 목적을 달성할 수 있는 활동이 여유롭게 진행되어 왔기 때문에 우리는 미국 정부의 계획적인 비밀공작일 지라도 전형적인 외교적 활동으로 인식하는 경우가 많은 것으로 필자는 이해하고 있다.

그러나 미국의회가 정의하고 있는 전통적인 군사활동과 그 지원사업에 관해서는 미국의회는 다음과 같은 규정을 가지고 있다. 특히 "전통적인 군사활동(Traditional Military Activities)"은 반드시 미합중국의 군사령관의 지휘와 통제하에서 미군이 적대행위에 들어가기 그 이전에 또는 적대행위에 따른 상황에 미국 군사력이 개입할 때를 말한다. 그리고 확실히 비밀공작을 실시하기 전에 군사적 배치나 보급을 하는 경우에 있어서도 원래 군사력의 동원을 준비하는 조치와 병참은 군의 일상적인 활동으로 간주하고 있다.[24] 미국은 비밀공작에 대한 의회의 감독권(oversight)을 철저히 발동하고 있지만 아마도 외국인을 모집하여 군사적 훈련을 실시하고 그들로 하여금 비밀공작을 하게 하는 사전 조치를 현실적으로 막거나 감독하는 것은 어려운 것 같다.

따라서 정보공작의 표적이 되는 인물을 통해서 은밀하게 공작을 진행하는 경우에는 이를 전통적인 외교 활동일지 또는 비밀공작의 일환일지 구분하기 어렵지만 점진적으로 외교적 활동이 그 적극성을 높여가면서 난폭해지면 정권교체를 위한 정보활동으로 전환이 되는 때부터는 분명하게 비밀공작

---

24) 앞의 책.

이 된다. 특히 공작을 시도하는 국가의 이익에 맞는 결과가 도출된 경우에는 그 비밀공작이 확실히 효과적일 수 있겠다.

제**6**장

국가정보의 분석

제6장 국가정보의 분석

I. 정보 과정으로서의 분석

정보 과정 가운데 정보를 수집하고 비밀공작을 전개하는 것보다 핵심적인 국가정보의 과정은 정보의 분석이다. 국가정보의 분석은 민간이건 군관계자이건 정책결정자에게 그들의 업무상 문제점과 정책에 관련된 정보를 제공하는 데 있다. 따라서 정보의 공급은 하루에 한두 차례 실시되는 것이 아니라 늘 필요한 정보가 정책결정자에게 공급되게 하는 것이다. 국가정보의 일보나 아침 구두보고 같은 경우를 제외하고는 보고서가 완성되는 대로 분석보고서를 정보의 수요자에게 전해야 한다.

국가정보의 수요자에 대한 논의는 어느 나라의 정보 과정에 있어서도 마찬가지로 국가의 원수나 정책결정자의 최상위자라는 견해를 유지하고 있다. 한 나라의 대통령이나 국무총리인 수상을 위해서 정보를 수집 분석하여 제공하는 것이다. 계속적인 정보의 생산과 배포(生産과 配布, productions and dissemination)는 이따금 정보를 받아보는 이들에게 별 의미가 없는 자료라고 생각하게 만들 수도 있다. 국가정보의 분석보고서가 때로는 언론기관의 뉴스나 기업의 연구소가 만들어내는 정책보고서, 해외에 주재한 대사관의 정보보고서, 그리고 군정보기관의 정보보고서와 섞여서 정책결정자에게 전달되는 경우에는 그 정보의 가치가 별로 인정을 받지 못하는 경우가 있다. 따라서 국가정보기관은 어떻게 하면 매일같이 전달되는 여러 첩보 가운데 국가정보의 생산물이 두드러지게 윗사람의 눈에 띄게 할 것이냐가 정보 분석내용 자체와 더불어 중요한 과제가 된다.

국가정보기관의 보고서가 여러 가지 첩보보고서 가운데 그 중요성과 특수성이 두드러지도록 하기 위해서는 다음의 두 가지 요령이 필요하다고 로웬탈 교수는 지적하고 있다.

첫째는, 보고서를 준비하면서 보고서 내용에 정보출처의 특성과 중요성을 드러내는 것이다. 일반적으로 정보보고서를 작성하는 경우에는 정보의 출처를 드러내지 않고 보고서의 영향력을 높이려는 것이 분석관이 하는 일이지만, 때로는 출처의 독특한 성격을 드러냄으로써 정보수요자에 대한 영향을 극대화하려고 한다. 그러나 이 방법은 자기 정보의 출처를 감추려는 정보관들은 별로 좋아하지 않는 방법이다. 이는 정보관이 정보수요자와 정보의 출처 사이에서 항상 연결하는 역할만 수행하게 되는 것을 좋아하지 않고 정보관이 스스로 정보수요자에게 영향을 미칠 수 있는 사람이 되고 싶어 하기 때문이다.

둘째는 정보보고서의 내용을 작성하는 과정에서 정보에 특정한 가치를 부여하여 확실히 두드러진 정보 내용을 만들어 내는 것이다. 여기서 말하는 '정보의 두드러진 가치'란 일반적으로 적시성(適時性) 있는 보고서, 정보수요자의 내심에 가지고 있는 정책결정자의 요구에 적절(適切)한 보고서(appropriate report), 그리고 분석의 객관성(客觀性)을 가진 보고서와 같은 것을 말한다. 그래서 정보보고서는 대통령이나 수상과 같이 정책결정자가 모르고 있거나, 알아야 하는 내용을 필요할 때 객관적으로 적절한 보고서로 작성하는 데 있다. 이렇게 하기 위해서는 정보기관 전체가 한 집단으로서 노력하거나 그런 역량을 기르기 위해서 구성원의 개별적 능력을 향상하는 데 노력하게 된다.[1]

---

1) A. Cumming, 앞의 책, p.111, 242.

1. 정보 분석의 지능적 과정(Intellectual Process of Analysis)

정보 분석(情報 分析)에 관한 내용을 잘 설명하고 있는 위키피디아(*wiki-pidia*)의 설명은 그 글의 초두에 정보 분석의 관리(intelligence analysis management)나 정보순환의 관리(intelligence cycle management)와 대비하여 정보 분석을 별개의 지능적 과정으로 취급하고 있다. 국가정보에 관한 설명을 접할 때마다 가장 흔히 설명하게 되는 것은 정보의 순환 과정이다. 먼저 정보요청에 따라 정보수집의 계획과 준비를 하고 체계적으로 정보를 수집하는 것에 대하여 모든 교과서는 설명하고 있다. 수집된 정보의 출처와는 상관없이 일반적으로 각 정보기관은 그 수집된 첩보와 정보를 체계적으로 분석한다. 분석된 정보의 수요자에 대한 공급으로 일단 정보의 순환 과정을 일차적으로 설명하게 된다. 우리는 이 책의 제3장에서 정보의 순환 과정과 그 과정의 우선순위(優先順位, hierarchy)를 설명했다. 여기에서는 정보 분석을 하나의 지능적 과정으로 생각하며, 정보 분석이 분석관의 어떤 생각과 지능적 작용을 가지고 이루어지는가를 설명하려고 한다.

정보 분석은 국제관계 속에서 한 국가 또는 특정 행위자(비국가 단체, 즉 테러리스트 단체를 포함)에 대한 첩보와 그 행위주체가 속해 있는 국내외 환경에 관한 첩보를 획득하여 전략적이며 전술적인 중요성을 판단하고 행위주체가 상황에 대응하는 데 이미 알고 있는 첩보를 정리하여 국가정보로 만드는 과정이다. 이는 또한 국가의 정책 수행이나 환경에 대한 적절한 확률적 판단을 내린 설명에 따라 국가나 다른 행위자가 취할 장래의 행동에 관련된 정보를 마련하는 과정인 것이다.

정보 분석의 서술내용은 주로 의도적으로 사람들을 현혹시키는 첩보의 형식으로 된 것들을 가지고 정보보고서가 써지는데, 분석관은 그 거짓정보의 유사성을 서로 비교하여 그 가운데에서 공통적인 진실을 추출해 내야 한다. 정보 분석의 순수한 형식은 국가정보원이나 CIA와 같은 정보기관에서 주로 하는 일이지만 분석방법은 기업정보나 경쟁정보의 분야에서도 적용될 수 있다.

정보 분석은, 국가가 처해 있는 상황이 대단히 불확실해서 애매한 점이 많은 것을 어떻게든지 불확실성을 줄여 보려는 것이다. 이런 애매성이나 불확실성은 정보 분석에 종사하는 사람이나 완전히 다른 사고방식을 가진 아주 우수한 사람들이 일부러 만들어내는 것일 수도 있다. 그런데 대체로 분석관들은 이런 애매한 상황에서 아주 확실하거나 그렇지 않은 확률적 설명을 기피하여 중간 정도의 결론을 내리기 좋아한다. 분석관은 상대방이 수용할 수 있는 위험부담에 대하여 자신의 기준에 따라 그 위험성의 비율을 설명하는 반면, 분석관의 생각으로 상대방이 조그만 이득을 얻기 위해 위험성을 수용할 수도 있다는 생각을 받아들이지 못한다.

따라서 분석관은 자신의 생각으로 상대방이 생각할 것이라는 어떤 상황을 제시하면서 생기는 "정보 분석의 인식 함정(cognitive traps of intelligence analysis)"을 반드시 피할 수 있어야 한다. 그리고 정보보고서의 결론을 정당화하기 위하여 현재 가지고 있는 첩보만을 사용하면서 생길 수 있는 똑같은 함정을 피할 줄 알아야 한다. 이는 정보기관의 반대 측 입장을 취하는 사람은 분석관과 아주 다른 가치체계를 가진 경우가 많다는 것을 인식할 필요가 있다는 데 근거를 두고 있다. 어떤 적대적인 집단이라도 항상 아측(我側)의 상황을 혼돈스럽게 만든다는 것을 당연히 예상해야 한다. 이 같은 권고는 아주 현실적인 가정이면서 특별히 정보 과정의 보안이나 그에 따른 방첩의 분야에서는 항상 있는 일이기 때문이다.

그런데 분명한 것은 분석관이 일련의 문제해결 능력을 지녀야 한다는 것이다. 왜냐하면 국제관계의 상황에서 상대자는 늘 자기네들의 의도를 숨기기 때문에 분석관은 상황의 애매성을 견디어내야 하고 거짓이 판을 치거나 단편적인 첩보가 주도되는 상황에서도 견디어 내야 한다. 처음에는 불확실한 첩보에 접하지만 후에 점차적으로 정확한 첩보에 접하게 되더라도 분석관의 올바른 인식 형성에 장해가 되기 때문이다. 그래서 항상 처음에 미미한 첩보로부터 상황을 인식한 분석관은 정보가 확실성을 지니기 시작할 때 현실에 접근하게 되는 정책결정자보다 때로 상황판단에 불리한 경우가 생긴다.[2]

그런데 오랜 시간에 걸쳐서 아주 적은 양의 정보를 받아들이는 것은 분석
관의 기존 견해나 사고모델에 쉽게 흡수되어 버리고 기존의 견해를 바꿀
만한 충분한 조건이 되지 못한다. 원천적으로 여러 쪽으로 된 정보의 메시
지는 중요한 기능을 할 수 있겠지만 정보의 전체를 보는 시각에서 상황을
판단하지 못할 때는 누적되는 메시지일지라도 그 효과는 약해진다. 이같이
누적적 분석(累積的 分析, cumulative analysis), 즉 국가정보관이 취급하는
정보 과정은 항상 적대관계가 생기기 전부터 지속해서 누적적으로 판단하기
때문에 분석관은 하루 일과와 같이 전날에 수령한 정보와 바로 비교하기
마련이다. 그래서 이 분석관들은 누적된 전체 정보의 체계에 비추어 판단하
지 않고 '공장의 조립 과정(assembly line fashion)'과 같이 통찰력을 가진
직감을 반영해서 보고서를 작성하게 된다는 것을 리처드 휴어는 지적하고
있다.3)

이 같은 정보 분석의 심리학은 1990년대 말 미국 CIA 안에서 사용되던
교재인 소책자가 발간되면서부터 학계의 관심을 끌게 되었다. 이 책자는 뒤
에 보안해제를 받아 1997년경부터 웹사이트에 공개되어 마침내 2006에 한
책자로 발간되었다. 저자인 리처드 휴어는 미국 CIA 간부로서 정보교육에
오래 종사한 교관이면서 분석관이었다. 휴어는 1970년대 후반부터 이 분야
에 관련된 연구논문을 발표하였지만 그는 주로 인지심리학(認知心理學,
cognitive psychology)의 새로운 기초를 가지고 인간의 사고과정을 관찰하
였다. 그는 인간이 취급하는 정보를 가지고 어떻게 인간 사고의 과정을 재
구성하는 모델을 만들게 되는지를 고찰하였다. 그의 관찰 내용은 정보 분야
의 특이한 현상이 아니라 인간의 인지과정, 즉 사물을 알게 되는 과정에 따
른 아주 자연적인 기능이다. 이런 인지과정은 의학으로부터 주식시장을 분
석하는 데까지 아주 넓은 분야에서 찾아볼 수 있는 현상이다.

---

2) "Intelligence Analysis," in *Wikipedia*(http://en.wikipedia.org/wiki/Intelligence_
analysis.Overview). 이 부분의 논의는 Richard J. Heuer, Jr.의 *Psychology of Intelli-
gence Analysis*(New York: Novinka Books, 2006), p.27에서 인용된 것이다.

3) Heuer, 앞의 책, pp.27-29.

분석과정 그 자체는 인간 두뇌의 기능을 강화하게 되는 것이며, 분석은 일반적으로 어떤 사고유형, 즉 모델을 만들어 내는 것이다(그렇다고 우리는 이를 모델이란 이름을 붙일 수는 없다). 우리는 분석과정에서 먼저 현상의 인과관계를 이해하고 어떤 기대를 가지고 시작하여 자기의 사고유형, 또는 모델 혹은 여과지(filters)를 통해서 정보를 처리하고 해석하는 과정에 따라 정보를 취급한다.

분석관은 "왜 볼 수 있는 것을 보지 못하는가?"라는 심리학적 명제 가운데 상황인식의 문제점에 대하여 다음과 같이 휴어(Heuer)는 계속해서 예시하였다. 정보분석관은 늘 심리학자가 말하는 시기상조의 토론종결(時機尙早의 終決, premature closure)과 같은 압력을 받는 상황에서 일을 하게 된다는 문제이다. 정보 보고의 수요자는 상황이 전개된 이래 겨우 2~3일 내에 해석적 분석(解釋的 分析, interpretative analysis)을 보고해주길 바라기 때문이다. 일반적으로 정보 보고 체계는 충분한 구체적인 정보가 입수되기 전에 상황에 대한 즉각적인 진단을 내려야 하며, 상황에 대한 충분한 전망을 가질 수 있는 광범위한 배경 정보가 획득되어 가능한 한 충분한 근거를 가진 판단을 내리기 전에 정책결정자들이 적절한 보고서를 요구하기 때문이다. 이러한 급조된 상황판단은 자연히 분석관이 미리 인식하고 있는 특정 사회에 대한 선입견(先入見)을 근거로 하여 어떻게 그리고 왜 그런 사건이 일어나게 되었는가를 설명할 수밖에 없다. 그래서 시간이 지나고 더 많은 정보를 입수하게 됨으로써 모든 정보를 들여다보고는 아마도 새로운 증거를 근거로 다른 상황판단을 할 수도 있게 된다.

그러나 앞에서 지적했듯이 조금씩 점진적으로 새로운 정보를 입수하게 되면 사실상 정보관이 가지고 있던 이전의 인상이나 고정 관념에 흡수되어 한번 가진 견해를 바꾸기가 쉽지 않게 된다. 더욱이 정보조직의 타성 때문에 이런 인식상의 편견을 계속 가지고 시종일관된 상황해석을 하도록 조직적 압력을 받게 된다. 분석관이 일단 보고서를 작성하기 시작하면 정보관과 조직은 동시에 초기적 판단을 유지하도록 기존의 입장을 종용한다.

정보 분석의 지능적 과정을 보면 분석관의 업무수행과 하는 일이 그들의 건전한 판단, 훈련, 그리고 쉽지 않은 업무를 수행하는 헌신에 대한 증거가 된다. 여기에 열거한 문제점은 정보 분석의 관리와 정보 분석의 수행에 있어서 유의할 사항이다. 그러나 이런 문제점은 인간의 복잡한 정보처리 과정에서 생기는 고유의 어려움이 있다는 것이며 건전한 정보 관리체계가 가져야 할 자질을 말하는 것이다.

그런 원천적인 문제점을 극복하기 위해서는 정보보고서는 다음의 네 가지 유의할 점을 휴어(Heuer)는 강조하고 있다.[4]

첫째로, 분석관의 설명을 뒷받침할 전제, 또는 가정(前提 또는 假定)의 윤곽을 명백하게 묘사하고, 결론에 내포된 불확실성(不確實性)의 정도와 출처를 세밀하게 기술해야 한다.

둘째로, 점진적 접근이 가진 함정, 또는 미처 생각지 않은 위험을 기피하기 위하여 주요 문제점을 근본으로부터 주기적으로 다시 검토하는 분석이 필요하다.

셋째로, 보고서가 대안적 견해를 밝히고 상세하게 설명하는 절차를 강조한다.

넷째로, 정보 분석의 한계는 물론 가능성에 대하여 수요자를 교육시키며 분석적 업무수행을 판단하는 것에 대응하는 기준으로서 일련의 현실적 기대치를 규정한다.

정보 분석의 지능적 과정에서 분석관이나 정보의 수요자가 쉽게 빠질 수 있는 함정을 피하기 위하여 유의하여야 하지만 학자들은 최근에 정보 분석의 방법론을 개발하여 오류를 피할 수 있도록 하는 연구를 계속하고 있다.[5]

---

4) 앞의 책.
5) 최근에 출판된 정보 분석 관련 이론 서적은 다음과 같은 것이 있다.
   Jerome Clauser, *An Introduction to Intelligence Research and Analysis*(Lanham, Maryland: The Scarecrow Press, Inc. 2008), p.219; Roger George and James B. Bruce(eds.), *Analyzing Intelligence: Origins, Obstacles, and Innovations* (Washington, D.C.: Georgetown University press, 2008), p.340; Wayne M. Hall and Gary Citrenbaum, *Intelligence Analysis: How to Think in Complex Environments*(Santa Barbara, California: ABC-CLIO, 2010), p.440; Richard J. Heuer, Jr.

정보 분석에 관한 연구자들은 왜 정보 분석이 늘 올바르지 않은 결론에 이르게 되는가를 궁금해 하지만 이들은 그 이유가 대체로 다음과 같은 데 있다고 본다. 즉, 분석관들은 정보 분석에 대한 인식상의 함정에 빠지기 쉽다. 분석관은 항상 더 많은 첩보를 필요로 하기 때문에 결론을 기피하는 함정에 빠지게 되며, 정보 표적에 대하여 언제나 많은 것을 알 수 있다는 생각의 함정에 몰입하기 때문이다.[6]

2. 정보 분석의 기술

일반적으로 성공적인 정보 분석을 하자면 어떤 기술적인 지식이 필요할 것인가? 어떤 정보 분석이라도 완전한 것은 없다고 생각된다. 잘된 보고서라도 자신의 과오와 긍정적인 경험을 통해서 배울 수 있으며 다른 사람의 과오와 경험을 통해서 또한 배우게 된다. 정보 분석 분야의 최고 권위자가 윤리적이고 아주 효율적인 정보 분석의 관리를 할 수 있다고 하더라도 정보 분석은 혼자서 할 수 있는 것은 아니다. 마치 전쟁터에서 아무리 유능한 장군이라도 사병이 없으면 성공하기 어려운 것 같이 젊은 분석관에게 격려가 필요하고 전문직으로서 분석관이 잘 성장하도록 장려하는 것이 중요하다. 그렇지만 어떤 때는 눈 감고 하는 것 같이 직관에 따라서 하더라도 잘 되는 수는 있다.

정보 분석에 필요한 특별한 방법론이 있다면 이것을 분석의 기술이라고 한다. 정보 분석의 기술과 과학적 방법론을 다루는 학문적 분야를 일반적으로 "정보연구(情報研究, intelligence studies)"라고 하지만 이런 것은 최근

---

and Randolph H. Pherson, *Structured Analytic Techniques for Intelligence Analysis*(Washington, D.C.: CQ Press, 2011), p.343; and Hank Prunckun, *Handbook of Scientific Methods of Inquiry for Intelligence Analysis*(Lanham, Maryland: The Scarecrow Press, inc., 2010), p.233.

6) "Intelligence Analysis," in *Wikipedia*(http://en.wikipedia.org/wiki/Intelligence_analysis.Overview). 앞에 인용한 전자 백과사전에서 인용함.

까지 약 20여 개의 미국 대학과 군사학교에서 다루고 있다. 한국에서는 연세대학교와 중앙대학교, 그리고 서강대학교에서 국가정보론을 가르치고 있지만 대상 학생은 주로 국제대학원의 학생을 상대로 강의가 이루어지고 있다. 물론 우리나라에서도 육군의 정보학교에서 정보의 분석에 관한 것을 정보장교를 대상으로 가르치고 있다.

국가정보의 분석기술 목표는 전문성을 추구하는 것을 중점으로 삼는다. 미국의 정보국은 가장 유용하고 질 높은 분석보고서를 정책결정자, 국회의원, 전투요원, 법의 집행관, 협상자, 그리고 국가이익의 책임 있는 모든 공직자에게 제공하는 데 있다. 분석보고서는 일간신문으로부터 가장 민감한 기술적 수집 체계에 이르는 폭 넓은 정보출처로부터 계속하여 작성된다. 오늘날에는 보고서가 정보수요자 개인의 관심에 맞추어져야 하고 분석관은 정보수요자의 필요가 무엇인지를 아는 데 가장 일차적인 관심을 둬야 한다는 것이다.

미국 CIA 정보분석국(情報分析局)이 제시한 분석관이 따라야 할 분석기술 비망록 개요(A Compendium of Analytic Tradecraft Notes)에는 10가지의 요령에 관해서 제시하고 있는데 요약해서 소개하면 다음의 몇 가지 임무를 수행함으로써 "분석관이 정보수요자에게 부가가치(value-added)를 제공"할 수 있다고 한다.[7]

- 수집된 첩보의 까다로운 평가와 분석자의 판단에 대한 명시적인 주장으로 객관성에 충실(dedication to objectivity)하면 정보수요자가 복합적이고 민감한 정책 이슈를 다루는 데 신빙성을 갖는다.

---

7) 미국 CIA 정보분석국에서 산하 요원에게 지시한 기본태도와 원칙에 관해서 여기에 소개한다. 우리나라의 이런 내부자료는 공개되지 않아 여기에 인용할 수 없지만 아마도 같은 원칙과 규정에 따라서 한국 국가정보원의 분석국에서도 같은 내용의 각서나 비망록이 있으리라고 생각한다. Directorate of Intelligence, *A Compendium of Analytic Tradecraft Notes*, Volume I(Notes 1-10). Reprinted with a new Foreword by the Deputy Director for Intelligence(February 1997).

- 정보생산물을 때에 맞추어 적절한 사람에게 전달하면 사람들이 정책 결정에 정보 내용을 유용하게 쓸 것이며 이들의 반응은 정보생산에 필요한 기초적 정보수집에 유용하다. 분석의 기술적 능력은 가장 좋은 분석을 제공하는 데 도움이 되는 "힘의 승수(force multiplier)" 효과를 내는 역할을 할 수 있다.
- 주문에 따른 정보 보고에 대한 소비자의 평가 반응은 주로 어떤 문제에 가장 적절한 답이 되는지를 분석관에게 명백하게 일러주게 된다.
- 첩보의 평가와 판단기준을 적용하면 분석관이 첩보의 쇄도, 사건 동향의 분별, 그리고 거짓시도의 확인을 관리하는 데 도움이 된다.
- 분석기술의 표준은 전문가들 가운데 그 차이를 식별해낼 수 있다. 이들 사이의 대화는 팀워크를 향상시키며 이 공동작업은 분석기관이 더욱 생산적으로 되게 한다.

이 비망록은 미국 CIA에 40년이나 근무한 실무자로서 정보 분석을 가르치고 비평하던 잭 데이비스(Jack Davis)가 직접 작성한 것이라고 한다.

양질의 정보생산을 위해 우수한 분석관이 절대적으로 필요하다. 우수한 분석관은 담당분야에 대한 전문지식을 가져야 하며 보고서 작성기술이 남다르게 숙련되어 있어야 한다. 오랫동안 미국을 비롯한 다른 국가에서도 분석관은 학교에서 훈련되는 것보다 현장에서 숙달된 훈련을 받아야 한다는 신념을 가져왔으나 9.11 이후에는 이런 아집이나 폐쇄성이 무너지게 되었다. 최근에는 대학이나 대학원에서 훈련된 인재를 받아서 보다 넓은 전문지식과 과학적 연구분석의 훈련을 받은 사람으로 충원하고 있으며 현재로 미국의 CIA 요원 가운데 50%나 되는 전문가들이 이런 새 사람으로 지난 10년 사이에 교체되었다고 한다.[8]

---

8) *New York Times* 기자로서 30여 년간 미국 CIA를 취재한 Tim Weiner 씨가 2007년 9월 18일 미국의 World Affairs Council of Northern California의 모임에서 "The CIA: Fact or Fiction?"이라는 제목으로 강연한 내용. Fora. TV.

이러한 경향에 따라서 미국에서는 대학에서 「국가정보론」을 강의하는 곳이 늘어났으며 워싱턴 주변의 특수학교에서 현직요원을 재교육시키는 추세에 있다. 한국에서도 국가정보원 산하에 「국가정보대학원」을 설립하고 새로 입사하는 대학 졸업생들에게 대학원과정의 교육과 정보 분석의 훈련을 시키고 있다. 민간대학에서는 현재 서강대학교 국제대학원에서 「국가정보론」의 석·박사과정을 설치하고 전문적 교육을 시키고 있다. 특히 국제대학원에 들어오는 외국학생, 특히 중국과 베트남 그리고 라오스와 같은 사회주의 국가에서 입학하는 대부분의 외무성 직원들은 이런 교육 과정을 이용하여 서방세계의 국가정보 연구에 접하고 있다. 필자는 중앙대학교 국제대학원과 서강대학의 국제대학원에서 지난 10여 년간 「국가정보론」을 담당하여 영어로 교육하고 있다.

3. 미국 CIA의 정보분석보고서 작성에 관한 비망록 요약

꼭 필요한 것은 아니지만 미국의 정보분석보고서 작성에 대한 요령과 원칙을 비망록으로 미국 CIA 정보분석국(情報分析局, DI)이 공개한 그 내용을 여기에 요약하여 소개한다. 물론 우리 국가정보원에서도 지난 60여 년간의 정보수집과 분석을 해왔기 때문에 대개는 유사한 업무지침이 있으리라고 생각하나 현재 학생들에게는 소개할 자료가 없어 미국의 "10가지 기술에 대한 비망록(10 Tradecraft Notes)"의 예를 설명한다.

정보보고서를 작성하는 요령으로서 다음의 여러 가지 내용을 보고서에 명확하게 기술해야 하며 그 순서는 다음과 같다.

1) 분석국(DI)이 평가한 미국 국가이익의 설명
- 정부의 주요 관료가 정책집행을 준비하는 과정에서 제기하는 일반적인 주요 논점을 특별한 문제로 전환할 것.
- 분석관은 제기된 문제의 주변 평가를 정리하거나 정책 관료들이 요령껏 설명하는 실천상의 관심에 대하여 다른 의견을 명확히 할 것.

2) 접근성과 신뢰성의 향상(to enhance accesses and credibility)
- 일차적인 도전으로서 분석국(DI)의 평가는 정보소비자의 관심을 목표로 삼고 있다는 것을 주요 소비자에게 확인시킬 것. 예를 들면, 미국 국가이익에 호소하는 중요성이라든지, 실전에 쓸 수 있는 요약문을 제공한다든지, 특별한 정보를 효과적으로 쓸 수 있는 것을 보장한다든지 하는 것을 소비자에게 알게 할 것.
- 이차적인 도전으로 정책집행에 있어서 해외에서의 불확실한 환경과 워싱턴에서의 정책 경쟁 가운데에서 신뢰성을 유지하는 것. 따라서 사실과 정보출처를 향한 엄밀한 주의를 기울이는 중요성, 그리고 가정의 명료도를 밝히는 것.

3) 가설 설정에 대한 명료한 설명(articulation of assumptions)
- 분석관이 정보 평가의 기초를 쓰기 전에 주요 변수와 그 변수 간의 관계에 대한 가정의 확인, 이의의 제기 그리고 옹호.
- 논쟁을 글 내용에 제시하는 것. 예를 들면 주요판단 밑에 깔려 있는 결정적인 사고를 설명하는 상세한 내용을 글로 적절하게 쓰지 못할 때 논쟁의 내용을 제시하는 것.

4) 전망(outlook)
- 분석관의 신념에 의거, 가장 일어날 것 같은 사건의 전개과정은 물론 미국 정부의 관료가 직면하게 될 중요한 선택적 대안에 관해서 설명.
- 적대국의 군사적 의도와 같이 미국 안보의 중대한 이슈에 대해서 분석관은 가능성이 희박하다고 생각되는 그럴듯한 도전을 포함해서 사건 전개의 여러 과정 가운데 하나를 택할 수 있어야 한다. 그리고 이 점에 대해서 언급함으로써 정책결정자나 전투원이 대비책을 마련하도록 한다.

5) 사실과 정보출처의 확인(facts and sourcing)

- 분석관이 무엇을 알고 있으며 어떻게 알게 되었는지를 밝히는 것은 정책을 고안하고 실천하도록 하는 데 필요한 요소이다. 특별히 분석국(DI)의 평가에 의존하도록 하려면 이 같은 정보출처의 확인은 정책집행 관료에게 정보에 대한 신뢰성의 중심이 된다. 이 같은 정보출처의 공개는 또한 비망록(備忘錄)이나 브리핑의 이면에 있는 신뢰성을 분석국(DI)의 책임자에게 주는 경우가 된다.
- 무엇을 알고 있는지에 대하여 정확하고 치밀하게 기술할 것.
- 보고받은 첩보와 분석관의 판단 사이를 분명하게 구분할 것.
- 허위일 가능성을 보고서에서 고려할 것.

6) 분석적 전문성(analytic expertise)

- 복합적인 이슈를 분명하게 할 깊은 구체적 지식이 필요.
- 특수한 정보적 첩보를 해석하는 재주.
- 소견과 판단을 지원할 자료의 능숙한 구성.
- 미국 관료의 정책결정 과정에 대한 통찰력.

7) 실전에 쓸 수 있는 효율적 요약문(effective summary)

- 실전에 원용할 수 있는 효율적인 요약 내용은 보고서의 지면 제한 속에서도 소기의 정보소비자를 위해서 월등한 부가가치를 주게 된다.
- 정보국의 평가서에 대한 고객의 수가 적거나 문제의 이슈에 대해 잘 알고 있을 때 분석관의 주요 임무는 무엇이 새로운 정보이고, 그래서 어떻다는 것을 두서너 개의 문장으로 표현하는 요약의 기술을 발휘한다.
- 정보국의 평가서가 주의를 환기시키기 위해서 많고 다양한 청중에게 발송되는 경우에는 요약문에 분석국(DI)의 독특한 전문성은 물론 주요 소견과 판단의 증거를 전해야 한다.

8) 정책 수행과정 분석(implementation analysis)

- 정책의 성취과정을 분석하는 것은 비망록의 첫째 과제이고, 미국 국가 이익을 설명한 대로 정책결정자와 정책 수행자를 위해서 정보 지원을 전개하는 기술의 하나가 된다. 기회를 추구하고 위험을 피하기 위하여 미국 정부가 이용할 수 있는 전술적 대안을 정보분석국이 제시하는 경우, 이는 분석관의 역할을 보완할 뿐만 아니라 정책결정자의 역할과 명백하게 구분되는 것이다.
- 외국문화의 전문성에 근거한 분석관은 정책 수행목표를 위한 대안을 확인하고 평가한다. 이는 정책 담당관은 먼저 정책 목표를 세우고 어떤 전술을 택할 것인가에 대한 결정을 내리기 때문이다.

9) 결론(conclusions)

- 분석관은 결론부분에서 신뢰 수준을 정확하게 제시해야 한다. 이는 전 출처첩보(全出處諜報, all-source information)를 정리하고 평가하며 해석하는 것을 근거로 소견을 기술한다.
- 분석관은 충분한 첩보를 조심스럽게 세척해 정리한 후에 정당한 논거를 만들었다고 믿으면, 보고서의 결론을 대담하게 기술한다. 예를 들면 무엇이 증가했는지 또는 감소했는지, 혹은 사건이 어떤 유형을 가지고 있는지에 관해서 확실히 한다.
- 이에 반해서 입수가능한 첩보가 외국의 기만공작과 다른 애매한 근거로 의심이 가면 정책집행 과정에서 정보평가 분석보고에 의존하는 정부관리와 그 조리 있는 의문점을 공유하게 된다. 특히 사건의 인과관계와 관련된 의구심을 서로 상의할 필요가 있다.

10) 분석 요령과 방첩(tradecraft and counterintelligence)

- 분석관이 해외에서 무슨 일이 일어났는지 잘 알 수 없게 상대방이 기만하는 것을 방지하고 대응하는 요령은 비망록 제5(사실과 정보출처의 확인)와 제9(결론)에서 설명된 첩보의 정밀한 평가를 위한 충고를

근거로 이루어진다.

- 분석관은 속임수가 현재 하고 있는 것을 의심하고 있으며, 정책관료들이 군사적인 행동을 취할 것인지 혹은 자국의 국익을 보호하기 위해서 다른 조치를 취할 것인지를 결정하는 데 정보평가서에 직접 의존하는 경우와 관련된 이슈에 대해서는 중요한 첩보로서 충분한지를 확인해 줄 수 있는 조직적 노력을 기울여야 한다.

- 이러한 의심과 민감한 이슈에 대해서는 분석관은 문제에 솔직하게 답하여야 한다. 특히 분석관이 속임수에 빠지지 않았다는 것을 어떻게 알게 되었는지를 밝혀야 한다.

정보분석보고서나 평가서는 분석관이 만들어 내는 보고서로서 요령 있게 적절한 분석내용을 정책결정자에게 제공할 수 있어야 하며 적시에 상황에 맞추어 보고되어야 하지만 그 작성요령은 여러 면에서 주의를 요하는 것이 많다. 정보 분석은 결국 문제에 접근하는 전략적 사고를 가지고 균형있게 마련되어야 한다. 보고서의 내용은 틀린 것보다 판단에 잘못이 저질러지는 편이 차라리 다행인 것이다. 분석관의 일은 인기를 얻는 데 있지 않고 진실을 추구하는 데 있다.

정보보고서를 생산하는 사람들은 자기가 속해 있는 기관의 내·외 고객의 필요에 어떻게 적합하게 대응할 것인가에 대해서 고민하는 경우에, 일반적으로 그 해결책은 각자에게 적절할 것으로 믿는 두 개의 다른 유형의 보고서를 만든다. 내부용으로는 상세한 출처의 정보, 수집방법, 그리고 분석기술을 설명하는 반면 대외용은 신문기사와 같이 저널리즘적으로 준비한다. 후자의 경우에는 신문기사 쓰듯이 항상 6하원칙(六何原則)에 따라서 누가 무엇을 언제 어디에서 왜, 어떻게 했는가를 기술할 뿐이다. 그러나 정보보고서에서는 한 가지 "어떻게"라는 것을 배제하는 경우가 많은데 이는 이따금 정보의 출처나 수집방법에 대하여 기술하여야 하는 경우가 생기기 때문에 대내용의 보고서가 아니면 늘 "어떻게"의 부분은 제외시킨다.

그럼에도 불구하고 대외수요자들은 대체로 정책집행자로서 실행가능한

정책대안에 대하여 알고 싶은 경우가 많기 때문에 정보평가보고서에는 ①
실행에 옮길 정책결정, ② 정책실행, ③ 정책실행으로부터 철퇴(disenga-
gement)에 관한 3단계의 진행에 관한 지침 같은 것을 제공하게 된다. 그래
서 외부용 보고서에는 정책 수행의 표적에 대한 첩보를 강조하게 된다. 그
리고 정보보고서를 생산하는 사람은 이따금 보고서의 내용이나 논조를 수요
자의 사건에 대한 전문성 수준에 따라서 적절하게 조정하게 된다.[9]

정책결정자에게 보고되는 정보평가서(intelligence estimate)와 성격이
유사한 학자의 연구보고서(research report)도 실무자에게는 많은 도움을
주기 때문에 실무와 관련된 연구보고서를 써본 학자들은 순수 학문적 연구
를 위한 논문과 여러 가지 점에서 다른 특성을 가진 보고서를 생산한다.
한국의 경우에 정부는 많은 학자들에게 공모하여 연구비를 지급하고 수집된
연구 결과 내용을 업무에 쓰려는 경향이 많다.

그렇기 때문에 학자들은 주로 공개출처 자료를 근거로 정책결정자의 정
책결정과 그 집행 그리고 사태의 수습에 이르기까지 자세한 정보보고서 같
은 것을 작성한다. 특히 국제정치·국제관계나 외교 정책 또는 국제 수준에
서의 산업개발과 투자 부분에서 국제경제를 연구하는 학자들은 정부의 관료
를 상대로 실무에 관한 연구보고서를 작성한다. 현재로는 외교안보연구원,
통일연구원, 세종연구소, 경제개발원, 그리고 한국안보전략연구소(과거 한
국국제문제조사연구소) 등에서 생산하는 연구보고서의 일부는 마치 정보평
가서와 같은 구상과 필요성을 감안해서 정보분석국의 외곽에서 경쟁적으로
사항에 따라 보고평가서를 작성하고 있다.

이들 학자들이 대학원에서 연마한 연구방법론에 따라서 보다 과학적으로
연구하고 합리적으로 추리하는 연구방법론은 이따금 정보보고서의 작성 기
술로서도 논의가 되고 있다. 정보의 표적대상이 되고 있는 상황의 발생원인
과 그 결과로서의 사건의 진행을 분명하게 설명하기 위하여 국제정치학이나

---

9) "Intelligence Analysis," in *Wikipedia*(http://en.wikipedia.org/wiki/Intelligence_
analysis.Overview). 앞에 인용한 전자 백과사전에서 인용함.

사회학과 같은 일반 사회과학의 연구방법론의 원용을 국가정보의 평가보고서 작성 과정에서도 갈구한다. 지난 6~7년 사이에 이런 노력이 많아졌으며 일부 실무자 출신의 정보연구자들은 방법론의 개발에 많은 진전을 보였으며 그 연구결과를 출판하여 교과서로 발행하고 있음을 앞에서 지적하였다.

지금까지 논의한 것을 요약하면 정보 분석의 글쓰기는 학문연구의 글쓰기와 다르다는 것이다. 정보 분석의 경우에 보고서의 작성자는 먼저 글을 쓰기 전에 "누가 왜 보고서를 필요로 하는가?"를 생각해야 한다. 정보보고서의 수요자는 분명히 ① 정책을 결정하는 사람(policy makers), ② 여러 정책 가운데 올바른 정책을 선택 결정하는 사람(decision makers), 그리고 ③ 군사령관(military commanders) 등이 정보평가보고서를 필요로 하고 있다.

실제로 정보 관련 보고서를 쓰는 경우에 그 유형(types)에는 다음의 세 가지가 포함되어 있다.

첫째로, 상황을 감각적 표현으로써 있는 그대로 기술(descriptive)하는 것으로 크기, 모양, 구성내용, 그리고 색감과 같은 것을 의미한다.

둘째로, 상황이 어떻게 그리고 왜 그렇게 전개되었는지를 설명하는 것으로 어떻게 움직여가고 있으며, 왜 이런 형태로 움직여 왔는지, 그리고 왜 그런 일이 생겼는가를 알게 한다.

셋째로, 앞을 내다보면서 현 상황을 판단하는 것인데, 장래를 내다보고 상황을 예측하면서 국가안보의 미래를 예측하는 것이다.

그런데 정보보고서를 쓰게 되는 글의 형식을 보면 일반적으로 다음의 세 가지로 구분하여 예시할 수 있다.

첫째는, 기본정보(基本情報, basic intelligence)로 첩보내용의 기본적인 것만을 기술하고 설명을 하거나 평가에 대하여는 다소 덜 쓰는 경우이다.

둘째는, 현용정보(現用情報, current intelligence)로서 현재 여기에서 일어나는 것을 의미하며, 아주 동태적이나 금방 사라질 정보내용을 말한다. 아주 간결하게 기술한 것을 전자적 수단으로 전송하는 것인데 예컨대 테러리즘과 같은 경우이다. 이때는 첩보의 의미를 해석하면서 사건을 설명하며, 사건의 추세를 기술하고 분석관의 관점에서 일어날 만한 결과를 예측한다.

그리고 이에 대한 논평을 부친다.

셋째는, 판단정보(判斷情報, estimative intelligence)로서 장래에 대한 것이다. 이는 외국의 군사력과 국가에 대한 가장 쓸모 있는 현용정보와 기본정보에 의거하여 앞으로 당분간 상존하게 될 조건을 예측하는 것이다. 따라서 이 보고서는 예언적인 양식을 취한다. 이것이 바로 전개된 상황이나 사건의 함의를 말하는 것이다.

끝으로 다음의 〈표 6-1〉에 제시한 것과 같이 정보 관련 보고서와 학문적 연구서의 차이점이 분명하게 존재한다는 것을 지적하면서 정보보고서나 판단서 또는 평가서를 쓰는 요령에 관해서 논의하는 것을 마친다.

〈표 6-1〉 정보 관련 보고서와 학문적 연구서의 차이점

학문적 글	정보판단 글
1. 과거의 일에 중점을 둔다.	1. 미래의 일에 중점을 둔다.
2. 전문가를 위해서 글을 쓰지만 정책집행의 책임은 없다.	2. 현실적인 문제에 직면한 일반논자를 위해서 보고서를 쓴다.
3. 증거에 근거한 상세한 성격을 가진다.	3. 오직 기본적인 것이나 의미 있는 것
4. 결론은 짧게 쓰며 요약의 형식을 취한다.	4. 결론으로부터 시작하여 상황의 함의를 추구한다.

4. 정보 분석의 성격(the nature of analysis)

정보 분석은 기초자료를 잘 정리한 자료철(資料綴, scrapbook)이 아니다. 이는 주요변수와 정책의 선택에 따라서 관련된 논점의 주요 성격에 대한 요약이다. 점차적으로 심층분석을 하면 연구되는 상황의 내적 다이내믹스를 설명할 수 있으며 마침내는 정보판단으로 알려진 예측을 하게 마련이다.

이미 지적한 바가 있지만 정보 분석의 목적은 특정 정책결정자에게 선택

된 표적에 대한 첩보의 근원적인 중요성을 알려주는 것이다. 분석관은 보고
서의 내용을 구성하는 데에 있어서 확인된 사실로부터 시작해서 전문가적
지식을 원용하여 그럴듯하거나 좀 덜 확인된 것이지만 그 소견 혹은 조사결
과(findings)를 정리하며 만약에 예측의 필요성이 타당할 경우에는 예측
(forecast)까지도 포함해서 보고서를 만든다. 그러나 분석관은 사실에 근거
할 수 없는 점(占, fortunetelling)을 치는 듯한 행태는 절대로 하면 안 된다.

여러 차례 이 책에서 반복하여 강조하지만 정보보고서의 객관성은 정보
를 만들어내는 과정에서 정보분석관의 일차적 자산이다. 정보의 객관성을
생산하기 위해서 분석관은 문제의 특성에 맞는 분석절차를 따라야 한다. 여
기에는 다음의 4가지 추리(推理, reasoning) 유형이 있으나 여기에서는 그
자세한 내용을 생략한다. 이러한 추리에 따르는 연구과정의 논리에 대한 것
은 일반적으로 대학에서 강의되는 연구방법론 강의를 통해서 배울 수 있다.

① 인과관계를 추구하는 귀납적 추리(歸納的 推理, induction)
② 일반론을 적용하는 연역적 추리(演繹的 推理, deduction)
③ 현장에서 훈련된 통찰력(總察力, trained intuition)
④ 과학적 방법론(科學的 方法論, scientific method) 등

이런 4가지 일반적인 추리과정을 통해서 보고서를 보다 객관적인 것으로
만들 수 있다. 추론에 의해서 밝혀진 결과에 대하여 그 타당성을 검증하는
과정으로 정보 분석이나 판단을 하는 사람들은 수집된 첩보내용을 분석하기
위하여 분석 기법(分析技法, analytic techniques)을 원용하여 제기된 문제
점이나 가설의 내용을 검증한다.

정보 분석 기법은 일반적인 사회과학의 연구방법과 대동소이한 기법으로
서 일반적으로 수집된 첩보의 양과 질에 따라서 두 가지 방법을 원용한다.
하나는 수집된 자료가 수량화될 수 있고 통계적인 방법으로 처리할 수 있는
자료인 경우에는 계량분석적 방법(計量分析的 方法, quantitative analytic
method)으로 자료를 처리하여 수집된 첩보의 내용을 해석할 수 있으며, 이

는 사회현상의 반복적 제기(recurring social events), 전체 사회의 구조나 제도적인 것, 예를 들면 인구의 구성, 유권자의 추이, 도시화의 추세, 국민사이의 경제적 분포 등을 분석하여 상황의 원인과 결과를 규명하려고 할 때 흔히 사용하는 방법이다.

다른 경우에는 정보의 대상 또는 표적이 되는 것에 대한 첩보자료가 단편적이고 현상의 내용을 계량화 할 수 없는 질적인 특이성으로 구성된 경우에 원용하는 분석 기법이다. 이를 질적인 분석방법(質的 分析方法, qualitative analytic method)이라고 한다. 예를 들면, 지도자의 성격 또는 사고방식, 정보 표적의 인성적 특성과 교육 배경 등에 관한 첩보, 그 사회의 문화적 특성, 그리고 일반적인 사회구성원의 심리적 경향과 같이 특히 개별적인 문화적 사회현상에 관련된 첩보에 근거하여 분석·판단해야 하는 경우에 분석관 개인의 사유에 의하여 추론하는 수밖에 없을 때 통찰력에 의한 판단을 하게 된다.

정보 분석과 판단을 수행하기 위해서는 꼭 어느 한 가지 기법에 의존할수 없으며 가능한 한 수집된 자료의 내용과 정보출처의 성격에 따라서 분석의 기법을 선택하거나 두 가지 기법을 상호 보완적으로 사용하게 된다. 분석관이 일단 수집된 첩보자료를 처리하기 전에 자료의 특성으로 보아 그분석 기법을 정하게 되며 이는 일반사회과학에 있어서 연구계획을 세울 때 방법론에 관한 고려를 하는 것과 같다. 다음에서 설명하게 될 정보 분석 과정에서 분석 기법에 관한 추가적 설명을 더 논하려고 한다.

정보 분석 기법은 일반적으로 교과서에서 간단하게 설명하고 있으나 이는 별도의 교육과 실습을 통해서 따로 그 기법을 습득해야 하며 필자의 견해로는 정보기관마다 주된 기법을 원용하는 내용이 다르기 때문에 분석관으로 현장에서 적절한 훈련을 통해서 습득하는 것이 좋을 것으로 생각된다. 여기에서는 일련의 기법을 간략하게 소개한 국가정보포럼이 출간한 『국가정보학』의 내용을 소개한다.[10] 이 밖에도 정보 분석의 기술과 방법론을 설

---

10) 국가정보포럼, 『국가정보학』(서울: 박영사, 2006), pp.96-105.

명한 자료는 최근에 많이 출간되었다.[11]

『국가정보학』 교과서는 우리나라의 국가정보원 산하에 있는 국가정보대학원 교수들이 나누어서 책을 저술한 것으로 학생들에게 비교적 국가정보에 관한 지식을 쉽게 접할 수 있게 된 책이다. 이 책의 제2장 제4절의 정보 분석 기법으로 다음과 같은 것을 수록하고 있다.

제4절 정보 분석 기법

1. 질적 분석 기법(Qualitative Analytic Techniques)
   가. 브레인스토밍(Brain Storming) 기법
   나. 핵심판단(Key Judgement) 기법
   다. 경쟁가설(Competing Hypotheses) 기법
   라. 인과고리(Causal Loop Diagram) 기법
   마. 역할연기(Role Playing) 기법
   바. 기타의 분석 기법

2. 양적 분석 기법(Quantitative Analytic Techniques)
   가. 베이지안 기법(Bayesian Method)
   나. Policon과 Factions
   다. 의사결정 나무(Decision Tree) 기법

---

5. 정보 분석 과정(The analytic Process)

정보 분석의 구체적인 과정과 절차는 각 분석관에 따라 서로 차이가 있으며 정보 분석과 판단을 하는 기관에 따라서도 조금씩 다르다. 그러나 여기

---

11) 최근에 출간된 외국 서적에 관해서는 앞의 주 5)를 참조하기 바람.

에서는 일단 분석을 하는 과정을 순서로 설명하려고 한다.

1) 문제에 대한 정의

먼저 알아야 할 것은 정책결정자는 어떤 정보가 필요한지 정보요청(情報要請, intelligence requirements)에 기반을 둔 여러 의문을 갖게 된다는 것을 분석관은 알 필요가 있다. 어떤 의문을 가지고 있는지를 명백하게 그리고 알아듣기 쉽게 분석관에게 설명해야 하는데 실상은 그렇지 못하다. 의문 내용 자체가 애매하여 분석관이 이해하기 어렵고, 정보의 수요자와 분석관 사이에 관료적 단층이 있고 시간적 제한이 있기 때문에 분석관은 문제점을 보다 명백하고 확실하게 파악하기 어려운 경우가 많다. 이는 마치 정보의 표적이 되는 적대 관계에 있는 사람의 사고를 이해하려고 하듯이 분석관은 정보수요자와 자기편의 사람들이 어떻게 생각하고 있는가를 알아야 한다. 그래서 수집된 첩보를 분석하고 판단하기 전에 양쪽의 생각을 확인하고 문제점을 찾아내어야 한다.

2) 상황에 대한 가설

일단 문제점에 대한 정의가 내려지면 분석관은 문제점에 근거한 합리적인 가설을 도출해야 한다. 이는 연구논문을 쓰는 경우와 같이 연구문제의 내용을 파악하고 논문은 어떤 내용을 설명하고 그 사건의 인과관계를 설명할 것인지를 알아야 한다. 이때 한 변수가 증가 또는 감소함에 따라 어떤 결과가 나오게 될 것인가에 대한 가설을 설정하고 수집된 자료를 통해서 내세운 가설을 검증하는 것과 마찬가지이다.

예컨대 김정은이 아버지 김정일보다 남한을 더욱 압박하여 공격적일 것인가 그렇지 않고 똑같은 수준의 심리전을 계속할 것인가, 또는 남한의 평화 제스처에 편승하여 남북 간의 화해 무드로 남북관계를 유지할 것인가 등의 가설을 세워 놓고 수집된 첩보를 분석하여 그 가설의 진위를 찾아보는 것이다.

이때 어떤 첩보자료를 가지고 분석의 대상으로 삼을 것인가도 가설을 설정하는 과정에서 정해 두어야 한다.

3) 필요한 첩보의 결정과 수집

대체로 분석관이 필요로 하는 첩보가 이미 입수가능한 것인지 혹은 스파이나 인공위성의 영상과 같이 정보제공자(情報提供者, collection assets)가 이미 수집하기 시작한 것인지를 알아야 한다. 만일에 그렇지 않으면 분석관은 주제에 관한 정보수집을 요청해야 하며 만일에 정보요청이 어려울 경우에는 보고서에 첩보의 부족을 밝혀야 한다.

때로 분석관은 수집된 정보가 불충분한 경우에는 직접 공적기록이나 신문수집과 과거의 기록 혹은 기타 여러 가지 자료와 같은 공개출처 정보를 뒤져서 필요한 첩보를 수집하기도 한다.

4) 정보출처의 평가

국가정보나 범죄정보, 혹은 기업정보의 분석을 위하여 쓰이는 첩보가 분석관을 기피하거나 감추어 두려 하거나 왜곡된 첩보를 제공하려는 사람이나 조직으로부터 획득한 것이라면 일단 그런 출처정보의 진위를 판단하여야 한다. 상대편은 항상 경쟁자에 의해서 정확하게 분석되는 것을 원치 않기 때문이다. 이와 같은 첩보가 유보되는 경우를 방첩(防諜, counterintelligence)이라고 하며 우리가 흔히 과학이나 역사 분야의 연구에서 경험하는 것과는 아주 다르게 첩보자료가 연구 결과를 오도하거나 불완전 또는 잘못된 연구 결과를 낳는 것이 아니라 처음부터 적극적으로 조사 대상에 접근하는 것을 거부하는 것이다.

그래서 분석관은 첩보자료와 그 출처에 대한 몇 가지 심사·검토를 수행할 필요가 있다.

(1) 신빙성(信憑性, reliability)의 검증: 과거 같은 출처의 첩보는 정확한 것이었는가?

(2) 진실성(眞實性, credibility)의 검증: 정보출처는 정당하게 믿을만한 첩보에

접근이 되는가? 과거에 그 정보출처는 속인 일이 있는가?

(3) 정보거부와 속임수(possible denial and deception)의 검증: 정보출처가 신
빙성이 있고 진실성이 있는 경우라도 속임수의 정보를 퍼뜨릴 수가
있다.

5) 가설의 검증 또는 평가

가설을 첩보자료와 관련하여 검증하는 단계로서 이는 실질적인 분석의
단계에 이른 것이다. 분석관은 가설에 대한 수집된 첩보자료에 대하여 여러
가지 분석 기법과 수단 또는 방법에 따라서 증거를 비교 검증하는 것이다.
이는 일반적인 연구논문을 쓰는 경우에도 마찬가지로 준비된 증빙자료를 기
초로 가설을 검증하는 것과 같다.

6) 보고서의 생산과 꾸밈(production and packaging)

어느 정도 가설의 검증이 끝나서 가설대로 상황이 진행되었다고 생각하
면 정보의 수요자를 위한 정보보고서를 만들어야 한다. 이때 정보산물(in-
telligence product)에는 다음의 세 가지 특성이 포함되어야 한다.

(1) 적시성(timeliness): 적시성이란 보고서 작성과 공급을 위한 소요시간을
맞추는 것은 물론 특정 시간에 수요자의 쓸모 있는 것이 되어야 한다.

(2) 범위(scope): 범위는 보고서에 포함되어 있는 자료의 상세한 정도와
포괄성의 정도를 말한다.

(3) 주기성(periodicity): 정보생산물(정보보고서나 평가서)의 집필 시작과
생성 완료기간의 계획안을 말한다.

정보보고서는 일반적으로 짜임세가 있는 글로 꾸며져 있으며 때로는 구
두 보고인 브리핑으로 되어 있다. 보고서 내용을 어떤 형식으로 꾸며서 수
요자에게 전할 것인가는 기관과 보고자의 수준에 따라 여러 가지 형식을
취하게 된다. 말하자면, 이메일 같은 전자 메시지, 프린트 사본으로 된 보고

서, 그리고 브리핑과 같은 구두 보고 등의 형식으로 보고서나 판단서가 정책결정자에게 전해진다. 요즈음은 여러 기관들이 동영상으로 된 영상물로 정보 보고를 하는 경우가 많으며 마치 방송국의 뉴스보도나 다큐멘터리보고 영상과 같이 현장감 있는 보고물을 생산하여 전달한다. 앞에서 사진을 게시했듯이 비밀공작의 요원이 일어나는 사건의 동영상을 머리에 단 CCTV로 보여주면서 공작활동을 하는 것을 볼 수 있다. 이는 2011년 3월 파키스탄에서 알 카에다를 사살하는 장면은 미국 백악관의 상황실에서 오바마 대통령과 국방장관을 포함한 다른 미국각료가 현장을 관람하면서 보고를 받기도 한다.

7) 동료의 평가

정보보고서나 판단서는 원래 분석관 한 사람 개인의 의견이라기보다는 그가 속해 있는 분석기관의 의견으로 정보수요자에게 전파된다. 보고서를 작성하기 전에도 동료들 간에 회의를 걸쳐서 보고서의 방향을 정할 수도 있고, 만일에 단독으로 분석관의 판단에 의하여 작성된 경우에는 다른 동료에게 돌려 읽어가며 서로 협력하여 의견을 구하고 마지막 작성하는 것이다. 보고서가 정보수요자에게 전달되기 전에는 될 수 있는 대로 동료의 검증과 의견을 구하는 협력 체계가 필요하다. 그런데 오히려 작성자의 의견에 동료들이 모두 전적으로 동의하는 경우에는 이상한 것으로 생각하는 경우가 생긴다.

현실적으로 얼마만큼의 협력을 기대할 수 있는가는 분석자의 웹페이지나 이메일과 같이 보안상 안전한 협력 방편이나 도구가 있어야 하고 다른 분석관의 일의 스케줄이나 소용에 닿을 수 있는 수용성(availability)에 달린 것이다. 만일에 한 부서의 분석 자료에 대한 철저한 제한 때문에 회람이나 의견을 구하도록 다른 분석관이 검토할 수 없는 경우에는 동료 간의 보고서의 검토 평가를 받을 수가 없다. 의외로 특별한 문제의 보고서에 대하여는 아무래도 그 보고서를 평가 검토할 사람은 극히 제한될 수밖에 없다. 필자는 현장근무를 한 일이 없어 한국의 정보기관이 미국의 정보국과 같이 분석관 사이에 협조가 잘 이루어지는지의 여부는 잘 모르지만, 1980년대 당시 필자가 연구기관을 운영할 당시에 보면 전혀 협력이 이루어지지 않고 서로 수요자를 향한 충성심의 경쟁을 하고 있는 것 같았다.

그러나 원칙적으로 수요자에게 전달된 정보보고서나 판단서는 보고서를 생산한 기관의 통일된 의견으로서 간주되며 특수 분석관의 개인적 평가는 아니라는 것이다.

8) 정보수요자의 반응과 보고서의 평가

정보 과정에서 볼 때 분석보고서 생산의 마지막단계에 이르러 보고서를 수요자에게 전달하는 것으로 끝나는 것이 아니다. 오히려 정보수요가 생겼을 처음과 마찬가지로 정보 과정은 계속된다. 즉, 정보수요자와 생산자 사이에 서로 평가내용이 환류되는 상호소통이 필요하며 보고서가 현실적으로 유용한 것이 되려면 더욱더 양자 간의 의견교환과 피드백이 필요하다. 그래서 정보의 분석과 정보의 수요요청과 사이에 서로 다듬어진다. 정보의 생산자와 수요자 사이에 상호 평가된 내용이 환류되려면 다음의 몇 가지 의문에 적확한 답을 얻어야 한다.

(1) 보고서는 쓸 만한지
(2) 보고서는 적시에 도착했는지
(3) 보고서나 평가서를 수요자가 정말 이용했는지
(4) 그리고 보고서가 수요자의 기대에 부합되는지를 알아야 한다.
(5) 만일에 수요자의 기대에 맞지 않으면
(6) 그 다음은 어떻게? 등 여러 가지 질문에 대한 결론은 보고서를 좀
    더 다듬어지게 할 수 있으며 정책결정자는 보고서를 많이 이용하게
    된다.

9) 보고서의 실제적 사용자가 누구일 것인가를 알아야 한다

백과사전적으로 정보보고서나 판단서를 작성하는 요령을 지금까지 정리

하여 정보업무에 종사하는 사람이 알아야 하는 기초적 지식을 설명하였다. 최근에 전직 미국 CIA 요원이 만든 교과서와는 다소 다른 점이 있으나 위키피디아의 정보 분석에 관한 내용을 대체로 여기에 정리하였다.

　다음 절에서는 정보 분석이 가지고 있는 여러 가지 실제적 문제점에 관해서 설명하려고 한다.

II. 국가정보분석의 경험과 통찰력

　정보를 생산하는 정보관 쪽에서 보면 이따금 정보보고서의 형식에 관해서 지나치게 걱정하기도 하고 자신이 작성한 보고서가 효율적으로 쓰였을까를 늘 생각하게 된다. 그러나 정보의 소비자 쪽에서 보면 보고서의 형식이 어떻든 간에, 혹은 정보보고서에 달린 문제점이 아무리 매력이 있는 문제일지라도 실제로는 그렇게 큰 관심을 가지고 있지 않다. 소비자는 오직 문제가 생겨서 당장 새로운 정보보고서를 손에 쥐고서 문제해결에 나서기를 원한다. 소비자의 손에 현실적으로 만족한 정보보고서가 늘 들어오기는 쉽지 않다.

　최근 한 분석관의 경험으로 쓰여진 책이 출간되었다. 토마스 핀가(Thomas Fingar)는 2011년에 『불확실성의 감축: 정보분석과 국가 안보』(*Reducing Uncertainty: Intelligence Analysis and National Security*)라는 책에서[12] 저자의 경험과 경륜을 통해 얻은 정보 분석에 관한 적절한 내용을 설명하고 있다. 이 책의 저자 핀가(Fingar)는 코넬대학에서 공공정책학 학부를 마치고 스탠퍼드대학에서 대학원을 마치는 과정에서 그는 중국의 엘리트에 관하여 조예가 깊은 존 W. 루이스(John W. Lewis) 교수로부터 중국의 지도자에 관한 것을 배웠다. 그는 스탠퍼드대학에서 교편을 잡고 있다가 국무성의 정보·연구처(Bureau of Intelligence and Research: INR) 중국과(中國課,

---

12) Thomas Fingar, *Reducing Uncertainty: Intelligence Analysis and National Security*(Stanford: Stanford University Press, 2011), p.177.

China Division)의 책임자로 일하게 되면서 정보 분석에 관한 자신의 탁월한 능력을 발견하였다.

당시 국무차관보였던 모트 아브라모비츠(Mort Abramowitz)로부터 정보 분석과 평가에 대한 여러 가지 것을 배웠는데 차관보도 중국전문가로서 국무성에서 일을 시작한 것이다. 말하자면 두 사람 모두 중국 지역연구자로서 특정 표적국가에 대한 정보 분석을 시작했다. 결국 실무를 수행하면서 윗사람으로부터 배운 내용과 지혜는 정보 분석에 있어서 극히 개인적인 의미를 가진 것이었으나 정보 분석에 입문하려는 사람에게는 좋은 예시와 경험담이 되리라고 생각한다.

1. 국가정보보고서의 불확실성 감축 노력

미국 정부의 정보수집과 분석을 수행하는 방대한 기관은 엄청난 예산을 쓰면서 가능한 한 정책결정자와 첩보를 근거로 한 분석관의 통찰력을 연계시키는 일을 주로 한다. 그리고 이러한 노력의 이면에는 정책 수행과정에 존재하는 불확실성을 감축(不確實性 減縮, reducing uncertainty)하기 위해서 최선을 다한다. 이를 위한 정부의 방대한 기구(機構, apparatus)가 소비하는 정보예산은 국가, 국가이익 그리고 국민에 대한 위협을 강조하는 과정을 통해서 합리화되고 있다. 이런 일을 강조하는 것은 이해할 수 있지만 이는 불행한 것이라고 생각된다. 왜냐하면, 정보수요자는 정보기관의 중요한 기능을 애매하게 만들고 분석관이나 정보국이 사건이 보다 유리한 입장에서 추진되도록 기회를 엿보는 일에 신경을 별로 쓰지 않기 때문이다.

정보를 수집하고 분석 평가하는 기관은 근본적으로 다른 방대한 정부의 기구와 다른 면이 있다. 정보기관은 비밀리에 수집되어 기밀로 지정된 첩보에 접근할 수 있다. 정보기관은 학자, 신문기자, 은행직원, 외교관이나 다른 정보수집자들이 얻을 수 없는 비밀을 찾아내고 첩보를 수집하기 위하여 존재하는 기관이다.

규모나 예산 조달 그리고 "할 수 있다"는 태도(can-do attitude)에도 불구하고 정보기관은 정보수요자가 바라고 원하는 모든 일을 해낼 수는 없다. 정보요청과 요구내용은 물론 우선순위를 정해서 그 순위에 따라 문제의 중요성과 정보 지원의 신속도를 정하고 이에 따라 보고서를 만든다.

핀가(Fingar)의 경험으로는 미국 국무성은 수천 개의 문제(아무리 줄여도 2,300개의 이슈)와 전 세계(적어도 280개의 표적 국가나 행위자들)에 걸친 문제를 취급하기 때문에 하는 일이 정말 방대하다고 한다. 아무래도 문제를 선별하는 데 가장 중요한 것은 상황에 대한 적극적인 변화를 유도할 기회를 마련하는 것보다, 악조건이나 나쁜 것이 발생하지 않도록 예방하는 것을 더욱 중요하다고 믿는 경향이 많아서 기회보다는 위협에 대한 주의를 기울이는 경향이 많다. 첩보를 수집하고 분석하는 데 효과적인 지휘는 실질적인 세계에서 무엇을 표적으로 삼고, 무엇을 수집하며, 무엇이 처리되어 분석하게 되며 분석을 위해서 무엇을 추적해야 하는가를 지시한다. 그래서 외교적 기회창출이 위협에 대한 인식보다 주의를 덜 끌게 된다.

위협에 대비하는 것을 위주로 하는 우선순위의 결정이 만들어질지라도 훌륭한 분석관은 사건의 추이를 바꿀 수 있는 충분한 전문성과 통찰력을 가져야 한다. 그러나 현장에서 보면 분석관이 자신의 여러 가지 견해나 첩보에 의해서 발견한 것을 보고서에 기록하지 않는다. 이는 주로 분석관에 대한 평가에 아무런 도움이 되지 않으며 오히려 윗선에서 "왜 쓸 데 없이 우선순위가 낮은 문제에 매달려 언급하는가?"라고 질책을 받을 수 있기 때문에 자발적으로 견해를 표현하지 않는다.

그리고 오히려 기존 정책의 대안에 대한 언급을 통해서 정책을 바꾸거나 새로운 정책을 제안하는 것 같은 인상을 줄 것으로 생각해서 아예 그런 부질없는 일을 하지 않게 된다는 것이다. 그러나 이론적으로 볼 때 정책상의 새로운 기회의 포착에 관한 것을 지적하는 경우와 정책을 직접 제안하는 것은 분명하게 다른 것이다. 그럼에도 불구하고 현장에서 주어지는 제약과 같이 가능한 한 보고서의 객관성을 유지하고 선호하는 정책을 지지하는 듯한 인상으로 보고서가 편파적으로 치우치기 쉽기 때문에 그렇게 해서는 안 된다는 원칙 때문에 대부분의 분석관이 기회의 통찰력(opportunity insight)

을 자신만 알고 있으려는 조심성을 보인다.

유능한 정보분석관이 그런 태도로 일에 임하는 것은 아주 불행한 일이라고 생각한다. 왜냐하면 때때로 분석관의 전문성이나 경험이 지원해 주는 정책결정자들보다 외교적 기회 포착이나 전략적 사고를 발휘하는 능력이 더 훌륭할 수 있기 때문이다. 이 점에 관해서 핀가(Fingar)의 경험으로 보면 미국의 정책결정자가 정보기관에게 문제점과 기회의 포착을 확인해달라고 할 때는 대부분이 정말 새로운 기회를 모색하고 있는 것이 사실이었다는 것이다. 대부분의 경우 요는 분석관과 정책결정자 사이에 신뢰 관계가 발전되면 어떤 가능성이나 정책대안에 대해서 감정에 치우치지 않은 냉정한 토론을 할 수 있어 정보분석관의 견해가 좋은 조언이 될 수 있었다고 한다.[13]

이런 의미에서 일반적으로 많은 교과서적 평가를 보면 분석관은 적어도 자기의 보고서를 주로 받아보는 정책결정자를 잘 알아야 하고 접촉할 수 있으면 신뢰 관계를 발전시킬 필요가 있다고 한다. 이는 분석관이 가장 알고 싶은 것이 정보수요자가 무엇을 알고 싶어 하는지 그 문제점과 방향을 파악하고 싶은 것이다. 이를 "상관의 원안을 알아야 한다"는 말로 대신 할 수 있을 것이다.

2. 국가정보의 유형

정보보고서의 내용이 앞으로 일어날 사건의 증후나 경고, 또는 사건의 진행 예측과 같이 일반적인 정보를 가지고는 알 수 없는 적대적인 표적대상의 활동을 예견하는 것인지에 대한 논의는 여전히 끊이지 않는다. 맞춤형으로 지원하는 분석관은 국가안보 사항이나 정보요청에 맞추어 적절한 시간 내에 정보 분석을 제공하려고 한다. 그래도 문제점을 예견하고 기회를 확인하여 분석내용이 과오나 실패를 피하기 위하여 많은 노력을 하게 된다.

불확실성의 축소를 위해서는 실제로 분석내용을 여러 양식(forms)과 유

---

13) Fingar, 앞의 책, pp.51-52.

형(types)에 따라 정리한다. 정보의 분석 평가에 종사하는 사람은 그 내용을 정리할 때 꼭 다음과 같은 내용을 확실히 파악하고 그 내용을 명백하게 밝히려고 노력하게 된다는 것이다.

① 알고 있는 것이 무엇인가?
② 아직 알고 있지 못한 부분은 무엇인가?
③ 무슨 일이 현장에서 일어나고 있는가?
④ 사건은 어느 방향으로 진행되고 있는가?
⑤ 무엇이 이 사건을 이끌어가고 있는가?
⑥ 무엇이 이 사건의 진행과정에 변화를 가져올 수 있는가?

등에 관해서 준비된 내용이 있어야 한다.

이는 정보 분석의 초보자들에게 꼭 필요한 것들이지만, 경험이 풍부한 핀가(Fingar) 정보관은 그의 책에서 정부를 위한 정보보고서를 작성하는 이들의 심정과 태도를 적절하게 설명하고 있다.

자신을 포함해서 정보기관에 근무하고 있는 사람들은 애국심, 전문가적 기질 혹은 개인적 자존심 때문에 국가정보의 분석관으로서 의외로 높은 수준의 성취감을 만족시키려고 한다. 결국 현장에서 보면 분석관이 얼마나 잘하는지 또는 얼마나 못하는지가 드러나기 때문에 높은 수준과 높은 기대가 전문성의 본질적 특성이 된다는 것이다. 정보 분석과 평가 분야에서 처음으로 일하기 시작하는 사람들에게 항상 들려주는 이야기는 다음과 같았다.[14]

국가정보 분석관은 항상 그들이 무엇이든 관료들에게 말하고 써서 보내주는 것에 따라서 영향을 받게 되며 그것으로 소통이 된다는 것을 알아야하고 정부 정책과 그 집행의 효율성이 분석관들이 생산하는 보고서에 의해서 결정되는 것을 항상 인지하고 있어야 한다. 그래서 관료를 위하여 준비하는 보고서는 충분조건으로서 다음과 같은 것을 확실하게 밝혀야 한다.

---

14) 앞의 책, pp.3-5.

① 문제점에 대해서 무엇을 알고 있는지 그리고 무엇을 모르고 있는지
② 입수가능한 첩보의 질과 양이 어느 정도인지
③ 어떤 가정을 가지고 정보의 미비점을 연결할 것인지
④ 어떤 대안을 생각하고 있는지
⑤ 분석관이 제시한 증거와 판단에 대해서 어느 정도의 신뢰성을 가지고 있는지
⑥ 적절한 의문에 대하여 답을 가지고 있는지
⑦ 올바르고 적절한 사람으로부터 제공된 첩보이며 통찰력을 제시하고 있는지를 항상 밝혀야 한다는 것이다.

대체로 훌륭한 정보분석보고서의 요건은 학문적으로 잘된 분석이나 다른 분석보고서의 요건과 별로 다르지 않다. 정보기관의 분석보고서는 다만 대학원 과정에서 배운 분석방법을 따를 수도 있고 때로는 그렇게 해야만 한다. 학문세계와 정보사회가 크게 다른 점이 있다면 정보사회에서는 첩보를 감추려 하고 외국 정부를 기만하거나 오도하려는 의도를 가지고 있지만 학문사회는 그렇지 않다. 그러나 크게 다른 점이 있다면 동료 간에 학문적 논문을 검토 평가하는 것보다 정보사회에서는 좀 더 높은 수준의 기준을 두고 서로 보고서를 검토 평가한다.

다시 말해서, 핀가(Fingar)는 수준에 닿지 않은 정보분석관은 실패한 것으로 간주되는 데는 동정의 여지가 없다고 본다는 것이다. 왜냐하면 정보분석관의 활동은 대학이나 연구기관과 같은 두뇌집단의 환경과 다른 제약과 조건하에서 일하기 때문이다. 아무래도 정보사회의 업무수행 기준이 학계보다 낮아서는 안 되며 당연히 높은 업무수행의 기준을 요구할 수밖에 없다고 본다. 그 이유는 수행능력이 명백하게 떨어지면 엄청난 결과를 낳게 되기 때문이다. 학계에서 연구논문이 별로 좋지 않으면 동료들로부터 질책과 비판을 받게 되고 마침내 대학으로부터 종신 재직권을 받지 못할 뿐이지만 잘못된 정보 분석은 정부의 외교 혹은 안보 정책의 재조정을 하게 만든다. 때로는 자국 정부가 외국 정부나 외국 지도자로부터 신의를 잃거나 입장을

확인해야 하도록 만들게 된다. 특히 미국의 경우에는 원치도 않거나 부작용
이 생길 군사적 행동을 감행하게 되기도 한다는 것이다.

앞에서 지적한대로 "바른 질문, 바른 시간, 그리고 바른 사람(right ques-
tions, right time, and people)"이어야 한다는 요건은 정보 분석에 있어서
더욱더 본질적인 요건이 된다. 학문적 연구나 자문회사와 같은 두뇌집단과
정보 분석을 담당하는 국가조직이 다소 유사하거나 비유가 될 점이 있지만
정보 분석기관은 보다 철저한 요건을 갖추도록 되어 있다. 중요한 차이점이
있음에도 불구하고 정보 분석의 수요자가 요구하는 대로 일을 처리하는 것
은 다 같다. 그리고 특정 표적에 대한 정보를 제공하고 특정 결정에 영향을
미치는 것은 역시 동일하다. 그런데 이런 맞춤형의 "표적(targets)" 평가가
소비자의 요구에 의해서 준비되더라도 이슈나 대상 고객에 대하여 잘 알고
있는 분석관의 시작으로 분석·평가서의 생산을 하는 편이 훨씬 좋은 결과
를 얻게 된다는 것이다.

내용상으로 보거나 정책결정자의 업무수행상으로 보아 정보 보고·평가
서는 다음의 몇 가지 내용으로 된 보고서의 유형을 가지고 만들어진다. 보
고서의 여러 유형에도 불구하고 모든 정보보고서나 평가서는 분석관의 특성
에 따라서 우수한 보고서인지 아닌지가 구분된다.

분석관의 상상력(想像力)은 훈련을 통해서 생기는 것이 아닌 분석관의 고
유 특성으로서 연구관련 상상력은 일종의 창조적인 에너지를 자극하여 문제
해결에 도전하게 만든다. 때로 이런 창조성(創造性)은 첩보자료수집의 독창
적인 접근으로 들어나게 된다. 다시 말해서 이런 창조성은 첩보가 새로운
의미를 제시할 수 있도록 첩보자료를 모으게 한다는 것이다.

여기에서 설명하는 상상력은 이따금 예감 혹은 육감의 형식을 가지며 설
득력 있는 가설로서 역할을 하기도 한다. 정보연구에 실질적 적용이 가능한
상상력 표현으로 예감(豫感, hunch), 통찰력(洞察力, insights), 직관(直觀,
intuition), 대안적 해결(代案的 解決, alternative solutions), 대안적 접근
(代案的 接近, alternative approaches) 그리고 이상실현능력(理想實現能力,
the ability to envision an ideal) 등을 열거할 수 있다.15) 그래서 상상력은

정보분석자의 끝없는 경쟁적 가설(競爭的 假說, competing hypothesis)을 제시할 수 있고 이 가설을 분석하여 불확실성을 감축할 수 있게 된다.

경쟁적 가설의 분석이란 칼 포퍼(Karl Popper)의 과학철학을 정보 분석의 연구분야에 적용하는 것이다. 합리적으로 가능한 가설을 확인한 뒤에 다른 가설에 대한 이의를 제기하는 필요조건 때문에 분석관이 대부분의 분석적 상황에는 많은 불확실성이 원천적으로 따라다닌다는 것을 인정하게 강요한다. 동시에 경쟁적 가설의 분석(analysis of competing hypothesis: ACH) 요령은 분석관이 그 불확실성 감축의 길들을 확인하도록 증거를 찾아내고 관리하는 데 도움이 된다는 것이다.16)

정보 분석은 순수한 과학과 같은 정확성과 예측성을 성취하지는 못한다. 그 까닭은 분석관이 늘 취급하는 첩보는 전형적으로 불완전하고, 애매하며 그리고 잠재적으로 거짓(potentially deceptive)이기 때문이다. 그러나 정보 분석은 과학의 가르침이 주는 일부분의 지식으로부터 혜택을 받을 수가 있으며 과학적 추리의 요인을 일부분이라도 따라갈 수 있다고 생각된다.

과학적 과정이란 관찰(觀察, observing), 분류(分類, categorizing), 가설설정(假說設定, formulating hypothesis) 그리고는 그 가설들을 검증(檢證, testing)하는 것이다. 한마디로 말해서 가설을 설정하고 검증하는 것이 정보 분석의 중심적 기능이라고 할 수 있다. 과거에 대하여 가급적으로 설명하는 것 또는 미래에 대한 판단을 내리는 것은 하나의 가설로서 증거를 수집하고 제시하여 현실적으로 그 가설을 확인하는 것과 같다. 그렇다고 기존의 지식이나 경험을 근거로 하여 상황을 직관에 의하여 판단하기에는 정보의 분석

---

15) Jerome Clauser, *An Introduction to Intelligence Research and Analysis*(Lanham, Maryland: The Scarecrow Press, Inc., 2008), pp.33-34.

16) Richard J. Heuer Jr., and Randolph H. Pherson, *Structured Analytic*)를 *Techniques for Intelligence Analysis*(Washington, D.C.: CQ Press, 2011), pp.147-149. 여기에서 설명하고 있는 "가설의 설정과 검증"에 관한 내용은 인용한 신간에서 추려 정리한 내용이다. 일반적으로 과학적 방법론이 원용하고 있는 이론 정립과정에서 가설에 관한 논의와 같은 취지에서 설명하는 것이다. 이에 대하여는 소홍렬, 『과학과 사고』(서울: 경문사, 1983)의 "제11장 과학적 방법의 논리구조"를 참조할 것.

은 일반적으로 아주 복합적인 것이고 상황판단에 과오를 허용하기에는 손실
이 너무 크다.

1) 국가정보의 징후와 경고(indication and warning: I&W)

정보보고서나 평가서가 가지고 있는 가장 중요한 역할이란 정책결정자에
게 어떤 일이 벌어지고 있으며 어떤 결과가 생길 것이라는 것을 미리 알리
고 어떤 결과가 생기면 국가의 안보에 좋고 나쁜 것을 판단하여 경고하는
것이다. 물론 이는 군사작전에서 많이 일어나는 정보보고서의 유형이며 미
국은 제2차 대전이 발발할 징후와 경고가 없이 일본의 침략을 받고서 비로
소 전쟁 중에 정보의 중요함을 작전과 국가안보에 원용하게 되었다.

한 예를 들면 전체 군사 행동 내에서, 분석관들은 ① 예비 병력의 동원,
② 더 높은 수준의 경계태세 발령, ③ 커뮤니케이션의 증가 또는 감소 명령,
④ 커뮤니케이션의 중지 명령, ⑤ 보다 많은 해군력의 동원 등과 같이 예상
하지 못했던 일에 관한 것들을 찾아내어 지휘관에게 알리는 일을 하는 것이
다. 지휘관이 취해야 하는 이러한 일련의 행동은 전체 군사행동 안에서 발
견되는 것이고 현재 상황과 따로 떨어진 상황에서는 찾아지지 않는 것들
이다.

징후와 경고는 정보기관의 첩보 분석기능 중에서 가장 중요한 본질에 속
하는 임무인 것이다. 국가정보기관을 보유하고 있는 나라는 국가안보와 국
가이익에 대한 전략적 기습을 피하기 위하여 막대한 예산을 들여가면서 필
요한 분석내용을 생산하도록 하고 있다. 정보 분석의 입장에서 보면 징후와
경고는 정보 분석을 수용하는 입장에서 두 가지 면이 있다.

그 하나는 징후와 경고에 관한 임무는 분석관들에게는 업무상 피할 수
없는 함정(trap)일 수 있다. 만일에 정보분석관이 사건의 징후를 파악하지
못하고 적절한 경고를 제시하지 못해서 중대한 사건을 놓쳐 일종의 정보실
패를 하면 정보기관에 대한 비판을 받게 된다. 분석관들은 이 비판의 소지
를 피하기 위하여 중대사건의 발단 시점을 늦추고 상황에 대한 경고를 먼저
제시할 수도 있다는 것이다. 이런 보고서의 기술유형에 속하는 경고를 "거

짓 경고(crying wolf)"라고 하며 분석관은 당장 비난을 피할 수 있으나 이 거짓 경고 때문에 상대국으로부터의 위협에 대한 잘못된 인식을 가지게 되는 동시에 징후와 경고가 가지는 본연의 목적을 훼손 한다.[17]

다른 하나의 입장은 정보 분석에서 제공되는 징후와 경고 기능으로 인해서 정책결정자들은 정책과 행동으로 그 받은 정보에 대응하게 되는데 아주 적절하고 올바른 반응의 기회가 생기도록 노력하게 된다. 이때 정책결정자들은 그 대응책이 효과적이기를 원하며 부적절한 대응을 피하기에 노력하는 것뿐 아니라 실제로 정책집행의 주체가 되어 정책목표를 효과적으로 달성할 수 있는 기회의 포착으로 여긴다. 이렇게 정책 목표를 달성하기 위한 행위자의 기회를 제공하도록 구체적인 내용으로 된 보고서를 기회 분석이라고 한다.

2) 국가정보의 기회 분석(opportunity analysis)

기회 분석은 고도로 세련되고 정교한 정보 분석이지만 만들어내기는 대단히 어려운 유형이다. 무엇보다도 분석관은 정책결정자가 어떤 정책 목표를 달성하려고 하는지를 잘 알고 있을 때 가능한 것이다.

필자의 경험으로는 보면 지역학을 전공하여 특정 국가의 정치, 경제, 사회, 역사 및 전반적인 상황을 잘 알고 있는 분석관의 경우에 기회 분석을 만들기에 훨씬 유리한 점이 있다고 본다. 그래도 현실적으로는 자국의 정책결정자의 정책 목표가 무엇인지를 알아야 하고 정책 수행의 결과 성취하고 싶은 것이 무엇인가를 알아야 한다. 비근한 예일지라도 필자의 경험은 다음과 같다.

한국이 처해 있는 국제적 상황에서 국가의 이익을 극대화하려는 정책목표의 내용은 그렇게 다양하지 않다. 자원의 원만한 공급과 기술의 개발을 통한 국제시장의 확대, 따라서 다른 전략적 국가와의 FTA를 체결하는 것이 최근에 와서는 가장 중요한 목표로 보인다. 이에 더 나아가서 국가의 안보

---

17) 김계동, 앞의 책, pp.180-181; Lowenthal(Fourth Edition), pp.133-134.

에 대한 국가목표를 볼 때는 어떻게 북한을 주변 국가를 통해서 보다 평화적인 교섭대상으로 만들 것이며 현재 진행 중인 6자회담의 추진과정에 정상적인 참여자로 유도하여 북한의 개혁 개방에 대한 공동적이고, 또는 6자회담의 기구를 통한 북한의 경제발전을 지원할 것인가가 일차적인 정책 목표가 될 수 있다.

과거 러시아와 중국과의 국교가 없었을 때 박정희 대통령은 일본의 협력으로 한국의 경제성장과 세계경제시장에 참여할 수 있는 길을 열려고 했었다. 1970년대 말까지 국가안보의 문제는 휴전협정에 묶여 있어 미국을 위시한 UN군 사령부가 직접적인 역할을 했으며, 어느 정도 이 점은 지금에 있어서도 마찬가지이지만 1990년대까지는 일본의 역할이 중요했었다. 따라서 필자는 일본의 정치 경제 및 전 분야에 대한 연구를 지난 40여 년간 하였기 때문에 1970~80년대에는 주로 공개정보와 인적정보를 근거로 많은 기회 분석의 논문을 쓴 일이 있었다. 예컨대 자민당(自民黨) 내 정파의 움직임이 총리 선출에 미치는 영향에 따라 한일관계의 추이와 대북한관계의 추이에 대한 기회포착이 중요하였다. 일본의 자민당은 조총련(朝總聯)을 통한 대북 정책을 수행하는 데 대한 우리 정부의 기회 획득이나 일본 정부의 간접적 대북지원 같은 것을 방해하는 정책목표 같은 일들이 주요 관심 정책이었다. 유감스럽게도 21세기에 들어서 일본의 대북관계가 미미해지고 일본의 폐쇄적인 외교 정책 때문에 한일관계의 진전을 전망할 만한 기회포착이 줄어들게 되었다.

결국 정보분석보고서를 쓰는 경우에 분석관은 자국의 정책결정자나 국가가 어떤 대응을 할 것인가가 언제나 중요한 분석 대상이 된다는 것을 알게 되었다. 기회 분석은 정책과 정보를 분리해서 분석관이 가급적으로 아국의 정책 목표를 취급하는 것이다. 좋은 기회분석보고서를 작성한다는 것은 분석관이 의도하고 있는 메시지(message)나 목표가 아닐지라도 일일이 정책 수행을 구체적으로 규정하는 것 없이는 이루지 못한다. 그래서 일반적으로 기회 분석은 정보기관에서 자주 수행되는 것이 아니며, 기회 분석의 보고서가 정보기관 내에서 만들어진다 하더라도 이를 오해하는 경우가 흔하다. 이런 이유 때문에 정보기관의 외곽 단체로서 연구소의 연구관이 주로 기회 분석을 하게 되며 정부의 각 부서가 이런 두뇌집단이나 연구소 또는 전문 학자에게 기회 분석과 같은 연구 프로젝트를 위탁하기도 한다.

기회 분석을 문제해결을 위한 새로운 기회로 취급하는 경우에 우리는 흔히 대안을 마련하는 것으로 보게 된다. 그러나 처음부터 정책집행자나 국가가 다루어야 하는 문제의 대안을 구상하는 경우도 있으나 이는 정보 분석기관의 임무는 아니다. 다음에서 이 점에 관해 설명한다.

3) 국가정보의 대안 분석(alternative analysis)

정책결정자가 정책대안을 마련하기 위해서 "대안 분석"을 정보 분석기관에 요청하는 경우는 극히 드문 일이지만 정보 분석을 요청한 범위 내에서 이따금 대안 분석을 하는 경우가 생긴다. 대안 분석의 목적은 일반적으로 합리적인 정책 기회와 다양한 대안을 평가하여 정책 목표 추구를 지원하기 위하여 뚜렷한 첩보의 필요와 포괄적인 정책 선택을 위한 지원을 하는 것이다. 이를 정보 과정으로서의 대안 분석이라고 한다.

원칙적으로 대안 분석은 추구하는 특정 정책의 폭넓은 범위 또는 다양한 대안을 평가함으로써 정책 목표 안에서 일어날 문제점들을 거론하는 것이다. 이는 정책결정자나 국가가 추구하는 정책의 합리화이다. 정책 수행에 수반되는 부담을 정당화 할 수 있을 만한 충분한 정보를 제공하면서 정책집행 현장에서 선호하는 정책을 선택할 수 있도록 지원하는 것이다. 그래서 국가가 추구하는 장기적 정책기획과 목표 달성의 일환으로 선호하는 적절한 정책을 집행하도록 도움을 제공하게 된다.

학자들이 정보기관의 첩보수집의 지원 없이도 이따금 정부 출연 연구소나 그 연구프로젝트의 일환으로 정책대안에 관한 논문을 쓰게 된다. 물론 정보기관의 첩보내용을 기초로 판단하는 정책대안보다 구체성이 떨어질 지라도 일반적인 정보 분석에 있어서 분석관의 한계와 직업상의 선입견을 넘어선 새로운 전망을 찾기 위해서 종종 학자의 대안 분석으로 경쟁적 분석 (競爭的 分析, competitive analysis)이 추진되는 것을 보았다.

예를 들면, 박정희 대통령은 이미 1970년대 말에 이르러서는 정보기관의 한계를 인식하고 적어도 2~4개의 정보기관에게 같은 정보요구를 지시하고 그에게 돌아온 정보보고서 가운데 스스로 골라서 정책수행에 지원했다. 그는 일본육사를 나와 관동군(關東軍)에 근무하면서 정보업무에 근무하였기 때문에 그에게는 충분한 정보관리의 경험이 있었다. 박정희 대통령이 일본 육사를 졸업한 시기에는 이미 일본군이 대륙으로 진출하는 정보기관의 본부가 관동군사령부(關東軍司令部)였고 동남아로 남방진출(南方進出)을 위한 비밀공작이 추진되고 있었을 때였기 때문에 그의 충분한 경험은 한국의 경제발전과 대외 정책에 있어서 주도면밀했던 것 같다. 스스로 대안 분석의 필요성을 느낀 것으로 보인다.

미국 정부가 정보관리의 측면에서 대안 분석의 중요성을 인식하고 정책 선택 과정에 부각되게 된 것은 최근의 일이다. 이란의 대량학살무기의 개발에 관한 CIA의 보고서가 현장과의 괴리가 있음을 지적하고 정보실패로서 비판을 받아오게 된 데서 시작되었다. 이란에 대한 한결같은 편견과 비전문성 때문에 이란에 대한 정보수집과 분석을 처음부터 광범위한 정책의 대안을 생각하지 않았다는 비판을 받으며 늘 같은 일을 하던 분석관이 가지고 있는 선입견(先入見, mind-sets) 때문이었다는 것이다. 2004년 이후에 미국의 정보사회는 대안 분석을 추진하게 된 것이다.[18]

정책적 대안을 유도하는 정보를 제공하기 위한 기회 분석이나 대안 분석과는 달리 국제정치의 상황의 추세를 판단하는 보고서를 정보관들은 작성한다. 물론 이 정보판단서는 정책결정자의 중요한 자료로서 정책 구상과 집행에서 세계적인 추세를 고려하게 하는 국가정보를 평가하는 중요한 문서이다.

---

18) 앞의 책, pp.183-184.

4) 국가정보의 정보 평가(intelligence estimate)[19]

국가정보평가서(National Intelligence Estimates: NIEs)는 국가안보의 특정 이슈에 관련된 정보에 대하여 국가정보국장의 권위 있는 평가를 제공하는 미국의 연방정부 문서이다. 영국이나 오스트레일리아 정부는 평가서를 "assessments"라고 부른다. 그런데 모든 국가가 이들 국가와 같이 모두 정보기관이 직접 국가정보의 평가서를 작성하지 않고 대체로 외곽 연구기관이나 민간 두뇌집단과 공동으로 평가서를 만들기도 한다.

미국 정부의 경우에는 국가정보평가서를 국가정보협의회(National Intelligence Council)가 생산하는데 16개의 정보기관의 집단인 정보사회의 협의를 거친 판단을 제시하는 것이다. 이 평가서는 비밀분류하여 정책결정자에게 제공된다. 정보를 기초로 한 "평가적(estimative)" 산물로서 정보분석관의 판단으로 미래의 국제 상황의 추세와 흐름에 대한 의견을 제시하는 것이다.

미국 정부가 이 판단서를 작성하는 데 여러 기관의 협의된 의견을 구하는 것은 정보기관 상호간의 의견 차이를 해소하고 주요 판단의 신뢰도를 높이며 정보출처에 대한 적극적인 평가를 기하기 위한 것이다. 작성된 각 국가정보판단서(NIEs)는 정보국장을 위시해서 정보사회의 상급 지도자들로 구성된 국가정보위원회(National Intelligence Board: NIB)가 심의하고 그 배포에 대한 승인을 한다.

국가정보평가서는 1950년에 처음으로 국가정보처(Office of National Estimates: ONEs)가 만들었다. 1973년에는 이 부처가 국가정보관(國家情報官)들로 구성하도록 사람을 바꾸었다가 이 국가정보관으로 구성된 전문가 집단은 1979년에는 국가정보협의회(國家情報協議會, National Intelligence Council: NIC)가 되었다. 초창기에는 국가정보협의회는 미국 정보사회의 수장(首長)인 중앙정보국장(中央情報局長)에게 보고하고 2005년부터는 국

---

19) *Wikipedia*의 "National Intelligence Estimates"에서 인용번역한 것임(http://en.wiki pedia.org/wiki/National_Intelligence_Estimate).

가정보국장(國家情報局長)이 정보사회의 수장이 되어 그에게 보고되었다. 그러다가 2002년 이라크의 대량학살무기(大量虐殺武器, Weapons of Massive Destruction: WMD)의 개발에 대한 그릇된 평가보고서 때문에 미 의회는 전략정보 평가의 유용성과 분석상의 엄격함을 향상시키는 데 역할을 하게 되었다. 그리고는 주요 전략정보판단에 대하여는 여·야당 간의 정보 분석의 정책적 의미를 둘러싸고 대결이 생기게 됐다. 국가정보평가서의 내용 변경이 생기는 경우나 일부 취소를 하게 되면 이는 새로운 정보의 수집 때문인지 또는 특정 정책을 지지하기 위해서 평가내용을 바꾸는 것인지 따지게 된다.

1950년대에 작성된 국가정보평가서의 예를 여기에 소개한다. 여기에 소개되는 정보평가보고서는 1950년 10월 12일 발행되어 극비문서(top secret)로 분류되었다가 2005년 1월에 비밀해제가 승인된 것이다. 이 보고서는 미국의 중앙정보부가 작성한 문서로 미국 대통령의 요청으로 작성한 보고서이다. 그 전문에 보고서 내용에 관한 요약과 본문의 일부를 출판된 그대로 다음과 같이 소개한다(정보평가서의 예시-I 참조).

이 보고서는 6.25 전쟁이 일어나 북한이 남침하면서 동북아의 냉전적 대결이 어떻게 진전될 것인가를 여러 요인을 열거하면서 써진 것이다. 중공과 소련의 세계 공산주의와 국가적 위신을 확대해 나갈 가능성과 불가능성을 논의하면서 결론을 유도하였다. UN군이 결정적으로 이기면 소련의 팽창야욕이 좌절될 것이라는 판단을 내린 것이다. 이 문서로 보아 미국 중앙정보부의 초기 정보판단서의 일반적 형식과 구비조건에 관한 내용을 알아볼 수 있다.

한국과 관련된 또 하나의 국가정보평가서의 예를 여기에 소개하려고 한다. 이 문서는 처장 보좌관(Assistant Director)이었던 셔만 켄트(Sherman Kent)의 명의로 작성되어 중앙정보부장을 위하여 작성한 메모이다. 제목은 "인도지나전에 한국의 참여에 대한 반응(*Reaction to ROK Participation in the Indochina War*)"이라는 8쪽짜리 타자로 찍은 문건이다(정보평가서의 예시-II 참조).

[정보평가서의 예시 - I]

CRITICAL SITUATIONS IN THE FAR EAST
FOREWORD

This set of estimates regarding critical situations in the Far East was prepared in response to a request from the President. The intelligence organizations of the Departments of State, the Army, the Navy, and the Air Force participated in the preparation of these estimates and concur in them. The estimates follow in this order:
  A. Threat of Full Chinese Communist Intervention in Korea
  B. Threat of the Soviet Intervention in Korea
  C. Threat of Chinese Communist Invasion of Formosa

D. Threat of Chinese Communist Invasion of Indochina
  E. Communist Capabilities and Threat in the Philippines
  F. General Soviet and Chinese Communist Intention and Capabilities in the Far East
Inasmuch as the conclusions reached with respect to these particular situations in the Far East depend in part on the possibility of a Soviet decision to resort to global war, the latest agreed estimate concerning that decision is included as Section G.

CRITICAL SITUATIONS IN THE FAR EAST

A. Threat of Full Chinese Communist Intervention in Korea

I. Statement of the problem.
  1. To estimate the threat of full-scale Chinese Communist Intervention in Korea.

II. Capabilities.
  2. The Chinese Communist ground forces, currently lacking requisite air and naval support, are capable of intervening effectively, but not necessarily decisive, in the Korean conflict.

III. Factors Bearing on Intent.
  3. *Indications of intentions.* Despite the statement by Chou En-lai, troop movements to Manchuria, and propaganda charges of atrocities and boarder violatioons, there are co convincing indications of a actual Chinese Communist intention to resort to full-scale intervention in Korea.
  4. *Factors favoring Chinese Communist intervention.*
  a. Intervention, if resulting in defeat of UN forces, would: (1) constitute a major gain in prestige for Communist China, confirming it as the premier Asiatic power; (2) constitute

a major gain for world communist with concomitant increase in Communist China's stature in the Sino-Soviet axis; (3) result in the elimination of the possibility of a common frontier with a Western-type democracy; and (4) permit the retention of Manchurian electric power along the Yalu river.
  b. Intervention, even if not resulting in a decisive defeat of UN forces, would: (1) enable the Chinese Communists to utilize foreign was as an explanation for failure to carry out previously announced economic reforms; (2) be consistent with and furnish strong impetus to anti-Western trends in Asia; and (3) justly a claim for maximum Soviet military and/or economic aid to China.
  c. Intervention, with or without assurance of final victory, might serve the cause of World Communism, particularly the cause of the Soviet Union, in that it would involve the Western bloc in a costly and possibly inconclusive war in the Far East.
  d. The Communist cause generally and the Sino-Soviet bloc particularly face the prospect of a major setback in the struggle ....

이 보고서는 1954년 2월 23일자로 작성되었으며 비밀(secret)로 분류되어 보관되어 있다가 앞의 문서와 같이 2005년 1월에 비밀해제가 되어 공개된 문서이다. 이 문서는 국가평가처(Office of National Estimates)의 병력이라도 참여시키는 데 반대했다. 월남전에 한국군이 참여하는 것은 불란서의 위신에 일격을 가하는 것이라고 판단하였다. 그리고 제네바 휴전협정을 준비하는 데 기본정신에 반한다는 것이다. 미국의 정보평가로서는 협정체결에 영향을 미칠 수 있는 군사적 지위를 강화하는 목적이었을 뿐 지원을 할 것 같다는 판단이다. 마찬가지로 월남, 라오스 그리고 캄보디아의 지도자들은 한국군의 참전은 그 지역에 중공군의 지원이 강화될 것이라는 예측을 하게 된 것이다.

앞에 소개한 정보보고서와는 달리 이 문서는 아직 미국의 정보사회의 여러 기관이 참여하여 만든 최종보고서가 아니고 문서에서 분명하게 밝힌 대로 "문서의 견해는 정보국의 여러 기관으로부터 협력을 구하지 않은 것"이라고 명시하였다. 문서의 내용 가운데 첫째 항은 한국군의 참전에 대한 불란서와 그 관련국의 반응에 대한 정보이고, 둘째 항은 아시아의 국가와 영국 그리고 비공산국가를 포함한 다른 비공산국가의 반응에 관한 정보, 그리고 셋째 항은 공산국가의 반응에 관한 수집된 첩보를 근거로 판단보고서를 준비하였다.

내용은 한국군이 월남전에 참여하게 되면 공산국가와 우방이 어떻게 반응할 것인지, 그리고 국제여론은 어떤 반응을 보일 것인지에 대한 평가 보고였다. 이에 대하여 프랑스 정부는 자국의 통치 지역에 어떤 외국이라는 견해를 가지고 반대하는 눈치였다고 판단했다. 한국에서 6.25 전쟁이 정전협정으로 끝을 맺은 즈음에 강력해진 한국군의 병력과 장비를 월남전쟁 초기에 전투 병력으로 충원 하려는 미국의 생각이나 정책적 대안이 있었다는 것은 흔하게 알려지지 않았으나 위의 미국의 정보평가보고서는 새로운 정책적 대안이나 기회 분석을 위해서 미국의 행정부에서 고려된 듯한 인상이 깊다.

이러한 정책의 중대한 전환 계기를 마련할 수 있는 미국 중앙정보국의

[정보평가서의 예시 - II]

CENTRAL INTELLIGENCE AGENCY
OFFICE OF NATIONAL ESTIMATES

23 February 1954

MEMORANDUM FOR THE DIRECTOR OF CENTRAL INTELLIGENCE
SUBJECT: Reaction to ROK Participation to the Indochina War

1. In compliance with request of the NSC Planing Board, there follows the Board of National Estimates assessment of communist and non-communist reactions to the commitment of ROK forces against the Viet Minh. The views here expressed have not been coordinated with the IAC agencies.

2. Whether or not the commitment of ROK forces to the war in Indochina would in fact require US logistic support, world opinion would almost certainly and with virtual unanimity consider that the operation had been supported and encouraged by the US.

I. THE REACTION OF FRANCE AND THE ASSOCIATED STATES

3. The French have been opposed to the introduction of any combat forces from outside the French Union. Thus, the commitment of ROK Forces in Indochina would be regarded by the French as a, major blow to French prestige. In addition, the use of South Korean troops in Indochina would be regarded in France as introducing a ne ally with aims of its own, thus changing the nature of the war, and so altering the present political circumstances of the conflict as to eliminate any prospects for an early negotiated settlement of the Indochina problems. The French would be particularly sensitive on this score in the light of the forthcoming Geneva Conference.

4. We have estimated that French policy toward the Indochina war currently envisages improvement of the military situation only to the point of allowing France to negotiate with the communists from the strengthened position.* The French probably would consider that the proposed ROK forces could not decisively change the military situation. Moreover, the French probably believe that if sufficient ROK — or other foreign — forces were employed to improve the situation significantly, Communist China would increase its support of ....

---

* NIE-63/1, "Probable Short-term Developments in French Policy," 1 December 1953; NIE-99, "Estimate of the World Situation Through 1955," 23 October 1953.

정보평가서는 어떻게 만들어지는지에 관해서 설명하려고 한다. 한국의 중앙정보부에 관한 동일한 문건이나 글은 발표된 것을 찾기가 어려워서 필경 한국의 중앙정보부에서도 유사한 유형의 절차와 기관이 동원되리라는 생각에서 미국 중앙정보국에서 보고서를 준비하기 위한 준비 작업 과정을 설명하려고 한다.[20]

미국에서는 국회의 지도자를 포함한 민간 및 군부의 정책결정자들이 주로 국가정보판단서를 요구한다. 그러면 정보판단서를 기초하기 전에 해당 국가정보관은 문제의 개념문건(concept paper) 또는 보고서의 내용을 구성하는 개요비망록(terms of reference: TOR)을 작성하여 동료의 평가를 받기 위해서 정보사회에 여기저기 돌려서 의견을 듣는다. 개요비망록(TOR)은 ① 주요 평가 질문내용을 규명하고, ② 보고서의 초록을 작성할 책임 내용을 결정하고, 그리고 ③ 초안을 작성하여 출판의 계획을 확정하는 것이다.

다음으로 정보사회의 여러 기관으로부터 차출된 분석관이 평가서의 초기 문안을 만든다. 국가정보협의회(NIC)는 그 후에 광범위한 정보사회에 보고서를 배포하기 전에 보고서 초안을 비평하기 위한 모임을 갖는다. 다시 관계 정보기관의 대표들이 모여서 평가서의 전 문안을 한 줄 한 줄씩 조율하고 정리한다. 관계기관과 더불어 대표자들은 각 주요 판단을 할 때마다 신뢰도의 수준을 메기며 초안에 잘못된 첩보가 포함되지 않았는지 확실하게하기 위하여 정보수집관의 정보출처의 질을 논의한다.

정보보고서를 작성할 책임 기관은 긴급요청(Urgent Requests) 대비(對比) 긴 과정(Lengthy Process)을 포함한 정확하고 유용한 전략정보평가서를 생산하기 위하여 여러 가지 도전을 극복해야 한다. 기관 상호간의 협조

---

20) 본문의 내용 가운데 국가정보평가서에 관한 내용은 다음의 조사 연구논문에서 인용한 것이다. Eric Rosenbach and Aki J. Peritz, *Confrontation or Collaboration? Congress and the Intelligence Community*(Belfer Center for Science and International Affairs. 12 June 2009), pp.36-39. Harvard Kennedy School on 21 July 2009에 발표된 자료. 원본은 다음 주소를 참조할 것(http://belfercenter.ksg.harvard.edu/files/IC-book-finalasof12JUNE.pdf).

과정과 보편적인 분석적 엄격성을 추구하는 과정이 국가정보분석서(NIEs)를 완성하는 데는 수개월이 걸리게 되고 때로는 1년 이상이 걸리도록 한다. 2002년 가을에 의회의 정보요청에 따라 준비한 이라크의 대량학살무기개발(WMD) 프로그램에 관한 보고서를 1개월 이내에 완성하도록 서둘렀다. 이렇게 서둘러서 생산한 것은 빈약하고 부정확한 평가서의 결과를 낳았기 때문에 미국의 정보사회는 요청한 평가를 서두르는 점과 분석상의 엄격성의 균형을 유지해야 했어야 한다는 지적을 받고 있다.

정보기관 사이의 상호협조가 원만하게 이루어져야 평가보고서의 내용이 원만하게 만들어진다. 국가정보분석보고서(NIEs)는 미국의 정보사회의 통일된 견해를 대표하기 때문에 16개의 모든 정보기관이 각 평가보고서에 다소간의 의견을 집어넣을 수 있다. 이런 협조적 관계는 때로는 교통정체와 같이 여러 다른 이해관계가 분석적 과정을 원만하게 흐르게 만들기도 하고, 때로는 평가보고서가 겨우 "언어상의 최소한의 공통점(lowest common denominator)"을 내세우는 타협의 산물로 만들기도 하며, 대립되는 견해가 있는 경우에는 무의식적으로 이런 대립되는 견해가 드러나는 것을 견제해서 집단의 사고로 만들게 한다.

사회적으로 의견이 갈려서 상당히 논란이 되고 있는 주요 정책에 관해서 국가정보의 평가서가 발표되면 미국에서는 지난 수십 년 동안 정보사회가 제시한 소견을 정치화한다는 비난을 받았다. 공화당이나 민주당으로부터 정치화시킨다는 비난을 받지만 이는 주로 정책적 함의에 대하여 의견의 일치에 따르지 않는 쪽에서 대개 비난을 시작하게 된다. 그동안 오랜 시간을 통해서 관찰해 보면 국가정보평가서(NIEs)의 수정이나 취소가 생기면 일부 의원들로부터 의문이 제기된다. 특히 새롭게 수집된 정보에 근거한 논점의 수정인지 아니면 분석관들이 어떤 정치 일정을 지지하기 위한 분석관들의 입장이 달라진 것인지에 대하여 묻게 된다.

미국에서 얼마 전에 국가정보평가서가 정치화된 두 가지의 경우가 있었다. 하나는 1993과 1995년 사이에 소련의 대 미국 미사일 위협에 대한 평가보고서가 발표된 후에 이 문제에 관한 정치화가 문제되었는데 미국의 공화당은 정보평가서가 클린턴 대통령의 미사일 방위 체계에 대한 지원을 위해서 보고서의 내용이 정치화되었다는 것이다. 또 다른 한 가지의 경우는 이라크의 대량학살무기의 개발에 관한 국가정보평가서가 발표되자 민주당은 미국 정부의 이라크 침공의 정책결정을 지지한 것이라고 믿게 된다는 것이다. 미국의 의회는 여러 차례에 걸친 정보사회의 정치화 문제에 관해서 독립된 위원회를 통해서 조사하였으나 아직까지 정보 분석에 의한 정치화의 근거를 찾아내지 못하였다고 한다.[21]

국가정보의 평가보고서는 주로 장기적인 관심이 되는 적대국의 동향이나 발전 방향에 관하여 조사 연구하게 된다. 장기적인 변화에 대한 정기적인 판단보고서는 적대국의 동향을 추적하고 밀접하게 관찰하여 기존의 유형으로부터 변화를 찾아내는 데 좋은 방법이 된다. 그러나 정기적으로 준비하는 까닭에 기존 조사 기준을 바꾸려하지 않거나 새로운 기준을 설정해도 그런 조사의 내용에 대한 적절한 조사가 미비할 수 있어 한 기관이 장기적으로 관찰하는 내용을 정기적으로 발간하는 경우에 평가서로서 커다란 함정에 빠질 수 있다. 또 한 가지 관심을 가져야 할 점은 한 가지 사안을 오랜 기간에 걸쳐서 조사하고 생산하는 경우에 국가정보의 평가를 담당하는 분석기관들은 과거의 분석내용에 반한 다른 판단을 쉽게 인정하지 않는다고 한다.[22] 그래서 국가정보의 분석은 때때로 경쟁적인 분석을 실시함으로써 국가정보의 평가 오류에 빠지지 않게 유도하기도 한다.

5) 국가정보의 경쟁적 분석(competitive analysis)

박정희 대통령은 그 자신이 경제발전을 위한 노력과 대북강경책을 유지하면서 미국의 외교 정책으로부터 차별화하려는 노력을 하던 1970년대에 한국의 중앙정보부의 정보활동이 크게 강화시켰다는 인상을 갖게 만들었다.

---

21) 앞의 책, p.38. 그리고 미국에 있어서 보고서의 정치화 및 적극적인 논쟁에 관해서는 Lowenthal(Fourth Edition), pp.138-139를 참조할 것.
22) Lowenthal, 앞의 책, p.138.

한미동맹을 유지하면서 한국의 정보수집이 원활하게 되기 위해서는 많은 어려움이 있었다고 본다. 필자가 1977년 가을 13년 만의 유학생활에서 귀국하여 가장 먼저 한국의 외교 정책과 대북 정책에 관한 연구를 수행하는 가운데 박정희 대통령의 정보수집을 위한 연구노력을 알게 되었다.

당시 한국의 급속한 성장 때문에 다양한 국제적 활동이 필요했으며 이를 뒷받침하기 위한 정보공유는 한미 간의 협조의 단계를 벗어나야 하는 것으로 보였다. 이런 노력이 정보의 경쟁적 수집과 분석을 추진한 것으로 중앙정보부의 외곽 단체로서 정부출연 연구소를 창설하여 경쟁적 정보 분석의 기능을 강화한 것으로 보인다. 1978년 박정희 대통령의 특별 지시에 따라서 중앙정보부는 사단법인 「국제문제조사연구소」(현재의 「국가안보전략연구소」)를 창설하도록 지시하여 1978년 9월 별개의 정보판단연구소를 설립하였다. 박 대통령은 원래 일본군에 근무할 때나 한국군에서의 근무는 모두 정보 분야에서부터 시작했다. 그는 한국의 대통령으로서는 가장 탁월한 정보 관리능력을 보유한 인물이라고 본다.[23]

새로운 연구소의 연구부분을 담당하여 정보 분석과 판단의 여러 업무를 추진하면서 필자가 알게 된 것이지만 대통령은 정보 관리를 중앙정보부장의 휘하에 통합된 정보관리를 허용하지 않고 자신이 직접 여러 정보기관을 관리하는 형식으로 경쟁적 첩보수집과 분석·판단을 장려한 것으로 보였다. 중앙정보부의 경우에도 국내업무와 대외업무도 두 개의 다른 계통으로 운영했으며 보안사와 헌병부대, 또는 경찰 정보부서 및 내무부의 전국적 조직을

---

23) 이런 관찰의 결과를 갖게 된 것은 1965년부터 1977년간 미국의 미시간대학에서 유학하는 과정에 과거 한국군의 정보참모장과 각 군의 지휘관 및 참모총장의 경험을 한 장도영 장군과 같은 학과에서 공부를 할 수 있었고, 그가 1970년 이후 대학에서 강의를 하면서도 필자가 귀국할 때까지 늘 한국의 정보에 관한 것을 배울 수 있었고 특히 박정희 대통령과 8회에 걸친 근무 경험으로 박 대통령에 관한 이야기를 많이 접했다. 그 가운데 박 대통령이 군에 있을 때 늘 특출한 판단력에 장장군은 8번을 함께 근무한 것이라고 했다. 전략적 사고, 첩보판단력, 부하 통솔력, 그리고 경쟁적인 정보 판단력은 남달랐다고 했다. 다른 군 출신 대통령들보다 오랜 기간 정보부대에 근무한 그에게는 정책을 위한 정보판단의 중요성을 알고 있었다고 필자는 생각한다.

통한 정보관리, 그리고 국세청, 관세청, 검찰청 등의 법집행 정보의 경우에
도 직접 관리하여 같은 사안에 대한 정보판단을 여러 기관이 보고하게 만드
는 경쟁적 분석(競爭的 分析)을 장려하고 보고된 자료를 자신이 최종판단
했던 것이다.

그러기 때문에 정보기관 간의 극렬한 경쟁과 암투가 있었고 마침내 "윤필
용 사건"이라는 군 내부의 사적 계통 간에도 갈등현상이 드러나기도 했다.
마지막으로 박정희 대통령의 암살사건이 생길 때도 어떻게 보면 대통령 경
호실의 정보처와 중앙정보부의 국내정보 관리의 암투에서 비롯되었다고도
볼 수 있다. 결국 경쟁적 분석은 여러 다른 계통의 정보수집과 판단 기관이
존재할 때 가능하며 이점에 있어서 미국은 16개의 다른 정보기관이 모여서
정보사회를 이루고 있다는 점에서 인상적인 것이다.

경쟁적 분석은 같은 사안에 대해서 서로 다른 정보기관들이 서로 다른
관점에서 정보를 분석하여 그 결과물을 생산하는 것을 말한다. 여러 다른
정보기관을 보유하고 있는 미국과 같은 나라에서는 정보기관들이 서로 다른
분석적 장점을 가지고 있고 주어진 사안에 대해서 서로 다른 관점을 지닌
체 일부 동일한 사안을 분석함으로써 분석이 더욱 설득력이 있고 정책결정
자들에게 정확한 정보를 제공하게 된다는 것이다.[24]

경쟁적 분석을 위해서는 유사한 영역에 대한 전문지식을 가지고 있는 다
수의 분석관이나 학자가 있어야 한다. 한국이 1970년대까지만 해도 한국
의 대외 관계에 대한 중요 국가나 지역의 전문가가 없었고 훈련된 분석관이
없어서 자연히 경쟁적 분석의 기회를 창출할 수도 없었다. 특히 국제적 기
관이나 다국적 기업에 대한 지식이 부족하여 점진적으로 국제화되는 대외
정책 과정에 충분한 정보수집과 판단능력이 결여되었다. 이 같은 현상은 지
난 10여 년 동안 신생민주주의국가나 경제적으로 발전도상에 있는 국가에
서 오는 외교관을 교육하면서 필자가 알게 된 것이지만 과거 우리나라의
경우와 같이 충분한 분석관이나 전문가가 없어서 독자적인 정보수집과 판단

---

24) 김계동, 앞의 책, pp.187-188; Lowenthal(Fourth Edition), p.139.

력을 가지고 있지 못한 나라가 많은 것을 인지했다.

정보기관이 경쟁적 분석에 대한 신뢰를 가지고 있으나 정책결정자들이 경쟁적 분석에 대한 개념을 좋아하지는 않는 경우도 있다. 우리나라의 대통령은 자신이 지니고 있는 능력에 따라 다르지만, 김영삼 대통령은 경쟁적 분석보고서를 좋아하지 않았으며 노무현 대통령은 그와 반대로 사안에 대한 여러 관점을 보고 받아 스스로 토론하면서 정하는 경우가 많았다고 들었다. 노무현 대통령은 한미 FTA의 교섭단계와 미국과의 방위협력에 대한 사안을 결정할 때도 그런 일에 경쟁적 분석을 선호한 것으로 알려지고 있다. 경쟁적 분석 개념에 친숙하지 않거나 심지어는 이 개념을 잘 알고 있는 사람일지라도 계획적으로 추진되는 지나친 분석상의 쓸데없는 반복은 정보판단의 생산적 측면보다 소모적인 면이 많다고 생각하기도 한다. 그래서 여러 정보기관 가운데 한 기관이 다른 기관의 보고서들을 조정함으로써 상반되는 견해와 판단 가운데 올바른 길을 찾아 나갈 수 있게 되기를 바라게 된다.

III. 정치화된 국가정보

우리나라에서 정보 분석에 관한 학문적 설명이 학계에서 논의하기 시작된 지는 오래지 않다. 그렇지만 실무를 맡은 정보기관 내부에서 좋은 분석 결과를 확보하기 위하여 정보기관 상호간에 많은 노력을 한 흔적이 보인다. 정보의 수집 면보다 분석의 부분에 관한 구체적인 지식은 정보기관에 들어가서 배우는 것이라고 생각했으며 현장훈련이 중요하다는 주장이 늘 강했다. 이런 직업상의 폐쇄성이나 비밀주의는 미국의 중앙정보국이나 한국의 과거 중앙정보부나 현재의 국가정보원에서도 마찬가지이다.

2001년의 9.11 사건이 발생하면서 정보실패의 원인이 문제로 등장하자 그 원인을 규명하는 여러 위원회의에서 정보 분석의 문제를 지적한 경우가 많았다. 정보 분석의 문제점이나 정책결정에 대한 기여도는 국민의 많은 세금을 소비하는 데 비하여 극히 미비한 영향을 가지고 있다는 비판을 늘 받아 온다. 이 같은 비판에 대한 미국 정보사회의 대응으로 정보 분석 분야의 공개적 논의와 보다 학문적인 지원을 구하는 노력이 시작되었다. 이 점에 관해서는 미국에서나 한국에서도 같은 결과를 낳았는데 1990년대 중반부터 냉전 종식의 결과도 있지만 한국에서는 국가정보를 학교에서 강의하게 되었고 미국의 중앙정보국은 내부에서 교육용으로 사용하던 많은 자료를 공개하기 시작했다.

한국의 국가정보원은 「국가정보대학원」을 세우고 교육을 어느 정도 민간 교수들과 함께 추진하는 동시에 「국가정보학회」를 1996년과 2007년 5월에 두 번에 걸쳐서 만들었다. 특히 필자가 담당하는 과목이지만 서강대학교의 국제대학원에서 2008년부터 "국가정보이론"을 첫 학기에 강의하고 이를 수강한 학생에게 한하여 "국가정보 분석 세미나"를 가르치기 시작할 수 있었다. 분석 분야의 특별훈련은 쉬운 것이 아니라는 것을 알지만 적어도 이 분야에 석·박사 과정이 2008년 3월부터 개설된 것은 이 분야의 학문적 발전을 기대하게 한다. 이 과정에는 연간 수명의 군위탁생이 입학하여 다른 학생들과 개방적인 사고를 가지고 폭 넓은 견해를 배우는 경험을 한다.

미국의 경우에는 2004년 이후, 정보기관의 간부를 지낸 현장경험이 풍부한 요원들이 내부 교재로 쓰인 자료를 책으로 개편 출판하였고 미국 내 군사학교나 정보기관의 특수 위탁 교육을 확대하여 약 20여 개 대학에서 국가정보의 분석에 관한 학과목을 개설하기도 하였다. 현재 미국의 정보기관에서 일하고 있는 요원들의 과반수는 2001년 이후 새롭게 교육받은 요원으로 충원되었다고 한다. 미국이 제2차 대전을 마치면서 아시아의 여러 나라에 주둔하고 아시아의 민주적 정부를 수립하기 위하여 많은 장교를 지역전문가로 양성·파견하여 많은 효과를 보았다고 한다. 그러나 지난 10년 동안에 미국이 중동문제에 개입하기 시작하면서는 그러한 준비가 없었기 때문에 최근에는 중동 출신의 제2세·3세 출신을 많이 등용하여 지역 전문가로 쓰고 있다. 아무래도 정보 표적대상이 되는 지역의 문제에 관한 정확한 분석을 위해서는 일반적으로 대학원에서 지역 연구를 수행한 사람을 채용하는 것이 좋았다는 평가도 있다.[25]

국가정보는 그 분석평가보고서의 사안에 대한 적절성 때문에 정치적인 문제를 야기시킨다. 원칙적으로 정보분석관은 자신이 가지고 있는 첩보를 근거로 하여 특정한 정책을 제안하거나 지원하지 않는 것을 중요한 불문율로 삼고 있다. 그런데 만일에 특정한 분석관이 정책결정자의 정책의 실천을 지원하기 위해서 아주 잘 준비된 보고·평가서를 배포하는 경우에 문제가 생긴다. 이런 경우에 국가정보의 정치화라는 빈축과 정책비판이 생기게 된다. "정치화된 정보(politicized intelligence)"의 논의는 결국 어디까지가 정보이고 어디로부터 정책의 개념이 시작되느냐의 두 개념이 접촉하거나 분리되는 선(cleavage)에서 발생하는 것 같다.

다시 말해서 정치화에 대한 문제는 대부분 정책결정자들이 좋아하는 정책의 선택이나 그 집행 결과를 지지하기 위해 객관적이어야 할 정보의 내용을 조작할 가능성에 대한 우려에서 생긴다. 정보관들의 의도적인 정보조작이나 변경과 같은 것은 정보의 객관성 상실에 해당되는데 이에 대한 여러 가지 예를 들 수 있다. 이들 가능한 부적절한 행동은 ① 정보관이 항상 특정 정책 선택을 하거나 정책에 대한 특정 결과를 좋아하는 경우, ② 특정 정책 결정자를 선호해서 지원하기 위하여 보고서를 만드는 경우, ③ 분석관이 자신의 출세를 위한 욕망을 성취하기 위하여 보고서의 내용을 작성하는 경우 등을 열거할 수 있다.[26]

정보관이 의도적으로 정보를 변경하여 보고서를 만드는 것은 아주 포착하기 힘든 문제다. 왜냐하면 이 같은 행위는 실재로 분석 활동으로부터 정책 수립활동의 선을 넘나드는 것이 아니기 때문이다. 그리고 그 대신 분석관이 자기 보고서를 부당하게 정책결정자에 맞도록 변경하는 것이기 때문에 오히려 호의적인 반응을 받게 된다.

이 경우보다 더 애매한 경우는 정보기관의 수장과 같이 상급자들이 고위

---

25) Thomas Finger, "Intelligence Analysis: Continuity and Change," A speech in front of Council on Foreign Relations on March 18, 2008, FORAtv.
26) 김계동, 앞의 책, p.190.

정책결정자와 자주 만나게 되는 경우, 정보기관이 정책으로부터 독립적이어
야 한다는 원칙을 해치기 쉽기 때문이다. 정책결정자들이 이따금 정보기관
의 고위층에게 특정 정책에 대한 의견이나 견해를 묻기 때문에 정책과 정보
분석의 구분이 모호해지는 경우도 마찬가지로 원칙적으로 금해야 하는 것이
다. 말하자면 대통령이나 외무부장관이 고위 정보관으로부터 의견을 청취할
때 정보출처와 유착하게 되는 경향을 기피할 수 없기 때문이다.

그런데 미국의 경우에 "정치화된 정보"에 대하여 고발하고 이견을 제기하
는 경우는 주로 정책 관련 관료들 사이에 정책 추진의 패자 쪽에서 항의하
는 경우가 많다는 것이다. 정보 관련 관료 가운데는 자신들의 정책에 대한
정보 내용이 우세하게 영향을 미치지 못하였다고 불평하는 쪽에서 문제를
제기한다.

때로는 행정부나 의회의 현직에 있는 사람이 추진되고 있는 정책과 다른
의견을 가지고 있으며 현정책의 추진방향에 반대하는 경우라고 할 수 있다.
이는 정보가 정책결정자들이 선호하는 정책을 지지하는지 아니면 정책 방향
과 반대되는 분석 결과를 도출했는지에 따라 그 정보에 강하게 반응하는
정책결정자들에 의하여 정치화된 정보의 문제가 야기된다. 여러 관점에서
정보의 정치화에 대한 규탄은 주로 그 자체가 정보의 객관성이 유지되어야
한다는 비난보다도 더 객관성을 상실한 행동일 때가 많다는 것이다.[27]

한국에서 정치화된 정보의 논란은 그 성질이 다르다. 정보의 객관성이나
정보의 객관적 활용의 문제가 아니라 수집된 특정 정보가 정치적으로 이용
되고 있다는 규탄이다. 주로 선거기간에 논의되는 일이지만 여당 쪽에서 야
당의 지도자가 선거운동을 하고 있는 과정을 도청하거나, 이들의 활동 정보
를 이용하여 정치자금의 흐름을 감지하는 경우에 야당이 극구 비난하는 경
우다. 소위 말하는 "엑스파일(X-file)"을 국가정보원의 특정 직원이 작성하
여 여당에게 전하는 경우이다. 때로는 과거 국가정보기관에 근무하던 고위
공직자가 정치권에서 활동하면서 과거 후배 직원으로부터 첩보를 받아 이런

---

27) 앞의 책, p.191.

일을 참고로 하거나 야당의 비리를 공개하는 형식이다. 이는 주로 국내정치 과정에서 국내정치 활동 첩보가 남용되는 것이다.

이에 반해서 과거 몇 차례 있었던 일이지만 한국에서 대통령선거 당시 유권자가 보수성이 강한 후보자를 선택하도록 유도하기 위하여 대북 관련 정보를 적절한 시기에 정부가 발표하여 국민의 여론이 보수적인 후보자의 당선을 유리하게 유도하는 정치화된 정보의 공개를 지적할 수 있다. 이를 한국의 선거 과정에서는 "북풍(北風)"이라고 언론에서는 이름을 지었다. 이 때는 정책결정자들이나 정당이 당파적 목적으로 정보 사안을 이용하여 정치화된 정보의 허구성을 주장하거나 정보의 객관성을 규탄하기도 한다.

한국의 국가정보를 수집하고 분석하는 기관은 6.25 전쟁 기간 중에는 주로 군사적 정보가 중요하였기 때문에 한국군의 육군 중심 정보 과정이 진행되어 정보수집의 관리나 정보 분석의 관리는 군에 전적으로 예속되었었다. 그래서 국가정보의 모든 과정은 한국사회에서 정치화되기 어려웠고 오히려 정부와 정부를 이끌어온 군 출신의 혁명정부에 의하여 지배되어 야당이나 여당에 의한 정치화된 정보 논의는 거의 없었다. 아무래도 한국의 정치과정이 민주화된 1980년대 이후 신군부가 물러난 이후에야 서서히 정보를 공개적으로 이용한 정치화된 국가정보활동이 생겼다고 본다. 1996년 이래 한국의 정보기관인 안전기획부(安全企劃部)를 재편하면서 처음으로 인적 교체와 정보를 취급하던 많은 전문가가 현직을 떠났다. 그리고 2000년대에 들어 국가정보원(國家情報院)으로 개편되면서 대북 관련 정보분석관의 대거 교체 및 청산으로 정보기관 밖에서 전문적 정보를 취급해 본 사람들이 많이 정보사회 외곽에서 살고 있어 이런 저런 정보의 정치화에 대한 논의가 생긴 것으로 판단한다.

아직도 한국의 정치사회는 국가정보의 정치화에 대한 공개적인 논의나 규탄이 자주 있는 현상은 아니다. 비록 특수한 경우일지라도 북한의 공산주의 국가가 존재하고 국민의 대다수가 강한 반공 의식 때문에 북한 정권에 유리한 정보판단이나 북한 심리전에 말려 동조하는 경우를 극히 철저하게 제한하고 있기 때문에 미국과 같은 정치화된 정보의 논쟁은 흔하지 않다.

이러한 현실은 국가정보의 수집과 분석에 대한 관리를 어떻게 할 것인가에
대한 일반론을 다음에서 살펴보면서 보다 적절한 우리의 판단근거를 찾아보
려고 한다.

제 **7** 장

국가정보의 관리 기구

국가정보의 관리 기구

I. 국가정보의 관리와 그 기구

국가정보의 관리는 기본적으로 2가지 기능으로 구분된다. 첫째는 국가정보의 수집 관리로서 여러 정보출처로부터 첩보를 수집하고 조직하고 정리하는 과정을 말한다. 첩보를 수집하고 정리하는 국가정보 기구의 수집부서는 첩보를 수집하지만 아직 그 첩보의 중요성과 의미가 분석되지 않은 첩보의 출처 확인을 우선적으로 시도한다. 현실적으로는 정보의 확인(validation)과 실질적 분석(true analysis)의 구분에는 불분명한 점이 있어서 미국의 경우에는 국가안보처(NSA)가 가능한 한 신속하게 정보의 판단을 하려고 하기 때문에 첩보를 분석·판단하는 중앙정보국(CIA)과 국방정보처(DNI)와의 기능상 혼선이 생기기도 한다.

둘째 기능은 국가정보의 분석 관리로서 정리가 되지 않은 필요한 생 첩보를 완성된 정보로 처리하는 분석 과정을 관리하고 조직·구성하는 과정을 말한다. 이런 관리기능은 "분석(分析, analysis)", "생산(生産, production)" 그리고 "처리(處理, processing)"라는 용어로 표현되는데 이는 작은 점(dots)과 같은 첩보들을 모아 하나의 정보 그림을 그린다는 의미에서 "점을 연결한다"라는 표현으로 미국의 정보사회에서 쓰인다. 마치 조각 모음의 "퍼즐

(puzzles)"과 같이 여러 조각의 첩보를 모아 의미가 있는 하나의 그림을 그려내는 것을 의미한다. 그래서 "정보의 모자이크"를 그려내는 것으로 정보를 처리하여 그 내용을 생생하게 기술하는 것이다. 다시 말해서 분석, 처리 그리고 생산이라고 이름 붙인 국가정보의 관리 작업은 모두 새로운 첩보를 정리하고 평가하며 그 결과를 여러 수요자들이게 배포할 수 있도록 일정한 형식으로 나열하는 것을 가리킨다. 그런데 준비된 동일한 실질적 첩보라도 서로 다른 보안 구분에 따라서, 혹은 시간의 척도와 세부내용의 수준에 따라서, 여러 가지 다른 분석 결과물로 만들어지기도 한다.

국가정보의 이 두 가지 기능은 주로 중앙정부의 국가 수준에서 관리하며 국가정보의 수집 기능은 방대한 조직을 통해서 수행된다. 수집된 첩보의 정보적 분석은 특별하게 훈련된 요원이 정책결정자와 가까운 거리에서 정책수립을 위한 조언을 하는 의미로 활동하게 된다. 이런 일종의 순환적 연계를 관리하는 것을 국가정보 순환과정의 관리(national intelligence cycle management)라고 통틀어서 지칭하기도 한다. 국가정보의 수집과 분석 그리고 전체적 순환을 관리한다는 의미는 물샐틈없는 철저한 관리를 의미하며 따라서 관료적 조직운영이나 비밀의 유지와 보안에 많이 치중하고 국가가 거대한 조직과 인원을 관리하며 막대한 예산을 쓰게 된다. 이같이 국가정보를 다루는 특수기능을 수행하는 정부조직을 일반적으로 국가정보 기구라고 한다. 일반적으로 다른 나라의 국가정보 기구가 구성되고 있는 조직 원리나 그 형태 혹은 기능의 분배 등에 대한 연구를 국가정보학의 한 연구대상이 되기도 한다.[1] 그러나 여기에서는 여러 나라의 국가정보 기구에 관하여는 구체적인 내용을 다루지 않으려고 하며 다만 관련된 이론적 논의만을 다루려고 한다.

국가 차원에서 정보 과정의 관리는 다양한 형태로 각 나라에서 추진되고 있으며 국가정보 기구의 조직 형태도 다양하다. 국가정보의 관리가 국가의 주요 임무의 하나가 된 것은 근대 국가 건설과정과 제국주의 전쟁, 그리고

---

1) 국가정보포럼, 『국가정보학』, p.173.

식민지의 통치 등과 같은 국제정치의 환경 속에서 정부의 주요 기능으로
발전되어 왔다. 영국이나 프랑스, 네덜란드와 같이 해외 식민지를 관리하던
국가는 이미 국가정보의 취급을 200여 년 전부터 국가의 중요과제로 삼고
있었다. 이들 유럽의 몇 나라는 국가정보가 반드시 그 나라의 안전보장을
확보하기 위한 수단으로서 발전한 것이 아니고 식민지의 유지와 같이 기득
권의 보호라는 국가이익을 확보하기 위해서 정보활동이 필요했던 것이다.
이런 점에서 일본의 제국주의 군부는 아시아에서의 세력 확장과 식민지관리
를 위해서 국가정보의 활용을 도모했던 것은 유럽국가의 예와 다르지 않다.

제2차 대전이 끝나면서 과거 전쟁을 효과적으로 수행하기 위한 군사적
또는 비군사적 공작을 수행했으며, 일본이나 미국은 비군사적인 심리전 또
는 비밀공작 등을 수행하면서도 정보 기구를 군 산하기관으로 만들었다. 한
편으로 전후에 유럽과 아시아에서 벌어진 냉전(冷戰, cold war) 때문에 러
시아의 공산주의 팽창에 대항하기 위한 국가정보의 중요성이 강조되어 마침
내 거대한 중앙정보 기구를 국가 수준에서 창설하여 냉전의 전초로서 정보
전을 추진했다. 새로운 국제환경이 전개되어 국가는 전략정보가 필요하고
새로운 대외 정책을 개발함으로써 국제적 평화와 안정을 유지하기 위하여
대부분의 "서방국가"는 국가정보 기구를 확대하여 치열한 정보 경쟁을
했다.

한국은 6.25 전쟁으로 시작된 전쟁 때문에 국가정보는 주로 군사적 상황
에 따라 그 기구가 변천하였지만, 5.16 군사 쿠데타 이후 1963년에 설치된
중앙정보부는 공산주의체제의 북한과 대치하면서 비군사적 침투와 군사적
도발로부터 한국의 안전보장을 확보하기 위하여 설치된 것이다. 그러나 그
방대한 기구가 대외적인 정보수집뿐만 아니라 강력한 국가체제의 확립을 위
한 권위주의 정부의 공작 기구로 전락되기도 했다. 한국의 국가정보 기구의
발전 과정에 대하여는 이 책의 전반부에서 조금씩 논의한 바 있다.[2]

---

2) 보다 상세한 한국의 국가정보 기구에 관하여는 앞의 책, 제3편 제3장 "한국의 정보기
구," pp.239-263과 김당, "한국의 국가정보기관," 문정인 편저, 『국가정보론』(서울: 박

1. 일본의 국가정보 관리기관 발전과정[3]

일본의 정보 기구의 효시는 1930년대의 일본이 제국주의적 세력을 아시아에서 확장하기 위한 주요 공작과 정보수집, 그리고 지배지역에서의 유화공작을 위해서 만들어진 군사적 기구였다. 과거 일본의 제국주의 군대는 아시아에서 그 군사적 세력을 확장하는 과정에서 비정상적인 전술을 이용하여 승리를 거두는 데 높은 의미를 부여하여 항상 군사정보의 공작활동을 하였다. 중국과의 전쟁을 수행하면서 처음부터 일본 육군은 기업인이나 불교의 포교자들을 침투시켜 이용했으며, 상세한 지도를 제작하기 위해서 중국과 소련에 정보망을 만들었었다. 이를 위한 지방의 협력자를 선발해서 적대국의 활동에 대한 첩보를 수집하는 데 이용했다.

일본 육군은 전복이나 파괴와 같은 공략에 많은 관심을 가지고 비밀공작 프로그램을 위한 기술적 기반을 구축하는 데 노력했다. 이미 1937년에는 육군 산하의 정보부대가 과학기술을 근거로 하는 파괴활동을 진작시키기 위한 실험실과 연구소까지 확보했다. 이런 연구소는 비밀리에 진행되는 군사정보활동을 지원하기 위한 여러 장비도 개발했다. 여러 가지 비밀활동의 도구로서, 보이지 않는 비밀 잉크, 담배 라이터로 만들어진 카메라, 깡통에

영사, 2003) 제18장, pp.571-605을 참고하길 바람.

3) 일본의 정보 관리기관에 관한 연구보고서는 다음과 같은 여러 가지가 있다. 특히 여기에서는 국가정보의 국가 관리에 관한 정보기관의 발전에 관한 자료를 소개함. Richard Deacon, *A History of the Japanese Secret Service*(Berkely: Berkely Publishing Company, 1986); Peter W. Fay, *The Forgotten Army: India's Armed Struggle for Independence, 1942-1945*(Ann Arbor: University of Michigan, 1993); Fujiwara Iwaichi(藤原岩市), *F Kikan: Japanese Army Intelligence Operations in Southeast Asia During World War II*, 1983); Ken Kotani, *Japanese Intelligence in World War II*(Oxford: Osprey Publishing, 2009); Jon Latimer, *Burma: The Forgotten War*(London: John Murray Publishers, Ltd., 2004); Joyce C. Lebra, *Japanese trained Armies in South-East Asia*(New York: Columbia University Press, 1977); Stephen C. Mercado, *The Shadow Warrior of NAKANO: A History of the Imperial Japanese Army's Elite Intelligence School*(Dulles, Va.: Potomac Books Inc., 2002); 加藤正夫, 『陸軍中野学校の全貌』(東京: 展轉社, 1998).

든 음식이나 석탄과 같이 생긴 폭발물들을 만든 것이다. 이런 식으로 일본 제국 육군은 전방에서의 총력전 상황에서도 후방에서의 공장 보일러를 폭파시키거나 비밀서류를 훔치고 지도자들을 암살함으로써 후방 전력의 급격한 쇠퇴를 획책하였고 그래서 비밀공작 때문에 후방지역에서의 안식처나 피난처의 개념을 일소하였다. 이렇게 해서 제2차 대전 기간에도 뉴기니 섬에서 미국과 오스트레일리아의 군사기지를 폭파하는 데 성공을 거두기도 하였던 것이다. 초기 일본의 군사정보활동은 비밀공작으로 적의 후방에서 활동하는 것을 목표로 한 전술적 정보의 수집과 활동이 많았다.

1934년 이래 일본의 대륙 전선이 중국의 북방지역과 시베리아로 확대되면서 일본 안에서도 외국의 정보장교나 그 하수인들의 활동을 감시하고 방첩을 위해서 특별한 정보원들의 훈련과 양성의 필요성을 감지했다. 그 결과 마침내 1937년에는 동경에 방첩기관을 설립하고 그 기관을 "야마기관(山機關, Yama Agency)"이라고 명명하고 군사정보의 경험이 풍부한 아키쿠사 슌(秋草俊) 중령과 후구모도 가메지(福本龜二) 소령을 임명하여 본격적인 방첩공작을 수행하도록 했다. 초기의 "야마기관"은 군사관리국(軍事管理局, Military Administration Bureau)의 예하부대로 설치했었다. 그리고는 주로 불법전파 송·수신의 도청, 간첩조직 운영, 자물쇠 열기, 그리고 우편물 내용 가로채기 등의 활동을 하였다.

일본 육군은 1937년 말에 본격적으로 첩보부대를 담당할 요원을 훈련시킬 학교를 창설하기로 하고 앞에 두 장교를 포함해서 군사과의 고급장교인 이와구로 히데오(岩畔衆雄) 중령에게 그 임무를 맡겼는데 이들은 이미 "야마기관"을 창설한 경험이 있는 이들이었다. 1938년에는 동경의 나가노(中野) 제4지구에 "육군통신연구소"라는 간판을 달고 아키쿠사 중령의 지휘하에 정보와 관련된 특수 교육·훈련을 위한 교육과정을 실시하게 했다. 이 기관이 공식적으로 "육군나가노학교(陸軍中野學校, NAKANO School)"인 것이다.

"나가노학교"는 처음에는 주로 외국어로 러시아어를 가르쳤으며 1940년부터는 학교의 관리자로 우에다 마사오(上田昌雄) 중령이 임명되고 그가

1938년 이래 주 폴란드 일본대사관의 무관으로 근무하면서 수집한 러시아에 관한 정보를 제공하기도 했다. 1941년 태평양전쟁이 시작되면서 이 정보학교는 주로 남방(南方, 동남아를 가리킴)에 있는 표적국가에 관한 공작을 구상했다. 대전 중에 동경에 대한 폭격이 심해지자 정보학교를 군마현(群馬縣)의 도미오가마지(富岡町)로 옮겨서 종전까지 유지하였다.

일본 육군의 엘리트 교육기관이지만 거의 2,500명의 졸업생을 배출하였으며 이들은 방첩, 군사정보, 비밀공작, 파괴활동, 외국어 그리고 호신용으로 합기도(合氣道)와 같은 무술을 배웠다. 그리고 훈련기간 중에 육군 장교들은 게릴라전과 같은 비정규전의 전술을 배우면서 철저한 정신교육을 위하여 철학과 역사학을 배웠으며 무술과 선전 등 비밀공작을 위한 여러 군사기능을 습득했다. 제2차 세계대전 중에는 뉴기니, 버마, 인도, 그리고 인도네시아에서 크게 활약했다. 이들은 F기관, I기관, 또는 "미나미기관(南機關)"이라고 명명한 소수정예의 조직으로 영국령 식민지에 주로 침투하여 공작을 전개했다. 버마나 인도네시아에서 독립을 회구하는 현지 지도자들을 포섭하여 반 영국 공작활동을 전개했으며 정보를 수집하거나 직접 군사적 개입을 전개하는 등 전형적인 비밀공작을 펼쳤다. 그러나 중국에서는 "나가노학교" 출신의 활약이 성공을 이루지 못했다고 한다.

필자가 필리핀에 여러 차례 체류하였던 관계로 그곳에 있는 친구의 부모로부터 1990년대 초에 들은 이야기이지만 일본의 정보장교들이 이미 1940년경에 필리핀 섬에 침투하여 정보를 수집하고 있었다. 마닐라의 남쪽인 루존(Luzon)섬 끝자락에 위치한 산간지역에 있는 케존주(Quezon Province)의 룩반(Lucban)이라는 마을에 두 명의 일본사람이 1939년경에 거지같이 옷을 입고 와서 살려달라고 하기에 그 주인이 정원사로 썼다는 것이다. 태평양전쟁이 시작되어 일본군이 상륙하였고 이들은 육군정보장교 대위로 변신하였다. 이후 그 지역 산간에 일본군의 육군 1개 사단이 주둔하게 되었고, 친구의 집은 일본 장교의 클럽 하우스처럼 되어 일본 장교들과 아주 친근하게 지냈으며 장교 중에 한 사람이 피아노를 잘 연주하여 그 집의 이모들과 늘 노래하면서 지냈다는 것이다. 그러다가 일본군이 패전하여 돌아가고 미

군이 다시 들어오자 그 친구의 아버지는 도시의 중앙광장에서 총살되었다고
하였다.

또 한 가지 이야기는 직접 당사자에게서 들었는데 일본군이 최초로 필리핀
에 상륙한 빠나이(Panay)섬의 북서쪽 끝에 있는 아크란주(Aklan Province)
의 칼리보(Kalibo)시에도 나가야(長谷)라는 일본사람이 1939년경에 그곳에
와서 살면서 그 지방 여자와 결혼했다고 한다. 그 당시 칼리보 시장이었던
루스티코 킴포(Rustico Quimpo) 씨는 그 외지인을 잘 도와주었다고 한다.
필자는 지금도 그 아들 알렌 킴포(Allen Quimpo)와 연락을 하고 있으며
이들로부터 당시의 얘기들을 들었다. 일본군은 당시 베트남으로부터 전투병
들이 최초로 그 섬으로 상륙하였으며 킴포 씨의 집이 군사령부로 쓰였다.
그는 나가야라는 일본사람이 육군대위로 변장하고 그 도시를 관리할 때 모
두 적극 협력하기로 약속하여 주민들은 크게 피해를 면했다는 것이다. 그러
나 다시 일본군이 철수하고 미군이 돌아오게 되어 킴포는 다른 섬으로 피신
하였다가 후에 돌아왔다는 이야기를 들었다.

이런 이야기를 정리하여 보면 일본군은 주로 표적 지역에 침투하여 전쟁
의 후방교란을 하거나 첩보를 탐지하여 선발대적 공작을 위주로 활동하는
것 같이 보인다. 이런 경우는 남방에 있어서만이 아니라 중국에 침투한 경
우에서도 마찬가지였다. 이들 정보학교 출신이 널리 아시아의 여러 지역
에 침투 공작을 한 경험은 태평양전쟁이 끝나고 "맥아더 사령부(MacArthur
GHQ)"가 소련과 중공에 대한 첩보전의 요원으로 쓰였으며 6.25 전쟁 중에
도 급작스런 정보의 소요가 증가하므로 당시 일본군의 나머지 정보요원들이
계속하여 맥아더 점령군의 정보부대에서 협력 근무하였다고 한다.4)

---

4) Carl Boyd는 앞에서 여러 차례 인용했던 Mercado 저서, *The Shadow Warriors of
   Nakano: A History of the Imperial Japanese Army's Elite Intelligence School*에
   대한 서평에서 일본 정보요원 들이 미국 점령군에 협력함으로써 전범의 지위를 사면
   받게 된 것을 지적하고 있다. *The Journal of Military History*, Volume 67, Number
   1(January 2003), pp.274-275(Review). 특히 「나가노정보학교」 출신 고급장교로서
   맥아더 사령부의 정보참모장 Charles Willoughby와 아리스에 세이죠(有末清藏) 중장
   은 소련에 대한 정보를 가지고 특별하게 일본의 정보장교가 점령군 사령부와 협력할

특히 이 점에 관해서는 필자가 1960년대 미국의 미시간대학교(University of Michigan)에서 일본 정치와 외교를 공부하는 중에 로버트 E. 워드(Robert E. Ward) 교수가 자신이 미국 해군정보장교 대령으로서 일본에서 근무하면서 당시 과거 일본군의 "나가노정보학교" 출신을 숙청하지 않고 계속 활용하였다는 이야기를 강의 중에 들었다. 이 때문에 한국의 정보인력은 일본의 전전 정보요원과 처음부터 연결의 고리가 끊어지지 않고 있다는 것을 짐작할 수 있다. 이런 이유 때문에 필자는 장황하지만 과거 일본의 국가정보 관리 기구의 변천에 관해서 여기에 정리하였다.

일본의 국가정보 관리는 처음부터 정보의 분석 관리보다도 정보의 수집 관리를 현장의 사령관이 장악하는 조직체계를 가지고 시작하였다. 이 때문에 전후 일본 정부의 국가정보 관리체계는 국무총리 관방장관실(官房長官室)하에 내각조사실(內閣調査室)이 수집된 첩보의 분석만을 관리하는 것으로 보인다. 국가정보수집 관리는 외무성의 정보문화국이나 국방성의 정보사령부 등을 중심으로 수집처리하고 있으며 한국이나 미국의 중앙정보부와 같은 방대한 정보수집 인력과 기관을 설치하지 않은 것 같다. 다만 기술정보의 수집에 있어서는 각 분야에서 방위성의 정보 기구가 수집하리라고 생각된다.

그러나 일본의 정보수집 기구는 역시 과거와 같이 현장에서 일하는 실무자들이 각각 자신의 업무수행 과정에서 취득한 정보를 자발적으로 상부 기관과 국가기관에 보고하는 형식으로 모아지는 것으로 보인다. 예컨대 대기업에서 근무하는 사람들이 보고하는 출장보고서가 기업의 국제과와 조사과로 모아지면 그 가운데 국가정보로서 중요한 것이나 정부가 은밀히 요청한 내용이 있으면 이를 수집하여 내각조사실로 보낸다. 이런 현장 첩보의 기록 보존은 일본 상사의 요원들이 타고난 재주라고 생각된다.

특히 한국 관련 정보의 수집은 처음부터 조직적인 첩보수집망이 있는 것은 아니나 현실적으로 각 기관의 활동을 통해서 이루어지는 듯싶다. 물론

것에 합의하는 과정을 설명하고 있다. 앞의 책, p.192.

한국에 장기간 주재하는 기자나 특파원은 현장 첩보를 늘 수집하는 것이며 이들보다 대학에서 한국을 연구하는 학자들도 자국 정부의 요청에 따라 여러 가지 현실 정보에 자문하는 경우가 많다. 한일관계가 정상화된 뒤 초기의 한국 정보수집을 위한 인력으로 한국어를 전공한 덴리대학교(天理大學校) 조선어과 출신이 넌 커리어 트랙(non-career track)으로 외무성 내부와 대사관에서 근무했으며, 1970년대 중반부터 자위대(自衛隊)의 조사학교(調査學校)에서 한국어를 배운 요원들이 연세대학교의 한국어학당에서 2~3년간 수학하고 신문사나 정부기구에서 근무하는 형태를 거쳐 한국 관련 첩보의 수집 일선에서 일하는 것으로 보인다. 이런 첩보수집의 일선에서 정상적으로 활동하는 그룹은 적어도 6~7개가 있으며 이들은 매월 일본 외무성 산하의 국제문제연구소에서 모이는 "NK그룹" 모임에서 정보를 나누어 갖게 된다. 말하자면 국가정보수집의 관리는 특별한 국가기관이 설치되어 그 기관이 국가정보를 수집 관리하는 것이 아닌 것으로 보인다. 이 점은 전전의 일본 육군이 국가정보기관을 운영하던 당시와 비슷한 특성을 가진 것으로 생각된다.

그런데 태평양전쟁에서 패전한 결과 1945년 9월부터 7년 반 동안 일본에는 미국 주도의 점령군이 주둔하였다. 일본을 군국주의로부터 민주화된 나라로 전환 및 개혁을 하도록 맥아더 사령부가 대대적인 개혁을 실시한 결과 1947년의 신헌법은 일본의 적극적 외교와 대외적 군사활동을 할 수 없도록 신헌법 제9조에 규정함으로써 과거와 같은 독자적인 국가적 전략 계획을 세워서 국력을 신장할 수 없게 되었다. 다만 외부적 침략에 대한 자위적 국방을 유지하게 됨으로써 "한정적이면서 소규모의 침략(限定的かつ小規模な侵略)"에 대비한 정보를 제외하고서는 적극적인 전략정보의 수요가 급감하게 된 것이다.[5] 더욱이 미일안보조약 체제로 인해 일본의 독자적 군사정

---

5) 일본방위성, 「방위대강과 방위력 정비, 그리고 방위대강의 Q & A」〈防衛大綱と防衛力整備〉防衛大綱 Q & A), http://www.mod.go.jp/j/approach/agenda/guideline/1996_taikou/q_a/index. html(2012년 3월 24일).

보와 전략정보의 수집에 대한 기능이 어느 정도 불필요하게 되었다. 따라서 지금까지 지난 60여 년 이상을 국가의 안보를 위한 국가정보의 수집 및 분석은 상당히 저조했으며 방위청(防衛廳)이 방위성(防衛省)으로 승격되어 정보사령부는 국방성 내에 위치하고 국가안보의 독자적 길을 모색하는 방위정책의 개혁이 생긴 21세기에 들어서 다소 변화를 보이고 있다.

비록 대외적인 전략정보의 수집 분석을 목적으로 정보의 중앙통제를 위한 "중앙정보부"와 같은 국가정보기관의 설치는 생기지 않았으나 일본 독자의 국방과학기술의 발전으로 60년대 이후의 미국과 마찬가지로 점차적으로 기술정보를 수집·분석하는 국가 기구가 은밀하게 늘어나고 있는 추세이며 정보수집을 위한 시설도 충분하게 확대되고 있다. 풍부한 국가예산의 뒷받침으로 공개정보(OSINT)의 활용이나 기술정보(SIGINT, MASINT, GEOINT 등의 기술정보)의 수집 분석은 실제로 아시아에서 가장 발전된 시설과 조직을 마련했을 것으로 짐작이 된다. 이런 점에서 북한의 허세와 대외적 위협은 일본의 정보수집 능력을 확대하는 데 좋은 원인을 제공했으며 김일성 사망 이후 조총련 중심의 인적정보(HUMINT)의 수집은 급감하고 차라리 기술정보의 수집으로 북한 위협에 대응하고 있다.

2013년도 일본의 국방성 정보본부의 직원 채용 팸플릿에 소개된 각 부의 소개내용을 보면[6] 관리·기획업무를 제외한 분석부(分析部)에서는 주로 정보의 종합적 분석을 추구하는 전 정보출처(all-source intelligence)를 기초로 분석업무를 취급하며, 공개정보와 "국내외의 정부·민간관계자의 의견교환"에서 얻은 교환정보 외에 전파정보, 영상정보 등 정보사령부의 다른 부서에서 수집한 모든 정보를 종합적으로 분석한다.

정보를 종합적으로 분석하는 것을 통해서 자위대의 통합운영을 지원한다. 이를 위하여 방위대신(防衛大臣), 막료감부(幕僚監部: 각 군의 참모본부, Chief of Staff)와 그 부대에 대한 정보지원을 수행하는 통합정보부를 설치

---

6) 日本 防衛省, 『國防省 情報本部』─2013 報本部職員採用パンフレット, http://www.mod. go.jp/dih/bosyu.pdf(2013년 7월 8일 검색).

하고 있다. 공개정보를 포함해서 정보본부의 각 부와 관계기관, 그리고 부대들이 수집한 정보를 집약하여 관계부서에 제공하는 업무를 담당한다. 아무래도 이 부서의 요원은 일찍부터 정보의 수집과 분석 업무에 깊이 관여하게 된다.

이 밖에 기술정보를 수집·분석하는 3개 부서를 두고 있는데 위성사진으로부터 정보를 읽고 해석하는 영상·지리부(映像·地理部, GEOINT)를 설치하여 민간 위성에서 수집한 위성사진의 해석, 디지털지도의 제작 및 지리공간정보(Geospatial intelligence)의 분석 등에 관한 업무를 다루고 있다.

일본 유일의 전파정보부분을 담당하고 있는 전파부(Signal intelligence)를 설치하여 각 통신소가 수집하는 각종의 전파를 첨단기술과 장비로 처리하고 일본 국가의 방위에 필요한 정보를 제공한다. 이 부서는 일본 유일의 기관으로 각종 전파의 특성을 파악하고 해석하는 기능을 담당하고 있다.

일본의 듣는 귀의 역할을 하는 각 통신소를 관장하여 전파정보를 수집하고 있다. 정보사령부 산하에 있는 각종의 통신소는 전 세계에서 일본의 상공에 날아다니는 각종의 전파를 수집하여 이를 듣는 귀의 역할을 한다고한다. 이 통신소는 전파정보수집 기관으로서 일본 전국의 각지에서 작업을한다.

일본의 국방성 정보사령부는 미국이나 한국과 달리 별도의 정보기관을설치하지 않았기 때문에 국방성에 속해 있으면서도 독립된 기술정보수집·분석기관으로서 정보의 공유를 다른 저부의 기관과 공유한다. 이는 내각조사실의 종합정보 처리기관으로 집결하는 경향이 있으나 그 운영은 국방성의별도 기관으로서 운영되고 있다.

2. 미국 정부의 국가정보 관리기관의 변천

미국은 영국의 비밀정보처(Secret Intelligence Services)와 특수공작단(Special Operation Executive)과 같은 대외적 공작과 식민지관리를 위한특수 국가조직을 처음부터 설치하지 않았다. 미국의 국가정보는 처음부터 행정부의 각 부서의 필요에 따라 산하기관으로 설치한 조직을 이용하여 수집·분석하였다. 말하자면, 국무성(305Department of State), 재무성(Department of Treasury), 해군성(Department of Navy) 그리고 육군성(Department of Army)이 각각 필요에 따라서 정보기관을 설치하여 운영하였다. 이들 기관을 전체적으로 관할하여 협조하거나 통제하는 기구도 없었다. 미 육군과 해군은 암호해독(code-breaking)을 위한 부서를 따로 설치하였는데 육군성은 이를 신호정보처(Signal Intelligence Services)라고 불렀으며 해군성은 OP-20-G라고 불렀다.

그런데 국무성에도 암호해독 기관이 있었는데 이 첩보기관을 「암흑실」(Black Chamber) "MI-8"이라고 불렀으며 허버트 야들리(Herbert Yardly)라는 암호 전문가에 의해서 운영되었다. 이 기관은 1920년대 워싱턴 해군회의(Washington Naval Conference) 중에 일본 외무성의 암호지시문을 해독해서 회담 교섭에서 성공을 거두었다. 1929년에 「암흑실」은 당시 국무장관인 핸리 스팀슨(Henry Stimson)에 의하여 해체되었는데 "신사는 다른 사람의 편지를 읽지 않는다(gentlemen don't read each other's mail)"는 생각에서 상대국의 암호해독은 점잖지 않은 방법으로서 외교적 수단으로 부적절한 기능을 한다고 그 암호해독 기관을 폐쇄하였다.[7]

정보수집과 분석의 중앙조정 기능을 가지고 있지 못했기 때문에 미국 정부의 각 정보 기구는 그 기관의 규정에 따라 첩보를 명령계통을 통해서 직접 상관에게 보고하였으며 궁극적으로 첩보가 백악관에 있는 정책결정자에게 도달할 것으로 믿었다. 각 기관의 주요 관심은 미국 내에서 발생하는 간첩 활동이나 파괴활동에 대응하는 일이었으며 각 기관은 1939년이 될 때까지 정보기관마다 각 기관의 전문영역에 집착해서 타 기관과는 전혀 정보의 협력과 조정에 관심이 없었다.[8]

---

7) 미국의 정보기관인 OSS(Office of Strategic Services)에 관한 위키피디아의 논문에서 다시 인용함. http://en.wikipedia.org/wiki/Office_of_Strategic_Services(2012년 3월 24일).

8) Bruce L. Braker, "The Office of Strategic Services"의 논문에서 OSS 이전의 정보기

이 같은 기관 간의 비협조 현상은 1941년 제2차 세계대전이 발발할 때까지 계속되었다. 대전 중에 미국이 영국과 캐나다와의 연합작전을 수행하는 과정에서 미국의 국가정보 능력이 동맹국의 수준에 비하여 뒤떨어져 있다는 것을 영국의 스파이 책임자가 미국 정부에게 알려줌으로써 당시 미국의 루스벨트(Franklin D. Roosevelt) 대통령이 새로운 정보 관리기관의 신설을 명령하였던 것이다. 이처럼 전쟁 수행을 위한 정보 기구의 창설이 계기가 되었고 처음부터 평시의 국가정보 기구로서 미국의 정보기관이 시작된 것은 아니다.

루스벨트 대통령은 윌리엄 도노반(William Donovan) 대령에게 정보기관을 설치하기 위한 계획서를 작성토록 지시하고 그 당시까지 미국은 중앙정보기관과 같이 미국의 소요에 필요한 정보요청을 제안하는 기구가 없었기 때문에 미국의 지구적 군사지위(global military position)를 평가하도록 임무를 부여했다. 그래서 1942년 6월 13일에 루스벨트 대통령은 군사명령으로써 전략정보처(the Office of Strategic Services: OSS)를 국가기관으로 설치하고 합동참모부가 필요로 하는 전략정보의 수집과 분석을 하도록 하였으며 다른 기관에 위탁하지 않은 특수임무를 수행하도록 하였다.[9]

대전 중에 OSS는 정책결정자에게 사실 정보와 그 평가를 공급하였으나 모든 대외 정보활동에 대한 관할권이 부여되지는 않았다. 미 연방수사국(the Federal Bureau of Investigation: FBI)은 라틴아메리카에 대한 정보업무의 책임을 지고 있었으며 육해군은 그들이 담당한 지역의 방위를 위한 정보수집과 분석의 책임을 지고 있었다. 미국의 전략정보처는 정보기관으로서 어디까지나 전시 정보기관으로서 활약하였으며 제2차 세계 대전 후에 미국

관의 초기 활동에 관해서 알아볼 수 있다. http://www.militaryhistoryonline.com/general/articles/officestrategicservices.aspx(2012년 3월 25일).

9) 미국 중앙정보국의 전신인 OSS 설립에 관한 문서는 현재 USCIA 웹사이트에서 찾아볼 수 있다. Thomas S. Troy의 "How it all begin: Donovan's Original Marching Orders"를 참조함(http://www.cia.gov/library/center-for-the-study-of-intelligence/kent-csi/vol17no2/html/v17i2a05p_0001.ht).

중앙정보국(US Central Intelligence Agency)으로 개편되었다. 그때까지 OSS는 주로 미국의 육·해·공군의 각 군을 위한 적의 전선 후방에서 첩보 활동을 조정하기 위하여 설립되었다.[10]

전략정보처(OSS)는 주로 적의 후방에서 조직적인 게릴라전을 전개하거나 적의 병참지원과 부대의 이동에 관한 첩보를 수집하는 데 특별한 노력을 했다. 그리고 적의 사기를 떨어트리기 위해서 OSS는 거짓정보를 퍼뜨리는 "흑색선전(Black Propaganda)"을 감행했으나 공식적으로는 끝내 적국의 암호해독이 허용되지 않았다.

OSS 내부에는 다음과 같은 부서(Departments)가 있었다.

① 연구·분석부(Research and Analysis: R&A): 정보 분석
② 연구·개발부(Research and Development: R&D): 무기와 기구의 창안 및 개발
③ 사기공작부(Morale Operations: MO): 적의 사기를 꺾기 위한 "흑색선전"
④ 해양부대(Maritime Units: MU): 정보 표적지역으로 요원을 수송 그리고 수중정찰과 파괴를 위한 심해공작원의 "개구리부대(Frogman Units)" 운영
⑤ 엑스 투(X-2): 대간첩활동(counterespionage)
⑥ 비밀정보부(Secret Intelligence: SI): 비밀 침투한 야전 정보 요원 관리 운영
⑦ 특수공작부(Special Operations: SO): 파괴와 게릴라전
⑧ 공작부대(Operational Groups: OG): 특수공작부대와 유사하지만 외국어를 할 수 있는 고급훈련을 받은 공작요원으로 구성

특수공작 및 연구·분석 활동을 수행 할 수 있는 여러 요원훈련을 위해서

---

10) 앞의 주 5)에서 인용한 위키피디아 논문 참조.

사령관인 도노반(Donovan) 대령은 영국의 교관을 고용하여 훈련을 위한
교과목 개발도 했다.[11]

　요원은 살아남을 수 있는 요령을 배웠으며 효율적인 공작원으로서 갖추
어야 할 태도를 훈련받았다. "공격적인 정신과 적에게 가급적 접근하려는
의지"를 키우도록 했다.[12] 그렇게 함으로써 훈련된 공작원이 정보출처에 아
주 가까이 다가가서 꼭 필요한 정보를 획득하기도 하고 워싱턴 주변의 외국
대사관에 몰래 들어가(break-in) 정보자료를 훔치기도 했다. 요원들은 1943
년 즈음해서 유럽에서 맹활약하였다고 하지만 아시아에서도 특별히 중요한
공작을 전개했다.

　1943과 1945년 사이에 이들은 아시아에서 중요한 역할을 담당했다. 중국
에서는 국민당(國民黨) 정권의 정규군 훈련을 담당했으며 버마전선에서는
다수의 원주민을 훈련시켜 비정규군으로서 파괴활동을 하거나 일본 육군들
과 전투하는 연합군의 안내요원으로서 중국-버마-인도의 전선에서 활용하
였다. 이에 더하여 OSS는 일본군에 저항하도록 무장시키고, 훈련시키면서
지원하였는데 그 가운데 중국에서 마오쩌둥(毛澤東)의 인민해방군을 지원하
였으며 프랑스령(佛領) 인도차이나에서는 연합군이 점령한 지역에서 월맹
(越盟, Viet Minh)을 지원하기도 했다.[13] 이 밖에도 독일 외교관을 전향시
켜 스파이로 이용하는 등 선전과 간첩활동, 파괴활동 및 제2차 대전 이후에
관련된 계획을 마련하는 데 공헌하였다.

　태평양전쟁이 끝나고 약 1개월이 지난 1945년 9월 20일에 미국의 트루먼
(Harry S. Truman) 대통령은 OSS의 기능을 해체하는 데 관련된 미국의 행

---

11) Brager, 앞의 논문 참조.
12) 앞의 논문의 주 12)에서 다시 인용함. Kermit Roosevelt, *The Overseas Targets:
　　War Report of the OSS*(Washington, D.C.: Carrollton Press, 1976), Volume 1,
　　pp.223-224.
13) Interview by Former OSS Officer(1944-1946), Major Allison K. Thomas, On the
　　Vietnamese efforts of Independence. The Annenberg/CPB Project, *From the
　　Barrel of a Gun*, Video series No.3 of the Pacific Century(Corp. for Public
　　Broadcasting, 1992).

정명령(Executive Order) 제9621호에 서명하고 이 명령은 10월 1일부터 유효하게 되었다. 따라서 OSS의 기능은 양분되어 미국 국무성과 전쟁성으로 나뉘어졌다. 국무성은 연구·분석 부서를 인수하여 잠정적으로 연구·분석과로 정했으며 육군대령 알프레드 맥코맥(Alfred McCormack)이 이끄는 연구 및 정보처(Research and Intelligence Service)는 뒤에 다시 정보·연구처(Bureau of Intelligence and Research: INR)로 이름을 바꿨다.

미국 정부의 전쟁성은 비밀정보과(Secret Intelligence Branch: SI)와 방첩 및 X-2과를 합쳐서 같은 목적의 활동을 하는 기구로서 전략임무단(Strategic Service Unit: SSU)을 만들었다. 전쟁 장관은 도노반의 OSS의 정보 부책임자였던 존 마구루더(John Magruder) 준장을 책임자로 임명하고 OSS의 해체 책임을 위임했다. 그런데도 가장 중요한 것은 OSS의 비밀정보 능력을 유지하도록 한 것이다.

1946년 1월 트루먼 대통령은 중앙정보국(CIA)의 바로 전신인 중앙정보그룹(Central Intelligence Group)을 창설하고 지금까지 비밀정보의 핵심이 되는 전략임무단(SSU)의 정보 흐름을 재구성하게 하였으며 이런 기능이 1946년 중반에 중앙정보그룹으로 이관되었다. 그리고서는 특별공작처(Office of Special Operations: OSO)를 구성하게 되었다. 그 후 1947년 국가안보법(National Security Act of 1947)에 따라서 미국의 평시 상설정보기관으로 중앙정보국(CIA)이 설립되고 OSS의 모든 기능을 수용하였다. 그리고 OSS의 준군사적 구성부분의 직접적 후계기구는 CIA의 특수활동단(Special Activities Division)으로 편성되었다.

원칙적으로 전쟁을 수행하기 위한 특수공작과 비밀정보를 수집 분석하던 OSS는 세계대전이 끝나고 유럽에서부터의 냉전 시작과 아시아 신생국가의 공산화와 한반도에서 일어난 6.25 전쟁 등 그 기능이 보다 상설적인 정보 기구로 변신할 것에 대한 시대적 요청으로 미국의 중앙정보국이 만들어졌다. 한국은 이 냉전의 최전방에서 준비 없이 당도하게 된 국가독립과 전쟁 수행 때문에 미국의 정보·공작의 활동 범위에 들어가게 되었다. 특히 6.25 전쟁이 한참 진행되고 미국의 지원이 증가할 즈음에도 한국군은 고위정보

교육과 훈련 그리고 특수공작을 맥아더 사령부가 있는 동경 현지에 가서 배우게 되었다.

1980년대 초 한국의 중앙정보부장을 지낸 윤일균(尹鎰均) 공군 장군도 6.25 전쟁 중에 특수공작의 교육을 맥아더 사령부로부터 직접 받은 사람이다. 이런 경험과 교육을 받게 된 한국군의 수가 많을 것으로 본다. 이런 점에서 보면 한국의 중앙정보부의 특수공작은 원래 일본의 나가노학교 출신인 이철희(李哲熙, 육사 2기) 장군 같이 일본의 대륙 공작에서 훈련된 특수공작과 미국으로부터 훈련받은 정보요원이 혼재한 채 한국의 정보기관이 탄생한 것이라고 생각된다.

3. 한국의 국가정보 관리기관

반공을 국시의 제1로 삼고 출발한 제3공화국의 중앙정보부는 적대국의 표적을 북한으로 잡고 북한의 활동에 대한 정보의 수집과 분석을 위하여 창설됐다. 특히 남북한이 혼재한 상태에서 전쟁이 진행되었기 때문에 상당한 수준의 비밀공작의 네트워크가 있었다. 그리고 오랜 기간 정보출처의 보호를 위한 공작도 꾸준히 진행했어야 했다. 오히려 오랜 기간 국토가 분단되고 남북 간의 내왕이 없게 된 지난 60여 년은 비밀정보의 네트워크가 노쇠해지고 새로운 비밀정보의 출처가 개발되지 못하는 현실에서 1970~80년대 이후의 대북 정보수집·분석의 수준과 정확도에는 많은 의구심이 들기도 한다. 다만 국가의 정보 기구를 유지 운영하는 데는 특정한 원리가 있다기보다는 정보 기구의 생성과정과 국제환경이 크게 영향을 미치리라 생각된다.

지금까지 일본과 미국의 국가정보를 담당하는 국가 기구에 관해서 개괄적으로 돌아보았는데 이런 이유는 한국의 정보 기구가 일본으로부터 훈련된 요원과 미국의 새로운 훈련과정을 통해서 6.25 전쟁 이후에 훈련된 요원들이 중심이 되어 두 개의 극히 다른 특성의 정보 기구 출신을 기초로 한국의 중앙정보부가 창설되었다는 것을 명백히 하기 위해서였다. 과거 박정희 대통령의 혁명 이후 중앙정보부는 국가의 기틀과 정권을 확립하기 위한 강력한 정보기관이면서 간첩 및 반국가활동을 검속할 수 있는 기관으로 발전하였다. 그러나 국내 정치와 관련되어 반정부·친북 추종자에 대한 강력한 수사는 심한 비인권적인 고문과 구금으로 이루어진 흔적이 뚜렷한데 이 부분을 일본의 정보 기구 및 헌병대에서 훈련된 요원들이 중앙정보부의 정보수집 및 수사권 행사의 한 축에 있었기 때문이라고 생각된다. 특히 김형욱(金炯旭)과 같은 정보부장이나 김창룡(金昌龍)과 그의 예하 장교들과 같이 일제의 헌병대나 특무기관에서 근무한 경험이 있는 장교들이 중앙정보부를 창설하는 요원이 된 것을 보면 한편으로 과거 식민시절 일본의 악질적 행태가 우리 국가정보기관으로 이식, 지속되었던 것으로 보인다.

또 한 가지 다른 특성은 한국 정부의 국가정보 관리는 철저한 중앙정부의 정보수집 관리와 분석 관리라는 전통인 것이다. 전쟁 기간에 창설된 일본과 미국의 정보관리는 중앙정부와 군부의 관리가 조직 원리의 기본이었으나 전쟁이후 다양한 과학기술의 발전으로 미국의 정보 기구는 16개의 기관으로 분할됨으로써 최상급 정보기관인 국가정보국장(DNI)의 권한의 문제가 이따금 제기되는 반면, 일본의 경우에는 그런 경험을 자지고 있지 않았다. 다만 한국의 경우에는 국가정보의 관리는 전적으로 대통령의 휘하에서 중앙통제되는 국가의 독점적 지위가 확보되었다.

한국은 1981년 신군부에 의한 제5공화국 정부 수립 이후 중앙정보부를 국가안전기획부(National Security Planning Agency: NSP)로 그 역할과 기구를 개편하면서 변화가 시작되었는데 이후 김영삼 정부가 들어선 1990년대 초기에 이르러 중앙정부에 의한 국가정보의 독점적 관념은 일소되고 학계와 민간단체 또는 기업 등으로 국가안전에 관한 기능이 분점되기 시작했다. 그러다가 김대중 정부가 들어선 1990년대 말에는 국가안전기획부를 국가정보원(National Intelligence Services: NIS)으로 개명하고 경제 분야의 정보가 국가안보에 중요한 위치를 차지하기 시작하였다. 따라서 많은 경제 분야 요원을 충원하는 한편 과거의 대북 인적정보의 네트워크가 크게 개혁되면서 많은 전직 정보요원들이 해고당하게 되었다. 이후 국가정보원은 새로운 요원을 뽑기 시작하여 현재에 이르러서는 국가정보의 내용이나 경험을 공유하는 많은 요원들이 국가정보 기구의 외곽에 산재하게 되었다.

다음에서는 국가정보의 환경적 변화와 냉전의 종식으로 1990년대 이후 국가정보의 국가관리가 어떤 현실에 입각하여 수집·관리되며 분석되고 있는지를 살펴보려고 한다. 특히 2001년 미국 뉴욕에서 발생한 9.11 테러사건 이후, 그리고 미국의 중동사태 개입에서 생기는 새로운 국가정보 관리의 경향에 관해서 살펴보고자 한다.

국가정보는 고도로 전문화되고 유기적으로 편성된 조직체의 활동을 통해서 적시에 정보수요자에게 전달된다. 한국의 정보 기구도 마찬가지로 필요한 정보를 생산하고 이를 적시에 배포·전달하여 국가의 정책결정에 적극적으로 활용할 수 있도록 특별히 훈련된 요원과 시설 또는 장비를 갖춘 조직을 가지고 있다.[14] 국가의 정보 기구는 정보활동의 특성상 일반적으로 다른 정부의 조직·기구와는 다른 조직 원리를 가질 수밖에 없다. 특히 한국의 정보 기구는 과거의 경험과 북한과의 적대 관계를 지속해 왔기 때문에 아무래도 한국적인 조직원리가 드러나고 있다고 보아 한다. 다음에서 설명하는 내용은 지금까지 한국의 국가정보 기구가 지켜온 원칙이다.[15]

① 정보 기구는 문제를 적출, 분석, 기획하는 기능과 필요한 첩보를 수집, 이를 토대로 정책결정에 유용하고 정책문제와 유관한 정보를 작성하며, 작성된 정보를 사용자에게 전달하는 등의 모든 기능을 행할 수 있는 총괄적으로 조직된다.

② 정보 기구는 모든 기능을 단일기관에서 동시에 수행하는 것은 불가능하므로 고도의 전문성을 갖춘 단위로 분업화하여 전문 분야의 업무를 수행할 수 있게 조직된다.

---

14) 국가정보 기구의 정의에 대해서는 국가정보포럼, 『국가정보학』의 제3편 "정보기구론"에 따랐으며, 한국의 정보 기구의 발전 배경에 대해서는 이 책의 제3편 제3장 "한국의 정보기구"를 참고하길 바람. 앞의 책, pp.173 및 239-265.

15) 『국가정보학』, pp.174-175의 내용을 인용.

③ 정보 기구의 조직은 총괄성과 전문성이라는 두 가지 서로 다른 방향
의 원칙을 융합시키기 위한 조정의 원칙이 요구된다. "좁고 깊은 분
야를 파고드는 각 전문기관의 활동이 '개개의 나뭇가지를 분석하고서
도 전체 숲을 인식하지 못하는 과오'를 범하지 않게 하기 위하여 이
를 조정하는 부서가 있어야 한다"고 지적되고 있다. 즉 개별적인 전
문성과 전체적 인식을 동시에 조정할 수 있는 기능을 수행하는 기관
이 필요하다.

④ 정보 기구의 조직은 비밀성이 유지되어야 한다. 적대국가의 정보기
관이 아국의 정보능력을 판단할 수 없도록 정보 기구의 각부서 조직,
인원, 장비 등에 관한 철저한 보안이 필요하며 정보활동의 방향이
적대 국가에 노출되지 않도록 한다.

이상에서 열거한 정보 기구의 관리 운영에 대한 기본원칙은 국가에 따라
그리고 그 정보기관의 역사적 배경에 따라서 현행 국가정보 기구를 적절하
게 구성하게 된다. 앞에서 설명한 미국과 일본의 조직 운영상의 전통이 한
국의 국가정보기관의 내부과정으로서 잠재해 있을 것이라는 필자의 인식은
피하기 어렵다. 한국의 정보 기구는 초기에 대통령의 직속기관으로서 강력
한 통합형이었으며 오직 국가수준의 정보활동을 하는 국가정보 기구였으나
정치적 민주화와 국회의 행정부 감시 즉, 국회의 정보위원회(情報委員會)가
상임위원회로 설치되면서 국가정보의 독점적 지위를 가진 국가 기구는 다소
분화되어 가고 있는 추세에 있다. 한때 대북 관련 정보수집과 공작, 그리고
교섭을 전적으로 담당하던 중앙정보부의 기능은 국토통일원 후에 통일원(統
一院)으로 이관되는 경우도 발생했다. 따라서 통일원의 정보분석국은 공개
정보와 국가정보기관에서 보내오는 여러 정보를 기반으로 통일 및 남북교류
협력에 관한 정책을 수립하기 위하여 자체적 분석 활동을 강화하고 있다.

국가 수준의 정보활동 이외에 관련부서 수준의 정보활동을 수행하는 부
처별 정보 기구가 있어 국방부 산하의 기무사령부(機務司令部), 정보사령부,
그리고 경찰청과 검찰청 그리고 국세청과 관세청 등과 같이 법을 집행하는

기관에서 정보의 수집 및 분석 보고하는 기관도 있다. 그래서 이들 해당 부처의 정보를 수집하여 정책결정에 유용하게 활용하는 방식이 있을 수도 있지만 박정희 대통령은 일일이 이런 기관에게 특별보고서를 요청하여 대통령의 정보판단에 참고를 하였다고 한다.16)

다음 절에서는 원칙적으로 이론적으로 가능한 두 가지 구분으로서 논의될 수 있는 정보수집 관리와 정보 분석 관리를 설명한다.17)

II. 국가정보수집의 관리

국가정보수집의 주요 목적은 수집된 정보가 국가 정책결정에 중요한 투입요소가 될 수 있도록 하는 데 있다. 따라서 정부의 정책결정 과정에 적절하게 활용되도록 정보생산자와 정보사용자 간에 바람직한 협력관계를 전제로 한다. 수집된 정보의 주요 사용자인 정책결정자는 공식적인 국가정보기관이 수집한 정보 이외에도 수없이 많은 정책 정보를 입수하고 오늘날과 같이 공개정보의 홍수 상태에서 늘 새로운 정보를 입수하고자 한다. 그러나 특별히 국가정보기관의 정보수집 관리는 주로 정보수요자가 필요로 하는 정

16) 박정희 대통령은 1960~70년대 한국의 경제성장 과정에서 정부의 고급 관료와 기업의 주요 간부 및 기업인이 불법적인 재산의 해외 도피, 그리고 탈세 혹은 불법적인 재산의 증식 등을 감시하고 경계하기 위하여 중앙정보부의 국내사찰을 지시하기도 했지만 국세청과 관세청장을 직접 접견하고 특별보고서를 받기도 했다고 한다. 국제공항에 위에 열거한 기관의 분실을 설치하고 재산의 불법 유출을 감시하게도 했다. 1990년 중반에 김영삼 대통령이 "금융실명제"를 실시하기 전에는 개인의 재산 이동 상황과 그 불법적인 거래를 막을 수가 없었기 때문에 정보기관을 이용했다고 한다.

17) 『위키피디아』에 실린 국가정보 관리에 관한 논문에서는 국가정보의 관리(intelligence management)를 국가정보수집 관리(http://en.wikipedia.org/wiki/Intelligence_collection_management 2012.4.13)와 국가정보분석의 관리(http://en.wikipedia.org/wiki/Intelligence_analysis_management 2012.4.13)의 두 가지로 구분하여 설명하고 있다. 이 강의안에서는 마찬가지로 두 가지 주제를 나누어 요약해서 여기에 설명한다.

보요청에 따라야 하는 것이 중요하며 늘 정보제공자는 정보사용자로부터 그 의견을 들을 수 있는 관계의 유지가 필요하다.

국가정보의 관리기관은 대체로 국가의 최고 정책결정자를 위해서 두 기능으로 나누어서 정보활동을 한다. 특별히 소요되는 정보를 수집 관리하는 기능과 수집된 첩보자료의 정책적 의미와 내용을 구상하는 데 도움이 되는 정보의 분석과 평가로 구분된다. 먼저 여기에서는 정보의 수집과 관리에 관해서 설명한다.

국가정보의 수집을 관리하는 것은 여러 가지 정보의 출처로부터 수집되는 정보를 정리하고 체계화하고 이를 관리하는 과정이다. 정보기관에서 정보를 수집하는 부서는 수집된 것을 확인하지만 그 중요성이나 의미를 분석하지는 않는다는 원칙을 가지고 있다. 물론 수집된 첩보의 확인(validation)과 분석(analysis)의 경계가 분명하지 못한 점이 있지만, 이 때문에 정보기관의 부서 간에 서로 이 문제에 관해서 다툼이 자주 일어난다. 첩보의 해석(interpretation)기능이 다른 기관에 속할 지라도 첩보를 수집한 기관에서 해석하려고 하기 때문이다.

1. 정보수집 방법과 수집의 관리

국가정보의 수집 수단과 방법에 관해서는 제3장에서 상세히 설명한 바 있으나 여기에서는 정보수집을 관리하는 입장에서 제기되는 문제점에 관해서 설명한다. 국가정보의 수집 과정을 보면 어떤 정보는 다른 정보에 비하여 원천적으로 첩보의 추후 과정(postprocessing)을 필요로 하는 정보출처가 있다.

일단 수집된 이후의 정보의 수집 기능은 사실상 두 가지로 구분하여 설명할 수 있다. 특히 정보의 수집기술이나 방법에 있어서 첩보를 직접 수집하고 처리하는 경우와 첩보자료가 수집된 것을 수집된 이후에 또다시 특별하게 처리하는 경우로 나누어진다. 이는 첩보의 특성상 생기는 처리과정의 구분이며 일단 처리 절차를 걸쳐서 정리된 첩보의 단계에 이르면 이 두 가지를 동일한 수준의 첩보자료라고 취급한다.

예를 들면, 인간정보(HUMINT)와 공개출처 정보(OSINT)의 경우에 정보수집관이 수집된 첩보를 정리하여 처리하는 경우와 영상정보(IMINT)나 통신정보(SIGINT) 그리고 징후계측정보(MASINT)와 같이 원 자료가 컴퓨터와 같은 자료수집 기기에 모아지면 이를 영상이나 모아진 통신신호 자료를 언어나 문자로 전환한 뒤에 처리하는 경우가 있기 때문이다. 이때 암호나 수치형 자료로부터 정보분석관이 이해할 수 있는 문자로 표현된 첩보나 언어, 그리고 영상이나 지도(images; maps), 또는 징후(signatures, 예 특정 유형의 진열 상태)로 전환하는 과정이 필요하다. 모아진 원재료의 전환을 자료의 개발 또는 채굴(data exploitation)이라고 하며 이는 첨단기술의 하나다.

기술정보의 수집 과정에서 생기는 현상으로 "난로연통(stovepipe)"과 같이 첩보자료가 자료수집 기지로부터 정보수집요원의 기기(器機, 예: computer)에만 전송되도록 기술적으로 연결되었기 때문에 연통의 연기가 한 난로로부터 집밖의 대기에로 줄곧 빠져나가는 현상과 같이 정보의 수집으로부터 그 전환에 이르기까지 한 통로로 이어지는 것이 문제가 된다. 정보자료가 일단 완전히 공개될 때까지는 전혀 다른 기관이나 수집요원과의 협조가 불가능한 "칸막이 격실과 같은" 현상이 생기게 된다. 따라서 이 같은 문제를 해결하기 위해서는 정보수집 기관에서는 고위급 요원의 책임을 크게 늘려주어야 할 필요가 있다. 만일 오늘날과 같이 정보수집의 다양한 유형을 전반적인 상황판을 통해서 일괄적으로 관리하지 않으면 정보수집의 승수효과(collection synergy)를 올리려는 노력과 전 출처정보 분석의 효과를 올리는 데 현실적으로 문제가 많다.

정보수집의 기술적 요인이 대단히 중요한 정보수집의 수단이 되기 때문에 주요 강대국가는 특유의 수집기술이나 고도의 감도가 좋은 기술을 구비함으로써 정보능력의 일등국으로 강한 국가가 된다. 이 점에 관해서는 유럽의 군소국가도 기술적으로 높은 수준을 유지하여 국가이익을 보호하거나 국가안전을 유지하는 국력을 확보하고 있는 경우가 있다. 예를 들면, 벨기에나

스위스와 같은 나라는 이런 기술을 축적하여 정보수집에 많은 신경을 쓰고 있다.

특수한 정보수집기술을 보유한 국가기관 간의 상호협력이나 공동작업을 수행할 수 없는 "난로연통" 현상과 같이 기관 간의 견제와 격리를 주장하기 때문에 때로는 똑같은 작업을 다른 기관에서도 수행하게 된다. 따라서 국가 예산의 막대한 낭비가 생기기도 하며 이런 부작용을 방지하기 위하여 기관 간의 권한과 업무를 적절하게 총괄할 수 있는 최고 지위의 기관을 설립하고 이 기관이 가지고 있는 권한을 점점 확대하는 경우가 생긴다.

궁극적으로 국가의 정보수집 관리를 효율적으로 수행하는 국가의 정보수집 능력을 객관적으로 평가할 수 있을 것으로 본다. 적절하고 필요한 정보의 수집은 국력을 향상시킨다는 전제와 수집기구의 운영의 효율을 높이는 나라는 그만큼 국력이 있다는 생각을 하게 한다. 공산당 중심의 국가의 정보수집력과 개방된 경쟁관계의 정보수집 기구가 가지는 효율성의 문제도 논의의 대상일 수도 있다.

따라서 최근의 정보연구자들은 정보수집 체계의 기능 향상을 기하여 국가 기구 운영 자체가 하나의 국력의 요소가 된다고 생각하기 시작했다. 정보의 이점을 높여서 정보의 성공과 실패의 원인을 설명하려는 노력을 엿볼 수 있다. 일단 국가 기구가 적대국의 위협이나 도전의 가능성을 감시(surveillance)하는 행위나 국제적 경쟁 환경 안에서 정보력으로 승리를 거두려는 국제정치의 현실적인 활동으로 정보수집 관리 능력을 평가하려는 것이다. 정보수집은 국가의 이 같은 감시기능의 하위개념으로서 이는 국제정치이론으로서도 설명이 가능하다는 인식이 새롭게 제기되고 있다.[18]

---

18) Jennifer E. Sims, "A Theory of intelligence and international Politics," in *National Intelligence Systems: Current Research and Future Prospects*, Gregory F. Treverton and William Agrell (eds.)(New York: Cambridge University Press, 2009), pp. 58-92; Robert M. Clark, *Intelligence Collection*(Washington, D.C.: CQ Press, 2013), p. 544. 그리고 Michael Herman, *Intelligence Power in Peace and War* (New York: University of Cambridge Press, 2003), p. 414.

2. 국가정보수집 지침(collection guidance)[19]

특정 정보업무에 따라 다르지만 국가정보수집 기관에서 지시를 내릴 수 있는 수준의 자리에서 볼 때, 정보수집 지침은 한 가지 정보출처나 하나 이상의 다수 출처에 대한 수집요청을 지시하는 것이 된다. 이런 임무는 표적에 대한 감시를 명령할 수도 있으며, 필요하면 정보 요원을 더 선발·충원하기 위한 특별 예산을 할당하기도 한다. 만일에 감시임무를 다른 정보 표적으로부터 옮겨야 하는 경우를 윗사람이 알고 있으면 정보 표적의 감시·정찰임무와 특별 예산을 포함해서 두 가지 모두 함께 지침을 내리게 된다.

정보요청자에게 작업의 임무 요건을 물어보는 경우 일반적으로 ① 수집해야 할 기본 자료(수집방법과는 별도로), ② 정보요청의 우선순위, ③ 수집과정에서 은밀성이 필요한지에 관한 지시를 받는다. 동시에 수집 기관의 관리자에게는 정보자산의 능력을 확인하도록 지시한다. 일반적으로 정보자산을 ① 먼저 평가하는 것이 중요하며, ② 이때 현재 접촉 가능하거나 가용 가능한 정보출처가 지시된 정보수집 임무에 적절한 자산인지, ③ 또는 현재 가용할 수 있는 정보자산이 그 가용 목적을 위해서 유용하며 합당한지를 평가한다. 이 평가를 근거로 하여 임무를 위한 한 벌이든지 여러 벌이든지 임무의 요건을 충족시킬 만한 해결책이 되는지, 아니면 정보자산의 유용성이 해결책의 우선순위를 제시할 수 있게 만드는지가 평가의 기준이 된다.

---

19) 국가정보수집의 관리에 관한 미국의 운용관리 내용은 최근에 비밀문서 해제를 통해서 발표된 다음과 같은 논문을 참고하였다. William P. Bundy, "Guiding of Intelligence Collection," CIA Historical Review Program, Release as Sanitized on September 18, 1995("Secret" document posted May 8, 2007). 그리고 Clyde R. Heffer, "A Fresh Look at Collection Requirement," CIA Historical Review Program, Approved for Release on September 18, 1995("Secret" document, posted May 8, 2007).

3. 수집할 정보 유형의 선택

이따금 특정 유형의 정보를 획득하고 싶지만, 요청되는 첩보가 그 수집자의 획득 가능성을 저해하는 경우에는 도저히 수집할 수 없는 상황이 생긴다. 말하자면 가장 바라던 정보기지를 그 당장에 이용할 수 없게 되는 경우를 말한다. 기후의 장애나 적국의 항공방어 때문에 영상정보(IMINT)를 채취하는 정보기지, 즉 특정 위성이나 정찰기를 이용할 수 없는 경우이다. 비록 기지에서 작업을 수행 할 수 있더라도 가용할 위성의 궤도가 정보수요에 맞지 않을 수가 있기 때문이다.

만일 일기가 나빠서 문제를 일으키면 기상(氣象)을 통과할 수 있는 징후계측정보(MASINT) 감지기(sensors)로 대치하여 최소한의 첩보를 얻을 수도 있다. 신호정보(SIGINT)가 필요하지만 지형의 차폐효과(terrain masking)와 활용가능한 정보기지의 기술 능력이 불충분하여 우주 기반이나 장거리 탐지기를 이용해야 하고, 또는 인적정보(HUMINT) 자산이 정보제공 가능성이 있는가를 알아보아야 할 때도 있다. 수집 기관의 관리자는 이런 경우를 고려하여 정보수집 효과를 극대화해야 하며 정보 기획과 집행을 위하여 상황인식 정도에 알맞는 건의를 군사령관에게 한다.

어떤 정보출처는 필요한 첩보를 수집하는 데 상당한 시간이 걸리게 된다. 징후계측정보의 경우에는 일반 감지기가 판독할 징후도서관(signature libraries)의 설치 여부에 크게 영향을 받게 되며, 수집된 징후가 이 판독을 통해서 기준인 징후와 사이에 생기는 편차가 드러나는가를 알아야 하는 데 시간이 필요하기 때문이다. 암호분석의 통신정보(COMINT)는 때로 시간이 한 없이 걸릴 수가 있는데 암호체계의 의미 있는 분석이 되기까지는 얼마의 시간이 걸릴지 모르기 때문이다. 정보수집의 수단으로써 이용하는 기술정보의 획득수단이 무엇인가에 따라 정보의 실제적 수집 시간이 다를 수밖에 없다.

4. 미국의 정보수집 관리 경험

제2차 대전 직후에는 정보요청서가 공식적으로 정보수집에 필요한 것으로 규정되었으나 점차 현장 요원들이 정보의 우선순위를 정하게 되는 결과가 생겨서 정보요청의 필요성을 공식적으로는 희망하지만 요청서가 없이도 아무런 문제가 생기지 않았다. 혹시 현장에 있는 요원들이 어떤 지침을 필요로 할 때는 중앙부서의 전문 요원이 질문사항의 목록을 기록하여 현장으로 보내주어야 하는데 어떤 때는 별문제 없이 정보수집이 진행될 수 있었다.

그러다가 1950년대에 들어 냉전이 시작되었을 즈음에는 공식적 소요요청서의 필요가 생겼다. 이는 중-소 진영에 대한 정보수집의 특별한 방법론이 개발되면서 정보소요 관리를 위한 필요성이 늘어났기 때문이다. 말하자면 위협 환경에 대한 급격한 변화로 과거의 정보수집 수단이나 방법이 현실적으로 부적절했기 때문이었다.

정보소요 요청은 주로 다음과 같은 내용을 고려하였다.

① 사용될 분석기술(analysis techniques)
② 제시된 수집방법(collection method)
③ 정보의 주제(subject matter)
④ 정보의 출처유형(source type)
⑤ 정보의 우선순위(priority)
  등으로 정보의 소요를 고려해 보는 것이다.

정보수집의 관리를 어떻게 할 것인지가 문제되는 것이 아니지만 정보소요 요청과정의 특성상 적절한 관리를 피할 수 없게 되기도 한다. 정보수집 관리 기구 내부에서 보면 고위 관리 층에서 생각하는 정보소요의 개념과 실무자층에서 만들어 낸 소요의 개념 사이에 분명한 차이가 있다. 이는 일반적 문제를 때로는 전문적인 것과 같이 취급되기도 하기 때문이다.

그러나 내부 직원 사이에 활발한 대화나 교류가 있었더라면 문제는 생기

지 않는다. 일반직원과 전문가 사이의 의견 교류가 없었으며, 나아가 정보소
요관단관(requirements officers)과 행정직원, 정보기관의 모든 직원들, 모
든 정보 분야의 분석관들, 모든 정보수집 요원들 사이에 의견의 교류가 전혀
없었기 때문에 일반적 문제를 전문적인 것으로 오관하는 경우가 생긴다. 이
들 모두가 수시로 의견 교류를 할 수 있으면 상호간의 생각을 분명하게 주
고받을 수 있었을 것이고 공통적인 문제해결에 가장 좋은 해결 방안을 찾아
볼 수도 있었다. 미국의 중앙정보국에 근무하던 헤프터(Clyde R. Heffter)
는 일반직원과 전문가 사이에 적절한 의견의 교류가 있는 경우에는 일반
적인 문제를 전문적인 것으로 간주하는 오관을 하지 않는다고 지적하고
있다.[20]

5. 정보수집의 우선순위와 정보요청

우선순위에 근거한 정보의 소요(needs)를 드러내는 것인데 가용할 수 있
는 정보수집 자산을 효과적으로 이용하면서 우선순위에 따른 소요에 맞아
떨어지도록 정보를 수집하는 것이 현실적으로 쉽지 않다는 것이다. 기존의
정보자산에 대한 정보의 우선순위를 관리하는 것은 다음의 세 가지 요인이
운영상 균형을 유지할 때 가능하다.

첫째로 관리기관의 최상위급 정보관리책임자와 정보조직(system) 사이에
균형을 이루는 경우.

둘째는 정보 분석방법과 공식적으로 정보소요를 규정할 적절한 방법 사
이에 균형을 이루는 경우.

셋째로 개별적 정보관(intelligence officers)의 훈련과 책임성이 겸비되
는 경우에 우선순위에 따른 정보소요를 충족시킬 수 있다.

아무래도 정보의 우선순위를 지키려는 문제는 주로 전체적인 정책의 우
선순위를 정하는 정책지시(policy directive)와 관련이 있기 때문에 문제가

---

20) Heffer, ibid., pp.2-3.

된다. 어떤 일관된 정책의 수행 과정에서 보면 정책의 우선순위가 지배하는 까닭에 정보요청은 그 순위에 따르게 되는 경우가 많다. 앞에서 인용한 헤프터(Heffter)에 의하면 수집 요청은 주로 다음과 같은 세 가지 경우가 있다는 것이다.

첫째의 경우는 정보 필요조사서로서 어느 특정 수집원에게 정보 요구를 하는 것이 아니라 일반적으로 정보사회에 보내지는 정보수요의 일반적 수요 조사인 것이고,

둘째로는 고위직에 있는 상관이 하위직에 있는 요원에게 보내는 업무지시의 경우이다.

셋째로는 실제로 정보를 사용할 사람이 정보의 수집자에게 전하는 요구서의 경우이다. 이 세 가지의 정보 요구에 대한 자세한 내용을 보려면 앞에서 인용한 헤프터의 논문을 참조하기 바라며 여기서는 너무 실무적인 논의라서 배제하였다.

실무적 차원에서 정보의 우선순위에 따른 정보수집과 협조를 위한 정보작업은 주로 정보출처와 정보요원, 그리고 정보지식 산물(knowledge products)과 정보조직 산물(system products)의 내용을 정보자산으로 삼고 있어야 한다. 효율적이고 안전한 정보 단위조직(intelligence units)은 이 네 가지 정보자산을 필요로 하며, 적절한 첩보의 출처와 알맞게 조직된 요원이 필요하며, 정보지식 산물, 즉 수집 분야의 정보 보유 내용과 정보조직의 산물, 말하자면 정보수집 기관이 관련된 기관의 사전 준비상황에 대한 접근이 필요하다. 그리고는 정보의 요청서나 정책 업무 지시서 같은 것은 실무선에서는 이차적인 문제가 된다.

각 부처나 기관의 소요를 원칙적으로 충족시키기 위하여 정보수집을 추진하고 있는 경우, 이 부처나 기관은 내부용으로 독립적인 정보요청체제를 유지하고 있다. 그리고 이 기관이나 부처는 그 조직의 전문용어(terminology), 분류(categories), 그리고 우선순위(priorities)에 따라 내부용 정보 체계를 만들어 가지고 있다. 뿐만 아니라 정보사용자들의 그룹을 위하여 자기 기관의 수집요원들을 직접으로 지시하도록 오직 하나의 정보소요 사무

실을 두고 있다. 이런 유형의 특성을 가진 기관은 군사기관이다. 이같이 내부 기능을 수행하는 동일한 정보소요 사무실은 다른 제3의 기관과 관계를 할 때도 정보수집자와 소비자 그룹의 구분 없이 이들을 대행한다.

기술정보의 발전과 확대를 이끌고 있는 미국은 국가정보기관은 기술적 수집 관리를 통해서 정보수요를 적절하게 충족시키려고 한다. 이런 노력은 정보의 수요자가 필요로 하는 정보의 내용을 현재적으로 이해하여 이미 획득한 정보 지식과 첩보의 필요 사이에 괴리를 항상 최소화하려는 것이다. 그래서 이 두 가지를 고려하여 만들어진 정보의 수요를 밝히고 이미 수집된 정보의 가치를 극대화하기 위해서 적절한 표적에 대한 수집자산(collection assets)을 할당한다. 모든 정보수집관은 다른 수집관이 무엇을 찾고 있는지 알고 있기 때문에 이들은 정보수집 기회를 예상할 수 있다.

이렇게 정보수집 관리체계는 여러 다른 기밀, 종별, 수준에 걸쳐서 아주 효율적으로 기능한다. 정보수집자산은 결국 상호 상승적으로 이용되기 때문에 수집자산의 전체는 여러 출처정보의 합보다 많아진다. 정보산물의 처리, 발굴, 그리고 분석은 빠르게 그리고 정확하게 이루어지고 정보산물은 정보소비자가 사용할 수 있도록 시간 안에 보내진다.

현재 미국에서 정보의 기술적 수집 기관은 국방성과 군 기관, CIA, 그리고 FBI 등 기관으로부터 독립적으로 개설되어 이런 기관의 특정 고객을 지원해 왔다. 결과적인 기능상의 칸막이 현상, 조직상의 경계, 그리고 기존 예산을 지키려는 욕망 때문에 그 구조적 개선이 어렵게 되어 있다. 그래서 자주 정보의 중복 수집, 수집기회 상실, 수집되었으나 전혀 처리되지 않고 분석되지 않은 자료, 혹은 정보소요 고객에게 너무 늦게 전해져서 사용할 수 없는 수집 산물이 생기게 된다.

비록 국가정보의 기술적 수집이 국가정보의 운용에 많은 문제를 해결하고 있으며 정보 표적을 공략하는 여러 가지 길을 제공하고 있지만 정보수집 업무수행, 작전, 그리고 처리가 대부분 상호의존적으로 운영되는 것이 아니라 독립적으로 운영되고 있어 기술적 정보수집 체계가 가지고 있는 잠재력의 한 부분만 역할을 한다. 그래도 지난 10여 년 사이에 많이 개선되었지만 아직도 다음과 같은 과정을 통해서 미국의 정보수집 관리는 "진정한 통합적 정보수집 체계"를 마련해야 한다는 것이다.[21]

첫째, 정보의 우선순위를 정보수요에 맞추어 이를 수집전략에 반영하는 일, 둘째, 수집성과를 객관적으로 평가하는 일, 셋째, 조직과 국가적 경계를 넘어선 전 정보수집 처리과정을 관리하며, 특히 "난로의 연통현상"을 해소하는 일, 넷째, 특별히 시간적 압력을 받는 정보 고객의 기대를 관리하는 일, 그리고 다섯째로 새로운 기술과 기능을 온라인(Online)으로 만드는 일이다.

정보수집의 관리에 있어서 정보수집 과정을 기획하는 일이 중요한 것으로 정보수요의 개발, 정보수집의 우선순위, 수집전략, 끝으로 수집자의 작업 과정을 통틀어 기획하는 일이 중요한 것이다. 무엇보다도 정보수집 관리에 있어서 요점은 우선순위, 수요, 그리고 소요 판단이다.

정보수집을 관리하는 또 하나의 방법으로 지난 10여 년 사이에 널리 미국의 국방성, 중앙정보국, FBI 또는 미국의 특무공작대(US Special Operations Command)와 같은 기관이 정보수집의 외주(outsourcing)를 장려하는 경우를 지적할 수 있다. 말하자면 정부기관에 고용되지 않은 사람을 사용하여 국가정보의 첩보를 수집하는 방법인 외주정보를 말하는 것이다. 현재 미국의 정보수집요원 가운데 51%가 정부고용자 외의 계약직이라는 것이다.[22]

6. 정보수집 계약자(intelligence contractors)

비정부기관인 개인 회사에서 근무하는 정보수집관을 회사원으로 고용하고 있는 사기업을 정보수집 계약자라고 한다. 현실적으로 CIA가 국가비밀

---

21) Robert M. Clark, *The Technical Collection of Intelligence*(Washington, D.C.: CQ Press, 2011), Chapter 12. "Managing Technical Collection," pp. 261-294. See, pp. 262-263.

22) "Intelligence outsourcing," from *Wikipedia*, https://en.wikipedia.org/wiki/Intelligence_Outsourcing(2013년 7월 8일).

공작처(National Clandestine Service: NCS)를 통해서 인적정보를 수집할 수 없을 때 정부의 정보수집 기관은 외주를 준다. 이런 경우에는 일반적으로 관련국가의 외국인에게 외주를 줄 수도 있고 특정한 필요정보를 수집하기 위하여 특정한 사기업의 정보수집전문가에게 외주를 줄 수도 있다. 아직까지는 정보수집 계약과 관련한 연구나 이해가 많이 부족한 상태이지만, 국가의 정보활동을 외부 기업과 계약을 통해서 수행하는 것은 재정적으로 보나 미국의 안보로 보나 국익에 막대한 손실이라는 견해도 있다.23)

심지어는 얼마 전까지 중앙정보국 안에서 일하다가 개인회사로 자리를 옮겨 똑같은 일을 하는 경우도 있으며, 이렇게 개인 정보회사에서 일을 하게 되는 이유는 정부에서 받는 급여의 50% 정도를 더 받을 수 있기 때문이다.24)

9.11 사건 이후에 팽창되어가는 국가정보수집 범위 때문에 미국 정부는 전통적인 정보사회의 활동 범위를 넓히기도 했지만 정부기관으로서 특정 정보를 획득할 수 없다는 이유로 정보수집을 민간기업에 정보수집 청부 계약을 체결하고 특정 정보수집 기능을 하청하고 있다. 그래서 최근까지도 미국 연방정부의 정보사회 지원 예산의 70% 정도가 이런 사기업에 대한 비용이라고 한다. 특히 정보의 수집과 분석을 위해 적어도 15,000명의 민간인 정보분석관이 급여를 받고 있다고 한다.25)

이러한 현실에서 미국의 정보기관은 수많은 민간기업을 거느리고 정보를 수집하여 분석하기도 한다. 지난 2013년 6월에 일어난 에드워드 스노든

---

23) Andrew Liaropoulos and Loanris Konstantopoulos, "Privatization of Intelligence: Turning National Security into Business?" http://www.rieas.gr/research-areas/global-issues/transatlantic-studies/1319-privatization-of-intelligence-turning-natio nal-security-into-business-.html(RIEAS Research Institute for European and American Studies, 2013년 7월 8일).

24) "Intelligence Outsourcing," ibid.

25) Scott Amey는 *Washington Journal*의 "정부감시 프로젝트"에서 일반 변호사로 일하는 사람으로 그 실제적 통계를 공개하였다. http://www.c-spanvideo.org/program/AmeyP(2013년 7월 10일).

(Edward Snowden)의 반역사건은 바로 현 미국의 정보기관이 당면한 문제
인 것이다. 스노든은 미국의 국가보안처(National Security Agency: NSA)
의 기술계약자로서 중앙정보국(CIA)의 과거 직원이었다. 그는 미국 정부가
민간인과 외국기관의 통신정보를 감시하고 있었다는 비밀을 누설한 것이다.
이 같은 경우는 9.11 이후에 AT&T나 Verizon 같은 통신 대기업이 문제가
되고 있는 NSA 주도의 인터넷과 전화 감청의 일을 Narus와 Verint 같은
회사에 외주를 주고 있기 때문이다. 이 두 회사는 이스라엘의 정보기관과
관련이 있으나 그 회사의 본부는 미국에 두고 있다.[26]

지금도 팔란티르(Palantir Technologies Inc.) 같은 회사는 12~13명의
고용원을 두고 사람들이 테러리스트이거나 또는 그와 관련이 있는 사람, 아
니면 어느 날 테러리스트가 될 가능성이 있는 사람인가를 판단하기 위해서
페이스북(facebook)과 트위터(twitter)의 자료에서 필요한 정보를 채굴하고
있다. 이 정보수집원은 보스턴의 폭발물 설치자, 북한의 김정은 또는 베이더
(Darth Vader)와 같은 괴물과 연관이 있는 사람인가를 자료 속에서 확인하
는 일을 한다. 이런 일을 하기 위해서 미국의 특수공작대(US Special Ope-
ration Command) FBI, CIA, DIA(Defense Intelligence Agency), 육군과
해병대, 또는 공군을 대신해서 정보수집 비용으로 수백만 달러씩 받아 챙기
고 있다. 초기에는 이런 회사가 비영리사업을 하는 창업회사였는데 이후 In-
Q-Tel이나 Palantir Technologies는 온라인 업체로서 방대한 기업이 된 것
이다.[27]

현재 정보수집 관리에 동원되고 있는 정보수집 계약자들은 처음에는 자
료분석을 위한 정보분석기지의 개발을 추진하는 기업으로서 공격적인 사이
버 능력(offensive cyber capabilities)을 개발할 계획이 없었던 창업자들이

---

26) https://en.wikipedia.org/wiki/Intelligence_Outsourcing(2013년 7월 8일).

27) Stephen Benavides, "Outsourced Intelligence: How the FBI and CIA Use Private
    Contractors to Monitor Social Media," News Analysis published by *Truthout*(13
    June 2013), http://truth-out.org/news/item/16943-outsourced-intelligence-how-the-
    fbi-and-cia-use-private-contractors-to-monitor-social-media(2013년 7월 12일).

었다. 애당초 공개출처 정보와 개인정보나 비밀분류된 정보의 구분이 분명했지만 지금은 그 구분이 거의 없어지게 되었는데 이는 미국의 정보사회가 해커(hackers), 정보안전(information security), 전자통신 안전(cyber security)과 정보통신 위협(cyber threat)을 국가의 최상위 안보위협으로 간주하고 개인 기업을 고용하여 온라인상의 전투를 하도록 했다. 그래서 온라인상의 감시대응 기술이 개인이 오히려 정부의 온라인 정밀조사로부터 안전할 수 있을 수 있다고 생각하게 한다.

국제정세를 보는 시각이나 국가정보를 수집하여 국가의 대외 정책에 공헌하는 역할은 과거에 오직 국가기관만이 수행 가능한 것이었다. 그러나 오늘날 정보의 수집과 분석의 역할을 하는 기관은 사적인 기관이 수행하는 경우가 많아지고 있다. 일반적으로 언론기관은 바로 일어나고 있는 상황에 대한 보도와 분석 기사를 제공하고 있으나 정보를 다루는 이런 기관은 주로 어떤 상황이 전개될 것이며 왜 그런가에 관심을 기울이고 있는 까닭에 우리는 이를 정보 분석으로 간주한다. 따라서 이런 정보수집·분석기관은 언론기관과 다른 산물을 생산하며 정규적인 구독자를 확보하여 정보의 분석의 내용을 수요자에게 제공하는 것이다.

필자가 1996년에 국가정보론을 강의하기 시작하면서 지난 20여 년간 웹상에서 계속 관찰해 온 기관이 있다. 현재 이 기관은 Stratfor Global Intelligence(http://www.stratfor.com/)라는 업체이며 정보를 수집 분석하여 연간 US$450의 구독료를 받고 구독자에게 정보를 제공하고 있으나 초기에는 무료로 여러 가지 공개정보와 이 업체가 직접 수집한 정보를 제공하였다. 이 기관은 주로 지정학적(geopolitical) 정보, 세계적 상황, 그리고 안보 상황 정보를 제공하고 있다.

이런 기능을 수행하기 위해서 사적인 기관일지라도 정보를 수집하는 체제는 필요하다. 이런 수집체제는 세상에 출판되는 그 많은 정보자료를 캐내는 일을 하며 적어도, 정보수집자, 자료 번역자 그리고 필자들이 필요하다. 정보를 제공하는 외국 국적을 가진 사람들이 전 세계에 퍼져 있는 조직체를 유지하고 있다. 이런 정보제공자를 충원하고 관리하며 평가하는 업무는 전문적인 노력을 요구한다. 놀랍게도 이 사람들의 일부는 항상 진실을 말하는 것이 아니기 때문에 그 꾸민 이야기로부터 진실을 찾아내기란 바로 분석관이 하는 일이 된다.

Stratfor의 분석관은 지정학적 프리즘을 통해서 세계를 관측한다. 분명 지정학적 관측은 단순한 대외적 상황을 말하는 것이 아니고 세상을 이해하는 한 방법론이라고 한다. 말하자면 한 국가 안에서 중요한 것이 무엇이며 그것이 그 국민에게 어떤 영향을 주고 있는가를 파악하는 것이다. 세계가 어떻게 운영되는가를 이해하기 위해서는 단순이 그 나라의 정책결정자에 관심을 집중할 뿐만 아니라 정책결정자의 결정이 통제를 받게 되는 요인은 무엇인지, 그리고 지리적 제한은 무엇인지 등을 고려하게 된다고 하였다.

과거에는 이런 정보수집·분석 활동이 정부의 일로 제한되었으나 과학기술의 발달로 통신과 운송의 비용이 격감하게 되어 정부의 막대한 예산 없이도 개인 기업이 수집된 정보를 구독자를 확보함으로써 자유로이 판매할 수 있다고 한다.

아직까지 우리나라에서는 이러한 정보계약자나 정보 분석 보급자와 같은 사적 기업이 없으나 앞으로는 그러한 수요가 생길 수 있다고 생각되어 여기에 소개하였다.

III. 국가정보분석의 관리

국가정보분석의 관리라는 개념은 처리되지 않은 첩보를 완성된 정보로 분석하는 과정을 조직하고 관리하는 것을 의미한다. 분석의 관리 단계에서는 수집·정리된 정보를 분석, 생산 혹은 처리하는 것으로 수집된 여러 작은 정보들, 말하자면 "작은 점을 연결하는(connecting the dots)" 것으로 미국의 정보사회에서는 스스럼없이 표현하고 있다. 이는 정보 쪽매를 붙여 만드는 "정보 모자이크(intelligence mosaic)"를 만들어 낸다는 관리 과정을 말한다. 분석, 처리, 그리고 생산은 처리되지 않은 첩보를 정리하고 평가하여,

여러 정보소비자에게 배포되는 형태로 만들어지는 과정이다. 만들어진 정보 보고서는 같은 첩보내용을 비밀등급, 시간의 흐름, 혹은 내용의 세목 수준에 따라서 다양한 정보분석보고서의 이름으로 준비된다.

경험이 풍부한 정보분석관 일수록 일반적으로 말하는 "정보분석관은 정책결정자에게 절대로 정책을 건의하거나 충고해서는 안 된다"라는 명제에 동의하지 않는다. 정책담당 공무원은 늘 다양한 도전에 직면해 있지만 분석관의 도움으로 대응할 수 있기 때문에 정보분석관이 필요하다. 유능한 분석관은 배경지식을 확보하여 전 출처자료의 평가와 재구성, 그리고 분석방법에 정통함으로써 자신의 의견을 확실하게 제시한다. 정책결정자의 정책구상에 아직 떠오르지 않은 문제점에 주의를 기울이면서, 분석관의 첫 번째 책임은 도움이 필요한 정책결정자의 정책결정 순환에 때맞추어 상황을 평가하면서 결정자의 학습 과정에 초점을 맞추어 조절한다. 이런 경우에 상황에 "대응할 수 있는" 정보를 포함하여 위협을 제어하고 정책기회를 장악하는 데에 도움을 주는 정보를 제공한다. 이렇게 할 때 분석관과 정책결정자는 협력관계가 성립되는 것이며, 그러면서도 결코 개인적 의견을 밀고 나가지 않는다.

다시 말해서 분석관은 일련의 정책안에 대한 견해를 억지로 추구해서는 안 된다는 것이다. 평가분석관(estimative analysts)은 일어나지 않을 점에 대하여 철저한 주의를 기우려야 한다. 그리고 방책분석관(action analysts)은 정책대안의 확인과 평가를 하면서 이를 추천하고 선택할 책임은 정책결정자에게 맡긴다. 분석관에게는 절대로 정책적이거나 정치적인 편견을 허용하지 않는다. 정책분석관은 언제나 분석적 편견이나 인지상의 편견이 있다는 것을 인정하면서 복합적이고 항상 유동적인 문제에 직면하게 되면 이같은 정신적인 과정에서 편견이 드러나게 되므로 그 편견을 최소화하기 위한 계속적이고 의식적인 노력을 필요로 한다. 그래서 우리는 첩보나 정보를 접하게 될 때 항상 스스로 기대하는 것과 같은 내용을 찾아보게 되는 경향을 피하도록 노력을 해야 한다. 특히 이런 현상은 분석관 전원이 모여서 어제의 사건 전개에 대하여 평가하거나 내일에 대한 예측을 하는 데 의견의 일치를 보았다면 특별히 유의할 필요가 있다. 이런 경우에 인지상의 편견

(cognitive bias) 해소의 한 방안으로서 언제나 작업가정(working assump-tions)을 공개하고 그 가정에 대한 검증을 철저하게 한다.

정보 분석의 관리를 위한 여러 조치 가운데 분석관 자신에 대한 문제점은 앞의 제6장에서 상세하게 논의하였다. 여기에서는 정보 분석을 관리하기 위한 지원조직이나 시설에 관해서 설명하려고 한다. 국가의 정보를 합리적으로 적절한 때에 생산할 수 있기 위한 주변 기능을 설명하려고 한다.

영국이나 미국의 정보기관 조직에서는 수집된 자료를 분석하기 전에 평가할 뿐만 아니라 국내외의 정보활동 전체의 조직과 운용에 걸맞은 책임에 대하여 여러 가지 이론적 논의가 제기되고 있다.[28] 조직의 효율성, 재원의 효율적 이용, 그리고 변하는 정보소요에 적응하는 것을 보장할 책임에 대하여 특히 관심이 집중되고 있다. 미국의 정보조직에서는 중앙정보국장(DCI)이 공식적 역할을 담당하며 국가대외정보프로그램(National Foreign Intelligence Program)에 대하여는 예산상의 책임을 지고 있다.[29]

그럼에도 불구하고 미국의 정보사회는 16개의 개별조직으로 구성되어 있기 때문에 아무래도 우리나라의 국정원과 같이 중앙통제 방식의 운영관리보다는 허술한 관리체계를 가진다. 이들은 때로는 업무의 불분명한 경계선을 가지고 있으며 전술적으로 여러 갈래로 나뉘어져 있는 조직이다. 비록 주무조직이면서 중앙의 기관이라도 완전한 통일체(monolith)와는 거리가 먼 상태로 운영되고 있다. 미국 정보사회의 구성원은 단 하나의 국가정보원의 하위 단위 기관보다 독립된 구성원으로 결속되어 있는 것 같다. 중요한 단일 기관은 개별 부처뿐이다. 이런 기관들이 외국의 상대기관들과 어떻게 직접적인 대치관계를 형성하고 있는가는 중앙 기관을 통해서 이루어지는 것이 아니다. 중앙 조직은 현장에서 이루어지는 일에 대해서는 간헐적인 영향력만 가지고 있다.

---

28) Michael Herman, *Intelligence Power in Peace and War, the 14th Printing*(New York: Cambridge University Press, 2011), Chapter 17-18, pp.305-338.

29) See for example Presidential Executive Order 12333, December 4, 1981, 1.5(g).

비록 중앙의 지도력이 미친다 하더라도 부처 상호간의 동등한 참여에 따라 실행되며 이에 대하여 미국의 부처가 유보적 의견을 붙일 수 있으며, 영국의 경우에는 가급적 만장일치를 추구한다. 정보자료의 평가를 만드는 일은 정보사회의 가장 일상적인 업무인 까닭에 중앙의 관리 역할은 만장일치를 추구하는 교섭 과정을 통해서 영향을 받게 된다.

결과적으로 관리체계는 부처의 사고방식에 달렸을 뿐만 아니라 중앙조직 권한의 한계에 달렸다. 중앙정보국장(DCI)은 명목상으로 대통령에 버금가는 권위를 가지고 있으나 실제적인 권한은 국방성의 막대한 예산 사용에 대한 책임 때문에 많은 제한을 받는다. 특히 국방성은 신호정보와 영상정보의 수집에 소요되는 정보예산이 막대하기 때문이다. 아마도 미국의 중앙정보국장은 12개의 거대한 정보기관과 그 밖에 작은 기관으로 구성되는 정보사회의 명분상의 수장이라고 한다.30)

이런 의미에서 방대한 정보조직을 가진 미국의 중앙정보국장과 같이 국가정보의 책임자는 전적으로 대통령에 대한 가장 중요한 정보 보좌관인 동시에 정보책임자로서 정책에 필요한 정보를 가장 많이 숙지하고 있으며 따라서 현행 사건과 브리핑, 그리고 정보평가의 주요 내용에 대한 관리가 실제적인 조직관리보다 중요한 것이다. 국가정보의 실질적 내용에 대한 책임성은 국가정보 조직의 관리자에게 가장 중요한 임무가 된다.

정보 분석의 관리라는 측면에서 보면 질 높은 국가정보의 생산을 위하여 분석될 자료의 정리와 체계적 보관 및 관리가 중요하다. 이런 의미에서 정보 분석의 관리체계는 조직상 수집 보관된 정보자료의 충분한 관리 기능이 중요하다고 본다.

1. 분석 자료의 사전처리 절차

기술정보와 같은 분석 자료는 다른 정보자료들을 보충하는 목적으로 많

---

30) Herman, op. cit., p.306.

이 쓰이기 때문에 분석하는 절차가 좀 다르다. 예를 들면, 신호정보수집 기지가 일정 시간에 특정 표적을 지시하는 안테나로부터 모든 전자기신호(電磁氣信號, electromagnetic signals)를 수신하여 기록 보관하기 때문에 이 신호자료를 분석할 수 있는 단계로 먼저 가공을 해야 한다. 말하자면 신호로 된 정보자료를 분석관이 읽을 수 있는 문자정보로 전환을 해야 한다. 실제로 비문자정보자료를 전환하는 것이 정보수집 관리에 속하는 것인지 혹은 정보 분석 관리에 속하는 것인지에 대한 정보기관 사이의 다툼은 나라마다 다르다.

만일에 정보수집의 표적을 레이더로 정하였다면, 전자정보(ELINT)의 분석은 주로 레이더의 설치 목적이나 그 유효 도달범위에 집중하게 된다. 그렇지만 징후계측정보(MASINT) 분석은 주로 전자의 발진 양태(patterns)를 추구하는 것이지 레이더의 고의적인 신호나 잘못해서 생기는 부수적인 주파수를 찾는 것이 아니다.

마찬가지로 정보 표적이 음성통신이라면 통신정보(COMINT) 전문가는 소통 메시지의 내용에 집중하게 되지만 지구물리학적 징후계측정보(Geophysical MASINT)나 음성 징후계측정보(Acoustic MASINT)의 전문가들은 기대하는 정보출처에서 나온 말소리나 음성인쇄(voiceprinting)를 가지고 확인한다. 마찬가지로 모르스 전보(Morse code telegraph)를 치는 사람이 각각 개인적으로 전보치는 리듬이 다르기 때문에 어렵지 않게 전보치는 사람이 누구인지 확인할 수도 있다. 따라서 경험이 많은 전보 도청 기술자는 대상으로 삼고 있는 상대방의 전보 송신 기술자가 표적의 통신사가 아닌 것을 알아 낼 수 있다.

정보 분석의 관리라는 측면에서 볼 때 가장 기초적인 과정으로 수집된 정보자료의 사전 처리과정은 분석관이 해독 가능한 언어로 번역하는 일이다. 특히 기술정보인 경우에는 분석관이 읽을 수 있는 문자로 전환하거나 그림 또는 소리로 변환하는 일이 중요하다.

2. 기초 정보와 참고자료 서비스

정보기관 도서실의 사서는 일반적으로 많은 양의 문서를 수령한다. 셀 수 없을 만큼의 많은 특정 출처 자료와 전신자료, 신문, 신문 요약, 정기 간행물, 책, 그리고 지도 등 자료를 수령한다. 특히 정보보고서 같은 다양한 정보출처의 보고서는 매일 같이 그 수량에 있어서 일정하지 않고 그 보고서 형식에 있어서도 다양하다. 미디어형식의 작품이거나 보고서 형식의 문건이 더라도 그 발표형식이 다양하고 비밀구분의 차이가 있어 일단 도서관에 접수된 자료는 다양한 형태로 보관 절차를 밟게 된다. 특별히 참고자료를 담당하는 사서(Reference Librarians)들은 수십 명 또는 수백 명의 분석관이 관심을 가지고 있는 자료들을 읽고 분류하여 이를 필요로 하는 고객에게 제공하는 준비과정을 거치게 되는데 이는 정보 분석 관리기관으로서 막대한 예산이 필요하다.

참고자료실에서는 다양한 자료의 기록부를 관리한다. 실제로 특정 출처 자료인 특수 도서관으로서 자료 관리를 하는데 과학자와 기술자에 관한 인명자료(biographic data), 필름과 지상에서 찍은 사진들, 그리고는 산업시설에 관한 자료 등 특정 출처 자료를 관리한다. 자료 요청은 주로 다음과 같은 세 가지 유형의 문서수집에 대하여 요청한다.

첫째는, 분석관이 참고하거나 인용한 특정 문서에 대한 요청을 하며, 둘째로는, 특정 질문에 대한 답변이 될 특히 작은 부분의 정보요청이며, 그리고 셋째로, 확실하게 잘 규정됐거나 그렇지 않은 주제와 관련이 있는 모든 정보의 요청을 한다. 일반적으로 셋째 번의 경우에는 문헌조사가 필요한 것으로 가장 어려운 작업을 필요로 한다.

대체로 정보 분석을 관리하는 기관에는 연구부서와 독립적으로 주요 참고문헌실을 설치한다. 그러나 결국에는 연구부서와 참고자료 서비스실과의 기능적 구분은 어렵게 되고 만다. 결과적으로 정보 분석을 준비하는 과정에서 이중적인 작업이 되는 경우에는 문제가 심각하지만 만일에 연구자가 이미 참고자료를 수중에 넣고 있다고 생각하여 있는 참고자료를 이용하지 않게 되면 문제는 더욱 심각하게 된다. 그래서 참고자료실과 정보 분석실은 항상 협동적으로 운영하면서 연구자와 분석관이 일하는 것이 중요하다.

문제는 참고자료실의 업무수행이 능동적이고 활동적인 것이 좋으냐, 혹은 수동적이고 정적인 것이 좋을 것이냐를 가늠하는 일이다. 참고자료를 취급하는 사서가 대체로 수령하는 자료를 서가에 잘 정리하며 소장하는데 분석관이 이 자료를 찾아서 필요한 것을 발굴하는 것이 일반적 연구소나 대학 도서관에서 하는 일이다. 그런데 정보 분석기관의 도서관에 근무하는 참고자료 사서는 좀 더 적극적으로 활동하여야 한다. 먼저 참고자료 사서가 연구분석하는 분석관과 수시로 상의하면서 주제에 적절한 참고서적의 목록을 준비하거나 정보목표에 적절한 기밀서류를 모아서 필요한 문건을 골라내는 일을 한다. 더 나아가 다른 부서에 있는 참고문헌 사서와 상의하여 추가적인 문건이 있는지를 알아보고 추가적인 참고자료 서비스를 하기도 한다. 일반 도서관에서 참고자로 서비스를 수행하는 것보다 자주 그리고 상세한 자료목록과 필요하리라고 간주되는 참고자료의 정보를 찾아보기 쉽게 정리하여 보고서를 수시로 작성하는 것이 중요하다.

정보 분석기관의 참고도서 사서는 분석관에게 알려지지 않았을 정보와 서비스가 제공될 수 있다는 것을 알리고 필요하면 필요한 자료를 사전에 골라서 특정 사용자에게 정보를 제공하는 것이 좋다. 그래서 자료의 현재적 중요성을 분석관이 결정하게 하고, 정보수요자에게는 앞으로 사용할 수 있는 자료의 의미를 부여하게 하며 정책결정자에게는 취할 행동의 과정을 정하도록 한다.

정보 관련 근무자는 물론 정보의 수요자들에게도 항상 참고도서와 같은 책과 백과사전이 필요하다. 이것을 미국에서는 "기초 정보(basic intelligence)"라고 한다. 때로는 "문서 정보(documentary intelligence)"라고도 부른다. 대부분의 이런 정보는 비밀분류되어 있지 않지만 자료의 색인을 만든다든지 자료 안에 앞 뒤 참조(cross-reference)를 만들어서 비밀분류된 자료와 연계되는 경우에는 색인이나 참고문헌 목록은 적절한 비밀구분의 처분을 해야 한다.

3. 기초 정보의 약성어(略成語, acronym) 표기법

미국에서 통용되고 있는 기초 정보의 정리는 다음과 같은 약성어에 따라서 분류된다. 이런 약어의 사용은 기관에 따라서 정할 수 있겠으나 가능한 한 여러 기관이 공통으로 쓰는 방식과 그렇지 않으면 그 기관의 특별한 약성어를 쓰는 것이 좋다. 기초 정보의 목록을 여기에 모두 나열할 필요는 없으나 대체로 기관이 정하는 방식을 따르게 된다. 이 밖에도 중요한 기초 정보의 내용을 간략하게 몇 가지 더 열거하려고 한다.

약어	기본정보	약어	기본정보
B	Biographic intelligence	M	Military geographical intelligence
E	Economic intelligence	A	Armed forces intelligence
S	Sociological intelligence	P	Political intelligence
T	Transportation and telecommunication intelligence	S	Scientific and technical intelligence

① 지도(Maps): "기지 지도(base maps)"를 포함해서 지도 위에 들씌운 지도 그림

② 인명사전 자료(Biographical data): 충분하게 앞 뒤 참조한 경력정보, 영국에서는 이를 "인명 등록부(registry)"라고 한다.

③ 시각매체 자료(Graphics data)

④ 표적 자료(Targeting data): 주로 군부대에서 필요한 기초자료가 된다.

⑤ 국가 편람(Country handbooks): 내용에 따라 여러 수준으로 비밀분류하게 된다.

⑥ 주제 편람(Topical handbooks): 예를 들면 국제 테러리스트 그룹에 관한 것으로 여러 수준으로 비밀분류한다.

이런 자료는 요즈음에는 대체로 컴퓨터용 자료로 문서를 보관하게 되며 거의 책이나 인쇄매체로 보관하지 않는다. 다만 참고자료 도서관의 외적 정리 기준은 그 기관의 발전 역사와 관련이 있겠지만 요즈음에는 모두 자료를 컴퓨터로 정리 보관하기 때문에 과거와 같은 약성어의 문제나 자료 정리 기준이 논의 되지 않는다.

IV. 국가정보 관리체제의 이론적 연구 시도

국가정보의 수집과 분석을 관리하는 정부의 조직에 대한 종합적인 평가를 통해서 학자들은 그 국가의 정보능력을 평가하고 높은 정보능력을 국력의 한 기능으로 간주하고 있다. 지금까지 이 강의 내용에서 논의한 정보의 수집 관리에 관한 이론적 접근을 통해서 여러 국가의 정보능력을 국력으로 평가하여 비교 연구하려는 경향이 생겼다. 이를 정리해보면 국가정보 체제를 다음과 같이 종합적으로 정리하여 일종의 국가기능의 수준을 평가하려고 한다. 국가 기능의 수준평가를 위해서 마이클 워너(Michael Warner) 교수는 정보체계 이론을 수립한다는 의미에서 다음과 같은 분석의 내용을 소개하고 있다.31)

정보의 수집과 분석을 관리하는 국가조직이 어느 정도 효율적으로 기능을 하느냐는 국가의 대외적 기능에 큰 영향을 준다고 본다. 일부의 국제정치 학자들은 이런 관리 기능의 효율성을 들어 국력의 한 요인으로 평가하려고 하지만, 왜 국가는 정보능력을 조직하고 그 기관에 임무를 부과하는 데 서로 다른 방법을 취하는가를 여기에서 논의하려고 한다.

국가정보 관리조직이 서로 다른 점과 유사한 점을 찾아보기 위해서는 각

---

31) 여기에 기술한 내용은 다음 논문 내용을 직접 인용하여 정리한 것임. Michael Warner, "Building a Theory of Intelligence System," *National Intelligence Systems: Current Research and Future Prospects*, G. F. Treverton and W. Agrell, eds.(New York: Cambridge University Press, 2009), pp.26-37.

나라마다 국가정보의 "스타일(style)"을 찾아서 설명할 수 있어야 하고 그 국가의 전략적 문화에 뿌리를 둔 일련의 규범을 가진 산물로서 특수한 정보의 정체성을 찾아보는 것이 필요하다. 그리고 관심 있는 국가의 정보기관이 가지고 있는 "분석적 문화(analytic culture)"를 발굴하여 가능한 한 그 변화 과정을 연구하든지 그렇지 않으면 다를 나라와 비교하든지 함으로써 특정 국가의 정보 정체성을 설명할 수 있어야 한다.

물론 국가정보 서비스나 조직 체계를 비교 연구하는 데는 국가의 정치, 외교, 그리고 군사적 환경과 정보기관과 안보에 영향을 주는 조직 요인을 비교하게 된다. 그래서 정보 규범과 기준의 차이점, 정보 수행 적절성 그리고 혁신의 패턴을 평가할 수 있게 된다.

만일에 정보란 절대로 정책집행에 관여하지 않는다는 견해를 유지하는 경우와 정보란 비밀공작이나 비밀외교와 같은 활동이라고 보는 경우에 따라서 정보관리 기구의 특징이 달라진다. 국가정보 관리 기구는 기본적으로 세 가지 독립 변수에 의해서 그 성격과 기능이 결정된다고 본다. 물론 이는 그 국가의 전략(strategy), 국가의 정치 체제, 그리고 국가의 기술수준에 따라서 달라지기 때문이다.

국가전략이라고 할 때, 첫째 요인으로 들 수 있는 것은 국가의 기본 정향(basic orientation)을 말한다. 대외관계에 있어서 공개적인 분명한 조치를 취하지 않고 끊임없이 신중한 태도를 취하거나 아주 수동적이거나 혹은 공격적인 경향의 정책을 취하는가에 달린 것이다. 둘째 요인은 지정학적 요인으로 지리적으로 고립된 경우와 주변 국가 영토 사이가 근접해있는 경우를 말한다. 셋째로 대외 정책의 동기가 상업적인가, 제국주의적인가, 종교적인가 또는 인종적인 욕망이 있는가를 보는 것이다. 넷째로는 대외 정책의 목적이 살아남기 위한 것인지, 또는 국익을 지키기 위한 것인지 아니면 국익을 팽창하려는 목적인지 볼 수 있다. 다섯째로 관찰해 볼만한 국가의 전략은 국가 간의 관계 속에서 다른 나라를 지원하는 것인지 혹은 국가 간의 갈등을 중재하는 경향인지를 보아야 한다. 여섯 번째 고려해야 할 것은 상황적인 것으로 경쟁의 도가 높은 상황인지, 갈등관계인지 혹은 보이지 않는 적대

관계 속에서 화합을 추구하는 것인지를 보아야 한다. 끝으로 일곱 번째는 전략적 문화(strategic culture)로서 세계 속의 위치에 대한 역사적 환경과 동맹국들의 집단적인 인식을 살펴야 한다.

국가전략은 대체로 동맹관계를 결정짓게 되는데 이에 따라서 동맹국 간의 정보접촉관계(intelligence liaison relationships)를 규정하게 된다. 모든 정보는 대체로 경쟁적이지만 경쟁은 동반자를 선호한다. 그래서 대부분의 정보업무는 공통의 적대국에 대응하는 개별 국가와 조용한 협력관계를 유지한다. 이 입장은 공통적 국가이익을 위해서는 물론이고 변치 않는 "특별 관계"의 국가 사이에 적용되는 원리다.

다음으로 국가의 정치 체제가 국가정보 기구의 스타일을 결정하는 또 하나의 주요 변수가 되는데 이를 "체제유형"이라고 한다. 체제유형을 결정하는 주요 변수는 다음의 몇 가지가 있다.

그 첫째 변수는 주권국가의 유형이라고 할 수 있다. 실제로 정보활동 단위가 도시국가, 정상국가, 제국, 또는 비국가 행동체 그리고 국제기구이냐에 따라서 정보활동을 수행하는 정보 기구의 유형이 다르게 만들어진다. 이 모든 주권국가가 수행하는 활동을 정보업무라고 보며, 다른 요인이 모두 동일한 경우에 유사한 국가끼리는 정보기관을 서로 비슷한 구조로 만들고 비슷한 업무집행을 하며 정보활동의 유사한 정향(orient)을 유지한다고 볼 수 있다.

둘째 변수로는 정부의 형태(form of government)가 어떻게 구성되었는가에 따라 정보활동 스타일이 다르게 나타난다. 주권국가가 대의체제(representative)로 구성되었는지, 아닌지에 따라 정부의 행태가 다르기 때문에 의회제도를 가진 나라에서는 의회의 정보 기구에 대한 감시를 하기 때문에 그렇지 않은 나라와의 정보 스타일이 다르게 만들어진다. 이런 의미에서 특히 20세기 기간 중에 존재했던 파시스트 국가와 공산국가의 국가정보 체제는 일반적인 민주국가의 정보체제와 아주 다른 형태였다.

셋째 변수로 중요한 것은 정보 기구에 대한 감시(oversight)제도라고 할 수 있다. 주권국가는 정보 시스템에 대하여 어떤 형태로든지 감시를 하고

있다. 그 정보 기구의 감시는 정부의 형태에 따라 다르지만 유일한 통치자
나 군사령관이 관리하기도 하고 내각회의나 특정한 수의 전문직 관료에 의
하여 감독을 받기도 한다. 행정부와 입법부가 독립적으로 운영되는 나라에
서는 대체로 입법기관의 국회의원들이 정보기능에 대한 감시와 조언을 하는
것이 일반적이지만 꼭 그런 것은 아니다. 다른 기관에 의하여 정보기능을
감시하는 경우에 장기간 전문가 집단이 감시하는 경우와 정치 혹은 군사적
정책결정을 내리는 사람들이 돌아가면서 감시기능의 직책을 담당하는 경우
도 있다. 이따금 정당의 이해관계에 따라 야당의 당적 동기 때문에 국회의
감시 기능이 침해되며 야당이나 기타 정치 집단이 여당의 정보활동에 혼선
을 빚어내게 한다.

넷째의 체제유형을 결정하는 주요 변수라고 할 수 있는 것은 정부 부처의
구조(Ministerial/departmental structure)라고 할 수 있다. 국가의 업무를
지휘하도록 만들어진 여러 가지 업무와 사무실의 구성은 정보조직 체제에
많은 영향을 준다. 정부 부처의 규모, 지원체제, 그리고 법적 권한과 같이
실체적(tangible)인 특성과 전통, 강한 정치적 영향력, 그리고 전문적 정도
와 같이 추상적(intangible)인 특성은 그 조직구조로부터 영향을 많이 받
는다.

끝으로 다섯째 주요 변수는 조직 내부의 도전으로서 정보조직체제의 특
성을 결정한다. 대부분의 국가는 내부의 갈등, 저항, 그리고 국가 존폐에
관한 심한 갈등을 어느 정도 견뎌나갈 능력을 가추고 있다. 이런 내분은
수동적인 저항으로부터 군사적 반란에 이르기까지 다양한 유형으로 발생하
지만 이는 계급, 종교, 인종 그리고 이념의 차이에서 생길 수 있다. 이런
국가의 사회적 갈등관계는 국내적 상황에 따라 발생하기도 하지만 외국으로
부터의 자극에 따라 발생하기도 한다. 이 모든 것이 정보수집의 표적이 되
며 국가의 정보체제에 영향을 미치게 된다.

전체주의 국가, 권위주의 국가, 제국주의 국가 그리고 민주주의 체제는
각각 정보체제에 대한 특정한 유형을 가지고 있다. 이런 나라 모두가 우선
은 국내의 통치자를 보호하기 위하여 정보체제를 확보하고 다음으로는 대외

기능을 수행하기 위하여 정보조직을 마련한다. 1946년의 베트남 혁명운동과 같이 비국가체제라도 그 집단을 다스리기 위한 자신들의 목적에 따른 정보조직을 마련하고 있었다.

국민의 동의를 기초로 세워진 민주적 정권 일지라도 대외관계보다 국내문제에 연관된 정보조직을 비교적 적게나마 가지고 있으나 결코 그 중요성은 무의미하지 않으며 상당히 정치적으로 의미 있는 기관으로 활용하는 경우가 많다. 이런 정보기관의 국내조직이 시민의 자유를 남용하지 못하도록 비교적 연합적 조직체계로 구성하고 있다. 그래서 민주국가에서 방첩의 정보활동은 비교적 능률적이지 못한 경우도 많다.

이에 반해서, 권위주의 국가체제에서는 대외 정보활동보다 국내문제에 정보기관이 더욱 활동을 하며 정권에 저항하거나 정부전복의 음모를 할 가능성이 있는 사람들을 수시로 감시하는 데 주의를 더 기울이게 된다. 과거 일제하의 한국처럼 정보기관이 독립운동가를 감시하는 것이나 박정희 정권 시절에 반정부 활동을 감시하는 것이 그런 경우라고 할 수 있다.

정치체제의 유형과 구조에 따라서 전략적 변수는 많은 영향을 받게 된다. 전체주의 국가였던 파시스트국가나 공산주의 국가에서 정보활동과 그 조직체계는 국가기관으로서 특별하게 취급되어 있다. 이런 정치체제는 근본적으로 반대 계급, 인종 혹은 신앙으로부터 항상 도전을 받고 있다고 믿는다. 그래서 방첩국가를 건설하여 파괴자(wreckers), 지하운동가인 산업 방해자(saboteurs), 그리고 반정부 운동가로부터 정권을 보호하려고 한다.

특별히 일당국가(one-party states)의 지도자들은 반정부 운동가를 감시하고 억압하려고 유례없이 강력한 기능을 가진 새로운 정보기관을 창설하여 이에 의존하고 있다. 정당은 실제적이건 상상에서이건 이념적 적대자와 국내외에서 투쟁한다. 그리고 국가의 기관인 정보조직이 아무래도 부패의 온상인 행정부를 통제하는 당에 봉사하게 된다. 이는 북한의 경우는 물론이지만 중국을 포함해서 과거 공산당의 일당 정치를 경험한 신생 민주주의 국가에도 아직 그런 악습이 더러 남아 있다.

당(party)이 예컨대 직업적인 군과 같은 국가기관이 아직도 확실하게 필요한 경우에는 당원의 정치적 순수성을 확보하기 위하여 당원들을 스파이와 끈으로 연결하듯이 매어 놓는다. 이런 경우는 북한의 김정은 체제나, 어느 정도 중국이나 베트남과 같은 일당(一黨, one-party)의 사회주의 국가 체제에서 이직도 그렇게 운영되고 있다. 그래서 당과 국가는 정보기관 조직과 함께 성장하는 현상을 발견할 수 있다. 이런 경우의 예로써 독일 나치의 시대의 게슈타포(Gestapo)와 구소련의 KGB나 GRU와 같이 당의 통제를 받는 국가정보 소조(小組, elements)는 광범위하고 강력한 기능을 수행하면서 국내외의 체제 위협 분자에 관한 정보를 수집하고 대응하여 활동한다. 그리고 이들의 군복무는 소규모적이고 협소한 분야에 주의를 기울이면서 임무를 수행한다.

끝으로 국가의 정보체제를 평가할 때는 그 국가의 기술수준, 즉 기술환경에 관하여 알아야 한다. 정권에 대한 위협은 물론 정권의 전략적 기회 변화를 유도하려면 기술의 변화가 정권의 정보업무에 직간접으로 영향을 미친다. 그래서 기술수준이 높은 나라의 정부는 정보대상이나 정보기관의 수단을 결정하는 데 기술수준의 영향을 많이 받게 된다. 국가의 기술수준은 자연히 정보원의 수나 업무의 종류를 결정하는 데에도 영향을 미치며 정보를 수집하고 분석하여 정책결정자에게 국가정보를 보급하는 인원의 수와 질을 결정하는 데에도 또한 영향을 미친다. 그래서 한 국가의 정보조직 체계를 결정하는 요인으로 한 나라의 기술환경을 들 수 있다는 점이다.

기술변수를 결정하는 가치는 다음과 같은 요인에서 찾을 수 있다. 첫째는 기술정보(information)에 달렸다고 본다. 많은 정보업무는 남이 무엇을 알고 있는지 혹은 남은 무엇을 알고 있다고 생각하는지를 알아내는 일이다. 정보 표적대상인 다른 사람들이 어떻게 필요한 정보를 획득하고 보관하며 필요한 사람에게 전수하고 그 정보에 대한 보안을 유지하는가에 대한 정보는 가장 중요한 것이며 이 정보는 정보의 전술과 기술의 기본적 수준을 지배한다. 그렇기 때문에 언제나 "정보기술(information technology)"에 있어서 변화는 정보를 다루는 국가의 전술과 기술과 함수관계에 있다.

둘째로 중요한 사회적 가치로 정보의 수집 관리 능력과 함수관계에 있는

것은 생산(production)이라 말할 수 있다. 어떤 사회가 그 물리적 환경
(physical environments)을 만들어 내기 위해서 가용 "생산수단(means of
production)을 어떻게 관리하며 사회적 부를 어떻게 축적하는가는 정보조
직 체계가 기초로 하는 자원과 능력을 제공하고 있다. 예컨대 북한과 같이
노예적 지위에 있는 노동력을 관리하는 국가나 산업 정보의 유출을 방지하
는 국가에서 정보기관의 운영실태는 정보 표적의 설정과 그 사회의 정보업
무에 대한 노력이 크게 다르기 때문이다.

셋째로 생산의 일반적 수단에 따라서 정보업무가 가능하게 되는 자원이
정보활동의 기초가 된다. 풍요로운 농업 생산, 광물자원의 비축량, 그리고
국가의 인간자원과 같이 국가가 가지고 있는 천혜의 자원이 많고 적은가에
따라서 정보활동의 표적 명단 작성에 영향을 미친다. 물과 에너지 자원의
보유량은 현재나 미래에 있어서 정보의 주요 관건이 된다고 본다.

네 번째는 사회적이고 제도적 형식(social and institutional forms)이 한
국가의 정보활동을 규제하기도 한다. 이는 기술수준과 사회 구조와의 관계
가 밀접하기 때문이다. 정보 표적 국가의 사회 구성이 근본적으로 부족이
모인 나라인지, 또는 봉건주의 시대에서처럼 두목이 있어서 사회를 이끌어
가는지, 혹은 다수의 농민으로 구성된 경제발전이 뒤진 나라인지, 그렇지
않으면 도시의 전문인력으로 이끌어가는 나라인지에 따라서 정보의 수요와
능력이 좌우된다.

다섯 번째로, 군사력의 보유 수준에 따라서 정보조직의 효율성이나 능력
이 달라진다. 대체로 정보업무는 국가 간의 경쟁 관계를 관리하거나 분쟁에
서 승리하려는 데 집착하기 때문에 그 목적을 달성하기 위해서 조직화된
폭력을 이용하는 방법으로 군사력을 쓰게 된다. 국가의 군사력이 가진 조직,
기동성, 그리고 치사율(lethality)이 적절한 때에 정확한 정보를 제공하는 데
영향을 미친다. 그래서 정보수집과 분석은 물론 기술적인 정보수집 방법에
있어서도 많은 영향을 미치게 된다.

전략, 정치체제, 그리고 기술의 세 가지 독립변수를 설명하면서 이들이
동태적으로 상호 연관되어 있다는 것을 살펴보았다. 그 변수의 "값(values)"

은 장소에 따라 다르며 국가가 조직하여 설치한 국가정보 기구 가운데 서로 다른 점과 유사점을 설명할 수 있다고 생각한다. 물론 그 독립변수의 "값"이 시간에 따라 달라지도록 증진하는 것을 알 수 있고, 국가가 당면한 위협과 기회에 따라서 극적으로 증진하기도 한다. 결국 국가정보 체제는 특수한 상황에서나 집합적으로 보면 결과적으로 변하게 마련이다.

국가정보 체제의 이 같은 개념은 여러 국가나 비국가 단체의 비밀활동을 파악을 위해서 개념적 범위를 설정할 수 있다. 그래서 관련 독립변수의 결과적 산물에 대해서 설명을 할 수 있다고 본다. 그렇다면 어떤 나라나 집단이 어떤 형태의 국가정보 조직을 구성하게 될 것이라는 판단을 할 수 있고 따라서 종속변수로서의 국가정보조직과 활동을 쉽게 설명이 가능할 것이라고 생각할 수 있게 된다.

연구를 위해서 변수의 모두를 계량화하기는 어렵지만 잠정적으로 여기에 나열하는 종속변수는 적어도 작은 변화일지라도 전략, 정치체제, 그리고 기술수준의 독립변수가 변하면 아래의 나열한 요인들도 영향을 받아 따라 변하는 것일 수 있다고 생각한다.

따라서 종속적으로 영향을 받게 되는 정보관리 체제의 특성은 다음과 같다.[32]

- 기관의 구조와 예하 기관(structure and subordination of agencies)
- 예산(budget) 편성
- 조직의 규모와 편성(physical size and layout)
- 정보 표적과 수요(targets and requirements)
- 기술의 숙련성(technological prowess)
- 외교 활동과 연관된 정보활동 성격과 범위(nature and extent of liaison with foreign services)
- 정보소비자에 대한 접근성과 그 상호관계의 질(access to consumers

---

32) 여기에 나열된 항목은 Warner의 앞의 책 35쪽에서 전재한 것임.

and quality of relationships)
- 지도자의 질과 비전(quality and vision of leadership)
- 정보활동 요원의 전문성(professionalism of the workforce)
- 관리자의 예지(management acumen)
- 내부 소통의 질(quality of internal communications)
- 내부 상담의 질(quality of internal consultation)
- 보안 절차와 시설의 질(quality of security procedures and equipment)
- 부패행위의 존재여부(presence or absence of corruption)
- 잘못된 행위에 대한 제재(sanction for misconduct)

이상에서 논의한 것은 국가정보체제(national intelligence systems)에 대한 연구방법론과 통찰에 관한 학문적 연구를 시도하는 것이었다. 우리가 다른 나라 정보기관의 관리 운영에 대해서 연구하지만 하나의 이론적 배경으로 설명하지 않아서 비교적 관점을 객관적으로 알 수 없었다. 여기에서 설명한 대로 독립변수와 종속변수를 확인하면서 보다 분석적으로 정보관리 체제를 비교연구하고 보다 나은 정보관리를 위한 구조와 운영 원칙을 찾아 보고자 하는 현실적 필요를 충족시킬 수 있다.

적어도 각 나라의 전략과 체제특성 그리고 그 나라의 기술 축적 수준을 감안한다면 국가가 정보 자원을 어떻게 마련하고 분배하며 실제로 정보요원을 배치하고 정보체제의 표적 설정을 어떻게 결정하느냐를 최소한 비교 연구할 수 있을 것이다.

한국의 국가정보학계에서도 각 나라의 국가정보기관에 관한 역사적 발전에 대해서 주로 설명하는 글이 있다. 국가정보학의 저서를 출판하면서 몇 명의 학자들이 자신의 전공 국가에 따라서 국가정보 기구의 발전과 현재의 기구 내용을 설명[33]하고도 있지만 한걸음 진일보하기 위해서는 앞에서 논

---

33) 일본을 전공하는 학자들에 의해서 일본의 정보기관에 관한 연구논문이 있다. 김선미, "일본의 정보기관: 연혁, 조직, 활동,"『국가정보연구』제4권 1호(2011), pp.141-183;

의한 것과 같이 보다 분석적이고 체계적인 비교연구를 할 필요가 있다. 그래서 왜 국가정보기관이 어떤 특정 형태의 조직과 운영을 하는지를 알아내는 것이다. 더욱이 이따금 일어나는 국가정보 기구의 개혁 문제가 정치적인 이슈로 등장할 때 우리는 개혁 방향을 보다 과학적으로 추진하거나 의회에서 공술할 수 있는 근거를 연구할 필요가 있다고 생각한다. 이런 연구 결과가 국가정보학의 이론적 발전에 한 모퉁이를 보다 과학적이고 분석적인 방법에 따라 발전시킬 수 있다고 생각한다.

박순애, "전후 일본의 내각정보기구와 외곽단체,"『일본연구논총』제32호(2010), pp. 187-220; 김윤덕 저,『국가정보학: 이론과 실제의 이해』(서울: 박영사, 2001), 제3편 "정보기구"에서 미국, 유럽 주요 국가, 아시아 주요 국가의 정보 기구를 설명하고 있다. pp.245-300; 국가정보포럼 저,『국가정보학』(서울: 박영사, 2006) 제3편 "정보기구론"에서 정보 기구의 개관을 설명하고 주요국가의 정보 기구, 즉 미국, 일본, 중국, 러시아, 및 유럽의 영국, 프랑스, 독일, 그리고 이스라엘의 정보 기구를 소개했으며, 한국의 정보 기구에 대한 설명을 한 장에 따로 설명하고 있다. pp.171-265; 그리고 문정인 편저,『국가정보론』, op. cit., 제3편 "국가정보기관의 비교분석"에서 미국, 러시아, 이스라엘, 일본, 중국, 유럽국가, 그리고 북한의 정보 기구를 소개했다. 그리고 제4편에서 "한국의 국가정보기관"을 소개했다. 이는 여러 학자와 실무경험자들이 개별적으로 각 기관을 소개하고 설명하여 제목과 같은 비교 연구의 목표를 이루지는 못했다. 이런 연구의 결과로서 한국의 국가정보 기구의 개혁안이 마련된 것은 아니었다. pp.337-605.

국가정보와 정부의
정책결정자

제8장 국가정보와 정부의 정책결정자

I. 국가정보 과정에서 정책결정자

정부의 안보 정책결정자는 국가정보 과정에 있어서 가장 중심적이다. 이들은 단순히 정보의 소비자로서 정보를 수령하여 정책에 참고하는 일을 하는 것만은 아니다. 계속적으로 국가의 이익을 보호하고 추구하는 정책을 만들고 이를 집행하는 일을 한다. 정책결정자의 결정적인 역할이 정보 과정에서 어떻게 나타나고 있는지를 논의하려고 한다. 국가안보 정책 과정의 특성상 정책결정자를 구성하고 있는 정부의 구조와 그 업무의 이해관계는 다음과 같은 다섯 개의 단위로 구성된다(〈그림 8-1〉 참조).

정책 과정은 주로 다섯 개의 주요 조직을 중심으로 서로 다른 정책적 관심을 가지고 추진되며 대통령은 개인으로서 정책에 대한 자신의 입장을 항상 유지하고 임기 중에 실천하고 싶어 하는 정책을 집중적으로 추구할 수 있다. 그래서 정책을 집행하는 최고 책임자로서 안보 정책의 성격이 대통령의 세계관이나 경험에 따라서 결정적인 정책 방향과 특성이 드러난다. 때문에 때때로 대통령의 관심사와 외교관계 관료와의 사이에 서로 괴리되는 정책이 입안될 수도 있고 정책의 집행에 있어서도 다소 차질을 빚어낼 수도 있다.

〈그림 8-1〉 한국 국가안보 정책결정자들

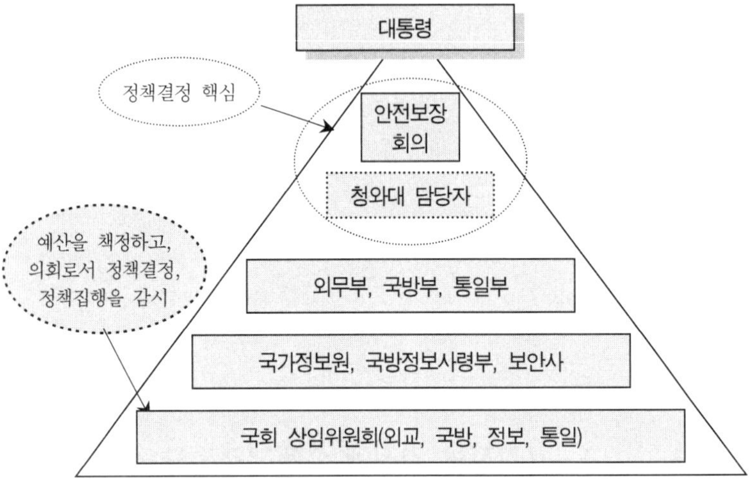

국가안보회의(National Security Council: NSC)는 대통령의 국가안보 정책 심의와 집행의 핵심 체제(a hub of the system)이며 대통령실의 중심적 대외 정책결정 기관이다. 청와대의 관련 업무를 담당하는 보좌진영이 총망라해서 정책 과정을 집행하고 감독하며 정부의 각 부서에서 집행되는 국가안보 정책에 대한 조정을 담당한다. 대통령과 외교부장관, 국방부장관, 통일부장관 및 국정원장 등으로 구성되는 회의체로서 국가안보와 통일문제에 관한 전문적인 관료와 특별보좌진의 도움을 받아 정책입안과 그 추진을 담당한다.

외무부는 결정된 정책의 핵심적 이해관계를 증진시키기 위해서 외교관계를 긴밀하게 유지하고 있으며 국방부는 군사력의 대비 태세를 지원하고 군사력의 우위를 유지하도록 만전을 기하고 있다. 국가정보원(National Intelligence Service: NIS)은 1963년 중앙정보부 설치법에 의하여 안보 정책을 위한 정보수집과 분석을 맡은 대통령 직속 기관으로 설립되었다. 그 이후 몇 차례의 조직 개편이 있었으나 근본적으로 이 기관은 정책적 관심을 가지고 있는 기관은 아니며 국가의 안보 정책 과정에서 정확한 정보를 수집 분석하는 데 주력함으로써 국가안보 정책의 집행이 원활하게 이루어지도록 하는 데 공헌한다.

정책의 동태적 과정은 정부 각 기관과의 상호 관계에서 드러나는 것이며 정부가 국가안보 정책 수행의 일체감(policy consensus)을 유지하기 위해서는 정책 입안기관과 집행기관 사이에서 오가는 모든 의견이나 계획안의 미미한 것까지라도 철저하게 관심을 가지고 살펴보아야 한다. 또한 정부의 어느 특정 기관이 정책 수행과정에서 지배적인 입장을 고수해서도 안 되며 정책기관 사이에 합의를 강요하거나 특정 기관을 합의과정에서 제외시켜서도 안 된다. 국가안보 정책을 집행하는 모든 기관이 각 기관의 이해관계와 권한을 존중하면서 정책 과정을 이끌어가야 한다. 특히 국가의 안보 정책을 집행하는 기관 사이의 정책 과정(interagency process)은 다수결보다는 기관 상호간의 교섭과 협상에 의해서 진행되는 것이다.

관련 정책결정 기관 사이에 모두가 받아들일 수 있을 만한 합의가 도출되려면 상당한 교섭 과정이 필요하게 된다. 한 기관이 다른 기관의 의견을 완전하게 무시할 수 있는 과정이 허용되고 있지 않기 때문에 적극적인 동의를 얻기 전에는 엄청난 노력을 발휘함으로써 정책의 수행이 가능해진다. 기관 사이에 합의를 도출해야 할 필요성이 있을 경우에는 결국 기관 간에 최소한의 공분모 결정(a common denominator decision)밖에 이끌어 내지 못한다. 예를 들면, 물의를 일으키고 있는 쟁점인 경우에 대내적인 합의가 이루어지지 않거나 혹은 한 기관이 효과적으로 정책 과정을 지연케 하여 지원을 철회하는 지경에 이르면 초안을 다시 작성하기 일쑤이고 기관의 내부 요원 사이에 속앓이(suffering inertia)를 하게 마련이다. 이런 경우에는 어쩔 수 없이 상부로부터의 압력을 가할 필요가 있게 마련이다.

정책관련 부서와 정보 관련 기관 사이는 국가안보 정책을 수행하는 하나의 단일 기관이 아니기 때문에 서로 다양한 관심과 여러 정책추진자가 한 정부 안에서 공존하게 마련이다. 이런 상황에서 국가안보 정책을 수행하는 체제 속에서 정보 관련 기관의 역할은 무엇인가?

II. 국가정보 과정에서 한국 정보기관의 활동

정책결정자의 관점에서 보면 정보기관은 아주 중요한 기관이다. 그러나 각 정부와 대통령에 따라서 그 기능은 다르게 운영되고 있다. 특히 새 정부가 성립될 때에 문제되고 있는 정책상황에 따라서 국가정보기관의 역할이 달라지고 있다.

한국의 정치현실의 변화에 따라서 국가정보 과정에서 정보기관의 역할은 많은 차이를 보여 왔다. 6.25 전쟁이 끝난 뒤 시간이 많이 경과되지 않았지만 1960년의 정치적 혼란과 비효율적인 제2공화국의 현실 때문에 빚어진 1961년 5월의 군사 쿠데타와 이에 따른 2년간의 군사통치 끝에 만들어진 중앙정보부가 제3공화국에서 행한 역할은 지금의 국가정보기관과 비교하여 볼 때 아주 비정상적인 역할을 한 셈이다.

제3공화국의 권위주의적 대통령체제하에서 국가의 신경과도 같은 역할을 했던 중앙정보부는 김형욱 정보부장의 임명을 통해서 정권의 뿌리 내리기 작업이 북한에 대응하는 안보적 정보 관리보다도 더 중요하게 다루어졌다. 이 점이 가장 비정상적인 정보관리 업무의 하나였다고 생각한다. 박정희 정권에 저항하는 자유주의적 활동은 통제되었으며 여러 부분에서 언론의 자유도 제한되면서 언론기관을 감시 조정하는 정보부요원이 신문사에 상주하고 대학의 학생운동을 감시하고자 중앙정보부의 학원 담당 직원이 수시로 대학교를 출입하면서 학생활동을 감시했다.

물론 이들은 정보의 수집을 위한 활동인 동시에 언론과 학원대책을 위한 조정역할을 하였다. 따라서 당시의 중앙정보부는 정보 관리기관으로서 정책입안과 집행과는 무관했어야 함에도 불구하고 직접 정책 과정에 깊이 관여한 흔적이 많이 보였다.

한국의 제3공화국의 정치체제가 권위주의적이고 대통령의 제왕적 통치권의 행사 때문에 당연히 정보관리의 전략은 물론, 기관의 운영방식도 국가의 정치적 상황을 감시하고 유도하는 역할이 많을 수밖에 없었다. 동시에 1972년 이후 유신체제와 대통령의 종신형 정권체제는 북한과의 안보적 대치상황 때문에 대북 정책을 중심으로 한 적극적인 대북공작과 일본 동경 중심의 해외교포 포섭공작 때문에 북한 정권을 압박하는 비밀공작으로 일관된 셈이다.

한국의 경제적 발전과 월남전 이후 한국의 세계적 위상을 높이고 해외자원을 획득하며 나아가 적극적인 대북경쟁 외교의 일환으로써 제3세계 침투를 위한 정보조직의 구축 등 중앙정보부는 정보수집과 분석은 물론 공작을 위한 조직 강화와 연계망의 구축에 각별한 노력을 기울였다. 전 세계의 주요지점에서 북한과 대치하는 인력을 구축하였으며 1970년대 말까지 전 세계를 대상으로 주요 전략정보의 수집과 분석을 담당할 수 있는 연구인력을 확보하여 "국제문제조사연구소"를 창설하여 다른 나라의 우수 연구소와 협력하는 등 국가의 전략적 비전을 구축하기도 했다.

1979년 10월 박정희 대통령을 김재규 중앙정보부장이 시해함으로써 한국의 정보기관이 갖는 위상과 역할은 근본적으로 재구성되고 개혁을 이루게 됐다. 1980년 이후 한국의 육군사관학교 1기생을 필두로 한 신군부는 기본적으로 미국식 사관학교 교육을 받았고 기본적으로 문민정부하의 군의 역할을 익힌 집단이었다. 새로이 전두환 대통령을 선출한 제5공화국은 과거 미국의 정보기관을 답습한 중앙정보부를 개편하고 그 임무를 국가 안전을 기획하는 일에 주력하는 국가안전기획부로 이름을 바꾸고 그 조직과 기능을 대거 개편함으로써 지난날의 공작적 정보조직의 모습을 일소하였다. 지난날 군의 특무대나 헌병수사대의 요원을 지냈던 직원을 일반 대학 졸업생으로 새로이 교체하고 대북공작에 투입된 군 출신도 모두 교체하기에 이르렀다. 그러나 주요 대북공작요원과 인적정보의 확보를 위한 정보출처의 유지는 계속되었던 것으로 보인다.

이럴 때마다 국가정보기관의 역할은 다소 변하고 있으며 동시에 과학기술을 통한 정보의 수집과 분석을 담당해야 하는 기술정보 요원의 유지는 제한적으로 유지된 셈이다. 아무래도 한미 동맹관계가 유지되는 동안에는 기술정보의 수집 관리는 미군의 정보기관으로부터 얻어진 정보나 대사관에 관련하고 있는 미국 중앙정보국의 한국책임자를 통하여 수집하는 정보에 의존하는 경우가 많았다고 본다.

제5공화국의 정보기관은 북한과의 대치 관계에 있어서 통일 문제와 적대적 관계로부터 발생하는 전략적 정보의 수집을 구분하여 과거 중앙정부부가 관장했던 통일관련 대북 교섭의 창구를 통일원으로 분리하여 그 업무와 역할을 이관하게 하였다. 통일원의 정보수집 능력은 안기부에 뒤떨어질망정 수집된 정보의 분석과 일관된 통일정책의 수행은 공식적인 정부기관인 통일원이 수행하여 왔다. 따라서 그 이후의 남북 대화나 통일정책의 수행은 통일원이 일괄하여 정책을 수행하였다.

1990년대에 들어 김영삼 대통령과 김대중 대통령 등 민간인 출신의 대통령이 선출되고 이들이 중앙정보부를 인식하는 구도에 따라서 국가정보기관의 역할은 변모되어 갔다. 얼마만큼 국가정보기관을 이용하고 정보요청을 하느냐에 따라서 정보기관의 역할이 정해지지만 이는 두 대통령의 정보기관과의 과거 관계나 인식에 따라서 크게 그 역할이 변한 것 같다.

김대중 대통령은 취임 초부터 국가정보기관의 역할을 북한과의 적대적 관계에 설정하지 아니하고 그의 유화적 대북관계에 맞도록 규정하였다. 그는 국가정보기관의 공식 명칭을 "국가정보원"으로 개칭하고 나라의 경제적 발전에 도움이 될 경제정보의 획득을 지원하는 경제전문가를 대거 확보하였었다. 그래서 "국제문제조사연구소"의 명칭을 "국제경제문제연구소"로 그 명칭을 바꾸기까지 하였던 것이다. 그러나 현재에는 "국가안보전략연구소"로 개명하여 운영되고 있다.

이렇듯이 한국의 국가정보기관의 역할은 정보의 궁극적 수요자인 대통령의 안목에 따라서 그 역할이 주어지는 것은 분명하나 초창기에 국가정보기관을 창설할 때보다는 덜 정치적이고 폐쇄적이 되었다. 지금의 국가정보원 요원을 매년 공모하고 자체 내의 "국가정보대학원"에서 교육시키면서 정보기관 외의 일반 대학교수와 학자들과의 교류를 통해서도 기관의 외연을 확대하고 있다. 향후에도 나날이 증대되고 있는 기술정보의 수요와 발전을 위해서 과학기술의 진보에 발맞춘 한국 정부의 독자적인 노력이 꾸준히 진행되고 있을 것으로 본다.

III. 국가정보요원과 정책결정자와의 관계

국가정보가 정책결정 과정에서 결정적인 역할을 할 것이라는 인식이 일반적인 경향일 수도 있지만 정책결정자가 정보생산자와 같은 견해를 가지고 있는 것은 아니다. 그렇다면 정책결정자와 정보요원은 왜 서로 다른 관심을 가지게 되는가?

고위층의 아주 넓고 큰 포괄적 수준에서 볼 때는 성공적인 국가의 안보 정책이라는 공통의 목표를 가지고 있지만, 행정부의 고위 관료와 대통령은 자기들의 정책 안건의 추진을 늘 추구하기 때문에 실제로는 정부 부서 수준의 정책적 의제(agenda)에 관심을 두게 된다. 비록 넓은 의미에서 외교 정책의 계속성이 중요시되지만 각 행정부는 자기네 임기 중의 정책 목표에 따라 업무를 해석하고 특별히 자기네 일에 주도권을 선양하려고 하기 때문에 정책결정자와 정보기관의 정책적 견해에 커다란 차이를 보인다. 결국 국가의 안보 정책은 정치 체제와 과정을 거쳐서 만들어지지만 궁극적인 정치적 보상은 국가권력을 향한 선거와 재선거에서 확보되기 때문이다.

일반적으로 국가정보원의 목표는 다르게 정의되고 있으며 그들의 구체적인 소망을 다음과 같이 정리할 수 있다.[1]

첫째로, 정보 요원들은 모든 것을 알려고 한다.
둘째로, 요원들의 의견이 받아들여지길 바란다.

---

[1] 여기에서 설명하고 있는 정책결정자와 정보요원과의 관계에 대한 내용은 Lowenthal 교수의 저서 *Intelligence: From Secret to Policy*, pp.123-130의 내용을 요약한 것임.

셋째로, 요원들이 이해하고 원하는 방향대로 정책에 영향을 주고 싶어
한다.

넷째로, 정책에 대해서는 될 수 있는 대로 객관성을 유지하려고 한다.

다섯째로, 정책을 옹호하려 하지 않으며 옹호하는 것 같이 보이려고도
하지 않는다. 그러나 현실적으로 객관성의 유지는 쉽지 않다.

여섯째로, 요원들은 정책 방향과 정책 선호방향에 관해서 계속 알고 싶
어 하나 계획적으로나 감시에 의해서 정보가 알려지지 않게 한다.

물론 정책 부서와 정보기관이 아주 가깝게 일하는 관계를 유지하게 되면
아무래도 정보기관이 유지하고자 하는 객관성을 직접적으로 훼손하게 된다.
그러나 정보기관은 정책 방향과 정책의 선호에 대해서 계속적으로 알기를
원하여 정책기관의 주변을 배회하는 경향이 있다. 물론 정보 분석의 결과물
이 계속적으로 정책 입안에 크게 도움이 되고 있다면 이런 관계는 정상적으
로 지속된다. 만일에 그렇지 않으면 정보기관의 어려움이 많아지고 상호 경
원하는 관계에 이르게 된다. 그러나 서로 가까운 관계를 이루고 있어 정책
결정자의 정책의견을 늘 듣게 되면 알게 모르게 정보 요원의 결과물이 정책
을 지원하는 경우에 빠지기 쉽기 때문에 양자관계는 미묘하게 조정되어야

〈표 8-1〉 정보 과정의 각 단계에 따른 정책과 정보의 내용

	정책결정자	정보기관
정보요청	• 정책 의제(agenda) 중심 • 정책의 선호 방향	• 정보수집과 보고를 위한 의제의 우선순위 필요 • 정보활동 예산의 활용
정보수집	• 정보수집에 무관 • 예산상 정보수집 범위 제한	• 정보수집 위주로 경비 고려 안 함 • 특정 지역과 특정 문제를 제외
정보분석	• 정보를 가지고 정책결정 • 정책 선호를 위한 지원 확보	• 불확실성과 애매성을 취급하나 관여함을 원칙으로 함
비밀공작	• 매력적인 선택으로 인정	• 비밀공작에 대한 애매한 태도

할 것이다.

정보 과정의 각 단계에 따라서 정책과 정보의 내용이 어떻게 다른가를 〈표 8-1〉에 요약하였다. 이 요약을 보고 우리는 여러 가지 관계를 유추할 수 있어 정책과 정보, 양자의 특성을 알아보게 된다.

이상적으로 생각해 보면 정책결정자와 정보기관과의 관계 설정은 공생적 (symbiotic)인 관계가 좋을 것 같다. 말하자면 정책결정자는 정보기관의 조언에 의존할 수 있어야 하는데 현실적으로 정보기관의 존재이유는 정책결정자에게 도움이 될 수 있기 위함이다. 결국 밀접하고도 신뢰를 쌓은 업무관계를 유지하려면 모든 차원에서 노력하여야 하며 노력 없이는 이런 관계를 만들어갈 수 없다.

한 가지 분명한 것은 모든 정책결정자가 정보내용을 똑같이 사용하지는 않는다는 것이다. 어떤 이는 읽어보고 어떤 이는 부하가 와서 브리핑하기를 바란다. 그런데 정책선호를 미리 정보기관에게 알려주면 더 좋은 정보를 제공할 수 있기 때문에 정책 지시와 정보요청서를 정보기관에 사전에 알려줌으로써 보다 나은 도움을 정보기관으로부터 받을 수 있다.[2]

정책결정자의 역할은 정부 안에서 정보원이 없어도 그 역할을 다할 수 있지만 정보요원은 정책결정자 없이는 있을 필요가 없다. 국가정보는 근본적으로 그 존재의 이유가 정책과 관련된 것이나 정책은 정보의 지원 없이도 만들어지고 집행된다.

정책결정자는 정책과 정보를 구분하는 경계선을 넘을 수 있으나 정보요원은 그럴 수 없다는 사실이 양자 간의 관계에 영향을 미치게 된다. 정책결정자는 정보 요원이 그 경계선에 접근하는 것을 언제나 경계하고 있지만 만일에 정책결정자 측에서 정책대안의 선택을 정보요원에게 물어보는 경우에는 그 한계선을 넘게 되는 것이다. 어떤 정책 결과가 만들어지더라도 정보 요원은 정책결정자와의 지나친 관계가 생기는 것을 거절해야만 정보의

---

2) 이 점에 관해서는 앞의 제7장 "국가정보의 관리 기구" 내용 가운데 제2절, '5. 정보수집의 우선순위와 정보요청'에서 상세하게 논의하였다.

객관성을 유지할 수 있다는 것을 명심해 둘 필요가 있다. 그렇지 않으면 정보요원의 관여에 대한 정책결정자의 반감을 사게 된다. 그런데 상위 계층에 있는 양자 간에는 이러한 엄격한 구별이 다소 어렵다는 것을 알아야 하며 이따금 국가정보의 책임자로부터 조언을 들으려고 정책결정 책임자가 노력하는 경향도 있다는 것이다.

지난 30여 년간 한국의 현실에서는 이 양자 관계가 원칙에 입각하여 운영되지는 않았다는 것을 발견할 수 있다. 1970년대 박정희 대통령의 통치 말기에는 대북관계는 물론이고 정치적인 공작이 빈번한 까닭에 정책 분야와 정보 분야가 확실한 구분을 가지고 운영되지 않았다. 비근한 예이지만 그 당시의 정보기관이 눈여겨서 정보수집에 몰입했던 분야가 학생들의 반정부 운동과 언론기관의 반체제 기사와 비판이었다. 필자는 그 당시 정책결정과 정보라는 양자 간에 협착하고 있는 공모(collusion)를 쉽게 발견할 수 있었다. 소위 언론기관에 배치된 중앙정보부와 보안사의 조정관제도라든지 대학에 배치된 중앙정보부의 담당관은 경찰의 정보조직 이외에 현장에서 정보를 수집하고 현장 문제에 쉽게 조언하면서 정책을 조정하였다. 이러한 현상은 전국적인 것이었다.

아무도 이 같은 정보기관의 활동을 막지 못하였으나 그 정보기관의 정책결정에 대한 관여도는 점차로 감소하는 경향을 제5공화국 당시에 보였으나 김영삼 대통령이 취임한 1990년대 초까지는 계속하여 정보기관의 역할이 경계선을 늘 넘고 있었다. 다만 김영삼 대통령은 정보부장의 독대를 기피하고 정보부의 보고서를 직접 챙기지 않았다고 들었다. 이런 까닭에 1990년대 중반까지 중앙정보부와 안기부의 막대한 규모와 인원이 필요했으며 김대중 대통령이 정보기관을 대폭 개혁하고 조정할 때까지는 어쩔 수 없이 정보와 정책 사이의 분명한 구분이 지켜지지 않았다고 본다.

끝으로 한 가지 더 확인할 점이 있는데 오늘날과 같은 속도 빠른 전자매체와 텔레비전 방송이 24시간 운영됨으로써 새로운 정보의 신속한 보도는 정책결정자의 역할에 크게 영향을 미친다. 이런 속도 빠른 매체가 정책과 정보의 정상적인 관계를 밖으로부터 영향을 미치고 있다는 현실이다. 그렇지만 실재로는 텔레비전 뉴스가 정책의 변화를 불러일으키지는 못한다는 점이다. 물론 국가 지도자들을 두고 서로 현실 상황에 대한 소통의 수단이 되는 경쟁자로서의 역할은 하겠지만 정보기관을 능가할 정보출처의 대안적 수단은 아니다. 결국 정보수집 기관이 얻을 수 없는 정보를 찾아내는 수단으로서 전자 미디어가 역할을 할 수는 없다. 빠른 속도의 전자 미디어는 빠른 속도로 정보를 제공하고 필요한 정보를 경신하여 틀린 정보를 신속하게 교정하는 역할을 할 뿐이다. 정보기관은 방송 매체와 같은 화려함은 없으며 아무래도 초기 정보보고서를 만드는 데에는 조금 더 시간이 걸리게 된다.

여기에서는 특별히 정보생산자인 정보요원과 정책결정자인 정부의 요원 사이에서 일반적으로 일어날 수 있는 갈등과 경쟁 관계 그리고 그 해소방안에 관해서 논의하였으나, 정권의 정치적 경향과 정치지도자의 경험에 따라서 그 결과는 서로 다를 것이라는 점을 설명하였다. 한국 정부는 정부의 대북관계 입장 그리고 국제정치의 흐름에 따라서 정보기관의 운영이 달라짐으로써 지난 30~40년간의 정책과 정보의 관계가 달리 표출되었음을 밝혀보았다. 결론적으로 말할 수 있는 것은 정책과 정보의 관계가 근본적으로 갈등관계에 있다는 생각은 올바르지 않은 것으로 판단하며 가깝게 신뢰를 가진 정책결정자와 정보요원 사이의 관계 설정은 아무래도 양자의 노력으로 이루어진다고 믿는다. 바람직한 업무관계는 주어진 것이 아니라 갈등의 가능성에 대한 충분한 이해가 없이는 만들어지지 않는다고 믿는다.[3]

---

[3] 이는 미국의 경험으로 보아서 Lowenthal 교수도 그 책에서 이런 결론을 내리고 있다. 앞에 인용한 책 132쪽을 보라.

정보 과정에 있어서
윤리와 도덕

정보 과정에 있어서 윤리와 도덕

Ⅰ. 정보 과정에서 "도덕" 문제의 논쟁

한 나라의 정보원으로서 전문적인 직업을 갖는 경우와 같이 도덕성의 문제가 회자되는 경우는 흔치 않다. 전쟁을 해야 하는 군인의 경우에는 어떻게 생각해야 할까? 인류를 파괴하는 무기를 개발하고 생산하는 과학자와 엔지니어의 양심에는 문제가 없을까? 그러나 종교적 이유로써 총을 들고 일하는 직업을 회피하는 경우도 있다.

국가정보론을 강의하면서 이따금 접하는 문건이나 교과서의 마지막 장에 국가정보 과정에 몰입되어 일하는 정보요원의 직업상의 윤리성과 도덕성에 대한 논의가 자주 거론되고 있다. 정보요원이나 이에 관련된 정책결정자가 어쩔 수 없이 정보와 씨름하게 되는 윤리 기준과 도덕적 궁지가 있다는 것이다. 그런데 이에 대한 확고한 기준이나 원칙을 발견하기는 쉽지 않다.

1. 비밀의 문제

정보공작(intelligence operations)과 그 문제점 그리고 정보기관이 창설된 바로 그 근거가 몇 가지 광범한 도덕적 문제를 야기시킨다. 그 첫째가 비밀(Secrecy)의 문제다. 이 책의 제1장에서 "정보란 무엇인가?"를 논의하면서 많은 정보활동은 비밀리에 이루어진다는 것을 알았으나 정보의 정의에서는 필요한 전제 조건으로 "정보는 비밀이다"라는 명제(proposition)를 받아들이지는 않았다. 그러나 아직도 문제가 되는 것은 "국가정보에 있어서 비밀은 필수적인 것인가?"라는 것이 의문으로 남고 만일에 그렇다면 "얼마만큼의 비밀이 유지되어야 하는가?" 그리고 "그 대가(cost)는 무엇인가?"라는 문제점은 남아 있다.

여하간 "국가정보는 비밀이어야 한다"고 할 때 비밀이어야 할 필요성의 원인은 무엇이며 그 충동은 무엇인가? 일반적으로 어느 정부라도 정보기관을 설치하고 있으며 이는 상대국가가 자신이 정보를 숨기려고 하는 그 정보를 알고 싶어 하기 때문이다. 그래서 국가정보는 자국이 활동하는 것(정보의 수집과 비밀공작)을 포함해서 상대국이 정보 거부를 하는 내용이 본질적으로 비밀일 수밖에 없다. 특히 상대국가에게 자국의 관심사가 무엇인가를 알려주지 않으려 하기 때문이다. 이를 2차적인 비밀이라고 할 수 있을 것인가?

로웬탈 교수는 국가정보의 비밀성에 대한 논의를 이렇게 설명하고 있다.[1] 결국 자기 정보를 남이 알지 못하게 감추려는 사람들은 남이 내 정보를 알고 싶어 할 것이라고 예상하거나 나의 정보를 알고 싶어 하는 상황을 알고 있기 때문이다. 그렇기 때문에 적대적인 상대방이 자기네들에 관한 정보를 우리가 알지 못하게 감추려는 이유가 된다고 하였다.

그렇다면 우리가 상대국이 감추고 있는 정보에 접근하려고 시도하기 때문에 상대국은 일차적으로 그 정보를 비밀로 하는 것인가? 다른 한편으로 우리가 취한 행동의 이유를 감추려고 하지만 결국은 우리는 수집한 정보에 근거하여 행동하게 되니까 우리가 취하는 행동이나 결정의 근거를 가지고 자기네들이 철저하게 숨기고 있는 정보에 대해서는 우리가 어느 정도의 접근을 하고 있다는 짐작을 하게 되지 않을까 생각할 수 있다는 것이다.

---

1) Lowenthal, op. cit., pp.184-185.

비밀을 유지하게 되는 원인이나 동기를 넘어서 비밀이란 늘 사람에게 부담을 갖게 한다. 비밀의 금전적인 부담을 여기에서 논하는 것이 아니라 일이나 사람의 배경조사, 비밀에 접근하는 것을 통제하는 여러 가지 수단과 같은 부담이 생긴다는 것이다. 문제는 비밀리에 활동하는 사람들에게 미치는 영향에 관련된 것들을 말한다. 만일에 그런 부담이 생긴다면 어떤 영향이 미칠까?

비밀 자체 혹은 비밀적인 것이기 때문에 비밀에 가려지지 않은 경우에 받아들일 수 없는 어떤 행동을 취하거나 감시를 낮추거나 혹은 자진해서 길을 질러가는 짓을 할 것인가? 물론 사람들이 비밀을 높이 평가하는 기관에서 일하기 때문에 수천 명의 정보요원들이 도덕적으로 적당한 타협적 행동을 한다는 것을 말하는 것은 아니다. 그러나 정보가 가진 특성 때문에 정보의 수집과 비밀공작 과정에서 정보요원들이 의심이 갈 만한 행동을 억제하는 데 소홀할 수도 있다는 것이다. 그래서 정보요원의 조심스런 선발과 적극적인 감시에 중요성을 두게 된다.

어느 나라에서도 마찬가지로 정보요원의 충원과정에서 세심한 주의를 기울이고 충원될 요원의 정체가 외부인에게 알려지는 것을 크게 꺼려 한다. 더욱이 정보기관은 요원들의 활동을 세심하게 감독하고 감시하는 것이 필요하기 때문에 어떻게 보면 정보 요원을 지망하는 사람에게는 가족은 물론 주변 사람에게도 자신이 그런 특정 직업을 가지기 위해서 준비하는 것을 알려서는 안 되며 이런 비밀을 제 일차적으로 준수할 것을 요구하는 것이다. 여기에 실패하면 요원이 되지 못한다. 그만큼 비밀을 높이 평가하는 기관이라서 마치 도덕적으로 문제가 있는 것으로 생각하지만 이는 그 업무의 효율적인 성과를 유지하기 위하여 그러는 것이다. 심리적으로 도덕적인 타협과는 무관한 것이다.

최근 일본은 자국의 헌법에 기초한 "전쟁포기"로부터 그 입장을 바꾸어 국가의 기본권인 자위권을 내세워 국가와 국민의 안전을 확보하는 데 관련된 특정 정보의 비밀주의를 법으로 확정하려고 한다. 의회에 제출된『특정 비밀의 보호에 관한 법률(特定秘密の保護に關する法律)』안에 따르면 일본의

안전보장에 관련된 정보 가운데 비밀로 하여야 할 필요가 있는 정보에 대하여 적확(的確)하게 보호하는 체제를 확립함으로써 수집(收集)하고 정리(整理)하여 활용(活用)하는 데 중요하다고 생각되는 정보에 대하여 특정 비밀로 지정하고 취급자의 제한, 그 외의 필요한 사항을 정하여 누설을 방지함으로써 국가와 국민의 안전을 확보하려는 법률을 폐전 후 처음으로 제정하였다.

이같이 일본은 국가정보의 취급과 활용 그 자체를 원천적으로 비밀로 정하는 경우가 현실적일지 모르나 정보요원은 자신들의 활동이 비밀이라는 공감대 때문에 그 집단의 강한 연대감을 가지게 되기도 한다. 한국의 국가정보원은 1960년대 창설 당시로부터 이런 관점에서 "음지에서 양지"로 향하는 업무를 하게 한 것이다.

2. 전쟁과 평화의 문제

윤리학자와 국가 철학자들은 최근까지도 전쟁과 평화에 대하여 국가가 취할 행동의 차이가 분명히 다르다고 주장한다. 가장 분명한 것은 전시의 국가 행동이 적대국의 영토와 국민에 대하여 조직적인 폭력행사를 하는 것이라고 한다. 그리고 평시에는 공공연한 갈등의 현상을 드러내지 않는다는 것이다. 그렇다면 이 같은 구분이 정보활동에 있어서도 전시와 평시에 따라서 분명하게 다르다는 것을 받아들일 수 있는 명제인가? 그렇지 않으면 전시와 마찬가지로 평시에도 적국의 정부를 전복하고 무너뜨리는 노력이 수긍되는 것인가?

물론 평화 시에는 적대국가에 대하여도 되도록이면 관계를 유지하려고 하지만 용이한 일은 아니다. 미국과 소련은 냉전기간에 모든 분야에서 적대적인 대결을 하였지만 끝내 공공연한 대결은 하지 않았다. 그러나 그 대신 양자의 대리국가들 사이에는 전쟁을 치른 경우가 있었다. 바로 한반도에서의 남북 간에 일어난 6.25 전쟁인 것이다.

미국과 소련의 경우와 같은 냉전기의 대립 국가 간에는 애매한 중간적 활동 범위가 있었는데 이는 오히려 정보수집이나 비밀공작이라는 정보활동을 통해 주된 대결의 양상을 보여주었으며 이로써 서로 공격을 하게 된 것이다. 그래도 양국은 그 활동의 한계를 두고 대립했다고 볼 수 있다. 예를 들면 양국이 체포한 정보 스파이를 잡아서 처형하지 않았고 투옥시키든가 대체로 상호 교환하는 형식으로 비밀활동의 한계를 지었었다. 그리고 양국의 국가원수에 대한 물리적 공격이나 위협은 없었다. 냉전의 적대적 관계이었지만 이 불문율을 통해서 어느 정도의 상호 경계선을 정하였으며 이것이 정치적 선전이나 파괴활동을 감행할 수 있게 한 것일까?

한반도의 남북과 같이 북한이 늘 전쟁의 위협을 감행하고 전쟁의 급박한 상황을 제공하는 경우에 자위의 개념은 대한민국이 선제적(preemptively)으로 정보공작을 포함한 특정 활동을 감행하게 허용하는 것인가? 남한이 적극적으로 북한에 대한 정보활동을 함으로써 전 세계적으로 대치할 수 있을 것인가? 아마도 이런 상황의 대치했든 한 예로써는 1970년데 중반까지 박정희 대통령은 한국의 중앙정보부의 주요 공작으로 일본에 거주하는 조총련(朝總聯)의 지지자를 남한의 조직인 민단(民團)으로 전향시켜 조국방문의 성묘단 구성을 통한 북한지지 기반을 일본 내에서 붕괴시킨 경우라고 할 수 있다.

과거와 달리 국제정세가 변하였고 한국의 위상이 커지면서 외교관계가 확대되어 가는 한국은 이런 선제적 공작을 과거 북한과 친밀했던 사회주의 국가 내에서 비교적 용이하게 할 수 있다고 본다. 특히 몽골, 중국, 베트남, 라오스, 미얀마, 그리고 캄보디아와 같은 국가를 통해서 북한에 대한 정보공작을 행할 수 있을 것으로 보인다. 이들 국가에 파견되어 있는 북한의 유학생이나 기업인, 그리고 건설 노동자들에 대한 한류의 은밀한 전파는 막대한 파급효과가 있을 것이다. 북한을 세계사회로 유인하고 북한사회를 개방하기 위한 여러 가지 정보공작은 한반도의 평화정착을 위해서도 필요한 것이다.

3. 적대국가의 성격

한국은 1950년 6.25 전쟁 이후 60여 년간 북한이라는 공산독재정권과의 직접적인 위협에 마주서서 평화를 유지하고 있다. 민주적 가치 질서를 기초로 성립된 대한민국과 북한 간의 갈등은 물리적인 적대관계 이전에 가치체계의 기본적인 차이에서 비롯한다고 본다. 한국사회가 수용하고 있는 가치와 행동규범은 적대국가, 북한의 그것과는 현격한 괴리가 있다. 더욱이 21세기에 들어와서는 한국의 국제화와 개방화 정책이 더욱 확대되는 추세임에 반해 북한사회의 폐쇄성과 반인류적 가치관은 여전히 변하지 않고 있는 현실이다. 따라서 남한의 적대국인 북한의 행동이 한국 정부의 정책적 대응에 영향을 미치고 있는지, 혹은 북한의 행동이 한국의 정보수집과 비밀공작에 유용한 지침을 제공하는지에 대한 구체적인 검토를 필요로 한다.

적대국이 어떤 비도덕적이고 부도덕적인 행동을 감행하더라도 상대국가에 굽히고 들어가는 것을 상상할 수 없다. 한국의 대통령과 그 정책에 따라서 북한의 파괴적 행동과 공작에 대치하는 정책 내용이 다르지만 북한의 무력과 전술적 행동에 쉽사리 남한이 굽힐 것이라는 상상은 현실적이지 못한 것이다. 1960년대 말 박정희 대통령을 암살하기 위한 북한 공작요원들의 남파는 이후 남한의 대북 정보정책에 큰 변화의 계기를 초래하였다. 가장 최근에 있어서도 서해안에서의 도발이나 천안함의 격침과 같은 파괴적 행동에 대하여 한국은 강력한 대응책을 마련하면서도 적대행위가 전쟁으로 비화하지 않도록 비교적 자제하는 행동을 보이고 있다. 남북한 사이에서 두 체제가 갖는 도덕적 차이는 이처럼 분명하고 중요한 것이다.

오히려 지난 60년 사이에 북한의 지도체제를 구성하는 지도자들 간의 갈등과 일반 국민과의 갈등이 증폭되어 북한 사회가 내부 붕괴할 것이라는 판단이 지배적이다. 한국 정부로서는 이를 부추기기 위한 비밀공작을 하거나 정보의 수집을 강화하는 것이 필요한지를 면밀하게 판단할 때가 된 것이다. 이때 도덕적이고 윤리적인 함정은 무엇일까? 특히 수단과 방법을 가리지 않고 남한을 위협하고 남남갈등을 야기하는 북한의 태도에 대응해야 하는 정책 목적과 대응 수단의 도덕적 한계는 무엇일까? 다른 나라의 정치적 경험을 통해서 보면 결국 두 가지의 논지로 압축해서 말할 수 있다: 현실적 정책과 이상주의 정책인 것이다. 남북이 강하게 대치하는 상황에서는 대체로 현실정책이 지배적이다. 서구의 민주적 이상과 북한의 공산체제가 대치하는 한 도덕적 관점이 정책결정자의 선택을 목적과 수단의 충돌로 가늠할 것이 아니라 현실적 정책과 이상주의 사이에서 선택하여야 할 것 같다.

4. 국가이익의 문제

이 책의 제2장 국가안보의 개념에서 국가안보의 문제를 논의하였다. 국가정보의 필요성은 근본적으로 국가이익을 안전하게 보호하기 위한 것임을 지적하였다. 그렇다면 국가이익의 개념에서 볼 때 국가의 존재 가치 즉 *"raison d'etat"* 가 국가이익을 확보하는 것인가? 그래서 국가의 행위는 이런 이유에 준거하는 것인가?

국가의 존재이유에 대해서는 유럽의 근대 초기부터 논의되어 왔는데 주로 다음의 두 가지 논지를 배경으로 한다. 그 하나는 "국가는 그 자체가 목적을 구현한다"는 주장과 다른 하나는 "국가의 이익은 그 행동의 유일한 기준을 제공한다"는 주장이다. 결코 분개하지 않으며, 흥분하지 않고 주관적인 충격에 따르지 않는 국가행위의 기초를 제공한다는 것이다. 그러나 현실적으로 보면, 근대 초기인 17세기 때부터 국가의 존재이유를 실천하는 국가들은 한 나라가 다른 나라에 대해 음모를 꾸미는 것을 의미하고 궁극적인 제재는 "힘의 사용"인 것을 의미한다.

그러나 17세기 후반 이후 18세기에 있어서 국제관계가 어느 정도 얄팍하나마 국가들이 지켜야 하는 기준을 마련하였지만 아직도 국가의 행위는 근본적으로 잔인한 것을 볼 수 있다. 20세기에 들어서 국제기구인 UN이 창설된 이후에 국가의 행위가 다소 조절되기는 하지만 아직도 잔인함에는 크게 변하지 않았다. 예를 들면 캄보디아의 크메르 루즈(Khmer Rouge)의 대학살 같은 것이다.[2]

국가정보학의 이해

그렇다면 국가이익이 정보의 윤리적이고 도덕적인 유일한 기준이 되는 것인가? 한편으로는 오직 유일한 기준이기도 하지만 만일에 정보활동이 합법적 정부의 정책을 지원하기 위해서 수행되는 것이 아니라면 아무리 잘했어도 의미를 부여할 수 없으며, 최악의 경우에는 위험한 악질적 공작이 된다. 다른 한편에서 보면, 경험을 통해서 볼 때, 민주적 이념과 원칙에 따르는 합법적인 정부일지라도 도덕적으로나 윤리적으로 의문스러운 행동을 하는 경우가 생긴다.

따라서 국가이익은 불가피하고 불충분한 동시에 아주 어려운 지침인 것이다. 한때 미국은 국가이익을 추구하기 위해서 적대국의 암호를 해독하여야 함에도 불구하고 남의 암호를 해독하는 것은 "남의 편지를 뜯어보는 것과 같다"는 이유에서 신사는 그런 일을 할 수 없다고 금한 때도 있었다. 그러나 최근에 에드워드 제이 스노든(Edward J. Snowden)이 폭로한 대로 미국 정부가 외국의 국가원수를 포함해서 많은 사람의 전화 대화를 도청한 경우와 같이 받아들일 수 없는 부도덕한 행동을 국가가 행한 경우도 없지 않다. 이는 미국에서 발생가능한 테러를 방지하기 위해서는 어쩔 수 없다는 미국 정부의 설명으로 합리화하려는 것을 들을 수 있다. 대량파괴를 막아야 하는 국가이익을 추구하기 위한 정부의 불가피한 불법적인 행동을 정당화하는 것이 된다.

미국 정부는 특수공작을 통한 국가이익을 추구하기 위해서 네이비 씰(Navy SEAL)과 같은 특수부대를 양성하여 테러리스트를 살해하는 경우를 볼 수 있으며 아프가니스탄에서와 같이 용병을 운용하는 기업을 고용하여 국가 자체가 수행해서는 안 될 극단의 공작을 하는 것은 어떻게 판단해야 할 것인지를 생각해 볼 필요가 있다. 국가가 직접 행동에 옮겼던 위험 부담과 도덕적 비난을 피하는 수단을 강구하는 것 같다. 특히 정보수집에 있어서 정부기관이 직접 불법을 수행하는 것이 아니라 정보계약자(intelligence contractor)인 정보수집 기업을 통해서 막대한 비용을 들여 국가이익을 보

---

2) Lowenthal, op. cit., p.187.

호하는 정보활동을 하는 경우를 볼 수 있다.

윤리와 도덕은 시간이 경과함에 따라서 변한다. 예를 들면 인간 노예제도는 19세기까지 각 나라에서 인정이 되었다. 영국은 1830년대까지 노예제도가 인정되었고 미국은 1860년대까지 노예제도가 합법적인 것이었다. 한국의 경우에도 1895년 갑오경장 때 비로소 노예제도를 금했으며 그때까지 한국 인구 약 2,000만의 40%가 노예였다는 설도 있다. 공식적으로 모든 관노와 노예문서의 폐기를 통해서 이들은 해방되었고 호적법이 생김으로써 20세기 초에 동등한 인간이며 가정의 호주로서 인정을 받게 된 것이다. 이렇듯 시대에 따라서 인간에 대한 기본적 도덕과 윤리관은 변한다.

국가의 정보활동은 오직 합법적인 당국만이 수행하다고 가정하더라도 윤리와 도덕의 변화에 병행해서 정보활동은 변화에 따라가야 하는 것일까? 만일에 그렇다고 한다면, 언제 이런 변화가 오는지 누가 결정하는 것일까? 윤리와 도덕의 변화는 얼마나 빨리 국가 정책과 행위에 반영되는 것일까? 국가의 정보활동이 인류에 반하는 것이어서는 안 된다고 하지만 적대국에 대한 국가의 비밀공작이나 정보수집 수단과 방법은 국가목표를 추구하는 일로서 항상 정당화되어왔다. 최근에는 보다 많은 희생을 예방하기 위하여 기술력을 가진 국가의 정보수집 방법은 과거에는 허용되지 않았던 수단도 이제는 당연한 듯이 정부가 추진하고 있다.

II. 정보의 수집과 비밀공작과 관련하여

특별히 윤리와 도덕과 관련된 문제는 정보의 수집과 비밀공작에 관련된 많은 논의가 생긴다. 앞서 넓은 의미에서 논의된 윤리 도덕의 문제보다도 보다 구체적인 경우가 많이 생긴다.

인적정보(HUMINT)를 수집하기 위해서는 정보를 가지고 있거나 정보에 접근할 수 있는 사람을 정보의 원천(intelligence sources)으로 유지하기 위한 교묘한 인간적 조작이 필요한데 이에 대한 윤리·도덕적 가치판단을 어떻게 할 것인가 하는 문제가 생긴다. 기본적으로 정보 원천인 한 사람의 신뢰를 얻기 위해서 정보수집관은 시간을 드려서 접촉하는 정보 대상에 대하여 심리적 기교를 쓸 수밖에 없기 때문이다. 일부러 감정이입이나 아첨을 떨거나 혹은 동정을 하면서 정보 표적에 접근하는 경우이다. 때로는 이보다 직접적으로 정보 표적의 협조를 구하는 방법으로 돈을 건넨다든가, 공갈을 친다든가, 또는 친근하게 성적 관계를 갖는다든가 하는 정보수집원의 행위에 대한 가치판단의 문제가 생긴다.

　이런 경우에 우선적으로 도덕성의 문제가 제기된다. 그런데 정보수집원이 정보 표적대상에 접근했을 때 어느 정도의 인간적 조작(manipulation)을 받아들일 것 같은 느낌을 주는 사람에게 심리적 기교를 부리는 것에 대하여는 문제되지 않는다고 할 수 있다. 그러나 전혀 그런 뜻이 없는 대상에 대하여는 관계를 즉각 끊지 않는 경우에는 문제가 된다. 그렇지만 스스로 비밀을 제공하면서 걸어 들어온(walk-ins) 자발적인 지원자의 경우에는 문제가 되지 않는다. 그래도 다른 나라의 시민에 대한 정보수집 공작을 행하는 것은 합법적인 행위라고 간주하는 것인가?라는 의문을 갖게 한다.

　또 한 가지 문제되는 것은 어떤 개인을 정보원(情報源, intelligence sources)으로 충원하는 정부의 책임의 한계는 어디까지인가라는 의문이 남는다. 말하자면 정부의 책임 한계는 어디까지인가? 새로운 정보원을 보충하는 과정에서 정부가 취해야 할 부담은 어떤 것이 있는가? 인간정보 공작자산(HUMINT asset)이 구체적인 거래를 제시하면 그의 안전을 보장하기 위해서 충원책임자(recruiter)는 어느 정도의 안전을 확보해주는 것이며 혹시 그 가족까지도 책임을 져야 하는가? 보충된 정보제공자가 상당한 기간 동안 별로 도움이 되지 않는 경우에 무슨 조치를 해야 하며, 일단 관계를 청산하고 난 뒤에 언제까지 뒤를 돌보아 주어야 하는가? 새로 보충된 사람이 전혀 쓸모가 없는 경우에는 무슨 조치를 해야 하는가? 혹시 새롭게 충원된 사람이 정보에 접근할 수 없으며 그 능력이 잘못 알려진 경우에 그래도 충원책임자의 부담이 남아 있는가?

　충원된 정보제공자(정보원)를 위해서 확실하게 끝까지 책임져야 한다는 주장이 있는데 이는 정보활동의 도덕과 윤리의 문제와는 무관한 주장이다. 이는 정보활동의 현실적 문제로서 만일에 정보제공자를 확실하게 지원하고 보호하지 않는다는 것이 현 정보원이나 과거의 정보제공자에게 알려지면 정보수집의 일을 효율적으로 수행할 수 없기 때문이다.

세 번째 문제점은 흔히 생기는 일이지만 강력범이나 마약거래자의 경우에 주로 인간정보에 많이 의존함으로써 정보를 얻게 되는데 이런 경우에는 국내 범죄정보망을 유지하는 경우와 비슷하다. 적절한 정보를 얻기 위해서는 정부는 일반적으로 돈을 주면서 범죄조직과 연계를 맺고 있다. 이들의 일부는 정보조직과 자체 활동이 서로 공생하는 조직이라고 판단되기도 한다.

일부의 사람들은 이 같은 공생조직 관계에 대한 도덕적 거부감을 가지게 되지만 이런 범죄조직으로부터 국가가 해를 입게 되는 경우가 많기 때문에 정책결정자와 정보요원들은 다른 수단으로써는 정보를 획득할 수 없기 때문에 현실적으로 어떤 선택을 할 것인가의 어려운 문제에 항상 봉착하고 있다.[3]

이상에서 논한 윤리·도덕의 문제보다도 실제적으로 정보수집 과정에서 일어나는 원칙적 문제가 있다. 실제로 정보를 수집하는 과정에 인간정보 자산을 보충하는 경우 외에도 여러 가지 정보수집의 기술적 수단이 있다. 이 가운데 정보자료를 훔친다든가, 여러 가지 방법으로 전화통화를 도청하는 일이다. 때로는 금융거래의 전산기록을 꺼내서 보는 경우도 있다. 일반적인 생활환경에서는 이는 불법적인 것이다. 그렇다면 국가의 정보활동은 어떤 정당성에 근거하여 정보수집 활동을 하는가? 대체로 어느 나라에서든지 정보활동과 범죄수사를 목적으로 하더라도 관련 정부기관은 법원으로부터 개인정보를 들여다볼 수 있도록 영장을 법원에 청구하여 그 영장을 근거로 합법적인 정보활동을 하며 범죄수사를 한다. 그렇게 함으로써 국민의 인권

---

3) 여기에 기술한 논지는 로웬탈 교수의 논의를 참고하여 윤리와 도덕적 갈등에 대한 우리의 생각을 정리한 것이다. Lowenthal, op. cit., pp.189-190.

을 보호하고 개인의 비밀을 유지하게 한다. 마찬가지로 방첩활동의 경우에
도 정부는 의심되는 스파이에 대한 사전 조사 영장을 청구하여 은밀하게
수사를 하고 정보를 수집한다.

특별히 정상적인 외교 관계에 있는 국가 간에도 비밀공작이 추진되는 것
을 발견하게 된다. 더군다나 국가 간의 동맹관계로 보다 가까운 관계 속에
서도 흔히 일어날 수 있는 정보활동은 "비밀공작"인 것이다. 이는 꼭 적대국
관계뿐만 아니라 우호국관계에 있어서도 늘 필요한 정보활동인 것이다.

비밀공작은 한 나라가 다른 나라의 문제에 개입하는 것이다. 기본적인
윤리문제는 그러한 공작의 정당성의 문제이다. 일반적으로 한 나라가 비밀
공작을 수행하는 것은 주로 국가이익, 국가안보, 혹은 국가방위라는 개념을
근거로 하고 있다. 모든 나라가 서로에 대하여 정보의 표적이 되고 비밀공
작의 감행자가 된다면 이는 혼란의 무법천지의 국제사회가 될 것이다. 현실
적으로는 대부분의 나라는 다른 나라에 대하여 그런 비밀공작을 수행할 능
력도, 필요도 없을 뿐더러 그런 의사도 없다. 그러나 능력이 있으며 그럴
필요가 있는 나라들은 자국의 비밀공작이 정당하다고 믿는다.

비밀공작과 방첩과정에서 일어나는 윤리·도덕의 문제는 제5장에서 간단
하게 논의하였다. 여기에서는 더 논의하지 아니하고 다만 미국과의 관계 속
에서 일어난 한미 간의 비밀공작에 관한 여러 사례 가운데 몇 가지 경우만
을 소개한다. 사실상 여기에 소개되는 예에 대해서는 아무도 비밀공작이라
고 수긍하지 않을 것이지만 저자는 이 책을 집필하면서 비밀공작이란 특정
사안에 대한 다른 판단을 하기란 사실상 어렵고, 정부의 비밀공작은 아무도
수긍하지 않으며, 그런 증거를 찾을 수도 없다는 것이 그 본질이기 때문에
정보업무에 종사하는 이들의 이해를 돕기 위해서 이 책의 말미에 소개하는
것이다.

미국은 오랫동안 한국의 독립을 유지하고 한국이 민주적인 국가로 전환
토록 영향을 미치려했던 것이 자신들의 외교목표였다. 이 때문에 미국은 한
국의 국내 정치상황의 전개에 따라서 정부차원의 개입을 시도하였고 우리는
이를 미국에 의한 비밀공작의 일환이라고 생각한다. 이에 대응하여 한국 정

부로서도 주한미군철수론에 따른 안보공백을 완화시키기 위한 대미여론의 순화를 도모했던 한국의 대응공작이 있어왔다.

저자가 관찰해 오고 생각한 한미 양국의 비밀공작을 연대별로 소개하려고 하며 양국은 똑같이 자국의 비밀공작을 정당한 것으로 생각하고 있다는 것을 여기에서 지적하고 싶다.

첫 번째 예는, 1960년 4월 19일에 본격화된 학생과 시민의 반정부시위, 부정선거에 항의하는 데모로부터 시작된 4.19 학생혁명은 이승만 대통령의 하야와 허정(許政) 과도정부로의 평화적인 정권이양으로 이어졌고, 그 이면에 미국 대사의 역할이 있었다. 미국 대사가 직접 이승만 대통령에게 상황을 설명하자 즉각 그가 하야 의사를 표명한 것은 미국 정부의 개입에 따른 것임에 틀림없다.

두 번째 예는, 제5장 제3절의 본문에서 자세하게 서술한 대로 서울 현장의 미국 CIA 책임자와 권○○ 국장과의 지속적인 관계가 한국의 중앙정보부장으로서는 중요한 정보출처로 이어졌고 나아가 이로 인해서 김재규 부장이 박정희 대통령을 살해할 결심을 하게 되었을 것이라는 권 국장의 증언이 현실적으로 가능한 미국의 비밀공작일 수도 있다는 것이다.

세 번째 예는, 1987년 6월 10일 민주시민의 항쟁이 한참 극에 달해 가던 과정에서 미국 국무성 차관보인 게스튼 J. 씨거(Gaston J. Sigur, Jr.)가 급파되어 전두환 대통령과의 면담에서 "만일에 이번 사태에서 군을 동원하여 시민의 저항을 저지한다면 한국 정부는 말할 수 없는 불이익을 받게 될 것"이라는 외교적 압력을 가하였다. 이미 한국군부에서는 특전사 병력을 동원하지 아니하고 경찰력으로만 상황을 정리하기로 작정했음에도 불구하고 이처럼 한국의 민주적 전환을 도모하기 위한 미국의 강력한 영향력 행사 역시 비밀공작의 한 예라고 할 수 있다.

이에 반해서 1970년대 중반 주한미군의 병력을 감축하고 한국 정부의 핵무기 개발과 미사일 개발을 저지하고자 했던 미 정부와 의회의 압력에 대해서 이를 무마하고자 했던 박동선 사건은 한국 정부에 의한 비밀공작으로 간주될 수 있다. 마찬가지로 박정희 대통령의 암살 이후 전두환 대통령을 레이건(Reagan) 대통령의 취임 이후 첫 손님으로 맞으면서 전두환 대통령의 새로운 등장을 인정하고 이면으로는 한국의 핵개발 계획과 미사일 개발 프로젝트를 중지하도록 한 미국 정부의 압력도 한국에 대한 비밀공작의 하나라고 생각하는 것이다.

비밀공작은 반드시 적대국에 대한 정보공작이 아니다. 정보를 수집하고 수집된 정보내용에 따라서 상대국에게 정책적 영향을 미치게 하여 자국의 국가이익을 보호하고 외교적 목표를 달성하기 위해서 수행하는 것이라고 생각한다. 그래서 비밀공작은 상대국에게 물리적 힘을 전개하는 것이 아니고 경우에 따라서 전술적으로 그 공작의 수준을 정하게 된다. 이런 점에서 모든 나라는 비밀공작을 합법적이라고 간주한다.

외교적 해결도 어렵고 전쟁을 할 수도 없을 때 각 나라가 주로 사용하는 방법이 비밀공작이기 때문이다.[4) 미국과 이스라엘은 비밀공작을 통해서 국가이익을 보존하고 외교 목표를 달성하는 데 막대한 예산을 쓰며 광범위한 세계전략 속에서 상대국을 유인하거나 영향력을 행사하기도 한다. 한국이 처한 현 상황으로 보아 북한 핵 제거를 위해 할 일이 많다. UN 제재의 이행 여부 감시, 금융 및 물자 거래 차단, 북한 주민에 대한 심리전, 무력도발에 대한 비밀 응징 등이다. 이런 공작들이 지속되면 북한은 결국 핵탄두만 꼭 끌어안은 채 스스로 무너지고 말 것이다.

비밀공작이 만능은 아니지만 그러나 적은 비용(cost)으로 외교 노력과 군사전략을 보완할 수 있는 중요한 대외 정책수단의 하나이다. 이제는 한국의 각급 정보기관들도 비밀공작 우선체제로 전환해야 한다는 견해도 있다.

---

4) 여기 마지막 문단은 현 성균관대학 교수인 염돈재 박사의 조선일보 논단 [시론]에 실린 "도발하는 北에 '비밀공작' 왜 못하나"에서 인용한 글이다. 염돈재 박사는 현재 성균관 대학교 국가전략대학원 원장이며 국가정보원 제1차장을 지냈다. 그의 경험은 북한에 보다 적극적으로 영향을 미칠 수 있도록 우리의 정보체계를 정비할 필요가 있다고 주장한다. 『조선일보』, 2013년 3월 23일.

참·고·문·헌

국가정보포럼. 『국가정보학』. 서울: 박영사, 2006.

문정인 편저. 『국가정보론』. 서울: 박영사, 2003.

Bar-Joseph, Uri. *Intelligence Intervention in the Politics of Democratic States: The United States, Israel, and Britain.* University Park, Penn.: The Pennsylvania State University Press, 1995.

Berkowitz, Bruce D., and Allan E. Goodman. *Strategic Intelligence for American National Security.* Princeton: Princeton University Press, 1989.

Chalk, Peter, and William Rosenau. *Confronting the "Enemy Within": Security, Intelligence, the Police, and Counterterrorism in Four Democracies.* Santa Monica: RAND Corporation, 2004.

Clark, Robert M. *Intelligence Analysis: A Target—Centric Approach.* Washington, D.C.: CQ Press, 2004.

_____. *Intelligence Collection: A System Approach.* Washington, D.C.: CQ Press, 2013.

_____. *The Technical Collection of Intelligence.* Washington, D.C.: CQ Press.

Clauser, Jerome. *An Introduction to Intelligence Research and Analysis.* Rev. & Ed. by Jan Goldman. Lanham, Maryland: The Scarecrow Press, Inc., 2008.

Daugherty, William J. *Executive Secrets: Covert Action & the Presidency.* Lexington: University Press of Kentucky, 2007.

Eftimiades, Nicholas. *Chinese Intelligence Operations.* Annapolis: Naval Institute

Press, 1994.

Fingar, Thomas. *Reducing Uncertainty: Intelligence Analysis and National Security.* Stanford: Stanford University Press, 2011.

George, Roger Z., and James B. Bruce, eds. *Analyzing Intelligence: Origins, Obstacles, and Innovations.* Washington, D.C.: Georgetown University Press, 2008.

Goodman, Michael S. "Studying and Teaching about Intelligence: the Approach in the United Kingdom." *Studies in Intelligence,* Vol.50, No.2. Center for the Studies of Intelligence, USCIA, 2006.

Grabo, Cynthia. *Handbook of Warning Intelligence: Assessing the Threat to National Security.* Lanham, Maryland: The Scarecrow Press, Inc., 2010.

Hall, Wayne M., and Gary Citrenbaum. *Intelligence Analysis: How to Think in Complex Environments.* Santa Barbara: ABC-CLIO, 2010.

Herman, Michael. *Intelligence Power in Peace and War*(14th Printing). New York: Cambridge University Press, 2011.

Heuer, Richard Jr. *Psychology of Intelligence Analysis.* New York: Novinka Books, 2006.

_____, and Randolph H. Pherson. *Structured Analytic Techniques for Intelligence Analysis.* Washington, D.C.: CQ Press, 2011.

Hughes-Wilson, John, Colonel. *Military Intelligence Blunders and Cover ups* (Revised & Updated). New York: Carroll & Graf Publishers, 2004.

Huntington, Samuel P. *The Soldier and the State: The Theory and Civil-Military Relations.* Cambridge, Mass.: Harvard University Press, 1959.

Johnson, Loch K. *Handbook of Intelligence Studies.* New York: Rutledge, 2009.

_____, ed. *The Oxford Handbook of National Security Intelligence.* New York: Oxford University Press, 2010.

_____, and James Wirtz, eds. *Strategic Intelligence: Windows into a Secret World, An Anthology.* Los Angeles: Roxbury Publishing Company, 2004.

Kaufman Daniel, Jeffrey S. McKitrick, and Thomas J. Leney, eds. *U. S. National Security: a Framework for Analysis.* Lexington Books, 1985.

Lowenthal, Mark M. *Intelligence: From Secret to Policy.* Washington, D.C.: CQ

Press, 2000.

Major, James S. *Communicating with Intelligence: Writing and Briefing in the Intelligence and National Security Communities.* Lanham, Maryland: The Scarecrow Press, Ind., 2008.

_____. *Writing Classified and Unclassified Papers In the Intelligence Community.* Lanham, Maryland: The Scarecrow Press, Inc., 2009.

Mercado, Stephen C. *The Shadow Warriors of NAKANO: A history of the Imperial Japanese Army's Elite Intelligence School.* Washington, D.C.: Brassey's, Inc., 2002.

Moore, David T. *Critical Thinking and Intelligence Analysis Occasional Paper Number Fourteen.* Washington, D.C.: National Defense Intelligence College, 2007.

Prados, John. *Safe for Democracy: the Secret Wars of the CIA.* Chicago: Ivan R. Dee, 2006.

Prunckun, Hank. *Handbook of Scientific Methods of Inquiry for Intelligence Analysis.* Lanham, Maryland: The Scarecrow Press, Inc., 2010.

Sato, Masaru, and Young Choul Koh. *Kokka Joho Senryaku*(國家情報戰略 — *National Intelligence Strategy*). Tokyo: Godansha, 2007.

Shulsky, Abram N., and Gary J. Schmitt. *Silent Warfare: Understanding the World of Intelligence*(Third Edition). Washington, D.C.: Potomac Books, Inc., 2002.

Thomas, Stafford T. "Assessing Current Intelligence Studies." *International Journal of Intelligence and Counterintelligence,* Vol.2, No.2. 1988.

Treverton, Gregory F. *Covert Action: The Limit of Intervention in the Postwar World.* New York: Basic Books, Inc., 1987.

_____. *Intelligence for an Age of Terror.* New York: Cambridge University Press, 2009.

_____, and Wilhelm Agrell. *National Intelligence Systems: Current Research and Future Prospects.* New York: Cambridge University Press, 2009.

Viotti, Paul R., and Mark V. Kauppi. *International Relations Theory*(Fourth Edition). New York: Longman, 2010.

Yoshio, Omori. *Nihon no Intelligence kikan*(日本のインテリシエンス機關 — *Intelligence Organizations of Japan*). Tokyo: Bungei Shunshu, 2007.

색인

지은이 소개

윤정석(尹正錫)

- **현재 중앙대학교 명예교수**
  2001년 이후 중앙대학교와 서강대학교의
  국제대학원에서 「국가정보학」 강의

  - 경기 중·고등학교 졸업
  - 서울대학교 법과대학 행정학과 졸업
    같은 대학교 대학원 법학 석사
  - 미국 University of Michigan 일본학 석사
    같은 대학교 법과대학 비교법학 석사
    같은 대학교 대학원 정치학 박사